高等学校劳动与社会保障专业核心课程系列教材

Gaodeng Xuexiao Laodong yu Shehui Baozhang Zhuanye Hexin Kecheng Xilie Jiaocai

编审委员会名单

高等学校劳动与社会保障专业核心课程系列教材

社会救助与社会福利

陈良瑾 主编

Social Assistantce and Social Welfare

中国劳动社会保障出版社

图书在版编目(CIP)数据

社会救助与社会福利/陈良瑾主编. —北京：中国劳动社会保障出版社，2009

高等学校劳动与社会保障专业核心课程系列教材

ISBN 978-7-5045-8039-9

Ⅰ. 社… Ⅱ. 陈… Ⅲ. ①社会救济-高等学校-教材②社会福利-高等学校-教材 Ⅳ. C913. 7

中国版本图书馆 CIP 数据核字(2009)第 172226 号

中国劳动社会保障出版社出版发行

（北京市惠新东街 1 号　邮政编码：100029）

出版人：张梦欣

*

保定市中画美凯印刷有限公司印刷装订　　新华书店经销

787 毫米 × 1092 毫米　16 开本　28.5 印张　2 插页　480 千字

2009 年 9 月第 1 版　2020 年 1 月第 13 次印刷

定价：39.00 元

读者服务部电话：（010）64929211/84209101/64921644

营销中心电话：（010）64962347

出版社网址：http://www.class.com.cn

总 序

劳动与社会保障专业，是在劳动人事专业的基础上，因中国社会保障制度变革的促进而逐步成长起来的一个新专业。随着我国社会保障制度的确立和社会保障事业的发展，各级劳动保障行政机关、事业单位、研究机构以及经营单位，对劳动和社会保障专业人才的需求不断增加，据不完全统计，目前全国已经有80余所高校开设了劳动与社会保障专业。为满足迅速发展起来的劳动与社会保障专业教学需要，有关部门及高校组织编写了一系列教材，为这一专业的教学、人才培养、学科发展作出了贡献。但应该看到，由于劳动与社会保障专业设立时间不长，我国劳动和社会保障事业发展变化较大，教材编写人员水平参差不齐等原因，劳动与社会保障专业教材建设从总体上讲还相当薄弱，存在体系不健全、内容陈旧、大量交叉重复等问题。这些问题不解决，不仅影响教学活动的顺利进行，而且影响这一专业的健康发展。

鉴于以上背景，基于对劳动和社会保障专业及这一专业人才培养高度负责的精神，中国劳动学会劳动科学教育分会、中国人民大学劳动人事学院联合中国劳动社会保障出版社，在全国劳动和社会保障领域著名专家学者的支持和共同努力下，发起“高等学校劳动与社会保障专业核心课程系列教材”建设工程，并于2002年年底正式启动。

该系列教材在编写伊始，即确定了六条编写原则：

1. 根据劳动与社会保障专业人才的培养目标及其对知识体系的要求，确立完整的课程体系与教材体系，充分满足该专业的学历教学和专业人员知识培训的需要。

2. 以服务于全国所有开设劳动与社会保障专业的院校为目标，动员国内一流的专家学者编写本专业的核心课程教材。

3. 理论与实践相结合。每种教材既系统地阐述该专业课程的基本原理、基本知识，又与各国尤其是中国的劳动和社会保障实践紧密结合。

4. 立足现实，反映前沿，力求创新。在教材建设中，既反映已经成熟或公认的理论与学术思想，又能够反映具有代表性的劳动和社会保障领域的最新理论、最新技术和方法，在理论体系、结构框架、体例格式和写作风格上有自己的特色。

5. 避免教材与教材之间的过多重复。作为一套完整的专业教材体系，虽然教材之间内容有所重复难以完全避免，但各门课程的设置又必然具有自己的核心内容和知识要点。因此，教材与教材之间强调相互配合，重点突出，避免以往教材之间内容大量重复的现象。

6. 立足高起点、权威性。在中国人民大学劳动人事学院以往出版的劳动人事、劳动经济、社会保障系列教材和中国劳动社会保障出版社出版的有关教材，以及其他高校零散出版的相关教材基础上，立足高起点、权威性来建设“高等学校劳动与社会保障专业核心课程系列教材”。为确保这一目标的实现，专门成立了由内地和香港在劳动与社会保障专业领域治学严谨的知名专家组成的编审委员会，召集人为曾湘泉教授（劳动领域）、郑功成教授（社会保障领域），老一代著名专家赵履宽教授、陈良瑾教授分别担任劳动领域与社会保障领域的首席编审专家，一批著名专家学者担任教材编审委员会委员（见名单）。为使对各门课程所涉领域素有研究的专家承担教材建设的任务，在确立核心课程教材目录的基础上，编审委员会采取招标或邀标的方式，确定合适的主编与主审人选，并实行主编负责制。

经过各位教材编写者的辛勤努力，包括《劳动经济学》、《劳动关系学》、《职业生涯规划》、《社会保障学》、《社会保险》、《劳动法与社会保障法学》在内的首批六种教材已经在2005年出版，它作为代表我国劳动与社会保障学科领域最新、最权威研究水准的教科书，不仅适用于高等学校劳动与社会保障专业的教学需要，同时也适用于经济、管理、人口及社会学专业的师生选用，一出版就受到了众多高校的欢迎。2007年推出的《社会保险精算》（列入教育部普通高等教育“十一五”国家级规划教材项目）、《社会救助与社会福利》《工伤保险》等第二批教材，使这一套凝聚着国内众多一流劳动与社会保障专家学者心血的教科书基本形成了体系，它将能够更好地满足开设劳动与社会保障专业的高校师生的需要。

在本套教材陆续分批出版之际，我们期望着，这套教材能够以科学且丰富的内容、相互配合却又较少交叉重复的体系以及创新的结构体例，满足各高等院校不断发展的劳动与社会保障专业的需要。同时，我们也期望着，各位劳动与社会保障专业同仁能够提供有益的批评意见，以使我们进一步修订、完善该系列教材。

我们衷心祝愿我国的劳动与社会保障专业能够真正获得健康、长足的发展，在劳动与社会保障专业领域深造的众多学子能够在本系列教材的引导下茁壮成长起来。

高等学校劳动与社会保障专业
核心课程系列教材编审委员会
2007.5

主编简介

陈良瑾，男，1935年1月出生于内蒙古。早年攻读中文及哲学，中年转向研究社会保障和社会工作。曾任内蒙古社会科学院副院长，民政部民政管理干部学院副院长，民政部社会福利与社会进步研究所所长，中国社会工作者协会副会长，中华慈善总会常务理事，中国人权研究会常务理事，现任中国社会工作协会专家委员会主任。主要著述有：主编《社会保障教程》《中国社会工作百科全书》《中国社会工作发展报告》蓝皮书，专著有《现代领导新观念》《决策与智囊》《哲学与现代自然科家》等，发表论文多篇。1987年被评为教授，从1992年起享受国务院政府特殊津贴。

内容提要

全书对社会救助与社会福利从历史沿革到现状描述；从理论解析到实践经验；从概念界定到内容详说；从制度安排到政策举措；从管理体制到运行机制；从成就认定、特点概括、问题揭示到未来走向等都进行了比较完整的表述，特别是对改革开放以来，中国的社会救助与社会福利在体制改革、制度创新和体系建构方面作了重点说明。以使读者对社会救助及社会福利有一个全面、系统和深入的了解，并力求体现其相对独立而又有一定内在联系的知识体系。

前言

社会救助与社会福利是一门多学科交叉的应用社会科学，属社会保障学子学科。它以社会救助与社会福利的制度一般为研究对象，也即研究人的生存和发展机制的制度安排及其一般规律。规律要在相互关系中寻找，从与经济、政治及文化等的内在联系的必然性中去揭示其一般规律。这是一个相当复杂而又深层的有待探索的新问题。作为一门新兴学科必然要面对而又难以准确把握的问题。它关系到一门学科能否成立，是否适合社会需要和理论自身发展的内在逻辑。

社会救助与社会福利本是社会保障中两个独立的子系统，之所以将两者合在一起作为一门学科，主要基于两者不但内在联系紧密，而且有着某些共同性。中国的社会福利，特别是传统的补缺型福利，有着明显的救助性，现在仍然以一种基本形态存在。在社会救助中又有某些福利服务的内容，所以在劳动与社会保障专业课程设置众多的情况下，为精简课程将其合二为一。不排除在未来的适当时候，将两者分开单独设立的可能。

将两个相对独立的知识和制度体系，综合在一个框架内，是编写中的一个难点。我们本着从总到分、从历史到现状、从理论阐述到制度安排再到实践的思路，将其构成一个系统结构。是否科学和合乎逻辑，也是一个有待验证的问题。

本门学科坚持以人为本的科学发展观，将社会公平、成果共享放在首要的核心价值地位和目标取向；把解决民生、弘扬人道、保障人权作为贯穿全书的基本理念和实践原则。为把握正确的理论导向，本书主张既要利用市场机制，又不能走市场化的路子；既要发挥政府的主导作用，又要坚持社会福利社会化的方向；既要重视效率，又要公平优先；既要社会救助，又要社会互助与自助相整合；在管理上坚持政府与社会既要职责明确，又要良性互动。

本门学科的政策性、实践性和应用性很强，为教好这门课程，要求教师在深入钻研课本、掌握多学科相关知识的基础上，用一定时间深入实际，作一些必要的社会调查、访谈、身临其境、感同身受，以便入情入理地讲清那些看似熟知而又未真知的事理，从理论与实践的结合上解答社会救助和社会福利实践中提出的重大问题。

本教材是合作的产物。我身为主编，除了参与框架安排、个别章节的撰写及全书统稿外，总体设计、编写者的选择和分工等主要是由郑功成教授做的。郑教授还对初稿进行了初审，提出了存在的问题和缺陷，要求进行大的修改。他因工作过忙，未及时对全书修改稿进行终审，如有质量问题，应由我来负责。本书能够问世，首先要感谢郑教授。韩克庆博士的编写任务很重，还担负了联络及汇集稿件等工作，倾注了不少心血。本书编写的分工：韩克庆撰写第一、三、四、六、十一章，姚建平撰写第五章，乔庆梅撰写第七章，关信平撰写第八、十、十三章，杨方方撰写第十二、十四章，于秀丽撰写第十五章，我撰写第二、九章及前言。谢谢参加编写工作的合作伙伴。出版社的责任编辑及有关同志，为本书的出版付出了辛劳，修改加工精细，减少了疏漏和失误，在此深表谢忱。

本学科因系初创，存在的问题一定不少，期盼教师们将遇到的难题，发现的问题和错误，有什么意见和建议随时反馈给我们。也希望学界的同仁给予指导和斧正，以便再版时加以修订，使其逐步走向成熟，或为分开单编工作打下一个初步基础。

陈良瑾

2009年5月于北京

目　录

第一章　社会救助与社会福利的发展　(1)

学习要点　1
关键概念　1
第一节　社会救助与社会福利的历史发展　2
第二节　社会救助与社会福利的思想基础　7
第三节　中国社会救助与社会福利的政策回顾　11
本章小结　19
复习思考题　20
案例讨论　21

第二章　社会救助与社会福利中的基本关系　(25)

学习要点　25
关键概念　25
第一节　国家与社会　26
第二节　政府与市场　33
第三节　效率与公平　37
第四节　需求与供给　46
本章小结　54
复习思考题　55
案例讨论　55

第三章　社会救助的一般理论　(57)

学习要点　57
关键概念　57
第一节　概述　58
第二节　社会救助的功能、特征和类型　64
第三节　社会救助的有关理论　70
本章小结　73

复习思考题 73
案例讨论 1　民政部通报汶川地震灾情和救灾工作情况 74
案例讨论 2　低保金变实物券谁接受? 75

第四章　社会福利的一般理论　(79)

学习要点 79
关键概念 79
第一节　概述 80
第二节　社会福利的理论基础 87
第三节　社会福利理论的主要流派 95
本章小结 104
复习思考题 104
案例讨论　“优越的”社会福利：英一懒汉靠政府救济养8个妻妾 104

第五章　贫困问题与社会发展　(107)

学习要点 107
关键概念 107
第一节　概述 108
第二节　贫困线及其测量 112
第三节　贫困的致因 116
第四节　中国的贫困问题及反贫战略 124
第五节　贫困问题与社会发展 129
本章小结 134
复习思考题 135
案例讨论 135

第六章　贫困救助　(137)

学习要点 137
关键概念 137
第一节　概述 138
第二节　城镇最低生活保障制度 140
第三节　廉租住房制度 148
第四节　城镇医疗救助制度 152
本章小结 156

复习思考题 157
案例讨论　追索最低生活保障金 157

第七章　灾害救助　(159)
学习要点 159
关键概念 159
第一节　概述 160
第二节　灾害和灾害救助的特征 162
第三节　灾害救助的原则方针与内容 166
第四节　我国灾害救助制度 173
本章小结 180
复习思考题 181
案例讨论 1　自救重于他救 181
案例讨论 2　新中国几次重大抗灾救灾活动 182
案例讨论 3　世界各国防灾抗灾并举 183
案例讨论 4　一方有难，八方支援 184

第八章　老年人福利　(187)
学习要点 187
关键概念 187
第一节　概述 188
第二节　中国的人口老龄化与老年保障 189
第三节　老年人福利的相关分析 197
第四节　老年人福利的现状及发展趋向 203
本章小结 209
复习思考题 210
案例讨论　夕阳无忧计划 210

第九章　残疾人福利　(213)
学习要点 213
关键概念 213
第一节　概述 214
第二节　残疾人福利 217
第三节　促进残疾人事业加快发展 223
本章小结 228

复习思考题 228
案例讨论 229

第十章 妇女福利与儿童福利 (231)

学习要点 231
关键概念 231
第一节 妇女福利 232
第二节 儿童福利 248
本章小结 257
复习思考题 258
案例讨论 广西“3·17”特大贩卖婴儿案 258

第十一章 住房与教育福利 (265)

学习要点 265
关键概念 265
第一节 概述 266
第二节 住房福利 267
第三节 教育福利 273
本章小结 283
复习思考题 284
案例讨论 国家助学贷款助寒门学子 284

第十二章 职业福利 (287)

学习要点 287
关键概念 287
第一节 职业福利概述 288
第二节 国际上的职业福利体制 301
第三节 中国职业福利概况 314
本章小结 327
复习思考题 328
案例讨论 1 美国 401K 计划 328
案例讨论 2 马狮集团关心员工的一切问题 329
案例讨论 3 关于国有控股公司使用福利费的案例 330
案例讨论 4 关于员工持股计划的案例 331
案例讨论 5 上海贝尔：福利比高薪更有效 332

第十三章 社区服务 （335）

学习要点 335
关键概念 335
第一节 社区及社区服务概述 336
第二节 中国社区体制与社区服务的历史发展 343
第三节 当前中国的社区建设与社区服务 351
本章小结 359
复习思考题 359
案例讨论 “社区老年福利服务星光计划”实施方案 360

第十四章 福利彩票 （365）

学习要点 365
关键概念 365
第一节 彩票和福利彩票 366
第二节 国际上彩票的发展与中国福利彩票的变迁演变 381
第三节 中国福利彩票的经营与管理 399
本章小结 407
复习思考题 408
案例讨论 1 被叫停的中福在线彩票 408
案例讨论 2 “双色球”事件考验彩票业 409
案例讨论 3 深圳福彩金被挪用 5 000 万“黑洞”如何堵住? 410
案例讨论 4 青岛“福彩号”豪华游艇起波澜 411
案例讨论 5 西安宝马案始末 411
案例讨论 6 福利彩票一大难题：私彩泛滥 412

第十五章 慈善公益事业 （415）

学习要点 415
关键概念 415
第一节 概述 416
第二节 慈善公益事业的定位 423
第三节 慈善公益事业的政策 428

第四节　慈善公益事业的发展 436
本章小结 441
复习思考题 442
案例讨论　中国扶贫基金会 442

第一章

社会救助与社会福利的发展

■学习要点

通过本章的学习，了解社会救助和社会福利的发展脉络，以及济贫制度、福利国家出现的历史背景，理解并掌握社会救助与社会福利的思想渊源，以及新中国社会救助和社会福利政策的基本框架。

■关键概念

济贫制度　福利国家　济贫法　灾害救助　城市最低生活保障　农村贫困救助　城市流浪乞讨人员的救助管理　特定人群救助　临时救助　社会福利事业　社会福利企业　社区服务　职业福利

▶第一节　社会救助与社会福利的历史发展

一、从济贫制度到社会救助

在人类历史发展进程中，基于同情、慈善而产生的救济是最早的社会救助形式，包括宗教慈善事业、官办慈善事业及民间慈善事业，正是这些慈善事业形成了现代社会救助的雏形。

（一）英国济贫制度的产生

从历史纵向视角来看，国家直接介入济贫事务是社会发展的客观要求。1531—1601 年是英国社会救济制度的初创和奠基时期，社会救济制度框架与政策模式逐步建立，国家开始在社会救济中扮演不可或缺的重要角色。1531 年英国亨利八世颁布救济物品法令，规定征收救济物品并由地方当局发放，这开启了政府负责救济贫民政策的先河。1536 年英国亨利八世颁布的济贫法规定，地方团体负责办理救济事业，救济对象以老弱、失业以及贫苦患病者为主。这部法律标志着英国政府开始为解决社会贫困问题承担一定的责任。1572 年，英国都铎王朝发布的强制征收济贫税条例规定，每个教区需对其贫民负责，规定每周向地方征收救贫税费以救济贫民，由此开启了政府征税救贫的先河，确定贫民的“属地救济”原则，防止贫民四处流浪乞讨，影响正常社会秩序。

1601 年，英国伊丽莎白一世颁布《济贫法》，其主要内容是规定地方政府负责办理救济贫民工作，为失业者提供就业机会，对贫穷家庭的孩子进行就业培训，对老年人、患病者和孤儿进行收容，用严酷手段惩罚那些“不值得帮助”的穷人。当时的社会背景是民族国家的兴起与行会制度的衰落，特别是贫困人数迅猛增加和贫困程度加深，导致原来由基督教会和行会承担的慈善救济已无法满足社会需要，社会救济责任转向国家成为不可逆转的趋势。当时的英国政府承担社会救助责任是勉强、有限和被迫无奈的。伊丽莎白颁布的《济贫法》在以往各种社会救济立法的基础上，对英国的济贫法制度进行了比较系统的规定，从而奠定了英国济贫制度的基础。法令所提出的对贫困人口进行区别性对待的原则，既体现出政府对应该接受救济者所承担的必要责任，也体现着强调依靠个人劳动摆脱贫困的自助精神。法令对值得救济者所提供的是一种院内救济（indor relief），这种院内救济直到 19 世纪 30 年代，都是英国济贫法制度提供救济的基本原则。

1601—1795 年是济贫法精神付诸实践的时期，也是古典自由主义发展的黄金时期，院内救济是济贫法精神的典型反映，其核心理念是惩罚和规管穷人，严格审查救济对象的资格与财产状况，严格限制救济对象的人身自由，习艺所（workhouse）成为收容救济穷人的主要场所与组织机构。1722 年，英国颁布《习艺所收容失业贫民法》，规定贫民不入习艺所者不予救济，实际是强迫所有穷人进入习艺所。18 世纪末，仅英格兰就有 4 000 所习艺所，习艺所兴旺发达可见一斑。习艺所生活状况十分恶劣，与其说是救济院，不如说是监狱。1662 年，英国又通过了《居住法》。这一法令规定地方官将任何流落当地的贫民遣返回他们的原出生地，不管他们是否已经自立谋生，目的是为了使贫民在相应的教区中得到救济。根据这项法律，地方治安法官有权将外来流动人口拘留并遣送回原籍。从解决社会贫困的角度看，这项法律有利于使失业劳动者得到自己教区的救济，从而缓解社会贫困。但是，《居住法》的最大弊端就是从法律上限制了劳动力的自由流动。

18 世纪后期，贫困问题引起英国社会的广泛关注，上流社会出现“感伤”思潮，人们对贫困成因的看法发生革命性转变：贫困不再被认为是愚昧和堕落的后果。这种转变体现在 1782 年的《吉尔伯特法》中，该法对贫民的惩罚和规管放松了许多，国家似乎承认了劳动权和生存权。到 18 世纪晚期，济贫法的价值基础已受到猛烈冲击，摇摇欲坠。

1795—1834 年是实施普及性救济和保障所有人最低生活水准的时代。这个时期虽短，但在英国社会救济历史中却占有举足轻重的地位。1795 年，英国伯克郡治安法官和士绅贤达在斯皮纳姆兰商定救济贫民的办法，制定了著名的《斯皮纳姆兰法令》。这个法令的主要原则是，按照面包价格涨落幅度来确定当地人的最低生活费用标准。该法具有多方面革命性意义和创新之处，因此，它标志着英国的社会救助进入了崭新的历史时代。第一，该法令规定任何贫民均有在家请求及接受救济的权利，开启了“院外救济”（outdoor relief）的先河；第二，该法令首次明确表达“最低生活保障”思想与“普及性权利”原则；第三，该法令取消了 1662 年《居住法》和地方当局的预防性驱逐权，规定只有那些确实成为公共救济对象的人才应被遣送回原籍，如此人生病或有残疾就有延期的权利，这对劳动者自由流动和贫民群体的人身自由与解放具有深远的历史意义；第四，该法令将工资津贴与社会救济结合起来，将现金救济与实物救济结合起来，将工资津贴与家庭收入结合起来，将生活费用与需要标准的粗浅指数结合起来，这对缓解贫困和保障最低生活水准具有积极意义。因此，《斯皮纳姆兰法令》具有革命性和开拓性的意义，其核心是承认普及性社会救济权利和最低生活保障原则。

（二）英国社会救助制度的确立

1834 年到 20 世纪初期是英国社会救助制度的成熟和定型阶段。1834 年，由自由主义者埃德温·查德威克（Edwin Chadwick，1800—1890）主笔的皇家委员会济贫法报告发表，其主题和基调是通过惩治“懒惰”贫民根治贫穷问题。查德威克在报告中提出著名的“劣等处置”原则和“济贫院检验”措施。劣等处置原则是指让享受救济的穷人的生活状况低于任何独立自由劳动者。济贫院检验措施是指将享受救济的穷人放在济贫院中，并予以准监狱式的严格管理，以使穷人道德完善并使懒汉勤奋起来。这个报告成为 1834 年《济贫法修正案》的理论基础。

1834 年英国《济贫法修正案》的主要内容有两方面：一是停止对身体健康和游手好闲者的院外救济，将救济对象严格限定在丧失劳动能力的老弱病残幼身上，重新缩小救济对象的范围；二是废除以教区为单位的救济行政，扩大为较大的地方单位，实行中央督导制，组建济贫法实施委员会（1848 年改为济贫局）管理救济工作，提高国家对救济的行政监管力度。《济贫法修正案》确定了新的救济原则，因此又被称为“新济贫法”。新济贫法不同于旧济贫法，其具有鲜明的时代特征。新济贫法原则上不再无条件向有工作能力的人提供救济，而贫困劳动者能够得到救济的唯一办法就是通过工作得到救济。

19 世纪晚期以来，马克思主义、费边社会主义和集体主义价值观念对社会救济制度的影响越来越大。关于贫困的范围与程度有了新的概念，人们对贫困成因的看法也发生了重大变化，由个人责任转变为结构因素学说。1909 年发表的皇家济贫法、救济事业调查委员会和著名少数派报告均主张应彻底废除济贫法，通过教育、年金、公费医疗等手段建立“国民最低生活标准”体系，以取代济贫法式的社会救助制度。1908 年英国政府通过《老年年金法》，对 70 岁以上老人实施免费年金制度。1911 年的《国民保险法》，使工人在患病、失业时可获得经济安全保障。1925 年《寡妇孤儿及养老年金法》使鳏寡孤独者及老年人皆有保障。这些法律从不同角度降低和消除了产生贫困的基本根源，标志着英国现代社会救助制度的最终形成。1929 年英国将原来济贫法规定的行政权归公共救济委员会负责，从而使救济事业成为地方行政工作的一部分。1930 年英国对沿用了近百年的《济贫法》进行了修订，把原来的济贫制度系统化为新的“公共救助”制度，建立公共救助服务体系，由地方政府负责。同时还强化了对一些特殊群体的帮助，以防止他们沦为贫困人口。1934 年规定失业保险划出部分资金，为长期失业者提供生活保障。

1935年英国设立了失业救助委员会，建立全国税收的计划，对失业者家庭进行经济状况的调查，提供援助，还把失业群体作为一个特殊的贫困群体给予特别关注。1938年的《盲人法》规定为盲人提供福利。到1936年，英国的贫困救助制度已经相当完善，受益人口约相当于总人口数的6%，其中老年人口中的8.7%依赖贫困救助生活。可以说，1834年以来的100多年是英国社会经济结构转型时期，也是现代社会救济制度最终形成的关键时期，并为社会福利制度和"福利国家"的形成奠定了组织、思想和制度性基础。在"新济贫法"时代，除了作为政府主要救济措施的济贫法制度以外，英国还存在多种非政府性救济组织和救济行为，其中，慈善组织所提供的救济在各种非政府性救济中占有重要地位。①

真正具有现代意义的社会救助制度产生于20世纪初，除了英国之外，当时，人们已经普遍认识到贫困并非万恶之源，因为进入现代社会后，导致贫困的主要原因已经不在个人而在社会。因此，给贫困者提供物质援助也应当成为政府与社会的责任，社会救助应当成为国民的一项基本权益。尤其是1929—1931年欧美各国爆发了严重的经济危机，出现了大量贫困人口，社会陷入不稳定状态。在传统的济贫手段和社会保险都不足以解决问题的前提之下，各国政府不得不尝试建立社会救助制度，以弥补社会保险制度的不足。尤其是第二次世界大战以后，越来越多的国家建立了自己的社会救助制度。尽管因社会保险的普及化和社会福利事业的持续发展，使社会救助在现代社会保障体系中的地位相对下降，但因社会救助仍然承担着救助贫困人口、不幸者等的功能无可替代，其在整个社会保障制度的基础地位不可动摇。

二、福利国家的兴起

第二次世界大战后，各工业化国家在完善社会保险制度的同时，普遍重视社会福利制度建设，西欧、北欧等国家先后宣布建成了福利国家，建成了对国民"从摇篮到坟墓"的全面的福利保障制度；其他国家虽然未走福利国家的道路，但不断颁行社会福利方面的立法，如日本就制定过著名的"福利六法"，为日本健全的福利保障制度的建立与发展提供了具体的法律依据。因此，第二次世界大战后工业化国家的社会保障制度是包括了社会救助、社会保险与社会福利等各种现代保障措施在内的完整的社会保障体系。

1941年，英国政府委托以威廉·贝弗里奇（William Beveridge）为首的"社会保险和联合事业委员会"负责制订第二次世界大战后实行社会保障的计

① 刘蔚玮. 英国的社会救助制度（2006-01-08）. http：//www.chinasocialpolicy.org.

划。这个计划于1942年年底以《社会保险和相关服务》（即著名的“贝弗里奇”报告）为题发表，报告认为应以消灭贫困、疾病、愚昧、肮脏和懒散五大祸害为目标[①]，主张通过统一社会保险缴费、统一社会保障管理等23条改革建议，建立一个全社会性的国民保险制度。[②]《社会保险和相关服务》具有跨时代的意义，它确定了第二次世界大战后英国福利国家的基本框架。贝弗里奇报告对英国以往提供的各种福利进行了反思，确定了国家提供福利的原则是基于国家利益而不是某些群体的局部利益，社会保障必须由国家和个人共同合作来实现。与过去的研究最大的区别在于，贝弗里奇报告是一个关于福利的“完全”的报告，它从人们的需求出发，提供相应的对策，涉及人们各方面的需要从而形成一个完整的福利体系。第二次世界大战结束前后，英国以“贝弗里奇报告”为基础，先后颁布了一系列社会保障法案，如《家庭补助法》（1945年）、《国民保险法》（1946年）、《国民卫生保障服务法》（1946年）、《国民保险（工业伤害）法》（1946年）和《国民救济法》（1948年）。其中1948年英国通过的《国民救济法》建立了单一的救助制度，它不是建立一套新的制度，而是把过去的各种救助纳入一个统一的制度。按照该法的规定，设立国民救助委员会作为新的管理机构，隶属于当时的年金和国民保险部。1966年，年金和国民保险部改为社会保障部，由该部兼管国民救助，在全国分12个区，设立区级国民救助委员会，其下设立若干地方办事处；将国民救助改为补助待遇，成立补助待遇委员会负责管理，其主要特点是弱化原来的短期待遇，强化长期待遇，这样有利于老年人。这五部法律概括了英国300多年福利发展的成果，涉及面广，综合程度高，对社会福利进行了系统化，其内容包括了福利国家的方方面面。这五部法律于1948年7月5日生效，这一天标志着英国福利国家的形成，以前所有的相关法律都自行废止，从此英国进入了福利国家建设的新阶段，经历长期发展的国民福利，这时在较短的期间内进行了总结、丰富和完善，形成了典型的福利国家。经过此后几十年的改进完善，英国的社会保障制度发展成为面向全体社会成员、高福利化、统一管理体制、为公民提供“一揽子”预防性保障的完整的社会保障体系，国家作为最后的责任人承担最后责任。

20世纪70年代以来英国对福利国家进行了改革，它改变了大半个世纪福利不断增长的势头，出现“非福利化”的取向。此前的福利国家特别强调从需要出发设立福利项目和确定待遇水平，80年代改变了这种出发点，反过来从经济的支持能力出发，按照资金供给的可能性确定福利水平。在改革中，

---

①② 劳动和社会保障部社会保险研究所翻译．贝弗里奇报告——社会保险和相关服务［M］．北京：中国劳动社会保障出版社，2004：3，20-82

福利支出受到严格的控制，冻结了一些待遇的支付水平，甚至对一些福利产品进行“私有化”，把其转化为市场运作。对福利待遇进行延期支付，以减少开支。例如在事业待遇上 1984 年采取延迟两周支付的方法，在未成年人福利方面也要延迟 4 周才支付，1988 年后连续三年冻结未成年子女待遇。1986 年的社会保障法又对贫困救助作了较大改革，将原来的贫困补助待遇改为贫困收入支持。福利改革受到不少的指责，其中最严厉的指责认为它扩大了不平等。过去的政策主要是为穷人谋福利，而新的政策主要是为富人谋福利。目前英国福利国家的建设仍然处于改革阶段，虽然 20 年的改革取得了一些进展，但对整个福利制度并没有大的触动，自撒切尔夫人下台后，福利制度改革的高潮已经过去。①

从世界范围来考察，除了英国以外，其他一些西方发达国家事实上也已经进入福利国家时期。如被誉为西方“福利国家橱窗”的瑞典等西欧、北欧福利国家，均是高福利、全民福利国家。这些国家的高福利政策虽然造成了一些社会问题，但社会保障制度向更高水平、更合理的组合方式发展的规律无法逆转，因为人类追求幸福和福利的增长是天然的、合理的要求，而社会经济的不断发展又为满足这种要求提供了条件。因此，在对社会福利膨胀采取有效调控的条件下，国家应把握好发展时机，以促进国民福利合理增长为基本出发点，及时将社会福利可能产生的负作用加以消除，建立面向全体国民的社会福利体系。

▶第二节　社会救助与社会福利的思想基础

一、西方社会救助与社会福利的思想渊源

（一）基督教的社会救助与社会福利思想

早期基督教教义对西方社会救助与福利思想产生了直接影响。早期基督教关注社会平等，包括阶级平等和性别平等。社会救助行为主要表现为以教会为主来组织和实施，它是上帝意志的具体体现，世俗社会中个人与社会组织的慈善行为，也是在履行对上帝的虔敬，而不是以关注人的需要为出发点。可以说，西方早期福利思想更多地带有宗教性而不是社会性，更有理由被称

① 刘蔚玮．英国的社会救助制度（2006-01-08）．http：//www.chinasocialpolicy.org.

为宗教福利思想而不是社会福利思想。[①] 早期基督教要求富人帮助穷人，认为这是个人获得拯救之路。例如，《圣经》旧约·利未计·第24章中就这样写道："你的弟兄在你手里若渐渐贫穷，手中缺乏，你就要帮补他，使他与你同住，像外人和寄居的一样。不可向他取利，也不可向他多要，只要敬畏你的神，与你的弟兄同住。你借钱给他，不可向他取利，借粮给他，也不可向他多要。"《旧约》中还特别提出，禁止任何人两手空空地回避贫民而不给予救济，甚至要求人们应该以一种坦诚和友好的表情、快乐和善意的心情对穷人提供慈善帮助。早期基督教明确反对富人对穷人的剥削，宣传基督会再次降临人间并建立人人平等、普遍幸福的千年王国，表达了人类追求福利的普遍性与迫切愿望。基督教还特别强调爱人如己，主张在施爱与他人中体验幸福的境界，摩西十诫则劝人净化心灵，努力向善等。宗教教义的上述主张客观上表达了博爱、平等、互助的思想，这些思想无疑为社会救助和社会福利的发展奠定了道德基础。[②]

在中世纪早期，由于教会对民众实施了有效的控制，不需要通过慈善行为达到社会控制的目的，虽然一些教会组织（如教堂、修道院等）也具有一些福利救助的功能，但数量很少，教会对穷人的救助带有明显的歧视性。到了中世纪后期，贫困不是犯罪的观念开始为世人所接受，教会应该救助穷人。此后，社会公正的概念逐渐确立，到了13世纪，法律规定富人必须帮助穷人。从此，社会公正和富人必须帮助穷人的观念成了基督教社会福利思想的两大理念支柱。这一时期，"私人福利"有所发展，家庭保障责任确立，例如子女对父母、丈夫对妻子的责任。手工业行会（guild）的互助保障功能得以发展，社会捐助与慈善行为一方面为穷人提供了帮助，另一方面也使追逐财富的活动正当化并能够取悦上帝。给予慈善捐助后，富人们就可以在两个世界中都获得好处：在现实中追逐财富，在后世中获得拯救。

16世纪初，马丁·路德领导宗教改革，矛头直指封建神学和反动教会，要求改革教会陋规，取消教会和教皇全面而至上的霸权，解放思想，解放社会。宗教改革运动直接对以神为中心的宗教神学思想提出挑战，进一步弘扬了以人为核心的人文思想，使得以人为本的观念、关注民生的思想、追求现实生活幸福的愿望更加深入人心，这不仅有力地推动了资本主义社会价值观念的形成，也为西方福利思想的形成创造了条件。

---

① 丁建定，魏科科．社会福利思想［M］．武汉：华中科技大学出版社．2005：6

② 郑功成．社会保障学——理念、制度、实践与思辨［M］．北京：商务印书馆．2000：52

（二）重商主义经济学的社会救助与福利思想

15—18世纪是欧洲封建社会向资本主义社会的过渡时期。城市工厂手工业日益扩大，生产日益发展，自然经济趋于解体；资本主义商品货币关系开始在全世界传播，巨大的市场刺激了资本主义工商业的发展。资本主义生产方式开始形成，其所具备的三个条件——丰富的劳动力资源、广阔的市场、大量的货币资本一一准备就绪。商业资本家空前活跃，商业资产阶级在社会上的地位日益重要，封建庄园经济遭到进一步打击，重商主义经济思想逐渐占据主导地位。

重商主义经济学认为，商业活动的发展导致了国际市场的建立、劳动分工的细化、商人阶层的扩大、雇佣劳动的发展以及货币作用的增强等。重商主义主张以发展经济和聚集金银财富来增强国力。他们反对封建割据，力主中央集权；反对分散的封建经济和地方主义经济，提倡国家经济、民族经济；强调国家的一切活动都应服从于增进国家富强和抵御外敌这一目标。重商主义使得对穷人的态度逐渐恶化：通过低工资而迫使穷人增加劳动和降低消费，从而有利于资本主义的原始积累，新兴的资产阶级从中获利。重商主义逐渐强化了“工作道德”：个人应该为自己负责，通过劳动来获得生活保障。

二、中国社会救助与社会福利的思想渊源

（一）中国古代的社会救助思想

中国古代先秦诸子百家，对理想的人类社会及社会制度安排进行了诸多论述。孔子认为人们的利欲之心太重，是导致社会贫富不均乃至相互间多愁怨的根本原因。要以财富平均的方法解决这个问题，统治者将财富平均后，就没有贫穷者了，社会关系和谐后人就不觉得少了，社会秩序安定后就不可能发生社会动荡了。孔子所向往的理想社会模式，一般认为是“大同”和“小康”社会。孟子发展了孔子的仁学思想，提出仁、义、理、智四个道德“善端”。他治理社会的方案就是推行仁政，因为每个人都有恻隐之心，所以可“推恩”于人，“老吾老以及人之老，幼吾幼以及人之幼”。孟子的小康社会是一个“尊贤使能，俊杰在位”的仁政社会。老子代表农民小私有者的利益，提出“小国寡民”的理想社会，所向往的实际上是一个传统的、封闭的、安于现状的小农社会。庄子则提出要建立一个心迹无所使、行为无目的、没有上下高低好坏生死之别、没有君子小人之分、安全自然“和谐”的社会。墨子主张按劳动来分配社会成果，同时倡导人际间的互帮互助，提出兼爱说，

"兼相爱，交相利"。管子把恤民和救灾视为施政纲领中的重要一目，提出要实行善政，通穷济困。他还强调道德规范在社会治理中的作用，他将礼义廉耻视为国之四维，缺一不可。①

（二）近代以来的社会救助与社会福利思想

近代以来，孙中山结合中国的具体国情，提出了民生主义思想。民生主义以平等化的财富分配制度为基础，以促进产业发展为主导，以改善民众生活为目标，它是传统中国社会的"大同"思想和"仁政"理念与近代西方资产阶级的社会改良思想相结合的产物。"平均地权"和"节制资本"是民生主义的两大纲领，前者被认为是社会主义的做法，后者是指节制私人资本并同时发展国家资本，主张兴办公立教育事业，保障完全就业，实行全民公费医疗，并"设立公共养老院、收养老人、供给丰美，俾之愉快，而终其天年"。

孙中山民生主义思想的具体内容包括：第一，平等主义的分配原则。孙中山认为，当时的各种社会问题，比如贫困、饥饿、疾病、愚昧等，根本原因在于分配制度不好。因此，解决社会问题的最好办法就是将财富平均分配，从而使民生问题得到彻底解决。第二，提出了"平均地权"和"节制资本"，认为地价的提高是因为社会的改良和工商业的进步，因此，这是通过人民的力量而获得的，所以由社会改良而来的地价提高也应该归于大众。孙中山平均地权的主张既是为了社会公平，也是为了促进经济发展。他认为，平均地权后，资本家就会舍弃土地投机，转而投资工商业，"则社会前途，将有无穷之希望"。同时，孙中山也看到了节制资本带来的副作用，但他认为在"实行生产工业化以求富"的同时，也要"实行分配的社会化以求均"。因此，他认为应该"节制私人资本"，"发达国家资本"，以此来消除财富聚集在少数人手上的现象。第三，通过国家力量来满足人民的生活需要。孙中山认为，人民生活需要分为基本生存需要（衣、食、住、行、育、乐）和追求幸福的需求，对前者应该通过国家建立基本的社会保障制度来满足，对后者则应该通过国家为人民提供更好的经济发展机会来解决。孙中山还分别在衣、食、住、行、育、乐等方面做了论述。其中，在住的问题上，孙中山提出为都市工人提供廉价住房；在行的问题上主张大力建造公路、铁路和发展交通工具；在育的方面提出了"少年的人有教育、壮年的人有职业、老年的人有养活"；在乐的方面提出要建立公共娱乐休息设施。

孙中山的社会救助与社会福利思想兼顾了发展与公平，直接为其资产阶

① 陈红霞．社会福利思想［M］．北京：社会科学文献出版社．2000：50-56

级革命的政策服务。它受到西方社会福利制度的影响较大，但对当时中国的经济与社会基础分析得不够，过分理想化，导致在实践中遭到挫折。

▶第三节　中国社会救助与社会福利的政策回顾

一、当代中国的社会救助政策

（一）新中国社会救济制度的建立

1949年新中国刚刚成立，就遭受了遍及长江、淮河、汉水、海河流域16省区的特大洪水灾害，受灾人口达4 500多万人。针对当时的严重灾情，1949年11月，负责救灾救济的内务部召开了各重灾省区救灾汇报会，提出了"不许饿死人"的口号和"节约救灾，生产自救，群众互助，以工代赈"的救灾方针。同年12月，政务院发出了《关于生产救灾的指示》，内务部发出《关于加强生产自救劝告灾民不往外逃并分配救济粮的指示》。1950年2月，成立了以董必武为主任，包括内务部、财政部等12个有关部委的中央救灾委员会。4月又在北京召开了中国人民救济代表会议，成立了中国人民救济总会。在中央政府强有力的领导下，全国上下同心协力，战胜了连年不断的自然灾害，如1950年华北地区和1952年华东地区的大旱灾，1953年东北地区、华北地区和1954年江淮流域的大水灾，1955年南方各省罕见的冻害等。

新中国成立之初，中国有数以百万计的城市贫困户。在各大中城市，街巷中满是灾民、难民和散兵游勇，失业人员和无依无靠的孤老残幼也比比皆是。尽管当时国家财政还十分困难，但仍拨出大量经费和粮食，开展了大规模的城市社会救济工作。据不完全统计，在新中国成立后一年多时间里，武汉、广州、长沙、西安、天津等14个城市紧急救济了100多万人。1952年，全国152个城市常年得到定期救济的人口达120多万人，得到冬令救济的达150多万人。有的城市享受社会救济的人口竟达20%～40%。为了帮助城市贫民从根本上解决生活问题，"生产自救"被摆在了一个很重要的位置上。为此，国家通过以工代赈和生产自救实施救济。首先是以工代赈，组织大批失业贫民参加市政建设。其次是组织军烈属和贫民生产单位从事手工业和小型工业生产。大规模的城市社会救济和生产自救迅速稳定了社会，恢复了秩序，使城市社会生活走上了正常轨道。

20世纪50年代中期，中国农村实行合作化后，农民的生、老、病、死基本上依靠集体经济力量给予保障。即使是因年老残疾、体弱多病而部分丧失劳动能力的农民，也可以通过由集体分派其力所能及的轻活，同样记工分，同样参加年终分配，直至其完全丧失劳动能力，才由其家庭主要负起赡养的责任，同时部分集体还给予一定的资助。这样，其基本生活需求就有了虽然不高但切实可靠的保障。对无依无靠无劳动能力的孤寡老人、残疾人和孤儿，则由集体实行"五保"供给制度，即"保吃、保穿、保住、保医、保葬（保教）"。上述种种措施最早在1956年的《高级农业生产合作社示范章程》中得到了确认。

20世纪50年代后期，中国与计划经济相配套的传统社会救济制度框架基本确立。从整个社会保障制度的设计安排看，在城镇，以充分就业为基础，将绝大部分城镇人口组织到全民所有制和集体所有制单位之中就业，社会保障是随着就业而生效的，职工、干部连同他们的家属的生、老、病、死都依靠政府和单位解决。在农村，随着农业合作化的层次越来越高，范围越来越广，到1958年建立人民公社时，几乎所有农民都成了社员，他们可以享受集体保障。即使是孤寡老人和孤儿也可以吃"五保"，由集体供养。综上所述，在城市的国家保障和农村的集体保障这两张安全网中，已经网罗了中国绝大部分人口，漏在网的外面的或者挂在网的边上的人是极少数。①

（二）当前我国社会救助政策的主要内容

1978年以来，我国社会救助工作进行了一系列改革。社会救助的范围和对象都发生了很大变化。依据救助对象的不同，我国目前的社会救助主要有以下内容：

1. 灾害救助

灾害救助简称救灾，是我国社会救助的重要组成部分。我国目前的灾害救助工作主要依据中国国际减灾十年委员会1997年12月颁布的《中华人民共和国减灾规则》。迄今为止，尚无一部全国人大或全国人大常委会制定颁布的综合灾害救助法律，也无国务院制定颁布的综合灾害救助行政法规。虽然某些地区和部门颁布过地区性的或针对单灾种的救灾规定，但整体而言还不够系统、协调。另外，目前的救灾方针仍然沿用20世纪80年代提出的"依靠群众，依靠集体，生产自救，互助互济，辅之以国家必要的救济和扶持"，这个方针在理念上需要进一步更新。

2. 城市最低生活保障

---

① 郑功成等．中国社会保障制度变迁与评估［M］．北京：中国人民大学出版社，2002：212-213

在原有计划经济体制下，绝大多数城市居民可以享受单位的福利和保障，城市居民的贫困问题并不突出。所以那个时期针对城市贫困居民的救助主要就是针对没有劳动能力、没有收入来源、无法定赡养或抚养人（“三无”对象）的人而实施的救济。这部分人口比较稳定，在整个 20 世纪 80 年代，一直维持在 30 万人左右。80 年代以来，随着城市经济、社会体制改革的日趋深化，原有的单位保障功能日趋弱化，城市贫困问题也越来越突出。90 年代以来，中国政府逐步建立了面向所有城市居民的最低生活保障制度，规定具有城市户口的居民，凡家庭人均收入低于一定标准者均可申请最低生活保障，而且确认这是公民的一项基本权利。

3. 农村贫困救助

这种救助大致分为三类：一类是原有计划经济体制下延续而来的“五保”供养，主要是对农村无法定抚养义务人抚养、无维持正常生活的劳动能力、无正常经济来源的老人、残疾人、未成年人，在吃、穿、住、医、葬以及未成年人教育等方面给予生活照顾和物质帮助的一种社会救济制度，其救助形式包括集中供养和分散供养两种。目前，“五保”供养主要依据 2006 年国务院颁布的《农村五保供养工作条例》来实施。第二类是农村居民最低生活保障。这是 20 世纪 90 年代中期以来农村社会救助改革的产物，它主要向家庭人均收入低于一定标准的农村贫困居民提供基本生活救助。第三类是农村特困户救助。这类救助目前主要是在没有开展农村居民最低生活保障工作的中西部省份实施。其做法一方面是大力扶持有劳动能力的农村贫困对象发展生产，促进自立；另一方面是对缺少劳动能力、不具备扶持条件的农村贫困对象由国家和集体给予救济和补助。

4. 城市流浪乞讨人员的救助管理

这类救助最初主要是解决城市流浪乞讨人员的收容和遣送工作，是一项带有强制性的救助措施。改革开放以来，由于城乡差距的持续扩大和人口流动限制的逐步松动，越来越多的贫困农村居民涌向城市谋生，其中一些无法获得正常生计的人就沦为流浪乞讨人员。2003 年 6 月 18 日，政府颁布新的《城市生活无着的流浪乞讨人员救助管理办法》，改收容遣送为救助管理，突出强调了对生活无着的流浪乞讨人员提供基本食物、住宿和医疗方面的救助，淡化了以前的强制、惩戒色彩，强化了自愿受助，主管部门也变成民政部门独立主管。

5. 特定人群救助

此类救助的对象主要是在新中国成立初期由于政策等原因被排除在单位制度之外的城乡贫困人口，主要包括 20 世纪 60 年代的“精、简、退”老职工、“文化大单命”以后病退回城的知青、麻风病人、原国民党起义投诚人员等。随着时间的流逝，这类救助对象自然减员，人数逐年减少。

6. 临时救助

这种救助主要有两类：第一类是国家和社会对于城乡非贫困居民遭遇突发事件时的急难救助，包括对于一些非贫困居民但是收入较低者提供专项救助，这类救助尚无统一制度安排；第二类是原有单位体制延续下来的各种“送温暖”活动，它是由全国总工会发起的，主要是在每年重要节日给困难职工送去现金、生活用品等，以示慰问。

（三）当前社会救助的突出问题

改革开放以来，特别是 20 世纪 90 年代以来，我国在城乡社会救助制度改革和建设方面取得了一定的成就，目前已经初步形成以城市居民最低生活保障制度、农村居民最低生活保障制度、农村“五保”供养制度、自然灾害救助制度、城市流浪乞讨人员救助制度、农村特困户救助制度以及其他社会救济等为基础的社会救助框架。从整体上说，我国的社会救助制度在保障困难人群的基本生活，促进社会和谐方面已经发挥了一定作用。但是，当前社会救助还存在着如下一些突出问题：

第一，社会救助没有实现城乡统筹。城乡分割是我国社会结构的显著特征，这种结构已经严重制约了我国社会全面、协调和可持续发展。然而，现有的很多经济、社会政策仍然在强化城乡分割，没有充分考虑促进城乡统筹和协调。

第二，社会救助的项目比较单一。整体上看，现行社会救助主要还是单一的生活救助，重在保障贫困居民的最低生活需求。尽管一些地区在试行一些专项救助，比如说医疗救助、教育救助、住房救助等，但是成效还不明显。

第三，社会救助理念落后。现行社会救助基本上还是延续传统的救助理念，即以个人或家庭的收入调查为基础，只有那些个人或家庭收入低于政府确定的救助标准的人才可以获得救助。基于这种理念实施的救助，不可避免地导致以下结果：申请者想方设法隐瞒自己的实际收入，因为隐瞒多少意味着可以从政府那里多拿多少；申请者无意通过劳动或其他方式增加自己的收入，因为增加多少意味着失去多少。由此，现行社会救助制度无助于贫困者摆脱贫困，相反却有可能长期维持一个最低收入阶层。如果收入补助之外的其他社会救助继续以这一部分人为对象，又会在客观上制造不公平，特别是那些收入虽然高出政府救助标准，但是并没有高出太多的人，将会感受到比较明显的相对剥夺。

第四，社会救助资金分担不太合理。现行社会救助在制度规定上过于强调地方责任。例如《城市居民最低生活保障条例》规定：该项制度实行地方各级人民政府负责制，所需资金由地方人民政府列入财政预算，纳入社会救济专项资金支出项目，专项管理，专款专用。

第五，社会救助管理缺乏统筹。由于我国社会救助没有统一的设计和专门的立法，各项救助制度是在实际工作中逐步发展起来的，因此，社会救助的管理表现出缺乏统筹和协调的特征。首先，没有统一的社会救助管理部门；其次，由于部门分割，导致社会救助缺乏联动机制，难以有效地满足救助对象的各种救助需求；最后，由于不能适当地区分基本生活救助与专项救助，常常将它们捆绑在一起，由此导致一些迫切需要获得专项救助的人不能享受救助。①

二、当代中国的社会福利政策

（一）我国社会福利政策的基本特征

中国的社会福利制度是在接收、改造旧中国官办、民办、教会办的福利设施的基础上逐步建立起来的，在计划经济时代则不断扩充到庞大的职业福利体系并增加了物价补贴等内容，以职工福利为核心的国家负责、城乡分割、板块结构式的传统福利制度，几乎涉及城镇居民生活的各个方面。它表现出以下几个方面的特征：

第一，它是一种奇特的混合模式。一方面，在传统福利制度中，国民福利在国家计划的控制下，被分割成财政价格补贴、民政福利和企业或单位办福利三大板块，三者之间既缺乏协调性，又缺乏稳定性；而企业或单位举办福利事务，又缺少西方国家同类组织那样的自主性，完全听命于政府，真正独立运作的社会公共福利团体几近空白。中国的福利模式既非国外流行的社会化福利，也非西方福利多元主义模式，而是一种奇特的混合模式。

第二，它是典型的城镇福利制度。按照福利制度的出发点与实施项目及范围，普遍化的社会福利仅仅表现为面向城镇居民的高福利。在福利项目支出方面，占全国人口约20%左右的城镇居民占有全国财政性福利支出的95%以上的份额；而占全国人口75%以上的乡村居民的财政性福利支出不足全国福利性支出的5%。可见，尽管传统福利的水平并不太高，但就其项目与保障内容而言，对城镇居民确实既全面又慷慨，而对农村居民的福利保障则显得

① 洪大用. 转型时期中国社会救助［M］. 沈阳：辽宁教育出版社，2004：15-27

严重不足。

第三，它是典型的就业关联福利制度。传统福利主要是围绕着城镇就业劳动者设计的，且以企业或单位为本位实施。在这种模式下，城镇就业人口通过单位既可以获得工资收入，又可以获得诸如住房、教育、生活福利及享受集体福利设施等福利待遇，而缺乏就业人口的家庭或孤老残幼则只能享受最低的福利待遇。这种格局显然与工业化国家的社会福利实践截然不同。[①]

（二）我国计划经济时代社会福利的缺陷

在计划经济时代形成的社会福利模式存在一些明显的制度性缺陷。

1. 畸形的福利板块结构

构成中国传统福利体系的价格补贴、民政福利、企业或单位福利，一直处于相互分割、自成体系、封闭运行的格局。这种格局不仅导致了经费来源单一、福利设施效率低下，而且养成了城镇居民的畸形福利观念，进而使居民与企业或单位之间形成了一种奇特的人身“依附”关系。

2. 工资分配与福利分配相混淆

由于传统福利制度以职业福利为主体，企业或单位便须依据国家政策对职工及其家庭的福利负全部责任，从而不可避免地要花费大量的人力、物力、财力来举办各种福利事业，其直接后果不仅是生产经营受到严重影响，而且只能选择低工资与多福利的混合分配方式；政府则因需要对企业的生死直接负责，也不得不强势干预企业的生产经营。在这种条件下，低工资构成多福利的前提，而多福利自然成为低工资的必要补充。工资分配与社会福利权益的混合，使企业办社会、政府办企业的角色错位问题成了计划经济时代的“中国病”，迄今仍是阻碍国有企业改革并向现代企业迈进的重大障碍。

3. 制度安排的非公平性

一是传统福利只面向城镇居民，造成了城乡居民的不平等待遇；二是在城镇，有固定工作单位的职工及其家庭与没有固定工作单位或单位太小而无力建设集体福利的职工及其家庭之间，在福利权益及待遇方面的差距甚大，孤老残幼则仅能享受最低生活保障待遇；三是职业福利因有严格的身份限制，在干部与职工之间、国有单位职工与非国有单位职工之间乃至同一所有制类型单位之间，因经济能力的不同而事实上出现福利保障权益及待遇的差异，从而也存在着非公平现象；四是一些具体项目的设置存在着非公平性，如传统教育福利主要面向高校而忽略了义务教育，上大学有助学金，而中小学教

① 郑功成等. 中国社会保障制度变迁与评估［M］. 北京：中国人民大学出版社，2002：333-334

育则经费不足等。

4. 资金短缺，供需矛盾突出

社会福利属于长期供给项目，但在传统福利制度下，政府每年用于福利方面的开支极少，企业因效益不良等也对福利缺乏有力的财政支撑，而社会筹资渠道迄今仍未真正开辟，所以导致了福利资金的严重短缺，福利供需矛盾十分突出。以残疾人福利为例，全国有约6 000 万名残疾人，其中有一定劳动能力的残疾人约 2 000 万人，而通过各种形式就业的残疾人不到 15%；有精神病人 200 多万人，而民政部门举办的精神病福利院的病床不到 3 万张；城镇新增贫困人口中有相当一部分属于退休职工，能够满足老年人需要的社会服务更是严重不足。

5. 职业福利严重异化

其主要表现在以下几方面：

（1）性质异化。职业福利的本源职能是为企业发展战略服务，由企业根据自身条件、经济效益及人才竞争战略等来设置，但中国的职业福利却与企业或单位的发展无直接关系，只是一种政府或社会责任的转嫁，是企业或单位的一种社会负担。

（2）地位异化。职业福利在各国均仅充当社会福利制度的补充，而在中国却成了传统福利制度的主体，它覆盖着全国城镇 95%以上的人口；职业福利在各国均只是对工资分配的一种补充，而中国的职业福利却与工资分配同等重要甚至超过工资收入。可见，传统的职业福利，无论是规模还是水平，在整个福利制度与企业或单位分配中的地位已经异化。

（3）功能异化。职业福利最基本的功能是激励职工努力工作并使生产效率得以提高，它带来的是企业与职工关系的良性循环；而中国的职业福利却是职工应当享受的法定权益，受益与工作好坏并无多少关联。因此，职业福利在许多企业或单位异化成滋生懒惰的温床。

（4）影响异化。职业福利应当是企业或单位的内部事务，各国政府除强制推行社会保险制度和规定最低工资标准，对职业福利从不干预，因为职业福利只事关企业或单位的兴衰；然而，中国的职业福利却完全听命于政府，它所产生的影响往往超过企业或单位本身而变成一种社会公共事务，造成普遍的社会攀比心理，有时甚至酿成严重的职企纠纷。①

综上所述，传统福利模式存在着严重的制度性缺陷，若不从根本上加以改造，必然阻碍中国社会福利制度的发展，同时也必然损害经济改革与整个

① 郑功成. 社会保障学［M］. 北京：中央广播电视大学出版社. 2004：344-345

社会的健康发展。

（三）我国社会福利的基本框架

20 世纪 80 年代以后，中国的社会福利制度进入转型时期。目前，我国的社会福利主要有社会福利事业、社会福利企业、社区服务、职业福利四种。

1. 社会福利事业

社会福利事业是指政府和社会对特定的社会福利对象提供的满足其基本生活需求的供养性福利项目。主要包括由县以上民政部门举办的各类收养性事业单位（社会福利院）以及社区举办的敬老院，主要针对城市“三无”人员，即无家可归、无依无靠、无生活来源的孤老残幼和精神病人。其中对老人是以养为主，妥善安排他们的生活，适当开展一些文娱活动和力所能及的生产劳动，以丰富生活内容，增进他们的身心健康；对学龄儿童是教养结合，使其接受教育；对婴幼儿以保育为主，使其健康成长；对智全肢残者，是养治教结合；对智力障碍者，是训练其生活自理能力和参加简单劳动的能力；对精神病人，是养治结合。

2. 社会福利企业

社会福利企业是政府和社会以安置有劳动能力的残疾人就业为主要目的的福利项目，社会福利企业可从事工业、商业或服务业等方面的生产经营。

根据现行政策法规，城镇中有劳动能力的残疾人可安置在社会福利企业就业，使他们通过力所能及的劳动获取收入以保障他们的基本生活，并由此走上社会、参与社会，从而获得与健全人同样的基本权利。在市场经济条件下，政府为保证社会福利企业能够参与市场竞争，采取了一系列保护政策。现行的福利企业税收优惠政策的主要内容如下：

（1）减免所得税。财政部、国家税务总局 1994 年发布的《关于企业所得税若干优惠政策的通知》规定：“民政部门举办的福利生产企业可减征或者免征所得税。”具体办法是：对民政部门举办的福利工厂和街道办的非中途转办的社会福利生产单位，凡安置“四残”人员占生产人数 35%以上，暂免征收所得税。凡安置“四残”人员占生产人员总数的比例超过 10%未达到 35%的，减半征收所得税。

（2）免征营业税。国家税务总局 1994 年发布的《关于民政福利企业征收流转税问题的通知》规定：“安置的‘四残’人员占企业生产人员 35%以上（含 35%）的民政福利企业，其经营属于营业税‘服务业’税目范围内（广告业除外）的业务，免征营业税。”

（3）先征后返还增值税。国家税务总局 1994 年发布的《关于民政福利企业征收流转税问题的通知》规定，民政福利工业企业享受先征后返还增值税的优惠政策。具体办法是：安置“四残”人员占企业生产人员50%以上（含50%）的民政福利工业企业，其生产增值税应税货物（规定不得享受税收优惠政策的项目除外），经税务机关审核后，可采取先征税后返还的办法，给予返还全部已纳增值税的照顾。安置“四残”人员占企业生产人员35%以上，未达到50%的民政福利工业企业，其生产销售的增值税应税货物（规定不得享受税收优惠政策的项目除外），如发生亏损，可给予部分返还或全部返还已征增值税照顾，具体比例的掌握以不亏损为限。此外，属于小规模纳税人的民政福利工业企业，如果符合上述条件，可按6%的征收率返还已征税款。①

3. 社区服务

社区服务是指在政府的倡导下，以社区基层组织为主体和依托，以自助—互助的群众性参与为基础，面向全体社区成员的，用服务设施和项目来增进公共福利，提高生活质量的区域性福利项目。

社区服务的主要内容包括：老年人福利服务，包括包月服务、收养和寄托服务、文化生活服务、庇护服务、生活综合服务等；残疾、精神病患者服务，包括残疾人康复服务、精神病人康复服务、残疾儿童寄托服务、智力障碍儿童启智教育等；心理咨询和家庭辅导服务。

4. 职业福利

职业福利主要是指我国的机关事业单位为了方便和照顾员工生活，提高其生活质量，在工资和社会保险之外向其提供有针对性的服务设施和项目以及现金津贴的福利计划和项目。

根据现行的政策法规，党政企事业单位的干部、职工在工资和社会保险之外，还可全部或部分享受以下职业福利：为职工生活提供方便，减轻家务劳动负担而举办的集体福利设施，如食堂、哺乳室、托儿所、幼儿园、浴室、理发室、洗衣房等；为解决职工不同需要，减轻其生活费用而设立的福利补贴，如生活困难补助、交通补贴、探亲路费、洗理费、房租补贴、水电补贴、燃料补贴、卫生费、书报费等；为活跃职工文化生活而建立的各种文体活动设施，如图书室、文化宫、俱乐部、体育场等。②

本章小结

在人类历史发展进程中，慈善事业形成了现代社会救助的雏形。1601 年

① 民政部. 中国的社会福利事业（2006-12-10）. http：//www.mca.gov.cn/artical/content/WFL_YWJS/20047785023.html.

② 唐钧. 市场经济与社会保障［M］. 哈尔滨：黑龙江人民出版社. 1995：119-124.

伊丽莎白《济贫法》奠定了英国济贫法制度的基础，而真正具有现代意义的社会救助制度则产生于20世纪初，尤其是第二次世界大战以后，越来越多的国家建立了自己的社会救助制度。享受社会救助成为社会成员的一项基本权利，而提供社会救助则构成了国家和社会的应尽职责和义务。贝弗里奇报告及以后的福利立法，使英国进入了福利国家建设新阶段，经历长期发展的国民福利，在较短的时期内进行了总结、丰富和完善，英国成为典型的福利国家。

在人类历史的长河中，社会救助和社会福利思想有着深厚的历史渊源。在西方，基督教的宗教思想、重商主义经济学的理论传统，对于社会救助和社会福利的发展都产生了重要的影响。在中国，先秦诸子百家的学说中有许多关于社会救助和社会福利的论述，近代孙中山则系统地提出了民生主义的福利思想。

我国目前的社会救助的主要内容为灾害救助、城市最低生活保障、农村贫困救助、城市流浪乞讨人员的救助管理、特定人群的生活救助和临时救助等。我国的社会福利制度是在接收、改造旧中国官办、民办、教会办的福利设施的基础上逐步建立起来的，在计划经济时代则不断扩充到庞大的职业福利体系并增加了物价补贴等内容，形成了以职工福利为核心的国家负责、城乡分割、板块结构式的传统福利制度，它几乎涉及城镇居民生活的各个方面。计划经济时代形成的福利模式存在着严重的制度性缺陷，20世纪80年代以后，中国的社会福利制度进入转型时期。目前，我国的社会福利主要有社会福利事业、社会福利企业、社区服务、职业福利等内容。

复习思考题

1. 试述英国济贫制度的产生过程。
2. 社会救助制度是如何确立的？
3. 试述福利国家的产生过程。
4. 试述基督教的社会救助与社会福利思想。
5. 试述孙中山的社会福利思想。
6. 当前我国社会救助政策的主要内容有哪些？存在哪些问题？
7. 我国社会福利政策的基本特征是什么？
8. 当前我国社会福利的基本框架是什么？

案例讨论

贝弗里奇报告——影响世界社会保障制度发展的经典著作

一、报告的起草过程

1941年，英国成立社会保险和相关服务部际协调委员会，着手制定第二次世界大战后的社会保障计划。经济学家贝弗里奇爵士受英国战后重建委员会主席阿瑟·格林伍德先生的委托，出任部际协调委员会主席，负责对现行的国家社会保险方案及相关服务进行调查，并就第二次世界大战后的重建社会保障计划进行构思设计，提出具体方案和建议。

委员会受命成立后，首先向所有相关业务机构调查了现行社会保险制度所涉及的各项业务，在此基础上构思设计了专门的问卷进行调查，并与相关机构的代表进行了多次会谈，还请纳菲尔德学院的社会改革调查小组收集社会保险待遇享受者的意见和建议；同时，为借鉴其他国家的成功经验，委员会又专门邀请国际劳工组织的官员来英国进行指导，听取他们的意见。在此基础上，第二年，贝弗里奇提交了题为《社会保险和相关服务》的报告，这就是著名的贝弗里奇报告。

二、报告的主要内容

（一）报告六个部分内容介绍

报告正文共分六个部分。第一部分为"导言和概论"，概要介绍了部际协调委员会的工作过程和整个报告的主要内容。第二部分为"主要改革建议及理由"，审视了英国当时保障制度所存在的诸多问题，详细论述了报告所建议的23项改革的理由及具体建议，如废除批准社团制度，改革工伤赔偿制度，统一社会保险制度及缴费和待遇标准，将医疗和康复服务作为公共服务向国民统一提供等。第三部分为"三个特殊问题"，重点讨论待遇标准和房租问题、老年问题以及关于伤残赔偿的途径问题。第四部分为"社会保障预算"，主要论述了社会保障预算所涉及的方方面面问题。在分析社会保险支出状况及各方的缴费能力和意愿之后，提出了由财政、雇主、参保人三方共同缴费的缴费方案，且就各方应承担的比例作了具体划分；同时，还专门论述了工伤保险费的筹资问题，明确了事故和职业病高发的行业应承担额外的工伤附加费的原则和比例。第五部分为"社会保障计划"。首先论述了社会保障计划所赖以存在的三个假定，提出通过社会保险、国民救助和自愿保险三个层次保障人们不同需要的重要观点。同时，在明确养老金、保险金、补助金及补贴等基本概念的基础上，将全部国民分为六个群体，分析了各群体的不同保障需要，并就其参保的待遇、缴费等有关问题进行了系统阐述。第六章为社会保障和社会政策，详细讨论了子女补贴、全方位医疗康复服务和促进就业问题，提出把消除贫困作为第二次世界大战后的基本目标，即社会保障计划的目标是：确保每个公民只要尽其所能，在任何时候都有足够的收入尽自己的抚养责任，满足基本的生活需要。

（二）制定社会保障计划所遵循的工作原则

贝弗里奇在勾画社会保障计划时遵循三条指导原则。其一，既充分运用过去积累的丰富经验，又不拘泥于这些经验，避免被经验积累过程中形成的部门利益所限制和驱动；其二，把社会保险作为提供收入保障、消除贫困的一项基本社会政策；其三，确定了国家提供福利的原则是基于国家利益而不是某些群体的局部利益，社会保障必须由国家和个人共同承担责任，通过国家和个人共同的合作来实现。国家在承担相应责任的同时，不扼杀和替代个人在社会保障中的责任；国家提供的基本生活保障水平不宜过高，应给个人参加自愿保险和储蓄留出一定的空间。

（三）社会保障计划的主要条款

社会保障计划的主要条款可以归纳如下：

1. 计划覆盖所有公民。一方面，对参保者没有规定收入上限，但同时又充分考虑了不同收入人群的生活差异和他们并不相同的保障需求，可以说既无所不包又分类实施。

2. 把所有的人群划分为六大类，其中四类在工作年龄以内，一类在工作年龄以上，还有一类在工作年龄以下。具体如下：

（1）雇员，指那些根据合同受雇为他人工作的人员。

（2）其他从事有酬工作的人员，包括雇主、商人和其他各类自由职业者。

（3）家庭主妇，指工作年龄内的已婚妇女。

（4）其他在工作年龄内未从事有酬工作的人员。

（5）未达到工作年龄的人员。

（6）超出工作年龄的退休人员。

3. 在上述六类人中，第六类人，即超出工作年龄的退休人员将可以领取退休养老金。第五类人，即尚未达到工作年龄的人员可享受子女补贴，该补贴由国家财政负担，覆盖所有社会保险待遇或养老金享受者的儿童。其他四类人也是各有所保。所有这六类人都享有全面的医疗和康复服务以及丧葬补贴。

4. 隶属于类别一、二或四的所有人每周或几周要缴纳一次专门的社会保险费，其方式是在一份专门的保险文件上贴一张印花，以此证明自己已按期缴费。第一类人不仅自己要缴纳社会保险费，他们的雇主也要为其缴纳社会保险费，缴费方式也是贴保险印花，其中雇员的缴费部分从其薪水中扣除。缴费的数量随待遇水平的不同而变化，而且男性的缴费要高于女性，以此来保障家庭主妇的福利待遇。

5. 只要履行了缴费义务，雇员就可以享受失业保险金、伤残待遇、退休养老金、医疗和丧葬费等项福利待遇；其他从事有酬工作的人员则可以享受退休养老金、医疗和丧葬费等项福利待遇，但不能享受失业保险，而且在伤残头 13 周内不能享受伤残保险待遇；其他在工作年龄段内未从事有酬工作的人员则可以享受除失业和伤残以外的其他各项福利待遇，包括退休养老金、医疗和丧葬费等。作为失业保险的替代，除雇员外，其他人员均可享受培训福利，以帮助他们找到新的谋生之道。只要其丈夫缴费，家庭主妇就可以享受生育津贴、孀居或离异补助，并可以领取退休养老金；除生育津贴以外，从事有酬工作的家庭主妇还可以领取13周的生育补贴，以保证他们在分娩前后不用工作。

6. 参保人所享受的失业、伤残待遇、经过转轨期后的基本退休养老金和培训等待遇水平一致，和其先前的收入多少无关。该水平提供的收入将能维持参保人在各种正常情况下的基本生活。对未从事有酬工作的夫妻，其待遇水平将考虑两人的需求。如果男方没有配偶或者其配偶从事有酬工作，则该男士只能享受考虑其个人需求的待遇，该待遇水平比未从事有酬工作的夫妻所享受的待遇水平要低；如果男方没有配偶但需供养子女，而且该子女的年龄超出了子女补贴的领取范围，那么可以享受抚养补贴。从事有酬工作的家庭主妇的生育保险金比失业或伤残保险金的个人水平要高；寡妇的福利待遇水平也有专门的规定。除了上述特殊情况以外，其他所有的待遇水平都是男女平等，一视同仁。因工伤或职业病致残的，其前13周的待遇和其他情况下致残的一样；如果13周后伤残情况依然存在，那么伤残者可以得到和个人收入挂钩的工伤养老金，该养老金上封顶下保底。

7. 所有失业者在失业期间所享受的待遇水平一致，而且无须经过经济状况调查，通常要求的条件是定期接受培训。只要接受适当的治疗或职业培训，伤残者在伤残期间就可以享受伤残待遇，不仅水平一致，而且无须经过经济状况调查，直到伤残者有资格领取工伤养老金为止。

8. 养老金（工伤养老金除外）只能在退休时支付，最低退休年龄是男65岁、女60岁，达到这个年龄以后，在任何时候都可以申领养老金。如果在法定退休年龄以后退休，则领取的养老金要高于基本养老金。经过20年的过渡期后，法定的缴费性养老金将逐步提高到全额基本养老金的水平，该水平将能满足各类人群的各种需求。因此，现在的养老金领取者的权益在将来是有充分保障的。

9. 没有需要抚养的子女又处于工作年龄的寡妇将不再享有永久性养老金，取而代之的是一种临时福利，其待遇水平比失业或伤残的待遇水平要高，如果需要，这些寡妇还可以享有就业培训方面的待遇。照顾需要抚养子女的寡妇除了可以领取子女补贴以外，还可以享受监护人福利，这些足够他们不用其他收入就可以维持基本生活。因此，现在靠养老金生活的寡妇的权益也是有充分保障的。

10. 由卫生部组织管理的国家卫生服务体系向所有的公民提供无所不包的医疗服务，所有需要术后康复治疗的病人都能得到相应的治疗。

11. 成立社会保障部，其职责是管理社会保险，对失业者等发放国民救助，鼓励和监督自愿保险，而且只要有利于此，该部可以接管现在由其他中央政府部门和地方政府管理的任何工作。

三、报告的理论价值与积极作用

贝弗里奇报告是一个关于全方位福利问题的报告，基本宗旨是消除贫困。它从人们的需要出发，提出相应的对策，从而形成一个完整的福利体系。报告设计了一整套“从摇篮到坟墓”的社会福利制度，提出国家将为每个公民提供9种社会保险待遇，还提供全方位的医疗和康复服务，并根据本人经济状况提供国民救助。这9种社会保险待遇分别为：失业、伤残和培训保险金，退休养老金，生育保险金，寡妇保险金，监护人保险金，抚养补贴，子女补贴，工伤养老金，一次性补助金（包括结婚、生育、丧葬和工伤补助金4种）。其中有许多为新的福利项目，如为儿童提供的子女补贴在福利制度发展中是一个根本性的突破，有的学者甚至认为它是福利国家的核心，打破了传统的家庭赡养职能，由国家直接代替家庭向非劳动人口承担了部分赡养责任。另一项重要突破是提出建立全方位的医疗和康复服务。报告还要求建立完整的社会保险制度，每人每周缴费，无论人们原来的收入如何，无论个人的情况及风险程度怎样，都必须强制参加保险，缴费费率相同，失业保险金、残疾保险待遇以及退休养老金等各种待遇也都实行统一的标准，强制性的基本保险项目由国家实施。这些都突破了英国原有失业保险和医疗保险只限于某些群体的限制。

报告指出，社会保障应遵循以下四项基本原则：一是普遍性原则，即社会保障应该满足全体居民不同的社会保障需求；二是保障基本生活原则，即社会保障只能确保每一个公民最基本的生活需要；三是统一原则，即社会保障的缴费标准、待遇支付和行政管理必须统一；四是权利和义务对等原则，即享受社会保障必须以劳动和缴纳保险费为条件。这些原则的提出和实施使社会保障理论更加丰富和趋于成熟。

英国政府基本接受了贝弗里奇报告的建议，于1944年发布了社会保险白皮书，并制定了国民保险法、国民卫生保健服务法、家庭津贴法、国民救助法等一系列法律。1948年，英国首相艾德礼宣布英国成为第一个福利国家。贝弗里奇也因此获得了“福利国家之父”的称号。报告和英国福利国家社会保障制度的实施，影响到了整个欧洲。瑞典、芬兰、挪威、法国、意大利等国也纷纷效仿英国，致力于建设福利国家。

贝弗里奇报告出版后的60年间，福利国家的理论和制度模式也经历了从兴盛到反思教训的过程，各种改革的设想和措施直到目前依然在尝试。但贝弗里奇报告提出的诸多原则、观点和方法并未过时，仍闪烁着智慧的光芒，对目前我国正在进行的社会保障体系建设仍有积极而重要的借鉴意义。

（摘自中国社会保险科学研究网）

第二章

社会救助与社会福利中的基本关系

■学习要点

通过本章的学习，认识国家与社会、政府与市场、公平与效率、需求与供给的基本关系，把握社会救助与社会福利制度改革和重建的理论依据。社会救助与社会福利制度的改革和重建，必须建立在正确认识和处理国家与社会、政府与市场、公平与效率、需求与供给的关系的基础上。这是其制度设计、政策安排、目标确定和道路选择的理论依据，是改革走上理性之路的必要前提。

■关键概念

国家（政府）社会　市场　社会化　公平　效率　以人为本

第一节 国家与社会

从宏观上认识、深层次上把握国家（政府）与社会（含家庭）的相互关系，是社会救助与社会福利体制改革和制度创新的理论基石。

一、社会的含义

何谓社会？社会学家们从不同视角用隐喻方式表达了多种看法。孔德、帕森斯视人类社会如同“生物机体”，韦伯把科层制看成“机器”，冲突论则认为社会是不同利益群体进行“战争”之所，交换论者宣称社会是一个“市场”，后现代主义和后结构主义则将社会看做“话语体系”或“文本”，人们可以不同方式去解读它。[①] 用隐喻的方式难以揭示社会的实质。马克思说：“社会——不管其形式如何——是什么呢？是人们交互活动的产物。”[②]社会在本质上是生产关系的总和，是以物质生产活动为基础的人类生活的共同体。

二、国家与社会的关系

国家是在社会中享有主权的政治组织，是阶级统治的工具，而政府是管理与行使国家权力的机关。那么，国家（政府）与社会的关系是什么呢？

在政府与社会的关系问题上曾经出现过有代表性的四大“主义”：一是无政府主义，主张取消政府，实行社会自治；二是国家主义，主张政府对社会的全面控制，国家是神圣的，政府是万能的；三是自由主义，认为政府对社会的管理是必要的，但政府只是管理必要的事物，对社会的干预越少越好；四是马克思主义，从国家决定于市民社会的历史唯物主义的基本观点出发，认为政府产生于社会，作用于社会，受制于社会，最终将随着国家的消亡而消亡。马克思批判了前三种理论的谬误，科学地揭示了政府与社会的一般关系，是正确处理政府与社会关系的理论依据。

在计划经济时期，我国实行的是国家与社会高度统一的“大政府、小社会”的管理方式，政府管了许多不该管又管不了、管不好的社会事务，国家成为社会救助和社会福利的唯一责任主体，造成了政社不分、关系失调、职能不清、机构臃肿、效率低下、成本高昂等弊端。这种“强国家，弱社会”甚至有国家无社会的同构状态极大地抑制了社会的发育生长，致使社会缺乏

① 何雪松．社会学视野下的中国社会［M］．上海：华东理工大学出版社，2002：2

② 马克思恩格斯选集第4卷［G］．北京：人民出版社，1995：532

自主管理、自我发展的能力，影响了社会的协调、快速、健康发展。随着社会结构的转型和经济体制转轨，国家和社会的关系在改变，一个相对独立的社会已经初步显现，社会结构由总体性社会向分化性社会改变，社会组织也由过去的行政性垂直组织结构向契约性横向组织转变，整个社会由一种总体性生存模式向独立生存模式转变，全国一盘棋的区域格局被打破了，地方社区开始成为利益主体。① 市场经济体制要求政社相对分离，首先要划清政府与社会的权责界限，明确各自的职能定位。政府一词，源于希腊语，意即"掌舵"(to steer)，政府的职能用一句话概括就是"导航"或"掌舵"，社会的职能就是"划桨"(to row)。把不应由政府行使的"划桨"职能转移给社会，放权于社会，让社会组织直接管理，实行社会职能社会化，社会事务社会办，社会福利社会化，构建"小政府、大社会"的管理格局。

根据我国国家与社会制度的性质和未来发展的方向，要求建立政府与社会既相对分离又良性互动的关系。"舵"掌不好，船就走不正，失方向；"桨"划不力，船就走不动，行不快。政府与社会如掌舵和划桨一样，必须相互配合，协调运转，也就是要良性互动，才能持续协调发展。对政府而言，对社会的作用主要表现在两方面：一是国家承认社会的相对独立性和自主性，并为社会提供制度性的法律保障，使其具有一个合法的活动空间；二是政府对社会进行必要的调节和干预，对社会自身无力解决的利益矛盾和冲突进行仲裁和协调。政府干预的范围不是社会能自行按契约性法规予以管理的领域，而是社会无力自我调节的领域。其手段主要是法律法规手段，辅以必要的行政和经济手段。政府的行为受法律的约束，不得有专横的自由裁量权。对社会而言，其对政府的作用也主要表现在两方面：一是社会对政府有监督制约作用，以防止政府滥用权力，克服主观随意性和短期行为。政府工作人员应自觉把自己的行为置于社会的监督之下，并使之制度化。要开通群众与政府的沟通渠道，及时获得社情民意的信息。二是社会参与管理国家与社会事务，并为民主政治奠定基础。② 按照邓小平同志提出的，把"人民拥护不拥护""人民赞成不赞成""人民高兴不高兴""人民答应不答应"作为判断政务的基准。

政府与社会相对分离又良性互动的"强政府、强社会"的关系准则，是建构新型社会救助和社会福利制度的理性原则。小政府不等于弱政府，在中国这样一个发展中的大国，需要建立的是小而强的政府，舍此就达不到实现社会主义现代化的宏伟目标。大社会也不是弱社会，是大而强的社会。强政

① 孙立平. 改革以来中国社会结构的变迁 [J]. 中国社会科学，1994 (2)

② 邓正来. 国家与社会 [M]. 成都：四川人民出版社，1997：12

府强在依法行政的权威上，而不是强迫命令上；强在执政为民的本质上，而不是“官本位”及滥用权力上。强社会强在能依法自主、依法自治上，强在有高度的自我组织能力和自我发展能力上，而不是无政府主义、否定法律的权威。政府权威不是人为树立的，而是靠实绩自然形成的。社会自主不是自发形成的，而是在政府引导下“自为”的结果。

应该赞成这样一个观点，即民主体制下唯一良好的权力配置就是强国家（政府）和强社会共存。

在社会救助和社会福利中政府处于主导地位，也可以说是政府主导型的社会救助与社会福利模式。之所以由政府主导，是由政府在社会发展中的“掌舵”地位决定的，也是由它是公共物品提供者的重要角色规定的。这是任何社会其他组织所不能取代的。所谓“掌舵”，就是制定政策、统筹规划、宏观调控、法律监督、信息引导等。主导就是主大政方针，导方向路线；主宏观调控，导利益调整；主社会救助和社会福利公共投入，导信息引路；主社会管理，导公共服务。鉴于政府在权力结构中处于支配地位，按照“路径依赖”理论，由政府主导是顺理成章的。公共产品和公共服务，是指那些为满足社会成员的共同需要，由公共财政按资提供的产品和服务，包括社会救助和社会福利，由于它具有效用上的不可分割性，在消费上不具备竞争性，在收益上不具备排他性，不能通过市场筹集到这类产品和服务的成本，只有通过政府强制性的税收才能做到。

三、社会福利社会化的主要内容

坚持走社会福利社会化的路子是社会福利体制改革和制度重建的目标取向。社会化的内容很多，包括资金筹集的社会化、服务机构设置的社会化、福利服务的社会化、福利管理的社会化，也内含有人的社会化。

（一）投资主体多元化

2000 年，国务院转发民政部等 11 部、委《关于加快实现社会福利社会化的意见》中提出：“从我国基本国情出发，推进社会福利社会化，采取国家、集体和个人等多渠道投资方式，形成社会福利机构多种所有制形式共同发展的格局。各级政府应根据经济和社会发展的需要，逐年增加对社会福利事业的投入，重点用在一些基础性、示范性社会福利机构的建设上，同时采取民办公助的办法，将一部分资金用于鼓励、支持和资助各种社会力量兴办社会福利机构；适当增加中国福利彩票发行额度，为社会福利事业的发展筹集更多的资金；采取优惠政策，鼓励集体、村（居）民自治组织、社会团体、个人和外资以多种形式捐助或兴办社会福利事业；企事业单位可以根据自身条件资源捐助社会福利事业，或利用闲置资源投资‘面向社区、自主经营、自负盈亏’的社会福利事业。”这一文件明确提出了投资主体多元化的要求，国家仍然是社会福利的投资主体之一，并要逐年增加投入，但不是唯一的供款者，要广开资金渠道，包括民间资本、社会捐赠、福利彩票、集体投入、企事业单位、社会团体、个人和外资等多种渠道和形式筹集社会福利资金。投资主体的多元化也体现了社会福利责任的共担机制和社会福利社会化的一个重要内容。

（二）福利设施向社会开放

国办的福利机构，主要是民政部门办的一些为特殊困难群体服务的福利机构和企事业单位办的原为本单位职工谋福利的设施向社会开放，主要是向所在社区开放。打破板块分割、封闭运行的旧体制，实现社会福利设施为社会所享用，在社区形成“共驻、共享、共管”的格局。

（三）服务对象公众化

扩大覆盖面，向尽可能多的社会成员提供福利服务。我国旧的福利体制是以职业福利为主，民政福利为辅的体制。职业福利实行的是就业与福利高度重合，所谓“低工资、广就业、高福利”，覆盖面只限企事业单位职工。民政福利只限对城市“三无”对象（无依无靠、无生活来源、无法定义务赡养人）和农村“五保”户（保吃、保住、保穿、保医、保葬）以及一些残疾人、精神病患者、伤残军人等弱势群体提供福利服务。人数有限而且呈下降趋势。城市体制外的社会成员及广大农民均在福利保障网之外，网内的人数含家属成员不到3亿人，而网外的人口在9亿～10亿人，也就是说福利享有者的覆盖率不到25%。社会福利的对象，从理论上讲是面向全社会成员的。福利国家一般是全覆盖的普遍型福利模式，虽然出现了危机，但难以根本逆转。中国长期实行的补救型福利模式，这是由中国的国情决定的，其对象是现在及今后很长一个时期的重点。但随着社会经济的发展，局限于这一模式已不能适应社会的福利需要。扩大覆盖面势在必行。突出的问题是农民的问题。只保城市不保农民是由“城乡分割、一国两策”的二元体制决定的，改变这一结构是一个漫长的过程，步履维艰，但不等于止步不前。有一种观点认为，农民有了土地政府就可以不管农民的社会保障，这一理由是不充分的，也是站不住脚的。种地的成本高，农产品价格低，种地甚至亏本，出现了撂荒的现象，单靠土地是难以实现福利保障的。农民以自我保障为主，不等于政府没有责任。国家财政是纳税人的钱，农民是作了贡献的，不能只顾城市而不管农民，政府是全民政府，不是市民政府，农村的社会福利不能照搬城市但可以从个别力所能及的项目入手，逐渐扩大。如农村义务教育还是社会现代福利的必要内容，实现农村普及义务教育，这是可以做到的。对一些家庭无力自助的困难老人，由农村社区给予适当的支持性服务，也是可行的措施。对进入城市的农民工，应研究福利服务的办法。我国不能走福利国家的老路，但要逐步扩大福利享有者的覆盖面，这是社会福利社会化的趋向。

（四）社会福利社会办

社会福利社会办是社会福利社会化的最主要内容。政府应尽可能将适宜于社会办的福利事业交给社会去办，不得不由政府办的福利机构，适当实行“政事分离”、所有权和经营权分离的原则，成为相对独立的福利机构。社会办的方式多种多样，可以是个人办、集体办，也可民办公助、委托承包、特许经营、股份制等，形成多种所有制共同发展的格局。要着力发挥第三部门及社区组织作用，积极推动和扩展慈善活动、志愿者活动和公益活动。

“第三部门”是指在政府部门和以赢利为目的的市场部门之外的“非营利部门”，与政府部门、市场部门共同构成现代社会的三大支柱。政府的职责是“以强制求公益”，市场则是“以志愿求私益”，而第三部门则被定位为“以志愿求公益”。第三部门的突出特点是志愿性、公益性和民间性，它是自由公民的联合体。在国外视第三部门为非政府组织（NGO）和非营利部门（NPO）的总称，在国内主要是指非营利的民间组织。据民政部的界定，民间组织包括“社会团体”（简称“社团”）和“民办非企业单位”两类社会组织。其中社团是指中国公民根据自愿组成，为实现会员共同意愿，按照其章程开展活动的非营利社会组织。民办非企业单位是指企事业单位、社会团体和其他力量以及公民个人利用非国有资产举办的、从事非营利性社会服务活动的社会组织。社团在第三部门处于核心地位。

20 世纪 80 年代以来，一场“全球性的社团革命”悄然兴起，其背景是现代福利国家的危机和全球性环境危机，促使人们重新思考经济增长的目标和手段，引起了人们对“帮助人们自助”和“参与式发展”的关注。鉴于政府失灵和市场失灵，人们认识到政府做不了、干不好的事和市场不愿做、做不了的事，交由第三部门去做是一个可行的理性选择。美国霍普金斯大学拉蒙教授通过对 41 个国家的比较研究，认为“全球性社团革命”对 20 世纪晚期的意义，如同民族国家的兴起对于 19 世纪晚期的意义一样重大。在世界上几乎所有的国家里，都有由非营利组织或非政府组织组成的庞大的第三部门。

这一部门的平均规模大约是：占各国 GDP 的 4.6%，占非农就业人口的 5%，占服务业就业人口的 10%，相当于公共部门就业人口的 27%。第三部门对社会发展起着巨大的推动作用，表现在有助于填补政府用于社会发展方面的资金不足，动员社会资源参与社会发展；开拓大量就业机会；推动社会帮助弱势群体；促进落后地区的发展；缩小贫富差距，促进社会公平。

中国的民间组织在新中国成立以来有七次发展高峰，主要是改革开放以来有了迅猛增长。也有三次较大规模的清理整顿，社会团体的数量有所减少，质量有了进一步提高，结构趋于合理。存在的问题可用“三个不足和一个不合理”来概括：人均拥有量不足，经费不足，能力不足，结构不合理。

在提供公共服务、社会福利方面政府部门和第三部门各有其优势和不足。第三部门的优势在于：它更容易接近被服务对象，更灵活及时地反映服务对象的需求，更适合处理高风险的社会问题。民间组织在很多方面是政府推进社会救助和社会福利的有力助手。但从实践看，第三部门还未真正成为政府职能转变的载体，原因在于社会团体及民办非企业单位发育还不成熟，政府的职能转变也不到位，致使第三部门办社会福利事业未形成气候，更谈不上规模效应。政府应充分发挥第三部门作用，使其成为政府提供公共物品和社会福利的一支不可替代的社会力量。它能够以灵活的方式满足不同层次多样化的福利需求，并以其独特的优势获得外部的捐赠。

社区服务是社区建设的重点，也是社会福利社会化的重要体现。经过二十年的发展，社区服务有了长足的进步，成绩显著。社区服务是具有社会福利性的居民服务业，福利性是它的本质特征之一，舍此，就同经济领域的社会服务相混同，它是特殊的第三产业，特就特在其福利性上。为了满足社区成员的多种需求，社区服务可以设置多种服务项目，但重点是福利性服务，包括对弱势群体的免费和低费服务，也有增进生活质量的较高层次的收费服务项目，如康复、休闲、康乐等。形式主要有院舍服务、居家服务、求助中心服务以及其他多种设施服务和非设施服务。设施服务包括综合性社区服务中心、康复中心等日托机构。非设施服务是指以劳务形式提供的服务，如为困难老人提供的特色服务，志愿者提供的上门服务，权益保护服务。当前，社区服务存在的突出问题，一是缺乏公共财政支持，二是服务的技术含量很低，诸如心理咨询、问题青年的行为矫治、精神病患者的综合治疗以及康复训练等，均缺乏专业化、职业化的社会工作者介入。社区要提高公共资源的调动能力，争取从税收和财政两方面去解决。社区承担着基层社会管理和居民福利服务的重任，应当列入地方政府财政支出项目。力争开辟社区税源，发展社区经济，扩大社区资金来源，积极引入社会工作的专业知识和技能，提高社会福利服务的质量。

要继续发挥家庭保障功能。从理论上讲家庭的自我保障不属于社会保障，家庭福利也不是社会福利，但为家庭提供的福利服务却是常见的社会福利的不可或缺的组成部分，家庭是社会的细胞，社会福利不可把家庭排除在外。在我国的儒家文化传统中，以“孝”道去调节家庭代际赡养关系，以“悌”调节兄弟之间的关系，这种家庭伦理世代相传，经久不息。在今天，这种代际的抚养和赡养责任已上升到法律的层次，在一定条件下还扩大到祖父母与孙子女之间，以及兄弟姐妹之间。其实质是人的生命周期在家庭内部通过代际的权利和义务关系的实现，这种关系是靠家庭伦理去维系的。随着工业化和商品经济的发展以及社会分工的细化，老龄化的加速，家庭结构在缩小，家庭的养老和互助功能在弱化，必然呼唤着建立社会保障，包括社会福利制度去补充家庭福利建立的不足。不同的家庭存在不同的福利需求，应有针对性地提供不同的服务。台湾学者万育维将家庭分为四类：一是正常家庭，二是“弱功能家庭”，三是“失功能家庭”，四是没有家庭的人士。社会福利服务项目针对不同类型家庭分别提供三种不同类型的服务：一是“替代性服务”，主要针对无家庭人士，包括鳏、寡、孤、独者和流离失所者，通常以院舍服务为主要形式，由社会福利代替家庭的角色承担照顾养护服务功能。也包括对其他家庭的危机处理、危难救助等。二是“补充性服务”，主要针对弱功能家庭和失功能家庭，如单亲家庭是典型的弱功能家庭，失功能家庭是由于家庭暴力、变故或解组而使家庭不能完全履行照顾责任者，由社会福利提供相应的服务，作为家庭功能的补充，如日间照顾、临时托养、康复服务、庇护工厂等。三是“支持性服务”，是指家庭本身存在的功能，由于受到条件的限制而不能充分发挥，社会福利的作用在于为家庭提供支持，如家庭咨询、信息服务、家庭教育、健康指导等。这类服务在正常家庭需求最多。各类家庭的社会福利服务需求各有重点，但也交叉使用一些服务项目。这一分类对政府的社会政策的安排及理论研究是有价值的。①

对家庭提供福利服务，是在政府主导下，通过社会力量，主要是社区、社团、社工（通称“三社”）以及志愿者、社区成员去实施的，是政府与社会和家庭的一种互动关系，是社会福利社会化、社会事业社会办的一个重要体现。

建立国家与社会既相对分离又良性互动的“强强”关系模式，需要在改革中探索，在发展中完善。关键在于合理划分职责权限，明确各自的角色功

① 孙炳耀，常宗虎. 中国社会福利概论［M］. 北京：中国社会出版社，2002：87，99

能，规范行为，协调运行，重在组织和制度创新，以适应社会转型的客观形势，开创政府主导、社会参与的社会福利社会化的新局面。

▶第二节　政府与市场

一、政府与市场的关系

政府与市场的关系在西方是一个争论了几百年的老问题。在市场经济发展初期，15 世纪欧洲文艺复兴时期产生了重商主义经济学。为打破教会、地主和社会对经济活动的控制，确立市场经济新秩序，扩大国内外市场，强调国家干预经济生活，这种重商主义的理论和政策，被称为古典国家干预论。18 世纪当市场经济体制在西方各国确立之后，人们对国家干预的认识发生了变化，自由放任、限制国家干预的观点开始占了上风，以魁奈为代表的重农主义学派、以亚当・斯密和李嘉图为代表的古典学派和以马歇尔为代表的新古典学派，集中反映了自由放任的主张。亚当・斯密在《国富论》中提出由市场这只“看不见的手”去引导经济生活，政府只起“守夜人”的作用，崇尚“最小的政府是最好的政府”。在此后 100 多年的时间里，西方许多国家都是在所谓自由放任的状态下发展经济的。进入 20 世纪 30 年代，一场世界性的经济危机粉碎了市场自动均衡的理论，一个政府积极干预市场的经济理论即凯恩斯理论应运而生。凯恩斯抨击了自由放任主义和“供应会自动创造需求”的萨伊定律，主张政府对经济的全面干预，主要是通过赤字财政和增加货币供应量等政策，大兴公共工程，扩大消费，刺激有效需求，实现充分就业，以达到发展经济和增进福利的目的。美国总统罗斯福两次运用凯恩斯主义实施“新政”，历经罗斯福、杜鲁门、肯尼迪、约翰逊四位民主党总统，凯恩斯主义一直在政府经济社会政策中占主导地位，对美国经济复兴起到了重要作用。70 年代以后西方国家出现了“滞胀”，即经济停滞加通货膨胀，于是以公共选择派为代表的自由主义认为这是凯恩斯主义造成的恶果，主张限制政府干预，主要依靠市场机制的作用向自由放任回归。在政府与市场的关系问题上，由市场失灵论转向政府失败论，争论仍未休止。

政府与市场这一西方争论很久的老问题，对我国还是一个新问题，是经济转轨时期必然面对的问题。我们不能在政府与市场的两个极端作选择，只能在市场机制与政府的必要干预的互补中作选择。经过十多年曲折的探索，我国终于将社会主义市场经济作为经济体制改革的目标确定下来，在国家宏观调控下，发挥市场在资源配置中的基础作用，这是一个历史性的重大突破。建立市场经济体制还要不要政府的干预，政府在市场经济中扮演何种角色，这是一个必须回答的问题。实际上，世界上不存在纯粹的或完全竞争的市场经济，只有市场调节和政府调控相结合的混合经济。市场和政府都不是万能的，市场失灵是政府干预的基本理由，政府干什么，取决于市场干不了什么。政府要扮演公共物品的提供者、负外在效应的消除者、收入和财富的再分配者、市场秩序的维护者和管理经济的调控者的角色。近几年，我国又将政府的职能定位为“经济调节、市场监管、社会管理和公共服务”。可以说，我国在认识和处理政府与市场的关系中，已经摸到了改革的“石头”，当然，摸到了不等于已经过河了，还有一段相当长的路要走。

如何认识和处理社会福利与市场经济的关系，这是一个重要的制度设计和政策安排问题。社会福利与经济有着密切的关系，完善社会福利体系必须与社会主义市场经济体制的发展要求相适应。但社会福利作为社会保障的重要组成部分，是一项独立的社会制度，不是市场经济的附属物，也不宜仅仅将其作为企业制度改革的配套工程去面对。社会福利有自身特有的目标追求、道路选择、运行机制、原则手段、政策措施，有不同市场经济的功能和特点。

社会福利、社会救助与市场经济的本质区别表现在：一是市场经济是以市场作为资源配置的基础，而社会福利包括社会救助则是通过政府再分配去实施的社会政策。二是市场经济以效率为目标，追求利润的最大化，而社会救助和社会福利则是以社会公平作为主要追求目标（在下一节专讲公平与效率）。三是市场经济通行的是“优胜劣汰”，而社会福利、社会救助的重点对象是“弱势群体”。市场经济既是效率经济，同时也是风险经济，它要经过“惊险的一跃”，摔坏的不是商品，而是商品生产者和弱势群体。它实行优胜劣汰，有利于强者，不利于弱者，而且会使强者更强，弱者更弱，出现了“马太效应”。那些没有竞争能力的人会慢慢地边缘化甚至贫困化，如控制不力，其自然趋向是两极分化。四是市场经济实行自由竞争，而社会救助和社会福利倡导社会互助。自由竞争是市场经济具有活力的内在机制，没有自由竞争，就没有市场经济。但是，人类社会要发展，不能没有竞争，也不能没有互助。中国传统文化讲“仁爱”“守望相助，疾病相扶”“达则兼济天下，穷则独善其身”。连基督教都讲利他主义。达尔文为纠正他的进化论带来的“生存竞争”“弱肉强食”的负面影响，曾继续出版了《人类的由来》一书，证明人类社会能够生存，不仅在于“竞争”或“斗争”，还要靠团结、互助，甚至自我牺牲。搞好社会救助和社会福利，必须依靠群众，动员社会各方面的力量，发扬团结友爱、互助互济传统。主管社会救助的民政部门提出“建立以经常性社会捐助制度为基础，临时帮困和送温暖活动为补充，社区服务相配套的社会互助体系”，使社会互助经常化、制度化。这对改善人与人的关系，建设文明祥和的新型社区是至关重要的。人与人之间不能只有利害关系而无道义关系，不能只讲生态不讲心态，不能只讲竞争不讲互助，也不能只讲等价交换不讲人文关怀。现在开展的公益活动、慈善活动和志愿者活动，都是社会互助行为。人们之间的关爱和互助，并不是基于权利的考虑，也不图回报，更不是施舍，而是一种高尚的道德义务和社会责任，是一种精神文明的自觉表现。五是市场经济无法解决的某些社会问题，需要政府和社会去补位。社会救助和社会福利在消除市场经济的负面影响方面发挥着积极作用。社会转型、经济转轨时期，不稳定因素甚多，社会问题丛生，需要政府各部门合力去面对和解决。随着经济结构的调整，产生了结构性失业，失业率在上升，这是一个严肃的社会问题。社区福利服务，是创造就业岗位的一个重要渠道。北京拟在 3 年内在社区新增加 30 万个就业岗位，其他一些城市也在积极创造社区就业机会，为解决失业问题尽一份力。发展市场经济，生产要素自由流动，特别是农村剩余劳动力大量在向城市转移，年年出现“民工潮”，这是工业化、城市化的一个自然现象。问题是那些无序流动而又找不到工作滞留街头生活无着落的人，需要政府部门实行救助管理。这项工作比计划经济时代繁重而又复杂得多，解决不妥就会出乱子。犯罪率上升，一些青少年的矫治工作也是社会福利工作的一项重要内容。另外，随着竞争压力加大，生活节奏加快，精神障碍患者也日益增多，如何进行开放式、综合性、社会化的治疗、康复直至重返社会，也是一项专业性很强的社会福利工作。还有诸如老龄化社会到来出现的老年问题以及婚姻家庭问题等，都是社会救助和社会福利要面对的社会问题，是市场经济自身无法解决的问题。

二、政府、市场及福利机构的关系

政府和社会应做市场做不了的事，但不等于要排斥市场的作用，而是要尽可能利用和善于发挥市场机制的作用，来增进和发展社会福利事业。在改革旧体制创建新制度的实践中，已经探索出一些成功的经验，值得吸取。如何处理政府与市场及福利机构的关系，可以有多种办法和形式。

（一）收费服务

市场的典型特点是个人通过购买而得到自己所需要的产品，这在旧福利体制下是不可能的。在改革过程中我们引进了有偿服务，区分不同对象实行无偿、低偿和有偿服务。对无支付能力的对象，如“三无”人员，由政府实行无偿服务，对支付能力低的社会成员，实行低偿服务，收费低于服务成本，需要给予一定补贴，带有福利性质。对于有支付能力且要求提供服务者，可以按成本甚至高于成本收费，体现的是一种市场规则，自费服务实质是一种购买，发生了交换关系。国家办福利机构的收费，体现了国家与市场的结合；社会各福利机构的收费，则体现了社会与市场的结合。收费服务均体现了市场机制，不足部分由国家与社会给予补助。利用市场因素，对发展我国社会福利事业是有利的，它可以筹集到更多的资源，促进自我发展，也可以减轻国家的负担并扩大福利供给，满足多层次的福利需求。

（二）政府购买

政府不再按照服务机构的需要进行拨款，而是标出一定的服务产品，按照一定的价格向服务机构购买，签订合同，政府向服务机构进行支付，然后由服务机构向受益人兑现服务。这种办法称为“政府购买”。政府购买可以采取竞标办法，政府公布标的产品进行招标，任何社会机构、福利机构均可参与竞争，政府与中标者签订服务合同。竞标体现了政府购买中的市场机制，在一定程度上也体现了价格竞争和质量竞争的作用。

（三）拨款改补贴

上海在社会福利改革中试行一种“拨改补”的办法，过去由政府直接拨款给福利机构，然后由服务机构向服务对象提供服务，两者之间是单向的“产品”供应，不存在交换关系。现在改为政府不再向服务机构提供拨款，而向服务对象提供补贴，然后由服务对象向服务机构购买服务。这样就使服务对象、服务资金提供者和服务提供者三者分开。由于启动了消费者购买，从而内生了价格和竞争机制，有利于服务对象自主选择服务机构，即“用脚投票”，促进了服务机构之间的竞争，提高了管理水平和服务质量，降低了管理和服务成本。

（四）委托经营

将国有福利机构设施委托给适当的经营者，实行所有权和经营权分离，受托经营者可以是独立法人，对经营的投入、产出及损益完全负责，政府只要求它提供规定的服务。如上海浦东新区的一个综合性社区服务中心，就是由该区社会发展局委托给上海青年会经营。将该区一个街道青少年科普中心，由区社会发展局委托给一个公司经营。经过几年的试验，效果较好，既减轻了政府在经营福利项目方面的负担，又转变了福利机构的管理体制和运营机制，提高了效率，改善了服务，受到了群众的欢迎。委托经营的关键是选取适当的经营者，要有较高的素质，热衷于公益事业，真正能把国有福利设施用于惠及公众的福利服务。政府也可用竞标的办法，选取优胜者，并签订委托合同，对其进行监督和评估。

在社会福利事业中可在多方面以多种方式引入市场机制，但利用市场因素不等于搞市场化。何谓“化”，彻里彻外，彻头彻尾之谓化，社会福利存在诸多非市场因素，是市场经济所解决不了的，需要政府和社会承担责任主体，不可能完全市场化。鉴于社会福利的福利性和公益性特征，不宜完全依靠市场机制或私有化。允许民营福利事业发展，但多种所有制不等于就是私有化。以哈耶克、弗里德曼等为代表的新自由主义，否认政府在社会保障，包括社会福利中的主体责任，放弃不可能实现的关于建立平等和社会公正的目标，让市场发挥主导作用，主张实行市场化和私有化。他们推崇以个人主义和不受约束的自由主义为基础的资本主义，认为这是最好的制度选择，集体主义和社会主义是违背“人的本性”的制度，实行计划经济更是一条“通向奴役的道路”。再分配政策是同理想自由的社会相悖，是对社会进步的破坏等。他们通过对福利国家的全盘否定从而引申出对现代社会福利保障的否定。但他们对国家过多干预经济、不重个人责任及自由选择的批评，以及利用市场竞争机制来提高效率的主张，还是有道理的。对我们改革旧的国家——单位保障体制，引入市场机制等方面是有借鉴意义的。但否定政府的主体地位，走向完全市场化及私有化的制度选择是我们不能苟同的。在现代社会福利中，政府和市场都不是万能的。政府的介入是基于市场的失灵决定的，而政府的失灵又必须引入市场机制，要发挥政府和市场两者的积极作用，必须科学合理界定两者的职能和作用，重点在于寻求政府与市场行为的均衡点，把握好“度”，实现政府的主体作用和市场机制作用的有机结合和优势互补。

在社会救助和社会福利体制中，政府是责任主体，社会是依靠力量，社会化是运作方向，市场是可利用的机制，这应是三者的角色定位。

▶第三节 效率与公平

效率与公平的问题是一个古老而又常新的永恒话题。提高效率、维护公平，一直是人们活动的主题和追求的目标。一部人类史，也可以说是人类追求效率和公平的历史，一部文化史，是人类追求效率和公平的思想史。当今，既需要树立正确的效率观，也需要树立正确的公平观。问题的难度在于如何恰当地处理效率和公平之间的关系。

一、关于效率的释义

效率问题是自然科学及人文社会科学都关注的具有普遍性的问题，在经济、社会、文化以及人的日常生活中均涉及效率问题，但对其解释可谓众说纷纭，莫衷一是。为能多方面搞清楚这一概念，有必要从广阔的领域做一个简要的概述。

（一）效率的物理学界说

对效率的原始解释出自物理学和力学。《辞海》将效率解释为："是指一种机械（原动机和工作机）在工作的输入能量与输出能量的比值。"《现代汉语词典》（商务印书馆 2005 年修订本）对效率的解释是："机械、电器等工作时，有用功在总功中所占的百分比。"上述关于"能量"和"功"的含义是相通的。从物理学和力学的角度看，效率实际上是指输出功与输入功之间的比值。

（二）效率的工效学释义

《辞海》对工效学关于效率的解释是，"泛指日常工作中所消耗的劳动量和所获得的劳动效果的比率"。《现代汉语词典》解释为"单位时间内所完成的工作量"。前者用劳动中的消耗与获得之比释义效率，暗含成本的内容；后者用工作中所消耗的时间与完成的工作量之比释义效率，把消耗的时间看做成本。表述不同，意思相近。这一解释介于物理学与经济学之间，接近经济学的效率含义。

（三）效率的经济学解释

经济学关于效率的解释主要有两种。一是指投入产出之比，即资源投入与生产产出之间的比率。二是帕累托效率，即资源配置最优效率，指社会资源的配置已达到这样一种境界，任意一种资源的重新配置都不可能使一个人的福利增加而不使另一个人的福利减少。所谓效率，就是指通过最有效、最优的资源配置，以尽可能少的成本去获取人们所需要的尽可能多的收益。投入产出效率的一个缺点是不联系生产目的。在一定条件下，投入产出效率高并不一定对生产者有利，如资本主义经济危机时期的情况及社会主义计划经济体制下的产品积压情况，人民并未得到实惠。帕累托效率是福利经济学家提出的概念，特指以完全竞争市场为假设，社会资源的最优配置。其用意是将效率与社会福利联系起来。但是，完全竞争的市场在现实中是不存在的，而资源配置最优并不一定能使个人福利最大化，关键要有制度保证。要肯定的是，市场经济以市场作为资源配置的基础，是最有利于提高效率的。现在讲的效率，通常是指经济效率，主要是资源配置效率，帕累托最优做不到，较优是可行的也是必要的。

（四）效率的哲学解释

不同学科从不同视角对效率作出了特殊的解释，在特殊中是否蕴含着普遍的含义，也即在个性中有无共性，这就是一个哲学问题。共性寓于个性中，无个性即无共性，事物都是个性与共性的统一体。那么效率的共性是什么？

哲学讲的效率是社会整体效率，指社会生产对提高社会全体成员生活质量，促进社会发展的能力。它内含着人文学的评价意蕴及伦理学意义。功利主义学说的代表人物边沁，曾将是否增进最大多数人的最大福利作为衡量一切行为和制度之正误、优劣的标准，实际上揭示了效率的伦理学意义。而增进最大多数人的最大幸福，只能靠提高整个社会的整体效率才有实现的基础。整个社会是一个大系统，包括经济、政治、文化三个系统，每个子系统都有各自的效率目标，整体效率并不是单个子系统效率的简单相加，而是三大子系统之间的最佳配置，它大于部分之和。这就是系统整体效能的非相加性。在社会整体效率中，经济效率是最基础、最根本的，处于决定性地位，这是唯物史观的基本常识。政治法律效率是经济效率的集中表现，对经济效率有强烈的反作用，表现为社会的和谐、有序及稳定。文化事业的繁荣是文化效率的综合表现，它通过政策调控和舆论导向为经济社会提供智力支持，促进社会的文明进步。

人文学意义上的效率范畴是一个关系范畴，即人们（主体）在改造自然、社会和人自身（客体）过程中所具备的水平和能力，它标示着主体与客体所构成的系统整体的功能和效能。效率是人们活动的结果和反应。不论何种效率都是人的活动的结果，人的活动是人存在和发展的方式，而且是人的类特性。马克思说："人的类特性恰恰就是自由自觉的活动。"① 人的活动的目的在于满足人的生存和发展的需要。人类为了生存的第一个历史活动就是生产满足这些需要的物资生活资料，"已经得到满足的第一个需要本身，满足需要的活动和已经获得的为满足需要而用的工具又引起新的需要。"② 因此，满足人类物质需要即目的的程度就成为衡量人类活动效率的尺度。这是一个自然的

① 马克思恩格斯全集（第42卷）[G]. 北京：人民出版社，1979：96

② 马克思恩格斯选集（第1卷）[G]. 北京：人民出版社，1995：79

历史的过程。从哲学意义上界定效率，实际就是人类活动和制度的效率。这一效率观包含人类活动和制度的有效性和有效程度。有效性指的是“质”，有效程度指的是“量”，效率是人类活动和制度的质和量的统一。[①]

二、关于公平的释义

公平是一个复杂的令人困惑的概念。古代民间有“你也说公道，我也说公道，公道不公道，只有天知道”的戏词，也有“人人心里都有一杆秤”的俗语，又有“公平自在人心”的简单、通俗的不证自明的一面。

什么是公平？对公平的内涵主要有以下五种观点：一是指社会制度及规则的公平；二是指收入分配原则的公平；三是指收入补偿制度的公平，主要指社会救助和社会福利制度；四是指公平属于道德范畴，古希腊称为“各种道德行为的总汇”；五是指公平是一种主观的价值判断。

（一）市场经济中关于公平的界说

1. 机会均等

机会均等指社会上的每个职位，包括市场向所有人开放，每个人都有同等的机会从事市场活动和选择职位的权利，含有起点平等的要义。在机会面前不得有歧视，没有身份限制，为平等的人提供平等的机会，对不平等的能力是天赋的还是其他社会因素造成的不予考虑。机会均等也可理解为过程平等和规则平等。在市场经济活动中，机会平等的概念有五方面的规定：第一，各种社会资源平等地向市场主体开放；第二，市场主体在市场竞争中处于同一条起跑线上；第三，市场主体平等地遵守同一竞争规则；第四，市场主体享有平等的对待，不得有任何歧视；第五，市场主体拥有达到其经济目标的平等的实现手段。由于机会均等默认了不同等的能力是天赋的特权，因而机会平等只是形式上的平等，它掩盖了事实上的不平等。应当承认，完全的起点平等是不现实的，强调机会平等，实际上是在实践马克思的“商品是天生的平等派”的论断。[②]

2. 收入分配中的公平

收入分配的公平有两个标准：一是水平标准，二是垂直标准。前者指“相同的人待遇相同”，实则是以劳动为尺度，等量劳动获得等量报酬。后者指“不同的人（能力、拥有的生产要素、从事经济活动的内容）享受不同待遇。”也即不同等的劳动获得不同等的报酬。这一公平以承认差别为前提，不

---

① 张书琛. 社会主义市场经济中的社会公正问题［M］. 广州：广东人民出版社，2002：15-22

② 万光侠. 效率与公平［M］. 北京：人民出版社，2000：250

以差别本身为标准，按量化的贡献去分配。任何平等权利，都是把同一标准应用在不同的人身上，即应用在事实上各不相同、各不同等的人身上。在社会主义历史阶段，“按劳分配”和按“生产要素分配”是公平的收入分配制度。

3. 结果公平

纵观人类社会发展，可以发现除原始社会外，结果的公平事实上并不存在。在阶级社会，生产资料私有制是造成社会不公平的根源。在社会主义整个历史时期，也不可能实现结果平等，只有到了生产力高度发展，社会财富极大涌流的共产主义社会，才会实现“按需分配”的结果平等。这并不意味着政府对结果不公平的适当调控，以逐步缩小其差距。①

（二）哲学的公平释义

从马克思主义哲学去考察公平，有以下几个要点。

1. 公平是一个社会历史范畴

公平不是人的头脑中固有的，也不是凭空产生的，而是社会和历史的产物。它“始终只是现存经济关系的或者反映其保守方面或者反映其革命方面的观念化的神圣化的表现”。不同的社会经济制度，有不同的公平现象。恩格斯说：“希腊人和罗马人的公平认为奴隶制度是公平的，1789 年资产者的公平要求废除封建制度。”② 永恒的公平现象是不存在的，它是发展变化的；不是抽象的，而是具体的；不是绝对的，而是相对的。公平是以不公平的存在为前提，没有差别就没有公平，无差别并非公平，平均主义的分配是不公平的表现。相对于同一尺度而言是公平的，而同一尺度用在不同等的人身上又会产生事实上的不公平。但这种差距，在一定时期是合理的、必要的，也是相对公平的。如果差距达到贫富悬殊，出现了两极分化，就发生了质的变化，变成了不公平。承认差别又要保持在人们可以接受的“合理区间”，就要把握其质变点或临界线，按质量互变的辨证规律，历史地、合理地去调节和处理。为了测度社会成员收入差距，可以用洛伦茨曲线、基尼系数和库兹涅茨的“倒 U 型曲线”，作为制定社会政策的参照。

2. 公平具有广泛性

公平问题涉及社会的经济、政治及社会生活的各个领域，大到社会的政治、经济制度和体制，小到具体的规则、措施，无不体现是否公平的问题。公平与平等常常在同一意义上使用，然而这两个概念也有某些差异，公平是

---

① 郑功成. 社会保障学［M］. 北京：商务印书馆，2000：190

② 马克思恩格斯选集（第 3 卷）［G］. 北京：人民出版社，1995：212

一种付出与收益的利益比较评价；而平等则主要反映人们在政治、法律、经济方面的同等权利。市场经济中的等价交换是公平的，但不能推广到政治、文化及道德领域。政治上的地位平等，法律面前的人人平等，伦理道德上的人格平等和正义要求，社会生活中的男女平等，人的社会保障的平等权利等，不是什么等价交换，而是一种平等权利。哲学上的公平观，既包括经济上的公平原则，又包括政治、法律和文化方面的平等权利，是一个综合性的大概念。应在广阔的范围，完整地把握公平与平等的理念。从根本上说，平等的要求是消灭阶级，而消灭阶级，又必须以生产力的充分发展为前提，这是历史唯物论的科学论断。

3. 公平是一个客观的范畴

尽管不同社会，不同阶级，不同的人，对公平有着不同的理解，但公平具有客观的内容，归根到底是由社会生产方式决定的，并为一定的生产方式服务。公平作为人与人、人与社会之间利益关系的“相称”或平衡关系，其本身是客观的存在，不是主观的臆造。当然，公平的客观性并不排除人们主观的价值判断，“公道自在人心”，但它是以公平的客观标准为基础的。

4. 哲学层次的公平观还具有价值论的意义

公平是目的不是手段。公平理念的形成，从其直接原则上看，在于调整不同利益主体间的矛盾，而其根本目的，则是为了促进社会整体的发展和人的自由全面发展。满足人的基本生存需要是基本人权，而促进人的全面发展是公平的终极价值目的。人的发展不是单向的，而应是全面的，人的需要是多元的，除了提高经济效率以满足人的物质需要外，其他精神文化需求，如人的基本权利、尊严、情感、价值等“非效率”市场无法估价的特殊价值的追求，也是人的需要的重要组成部分。从社会角度讲，树立正确的公平观，维护社会正义，实现社会公正、和谐与稳定，既是社会进步的重要特征，也是促进人的自由全面发展的必要条件。①

三、效率与公平的关系

（一）效率与公平的关系是矛盾的辩证统一关系

效率与公平的关系既有相互依存、相互渗透的关系，又有相互对立、相互制约的关系，在一定条件下又有相互转化的关系，是矛盾的对立统一体。这就是效率与公平的辩证法。

---

① 万光侠. 效率与公平［M］. 北京：人民出版社，2000：118

效率与公平的不可分割性是两者相互依存的内在规律性，没有离开效率的公平，否则就是平均主义；也没有离开公平的效率，如没有价值规律和公平竞争的作用，就谈不到市场经济的效率。绝对的效率和绝对的公平实际上是不存在的，效率与公平都是相对的，两者具有同一性。效率与公平是同一生产方式的两个不同的矛盾方面。效率是人们在解决人与自然关系中所表现出的水平，是生产力的外在表现；公平是人们在解决人与人的社会关系中所表现出来的性质，是生产关系的外在表现。生产力与生产关系是矛盾统一体，效率与公平也是一对矛盾的不可绝对分割的统一体。要提高效率、促进公平就必须解放和发展生产力，变革生产关系，使生产关系适应生产力的发展，这是社会发展的规律，也是效率与公平相互依存、相互渗透的一致性的表现。效率的提高有助于公平的实现，社会公平也有助于提高效率。从社会发展的视野考察，公平是社会发展的目标，效率是实现目标的基础和手段。社会整体的发展是目标和手段的统一，两者不可偏废，同等重要，都是社会发展的内在要求。

效率与公平也同时具有矛盾的一面，两者存在着不一致性。有时为了提高效率而影响了公平，有时为了维护公平又影响了效率。两者的矛盾具有必然性、普遍性、阶段性和长期性等诸多特点。所谓必然性根植于生产力与生产关系的矛盾，是由既有的客观经济关系所决定的。资本主义社会由于生产资料的私人占有和按资分配，致使效率与公平的矛盾必然产生，而且靠它自身无法从根本上解决这一矛盾。社会主义初级阶段，公平与效率的矛盾也必然存在，由于多种所有制并存以及劳动者的经营能力和劳动能力的差别，再加上先天和后天的诸多起点上的不平等，造成收入差距扩大，近年来已不是龟兔赛跑，而是两匹马背向而驰。社会主义制度的一个优点在于它可以通过自身的努力遏制两极分化。但并不能消除效率与公平的矛盾存在。所谓效率与公平这对矛盾的普遍性自不待言，可以说这一矛盾普遍存在于迄今为止人类社会经济发展的全过程，只不过在不同国度、不同阶段其矛盾的程度、性质和表现不同而已。所谓阶段性，是指效率与公平各自作为矛盾的主要方面的阶段性。有时效率优先，有时公平优先，有时又可两者协调并进，相辅相成。这种状况是由不同发展阶段不同经济和社会政策所致。效率与公平的矛盾在理论上提出了一个问题，那就是它们之间有没有先后、主次之分的问题。

（二）效率优先，兼顾公平

效率作为生产力的外在表现，公平作为生产关系的外在表现，从生产力决定生产关系的原理出发，效率优先、兼顾公平就具有普遍意义。有一个被人们认同的道理，即着力把“蛋糕”做得更大一些，就有了让每个人分得较多的基础；反之，只在较小的“蛋糕”上分配，即使再公平，也不可能使每个人分得多一点。当然，这并不表明可以忽视公平，公平是影响效率的一个重要因素，更主要的是，公平是社会发展的主要目标，居于重要地位。从整体上说效率与公平有先后之分，而无轻重之别。

我国正处于社会主义初级阶段，坚持效率优先、兼顾公平的原则，是切合实际的。邓小平关于社会主义本质的论述，辩证地回答了两者的关系问题。他说，社会主义本质是解放生产力，发展生产力，消灭剥削，消除两极分化，最终达到共同富裕。这里，首先肯定了社会主义既要讲效率，又要讲公平。解放生产力，发展生产力是效率问题；消灭剥削，消除两极分化，最终达到共同富裕，说的是公平问题。然后回答了要效率优先，兼顾公平。解放和发展生产力是社会主义初级阶段的“最根本任务”“首要任务”和“第一任务”，而共同富裕则是个过程，要“逐步实现”“最终达到”。邓小平还说：社会主义第一是发展生产，第二是共同富裕。先后次序很清楚，不能颠倒。没有生产的发展、效率的提高，就不可能达到共同富裕这一最大的公平的目的。这一论断符合历史唯物论的基本原理，也是我国现代化建设的现实需要。“效率优先，兼顾公平”的原则，从党的十四届三中全会上提出后，中央曾多次重申和强调了这一原则。这是一条从中国国情出发符合经济社会发展规律的科学原则。

效率与公平的先后排序，从理论上讲并不是固定不变的。依据经济社会发展的不同阶段和不同情况，可以做出不同的选择。一般来说，一个生产力水平比较低下的国家，在经济起飞阶段，需要通过市场机制作用，采取“效率优先，兼顾公平”的原则是明智、合适的选择。当生产力比较发达，经济处于高涨阶段，社会成员的收入差距接近人们可容忍的极限时，要突出解决社会公平的问题，一般应“公平优先，兼顾效率”。正如邓小平指出的：“解决的办法之一，就是先富起来的地区要交点利税，支持贫困地区的发展。当然，太早这样办也不利，现在不能削弱发达地区的活力，不能鼓励吃‘大锅饭’……可以设想，在本世纪末达到小康水平的时候，就要突出地提出和解决这个问题。”① 现在提出的以人为本，坚持全面、协调和可持续发展的新的科学发展观，是解决效率与公平的一个重要指导理念。根据特定的经济社会发展状况，也可以采取公平与效率兼顾，协调发展的模式。

① 邓小平文选（第3卷）[G]. 北京：人民出版社，1993：374

（三）社会救助和社会福利中的公平与效率

社会救助和社会福利追求的主要目标是社会公平，同时也注重提高自身的工作效率。

市场经济本身并无社会制度的属性，之所以在它的前面加社会主义的限定，其要义在于促进经济效率提高的前提下实现社会公平，以体现社会主义的本质特征。无公平的发展是畸形发展，甚至是“有增长无发展”，不讲公平的社会是病态社会。初次分配注重效率，再次分配注重公平，而再分配是政府的职能。萨缪尔森认为，市场能够较好地解决生产什么和怎样生产的问题，但在分配问题上，也就是为谁生产的问题上，市场并没有特殊才能找到最好答案，所以只能为市场经济鼓掌两声而不是三声。[①] 奥肯也认为：“我为市场欢呼；但是我的欢呼不会多至两次。金钱尺度这个暴君限制了我的热情。一旦有机会，它会扫尽其他一切价值，并建立起一个自动售货机式的社会。金钱不能购买权利和权力，这必须有详尽的制度和法律来保护，并对低收入的人实行补偿性援助。”[②] 在市场收入分配之后，政府和社会还要用经济、行政、法律等手段，通过再分配增加转移性支付，建立社会保障体系，完善社会救助和各种社会福利措施，从而保证每个人特别是弱势群体的基本生存权和发展权，以体现社会公平，保持社会稳定。

社会救助和社会福利的提供，为社会成员，特别是那些事实上不平等的弱者，创造公平参与的机会和公平竞争的条件。政府要推行积极的社会救助和社会福利政策，激发受助者内在的潜力，培养“造血功能”，提高自我发展和竞争能力，而不是躺在救济和福利上不思进取，这样才有助于社会公平的实现。

社会救助和社会福利突出公平，并不意味着可以忽视效率。必须注重提高自身的管理效率、服务效率和资源的配置效率。在管理体制上应理顺关系，协调运转，灵活高效。在服务上及时到位，快捷行动，优质服务提高工作效果。在资源配置上要合理有效，减少漏出量，以最小的成本获得尽可能大的社会效益。

---

① 萨缪尔泰．经济学（下册）[M]．北京：商务印书馆，1981：955

② 奥肯．平等与效率 [M]．北京：华夏出版社，1999：116

▶第四节　需求与供给

这里所说的需求是指福利需求，供给是指资源供给，主要是资金的供给。需求和需要两个概念经常混用，严格讲，两者有一定区别，经济学所讲的需求常指“有效需求”，即有支付能力的需求，是相对于商品的供求关系而言的。社会学和哲学讲的是社会需要，是指人的本质属性及生存发展要求，是相对于社会生产而言的，它既含有支付能力的需求又有无支付能力的社会需要。需要是一个涵盖需求的范畴。社会救助和社会福利中有需求的内涵，而更多涉及的是需要范畴。为从理论上搞清人的救助和福利需求，首先要回答人的需要理念。

一、关于需要的理论

（一）人的需要是人的本质属性

马克思关于人的本质有三个著名论断：在现实世界中，个人有“许多需要”，“他们的需要即他们的本质属性”。① “人类的特性就是自由的自觉的活动。”② “人的本质并不是单个人所固有的抽象物，实际上，它是一切社会关系的总和。③这三个论断完整地揭示了人的本质属性：由社会关系总和决定的通过人的自由自觉的实践活动产生和满足人的需要，是人的本性。人的本质需要是社会性需要。动物需要是自然性需要，不可能产生社会关系。

人的需要是相互得到满足的。一个人的需要可以用另一个人的产品来满足。动物没有这种相互关系，不可能发生大象为老虎生产，一窝蜂实质上是一只蜂，他们都生产同一种东西。人是社会动物，特别是人类进入商品经济阶段后，人类就不再仅仅满足于为自身消费而生产，而是要进行商品交换，满足自己多方面的需要。社会本质上是人们在物质生产基础上为满足自身需要而结成的共同体。在阶级对立的社会，社会本质被扭曲了，它不是为社会全体成员的需要服务，而是为少数人的需要服务，甚至以牺牲多数人的需要作为条件。在未来社会，要创造条件，使每个人的合理需要相互得到满足。

人的需要及满足需要的手段是一个历史过程。人的需要是不断发展的，对这种不断增长的需要而言，满足是相对的、有条件的，不满足才是绝对的、

---

①③　马克思恩格斯选集（第3卷）[G]. 北京：人民出版社，1995：326，514，5

②　马克思恩格斯全集（第42卷）[G]. 北京：人民出版社，1979：96

永恒的。生产不仅满足需要，同时它也产生新的需要。生产是不断发展的，手段不断改进，需要也是不断提高的，永远不会停留在一个水平上。这就是列宁所说的“需要提高的规律”。①

人的需要是有创造性的能动性质。人的需要使人成为能动的存在物，它使人的本质力量对象化。人不仅创造出自己需要的对象，而且还创造出满足需要的手段，特别是工具。富兰克林把人称为“创造工具的动物”。人的对象化活动的能力也就成了人改造自然的生产力，也可以说生产力是人们征服自然以满足自身需要的能力。这是一个创造性的实践过程。②

（二）人的需要结构

人的需要是分类别、分层次的，是多种多样的。恩格斯把人的需要分为生存资料的需要、发展资料的需要和享受资料的需要。鲁迅先生把人的需要概括为：一要生存，二要温饱，三要发展。马斯洛提出了“需要层次论”。他把人的需要按照发生的顺序，由低到高呈梯状分五个层次：生理需要→安全需要→社交需要→尊重需要→自我实现需要。他认为，在低层次需要获得相对满足后，才能发展到较高层次的需要。但高层次的需要发展后，低层次的需要仍继续存在，只是对行为的影响作用减弱而已。由于人的动机结构情况不同，上述固定的顺序也会出现“例外”。马斯洛的需要层次理论有一定的道理，这五种需要是客观存在的。把生理需要作为基础的第一需要，把安全需要作为基本需要，这一观点是可取的，但也有它的局限性，本质上是以个人为中心并把满足需要只当做激励动机的一种方法，不是作为目的去看待的。在层次发展上也有机械论的倾向。

马克思没有关于需要理论的专门论著，但在许多著作中讲到需要的问题。从他散见于《经济学哲学手稿》《政治经济学批判大纲》《德意志意识形态》《资本论》第一卷等著作中的相关论述，可以归纳出一个需要结构。大致可分为几点：第一，自然需要或生理需要，是人类生存的首要和最基本的需要。第二，社会需要。包括从社会生产和交换中产生的需要，资本主义生产方式下的有支付能力的需要，共产主义的人的自由全面发展的需要。第三，经济需要。主要是对货币的需要。第四，精神需要。人的精神需要的满足包括两方面：一是人作为主体自由地施展自己的才能；二是人对文化成果的享用。

在我国一般把人的需要概括为两大类，一是物质需要，二是精神文化需要。

---

① 列宁全集（第1卷）. 北京：人民出版社，1984：32

② 陈良瑾. 社会保障教程［M］. 北京：知识出版社，1990：86-91

（三）社会救助和社会福利的需要

社会救助主要是满足受助者的生存需要，也即衣食住行的基本需要。在马克思恩格斯合著的一部成熟的著作《德意志意识形态》中讲道："首先应当确定一切人类生存的第一个前提也就是一切历史的第一个前提，这个前提就是：人们为了能够'创造历史'，必须能够生活。但是为了生活，首先就要衣、食、住以及其他东西。因此，第一个历史活动就是生产满足这些需要的资料，即生产物质生活本身。同时这也是人们仅仅为了生活就必须每日每时都要进行（现在也和几千年前一样）的一种历史活动，即一切历史的一种基本条件……任何历史观的第一件事情就是必须注意上述基本事实的全部意义和全部范围，并给予应有重视。""第二个事实是，已经得到满足的第一个需要本身、满足需要的活动和已经获得的为满足需要用的工具又引起新的需要。这种新的需要的产生是第一个历史活动。"由此得出一个结论："一开始就表明了人们之间是有物质联系的。这种联系是由需要和生产方面决定的，它的历史和人们的历史一样长久。"① 马克思主义的经典作家，用"一个简单的事实"，即"人们首先必须吃、住、穿……"才能生活和从事其他活动，这是"一切人类生存的第一个前提"，是历史的真正基础。通过人的物质生活资料的生产以满足人的最基本的需要，是历史唯物主义的基础。也即将满足人的生存需要提高到唯物史观的基础上加以论证，是对人类历史的发展规律的科学揭示。

我国的社会救助是满足社会成员的生存需要，保障其基本生活的社会制度。其内涵已从单一的衣食救济扩展为医、教、住等的社会救助。以最低生活保障制度为主，同时包括医疗救助、教育救助、住房救助、法律援助、农村救济性扶贫、社会互济、孤寡病残救助、贫困户救助、失业救助、灾害救助等。最低生活保障制度是，根据维持最起码的生活要求的标准设立一条最低生活保障线，每一个公民，当其收入水平低于最低生活保障线而生活发生困难时，都有权得到国家和社会按照法定程序和标准提供的现金和实物救助。它是社会保障制度中最后一道安全网，起到兜底保障作用。

社会福利主要满足人的发展的需要。我国过去长期实行"补救型"福利，在保障对象、保障方式和保障主体方面与社会救助基本是相同的。随着经济社会的发展，社会福利逐步向发展型转变。如果以往的福利属于"生存型""温饱型"，现在和今后一个时期应向"小康型"和"享受型"发展。也可以

① 马克思恩格斯全集（第3卷）[G]. 北京：人民出版社，1960：32，33，34

说从“救助补缺型”向“适度普惠型”发展。社会福利同社会救助有两个明显的相异点：社会救助的对象是所有实际生活水平低于基本生活水平，也即处在贫困线以下的困难国民，他们的支付能力很低，有的根本无支付能力，而社会福利的对象则是具备国家规定的一定资格的任何公民，广义的福利是面向全体社会成员的，许多公共福利，大家都有享受的资格。在保障水平方面，社会救助以保障贫困人口的基本生活为目的，具有“生存性”功能。而社会福利则以提高人民的生活水平和生活质量为目的，有一定的“发展性”或“享受性”价值取向。其中虽然有对社会弱者提供的福利服务的内容，但更多的是满足社会大众有支付能力的物质文化需求。精神文化方面的福利内容和要求日趋增多，这是一个社会文明进步的表现。

二、关于供给的问题

社会救助和社会福利的资源包括资金、设施、场地、物资和人力。国家和社会能拿出多大份额的资金投入，反映着社会救助的水平和社会福利的发育程度，制约着社会救助和社会福利的供给。鉴于我国的社会救助和福利横跨多个部门，统计口径不一，目前尚缺乏总的综合统计，难以做出总体的评估。

我国的社会救助和社会福利的资金供给，主要由两大块组成，一是国家财政投入，二是社会互济。前者是主渠道，后者是重要补充。国家财政供款属于制度性转移支付，社会互济属于非制度性转移支付。前者是由国家进行的再分配，后者是由社会进行的再分配，有的学者提出这是第三次分配。

（一）国家财政对社会救助和社会福利的投入

以城市居民最低生活保障工作为例，自从 1997 年 9 月，国务院发出《关于在全国建立城市居民最低生活保障制度的通知》以来，这项工作在全国迅速展开。截至 2002 年年底，共有 2 064.7 万城镇居民，819 万户低保家庭得到了最低生活保障。保障对象比上年增长 76.4%。其中在职人员 86.8 万人，下岗人员 554.5 万人，退休人员 90.1 万人，失业人员 358.03 万人，上述人员家属 783.1 万人，“三无”人员 91.9 万人。全年共用低保资金 108.7 亿元，其中，中央财政投入 46 亿元，省级以下地方财政投入 62.7 亿元。2002 年全国城镇最低生活保障月人均保障水平为 52 元。2003 年中央财政用于低保的补助资金由上年的 46 亿元增加到 92 亿元，全国 2 235 万城市居民得到了最低生活保障，已基本实现应保尽保。在农村发展居民最低生活保障的地区，有 407.8 万村民，156.7 万户家庭得到了最低生活保障，保障对象比上年增长

32.9%，其中困难户 303.3 万人，五保户 51.1 万人，其他人员 53.4 万人。保障资金通常由地方财政和乡（镇）村集体共同负担，市、县、乡、村四级按一定比例承担，比例为 2∶3∶3∶2；市、县、乡三级分担，比例为 3∶2∶5 或 5∶3∶2，或 4∶4∶2。分担比例主要依据当地的经济情况而定。年支出保障资金约 10 亿元。截至 2008 年年底，农村低保人数达到 3 900 多万人。

灾害救助是社会救助的重要组成部分。我国是一个自然灾害多发的国家，从公元前 18 世纪至今，几乎无年不灾、无年不荒。其中威胁人类生存的主要自然灾害为水灾、旱灾和地震灾。据新中国成立以来的统计，一般年份，全国灾害人口 2 亿人次，每年因灾死亡数千人不等，需要转移安置的人口 300 万，倒塌房屋 300 多万间，农作物受灾面积 4 000 万～4 700 万公顷。对灾害救助实行分级管理，灾害资金分级负担，政府采取建立救灾储备仓库等办法。中央财政历来将救灾款列为专门科目，并逐年增加。20 世纪 80 年代中央特大自然灾害款每年不到 10 亿元，90 年代增至 10 亿～20 亿元，2008 年发生了历史上罕见的两场巨灾，仅四川汶川大地震中央就及时下拨生活救助专项资金 107 亿元，又确定了 400 亿元中央农房恢复重建资金，是近年来财政投入最多的一年。基本上保障了灾民的基本生活需求。

救济性扶贫，是国家和社会对有一定生产能力的农村贫困户，在政策、资金、物资、技术、信息等方面给予扶持，通过生产经营活动，帮助其摆脱贫困的一种社会救助制度。主要措施是，设立救灾扶贫周转金，旨在保障灾民基本生活的前提下，利用国家救灾款的有偿回收部分，发展生产自救，扶持贫困户的专项资金。回收资金一般不超过当年各级财政支出救灾款额的 30%。使用原则是，有灾救灾，无灾用于贫困户发展生产。变“输血”为“造血”。实行有借有还，周转使用。它弥补了国家救灾扶贫经费的不足，增加了防灾抗灾能力。

医疗救助也是社会救助的一个组成部分，是政府和社会对贫困人口中因病而无经济能力进行治疗的人实行专项帮助和支持的社会保障行为。我国的贫困人口中因病致贫的约占 1/3 甚至更多。实行医疗救助是扶贫治穷的一个关键因素。其方式有医疗减免、临时救济、专项补助、建立医疗救助基金等。医疗救助的资金主要来自国家财政，辅之以集体和社会互助。受助对象多，资金要求量大，尚无总的统计。

廉价住房，是政府向最低收入家庭和其他需保障的特殊家庭提供租金补贴或以低廉租金配租的具有社会救助性质的普通住房。实质上是由政府承担住房市场费用与居民支付能力的差距，解决部分居民的住房支付能力的不足问题。建设部于 1999 年 4 月颁布了《城镇廉租住房管理办法》，九届人大四次会议《政府工作报告》中明确指出："大力发展经济适用住房，建立廉租房供应保障体系"。资金渠道以各级政府财政预算安排资金为主，其他来源补充，多渠道筹措。租金的补贴标准有别，上海目前确定的标准是以人均居住面积 7 平方米为暂定标准，其不足部分暂按每平方米 40 元给予资金补贴。同时实行实屋配租，即政府以低廉的租金（租金按家庭月收入的 5%收取），向孤老、烈属、残疾等特困家庭按人均居住 7 平方米进行实屋配租。北京市对城市享受最低生活保障的家庭和重点优抚对象家庭，以人均住房使用面积 7.5 平方米以下，配租面积达到人均使用面积 10 平方米，每人每平方米补贴 25 元。

社会福利在本质上是国家和社会通过再分配来提升人民的生活质量。国家进行再分配的主要形式是财政转移支付。通过税收等手段筹集资金，然后向社会福利拨款，用以支付收益人的福利。这是一种制度化的转移支付。

反映社会福利支出水平，主要看它占国民生产总值（GNP）的比重，它反映了社会福利发展的程度。按照财政部门的统计口径，1998 年社会福利救济费支出 24.19 亿元（不含灾害救助），只占当年 GNP 76 967 亿元的 0.03%。可以看出，我国的民政社会福利的支出是很少的。从社会福利占财政支出的比例看，仅占当年财政预算支出 13 136 亿元的 0.184%。其比重是很少的。从人均社会福利支出看，城镇居民是主要享受对象，1998 年城镇人口 37 942 万人，城镇人均社会福利支出 2.73 元。全国人均社会福利支出为 2.58 元。享受社会福利的水平是相当低的。同香港特区比，1998 年香港社会福利署的经费为 254 亿港元，占当年政府总支出的 9.23%，相当于本地 GDP 的 2.01%，人均社会福利服务的支出达 792 港元。当然，香港特区的经济水平远高于内地，工资比内地高 10 倍，而且社会福利的统计口径也比内地宽泛。但从社会福利支出占 GDP 或 GNP 的比重看，说明政府对社会福利公共产品供给的取向，香港特区比较强调社会福利在社会保障体系中的地位，而内地则比较重视社会保险提供的各项待遇，而轻视社会福利服务的作用。[①] 这也可能是由国情决定的，随着经济的发展，社会福利水平将逐步提高。但是，不可否认，社会福利投入占 GNP 及财政支出的比重过小，是一个值得研究的问题。

除民政福利外，国家财政投入的还有教育福利、卫生福利以及单位的职工福利，还有公共福利价格补贴等。这里不再详述。

国家对社会福利的供给还采取隐性转移的方式，如对福利机构给予税收优惠政策，最典型的是对福利企业的税收优惠。福利企业承担着安排残疾人

---

① 孙炳耀，常宗虎. 中国社会福利概论［M］. 北京：中国社会出版社，2002：166，167

就业的责任，国家规定福利企业中残疾人员占生产人员总数35%以上的免缴所得税，占10%以上未达35%的，减半缴纳所得税，占50%以上的退还全部的增值税。据统计，国家从税收方面间接承担了残疾人就业的工资成本，实际上是国家对福利企业的隐性投入。它甚至高于国家对社会福利的显性投入。如1998年国家财政的社会福利救济费支出为24.14亿元，而同年福利企业的税收减免共达129.8亿元。表明国家对残疾人就业方面的隐性投入远大于其他社会福利方面的显性投入。对社区服务，国家也给予一定的税收优惠，如对育婴托儿、医疗保健、婚姻介绍、殡葬服务项目收入免征营业税；对敬老院、盲人按摩、盲聋学校、弱智儿童学校、康复中心、残疾人用品供应站，民政部门管理的福利性老年人活动中心和老年公寓，其固定资产方面的调节税也有一定减免。这些税收减免降低了社区服务的成本，使服务对象从中受益。

制度性的转移支付还包括集体福利支出，如农村的村提留乡统筹提供的“五保”供养等，属非财政性社会再分配。集体福利支出往往高于国家的支出，是社会转移支付，但它是制度性的。

（二）社会互济——非制度性转移支付

非制度性转移支付属社会再分配范畴，其主要形式有三种：

1. 社会捐助

这是一种社会互助行为，是社会保障的组成部分，也是社会救助和社会福利资源供给的一条补充渠道。捐助是自愿的，也是无偿的；捐助主体可以是个人，也可以是团体；捐助内容既包括捐款，也可以捐物。传统的社会捐助是临时性和施舍性的。新的社会捐助是经常性的，是社会责任的表现。它具有经常的募集机构，形成方便捐助的网络组织。通过社会捐助，募集了大量资金和物资，有效地弥补了国家财政投入的不足。虽然在一般情况下，社会捐助额少于政府的资金投入，但在2008年四川汶川大地震发生后，形成了新中国成立以来最大规模的社会捐赠热潮，全国各类社会捐赠款物达750多亿元，其中捐款600亿元，超过了中央和地方的财政投入。

2. 慈善事业

慈善事业是建立在社会捐助基础上的社会互助行为，具有民办和社会事业性质与间接再分配的特点。其主要功能是协助解决人的生存权问题，包括安老、救灾、扶贫、济困等内容。据不完整统计，截至2001年年底，全国共建立各级慈善组织413个，开展了大量深受欢迎的慈善活动。1998年，长江、松花江、嫩江大水，中华慈善总会积极参与赈灾，累计接收救灾捐赠款物6

亿多元，全部下发灾区，缓解了灾民的燃眉之急。该会还开展了“雨水集蓄工程”“微笑列车”“慈爱孤儿工作”“烛光工程”等活动，取得了明显的社会效益。慈善事业也有解决发展权的问题，如“希望工程”“烛光工程”等的各类针对教育的慈善项目，解决需要救助的贫困学生的受教育问题，对改善贫困地区的教学条件和贫困教师的生活状况，起到了积极的作用。

近年来，我国慈善事业发展较快，建立了“政府推动、民间运作，社会参与、各方协作”的发展机制，慈善文化进一步弘扬，慈善活动多样，募捐款额累增，特别是2008年慈善捐款捐物超过千亿元，对社会建设作出了积极贡献。

3. 福利彩票

其宗旨是“团结社会上热心社会福利事业的人士，发扬社会主义人道主义精神，筹集社会福利资金，兴办残疾人、老年人、孤儿等福利事业和帮助社会困难群体”。它采用博彩形式面向社会公众募集资金，用于社会救助和社会福利。从1987年起中国福利彩票事业已走过21个年头，最初筹集量仅为800多万元，到2007年销售总额突破600亿元，21年来发行总额超过3 000亿元，筹集福利金超过1 000亿元，有力支持了社会福利、社会救助和社会公益事业发展。

三、需求和供给的矛盾及其解决的根本方略

社会主义初级阶段的主要矛盾，是人民日益增长的物质文化需要同落后的社会生产之间的矛盾。社会救助和社会福利需求的日益增长同资源供给的严重不足，是上述主要矛盾在一个方面的体现。

以社会救助为例，公共财政对社会救助的资金投入总量不足，比例过小。目前，我国财政用于社会救助方面的资金比例约占全部支出的5.48%，而埃及是11.97%，泰国是7.24%，马来西亚是7.20%。相对发展中国家来说，我国所占比例偏低。社会救助资金占GDP的比例不足0.2%，低于越南、蒙古等周边发展中国家，属于世界上社会救助资金投入比例最低的国家之一。① 我国社会福利的财政投入更显不足。目前我国60周岁以上老年人口已达到1.53亿，老龄化率为11.6%。而我国目前的各类养老服务机构只有4万个，床位只有200多万张，平均每千名老人只有11张床位，低于发展中国家平均每千名老人拥有床位30～50张的比例，缺口过大，急需解决。

解决供求矛盾的根本出路或方略，是集中力量发展生产力。没有这一基

① 中央国家机关工委研究室．我国社会救助事业发展报告［M］．北京：中共中央党校出版社，2008

础，满足需求就是一句空话。人的需求和满足需要的水平是不断提高的，但需要的实际满足程度必然受到生产发展水平的限制。需要和生产的矛盾，也可以说是需求的增长同需要的实际满足程度的矛盾。这一矛盾运动是社会经济不断发展的动力。社会救助和社会福利的发展必须要同经济发展的水平相适应，超前不行，滞后也不当。在一定生产发展水平上，也不是使所有的需要都同时得到满足。恩格斯在《卡尔·马克思》一文中说："使社会生产力及其所制成的产品增长到能够保证每个人的一切合理的需要日益得到满足的程度。"我国现阶段的生产力发展水平，远未达到保证每个人的一切合理需要都得到满足的程度。但这并不意味着不去努力满足其合理需要。适当增加供给是必要的。什么是"合理需要"，基本点有两条：一是为现有社会生产力所许可；二是为人的全面发展所必要。

满足人的需要是生产的目的，而促进人的全面发展是终极目标。要克服重物轻人、重经济轻社会、重速度轻效益的倾向。在解决社会救助和社会福利的供求矛盾中，必须要树立"以人为本"，坚持科学的发展观。以人为本是党的十六届三中全会提出的一个重要思想。以人为本具有丰富的内涵，其要点是：第一，尊重和保障人权。这一点已载入新的宪法修正案。在保障人的生存权和发展权方面，社会救助和社会福利具有不可替代的作用。第二，满足人的需要。在发展生产的基础上，不断满足人民的物质和文化生活需要。满足人的基本需要是社会救助和社会福利的根本出发点。第三，促进人的全面发展。不断提高人的身体素质、科学文化素质和道德素质，成为自由而全面发展的人。这是一切工作，包括社会救助和社会福利的根本归宿。

坚持生产力标准，坚持以人为本的发展观，是解决社会救助和社会福利领域供给与需求矛盾的根本原则和指导思想。

本章小结

正确认识和处理国家与社会、政府与市场、效率与公平、需求与供给的相互关系及作用，是建构新的社会救助和社会福利制度的理论基础。

国家既产生于社会，又作用于社会，受制于社会。国家与社会的职能不同，政府的角色是"掌舵"，社会的角色是"划桨"，两者既相对分离，又良性互动。依据这一关系，新的社会福利体制应以政府为主导，走社会福利社会化的道路。

政府与市场的关系，既不选取国家全面干预，又不重蹈自由放任的老路，只能在市场机制和政府的必要干预的互补中作选择。政府和市场都不是万能的，市场失灵是政府干预的基本理由，而政府失灵，又是发挥市场机制的动因。政府要履行公共物品的提供者，收入和财富的再分配者，经济的宏观调控者，市场的监管者和负外在效应的消除者的职能。完善和健全社会福利体系，要以政府为责任主体，充分发挥市场机制作用，但又不宜搞市场化或私有化。这是由于社会福利的公益性和福利性使然。

效率与公平是矛盾的辩证统一体，既相互依存又相互制约。两者有先后之分，而无轻重之别。坚持"效率优先，兼顾公平"，是符合生产力决定生产关系，生产关系反作用于生产力的客观规律，是社会主义初级阶段的一个正确的选择。在社会救助和社会福利领域，应是"公平优先，兼顾效率"，这是由矛盾的特殊性决定的，为该事业的目标追求及制度的实质所规定的。它为消除效率优先产生的负外在效应起积极作用，有利于从总体上贯彻"效率优先，兼顾公平"原则。

社会救助和社会福利日益增长的需求同资源供给不足，是现在和以后一个相当长时期的主要矛盾。解决这一矛盾的出路是解放和发展生产力。在经济发展的基础上，相应增加社会救助和社会福利的资源供给。从指导思想上要确立以人为本，坚持全面、协调和可持续发展的科学发展观。

复习思考题

1. 从国家（政府）与社会的关系分析，阐明实行以政府为主导、社会福利社会化的理由。

2. 从政府与市场的关系解说，论述为什么发展中国社会福利事业既要重视发挥市场机制作用，又不宜实行市场化和私有化的问题。

3. 为什么要坚持"效率优先，兼顾公平"的原则？而社会救助和社会福利却要"公平优先，兼顾效率"？

4. 怎样看待社会救助和社会福利的需求与供给的矛盾，解决的根本出路及理念何在？

案例讨论

上海浦东新区社会发展局委托上海基督教青年会经营一个综合性社区服务中心，开创出一条社会事业社会办、社会福利社会化的新路子。上海青年会是一个社会团体，促进社会公益是其组织目标。上海青年会承办这一中心，把社会福利服务作为自己的重要功能。由于该组织素质较高，又有一定经济实力，管理有方，三年来成效明显，受到群众欢迎。试行政府委托经营，发挥了民间社团的作用，转变了福利机构的管理体制，实行了所有权和经营权的分离，减轻了政府直接经营福利事业的负担，提高了工作的效率。承办者不但没有利润，相反还利用个别赢利性项目，为该中心补贴了20万元用于福利服务。从行为动力分析，他们以此得到了社会承认，提高了社会声誉，实现了自己的价值，何乐不为。

第三章

社会救助的一般理论

■学习要点

通过本章的学习，理解并掌握社会救助的概念及其与其他概念的关系，掌握社会救助的功能、特征、方式和种类，了解社会救助的相关理论。

■关键概念

社会救助　社会救济　社会救助体系　院内救助　院外救助　生活救助　灾害救助　失业救助　住房救助　医疗救助　教育救助　法律援助　农村扶贫开发　现金救助　实物救助　服务救助　以工代赈　定期救助　临时救助　急难救助

▶第一节　概述

现代社会救助源于历史上的慈善事业，不过，它虽然仍然以救灾济贫为己任，但已不同于历史上具有浓厚的恩赐、怜悯色彩的慈善救济活动，而是一种通过立法规范并制度化的社会政策，它与其他社会保障制度一样，都是立足于社会公平基础之上并以保障国民生活权益、促进社会和谐发展为宗旨的制度安排。[①]

社会救助制度最早可以追溯到19世纪英国的济贫制度，现代社会救助制度则产生于20世纪30年代。当时，欧美各国爆发了严重的经济危机，从而导致了大量贫困群体的出现。在传统的济贫手段和社会保险都不足以解决问题的前提下，各国政府不得不尝试建立社会救助制度，以弥补社会保险制度的不足。美国于1935年通过了社会保障法案，开始实施包括社会救助在内的社会保障政策。20世纪40年代，贝弗里奇提出了著名的《贝弗里奇报告——社会保险及相关服务》。该报告详细拟定了一套社会安全制度，尤其拟订了一个社会救助方案，对社会保险未能完成保护的人给予各项救助。英国国会参照该报告通过了各种有关法案，其中《国民救助法》在1948年通过，从而废止了已实施300年的济贫法，建立了正式的社会救助制度。此后，各国的社会救助政策大都由慈善恩惠的观念，变为国民权利与政府责任的观念；由教会或个人或地方政府办理的事务，转变为各级政府的重要职能。

一、社会救助的含义

社会救助（social assistance），是指国家与社会向贫困人口与不幸者提供款物接济和扶助的一种生活保障政策。它通常被视为政府的当然责任或义务，目的是帮助社会弱势群体摆脱生存危机，进而维护社会秩序的稳定。

社会救助可分为广义和狭义两种。广义的社会救助专指对于生活困难者，以国家和社会力量共同保障其经济上的生活，含有共同救贫的意义。狭义的社会救助专指国家依据法律，解决国民贫困，以国家财政给予经济性保护，使其满足最低生活水准的需要，它是社会保障制度的一个环节，又称公共救助（public assistance）。[②] 不管是广义的社会救助，还是狭义的公共救助，两

---

① 郑功成．社会保障学［M］．北京：中国劳动社会保障出版社，2005：260

② 江亮演．社会救助的理论与实务［M］．台北：桂冠图书股份有限公司，1990：2

者基本的含义都包括以下几层意思[①]：

1. 社会救助是一种政府或社会的行为

作为政府行为，它表现为政府在相应的立法规范下，通过实施社会救助政策为社会成员提供起码的生活保障，政府不仅对这一政策的实施负有直接的财政责任，亦负有直接的管理与实施社会救助的责任；作为一种社会行为，它又表现为民间或社会团体对救助对象的自发性救助，主要以自发性的募捐和其他慈善性活动的形式来实现，带有自发性、不确定性等特点。

2. 社会救助的对象是容易遭遇生活困境的社会弱势群体

所谓社会弱势群体（social vulnerable group），是指依靠自身能力难以摆脱生活困境的社会成员，包括收入水平低于贫困线的贫困人口、就业市场竞争中的失败者、遭遇天灾人祸难以自拔者以及因身体原因、年龄原因乃至政策歧视原因等而在生活及就业中处于显著不利地位的社会成员。因为他们不能依靠自己的力量维持基本的生活水平，而需要国家和社会的扶助。

3. 社会救助的目标是满足社会成员的最低生活需要

它是为生活在最低收入标准（在其他国家通常以贫困线为标准，在中国现阶段是以最低生活保障线为标准）之下的社会成员提供物质及其他方面救助的社会保障制度，目标是避免社会成员陷入生存危机，确保满足社会成员的最低生活需求，维护法律赋予公民的基本生存权利。需要说明的是，最低收入标准是以维持人的最低生存条件为依据确立的，但最低生存条件仍然是一个动态的概念，它不仅仅是指维持生命极限所需要的食物消费需求，而且是相对于一定时期其他社会成员已经拥有的平均消费水准以及其他生活保障需求，由国家和政府根据历史、道德、社会等因素加以确定。这一标准通常低于社会平均收入水平及相应的社会平均消费水平。

二、社会救助与其他概念的关系

（一）社会救助与社会救济

社会救助与社会救济（social relief）略有不同，它是包括救济在内的多种扶危助困措施，而社会救济则是单一的救贫济困。社会救济的特点是随意、慈善、施舍、临时性，目的在于解决一时的生活问题，受助者无须经过申请，只要主办机构认定其困难就可以得到救济，而且在实际生活中常常会得到多个部门的临时救济，但并没有把困难群体获得的救济当成是人们应有的一种

① 郑功成. 社会保障学［M］. 北京：中国劳动社会保障出版社，2005：260-261

生存权利。社会救助则与社会救济不同。社会救助的基本理念和原则是：在人们生活遇到困难时，政府有义务和责任进行救助，受助者得到救助不必感恩戴德，因为要求救助是基本的人权；同时，受助者要得到救助也要经过申请程序，并由主办机构对申请者本人及其家庭进行包括收入、财产、劳动力等情况方面的调查，核实其实际经济状况，再确定是否给予申请者有关救助。社会救助的宗旨就是保障低收入居民的基本生活，采用动态管理的方式，一旦有人生活陷入了贫困，社会救助就必须将其纳入受救助的范围，并对其给予一定的经济性救助。如果在住房、教育、医疗等方面还存在困难，可凭其身份得到上述多方面的扶助。社会救助既是刚性的，又是弹性的。其刚性表现在：只要符合救助的条件就必须对其实施一定的救助。其弹性表现在：社会救助的对象和范围是动态的，也就是说，社会救助依据受助者本人及其家庭的经济状况实施救助，在受助者的生活状况因再就业或是其他原因发生根本性改变之后，就应脱离救助的范围，取消其救助对象的资格。具体来讲，救助与救济的区别，可参见如下划分。详见表3—1。

表3—1　　救助与救济的区别

时间性	长期持续	临时、短暂性质
财源	公费（国库与地方政府以及团体）	政府或民间
办理单位	政府为主	政府与民间
动机	救困助危	行善施舍
观念	社会团结（social solidarity）	同情
解决方式	普遍及根本解决贫困生计	应付一时生活之需
性质	积极	消极
目的	消除贫穷	积德行善，救苦救难
对方反应	不依赖	依赖
工作人员	专业社会工作人员	非专业人员
人权	权利、人格尊严、非公开	非权利、无人格尊严、公开
给付	现金、实物、人力、技术训练	现金、实物
对象	除本人外兼顾第三者包括家属等	生活困难被救济者
时机	未发生困难前，防患、遏制扩大	遭遇困难以后
手续	申请，有共同合作之义务	不需申请，不需尽义务
被救愿望	需符合被助者愿望	不需符合被助者愿望

资料来源：江亮演．社会救助的理论与实务［M］．台北：桂冠图书股份有限公司，1990：4

（二）社会救助与社会保险

社会保险是伴随着工业文明而产生的社会保障制度，它保障基本生活水平，社会救助则是保障贫困人员的起码生活水平。在对象上，社会保险的对象主要是缴纳了保险费并符合法律规定的劳动者，社会救助的对象则是实际生活水平低于基本生活水平的贫困居民（它要求符合法定贫困线的规定）。在保障方式上，社会保险根据人们可能遭遇的各种生活风险征收保险费、发放保险金，社会救助通过现金、实物和提供服务等多种方式进行。在保障主体方面，社会保险的主体从根本上讲是缴纳保险费的国家、单位、个人共同参与，但在形式上却表现为操作保险事务的国家机关或保险机构；社会救助则以国家为主，政府举办，社会共同参与。在管理实施方面，社会救助需要严密的、自上而下的政府机构或资助的管理和服务网络，而社会保险也可以采用自治性质或市场运作方式。

社会救助和社会保险都作为社会保障体系的有机组成部分，前者是基础，后者是主干，两者之间不是相互取代、互相排斥的关系，而是互为补充、相互联动的关系，在不同时期和阶段，两者之间的功能、作用是不大一样的，但目标是一致的。社会救助作为“最后的安全网”，没有强大的覆盖全民的社会保险，其力量是有限的，也不可能获得发展。而社会保险不能覆盖的人群，或者虽有社会保险仍陷入贫困状态的人群，仍然需要社会救助加以解决。[①]

需要指出的是，社会保险为社会保障制度中主要的一环，具有国民生活风险分担及财富重新分配、国民储蓄培养以及家庭生活保障等重要功能，所以现代国家多以社会保险为其推行社会保障制度的主体，强制受雇劳动者参与，并鼓励具有经济能力者加入，对于那些不能工作、没有收入来源又没有亲属帮助的人，则采取社会救助的方式予以援助，来补充社会保险制度的不足。因此，社会救助与社会保险在保障全体国民生活的方法上是互为补充的，但是社会保险的主要财源是被保险者及其雇主所缴的保险费，而社会救助（公共救助）的财源大部分是由政府税收而来。因此，社会保险的给付可视为“集体的互助”与“工资的延续”，而社会救助的给付则被视为“国家的责任”与“贫穷的救济”。

（三）社会救助与社会福利

在本书中，社会救助与社会福利是两个在逻辑上并列的概念。总体来说，

① 李彦昌．城市贫困与社会救助研究［M］．北京：北京大学出版社，2004：180

在保障对象方面，社会救助的对象是所有实际生活水平低于基本生活水平的困难群体，社会福利的对象则是具备国家规定的一定资格的任何公民。在保障水平方面，社会救助以保障贫困人口的基本生活为目的，具有“生存性”功能；社会福利则以提高人民的生活水平和生活质量为目的，有一定的“享受性”功能。在保障的方式方面，社会救助通常以现金、实物为主实施救助，而社会福利则以提供各种服务为主。在保障主体方面，社会救助以政府为主体，社会可以共同参与，社会福利的保障主体则是国家、社会和单位。新中国成立以来，社会福利与社会救助很多时候交叉在一起，社会福利实际上成为社会救助的代名词，如老年人福利院、儿童福利院等。

三、社会救助体系

社会救助体系是指支撑社会救助制度并确保其有效运行，以满足救助对象需求的一整套相互联系的观念主张和资源、制度、组织、人员、程序、技术安排，它内在地包含各项具体的社会救助制度，又不仅仅是这些制度的简单总和。社会救助体系实际上是由一系列关键环节组合而成的一个整体系统：第一是一个社会对于贫穷观念的理解，不同的观念会导致对于穷人的不同态度以及不同的救助制度安排。第二是对于贫困的监测和贫困需求的评估，没有这个环节，实际上很难建立起有效的社会救助制度，因为缺失这个环节，就不能了解究竟需要多少资源才能有效满足救助对象的需求，实际工作中就有可能造成资源浪费或者资源不足。第三是建立有效的资源筹措机制，考虑从政府和社会可能的资源筹措途径，特别是要解决钱从哪里出的问题。第四是制度设计，这个环节是一个核心环节，完善的社会救助体系在这个环节需要考虑统一立法，并针对实际需求设计出多方面、多层次的合理的制度安排。第五是管理协调机制设计，没有有效的管理协调机制，很难做到各项救助制度和救助工作的统筹。第六是组织设计，要考虑救助资源的传递机制或者组织依托问题，只有做出合理的组织设计，包括发挥民间组织的作用，才能使社会救助落到实处。第七是人员配置，要考虑培训、遴选具有资格的、敬业的救助工作人员。第八是工作程序，要根据相关制度设计，做出细致的、合理的、适用的程序安排，保证救助的公正性、有效性，并提高工作效率。第九是技术采用，要考虑采用可用的各种技术，确保救助工作的完善、周密、高效。第十是救助效果的评估，没有有效的评估，就无从判断救助工作的效益以及救助制度设计、组织设计、程序设计以及人员配置等的合理性，因而也就无从改进救助工作。[①]

在实践中，社会救助一方面依然保留并将继续保留救灾、济贫等传统项目，另一方面也在根据社会经济发展的需要，不断增加新的救助项目，其内容在不断丰富和完善。从各国的社会救助实践来看，其社会救助体系结构并不相同。发达国家的社会救助项目齐全，保障全面，水平也相对较高，已经超过了早期社会救助提供最低食物保障的阶段。而发展中国家则大多停留在食物保障阶段，但也在不断扩展。

在美国，社会救助体系健全，其救助项目包括低收入家庭能源补助、强制性儿童补助、特困人员收入补助、抚养子女补助、就业与劳动技能援助、食品券补助、医疗补助、住房补助、额外津贴等。另外，还有失业救济，但其经费主要来源于失业保险。

在英国，从1601年颁布济贫法，到20世纪四五十年代确立新型的国民救助制度，再到1986年对贫困救助作出较大改革，经过历年的补充完善，亦形成了健全的社会救助体系，主要包括低收入家庭救助、老龄救助、儿童救助、失业救助及疾病救助等内容。

在德国，社会救助大体分为两大类：一类是特殊困难的救助，另一类是一般低收入家庭的救助。特殊困难的救助包括残疾人救助、老人救助，以及病人救助、孕妇救助和产妇救助、在国外的德国人的救助等。一般低收入家庭社会救助面向全社会，低于政府规定最低生活费标准的家庭都可申请社会救助，救助的内容包括食品费、生活费、燃料费以及杂费等日常生活费。此外，还有家属津贴，只要有一个子女的家庭都可以申请，子女越多得到的家属津贴也越多。

在日本，公共救助和社会救济共同构成了社会救助制度。其公共救助制度包括生活保护和灾害救助；而社会救济主要由生活救济、义务教育、住宅、医疗、生育、立业和丧葬等七项救济制度组成，是为保证所有贫困国民的最低生活并促进其生活自立而设立的。此外，有的国家的社会救助制度不仅包括了生活补助、医疗补助、灾害救济等，还包括对残疾军人的补助。

在中国，现行的社会救助体系主要由最低生活保障、乡村贫困救济、农村五保制度、灾害救助以及对特殊对象的救助等。此外，一些地方开始建立住房救助、医疗救助、教育救助等。对孤寡病残老年人与儿童的救助，一直是中华人民共和国成立后社会救助的重点。[②]

---

① 洪大用. 转型时期中国社会救助［M］. 沈阳：辽宁教育出版社，2004：10-11

② 郑功成. 社会保障学［M］. 北京：中国劳动社会保障出版社，2005：268

第二节　社会救助的功能、特征和类型

一、社会救助的功能[①]

从历史上的慈善活动到早期的社会救助，均是临时应急措施，功能也较单一。但现代社会救助制度，在缓解贫困问题、维护社会稳定等方面具有着多方面的功能。

（一）缓解贫困问题是社会救助最基本和最直接的功能

社会救助通过及时地对处于贫困线之下或者最低生活标准之下的贫困群体实施救助，帮助他们解决基本的生活问题，使他们不致因此而危及生存，直接保障了贫困群体的生存条件。这种直接功能既体现在对遭遇灾害、急难而难以维持生活的群体实施救助以帮助他们应对突发的急难事件，也体现在改善贫困人口的生存状况上，即社会救助可以让每一个贫困人口都能维持其最低生活水准，或使他们接受医疗救助以恢复健康，或使他们有条件接受教育和学习劳动技能，或者扶助贫困群体自力更生，成为社会的建设力量。

社会救助通过补充社会保险制度的不足，对不能参加社会保险或参加社会保险后仍然贫穷者，给予救助，以弥补社会保险制度之不足而达到社会安全制度之目的。

（二）社会救助可以缩减贫富差距

社会救助通过扶贫济弱、救残扶伤、解救急难，可以实现解除困难群体生存危机的目的，在一定程度上控制贫富差距，进而有助于消除贫富对抗及化解社会矛盾，有利于促进社会团结。社会救助由政府主办，其经费来源于税收，这些税收大部分是直接税，尤其是所得税。所得税通常采用累进方式计征，所得越高征税就越高，所以，高收入者贡献较大，而低收入者则可以通过社会救助制度安排而获益。如此一减一增，即可缓和贫富差距，达到所得再分配的效果。[②]

---

① 郑功成．社会保障学［M］．北京：中国劳动社会保障出版社，2005：264-265

② 江亮演．社会救助的理论与实务［M］．台北：桂冠图书股份有限公司，1990：59-61

（三）社会救助有利于实现社会公正

在人类社会，无论是发达国家还是发展中国家，无论是历史上还是现代社会，对弱势群体的关注与援助均是人道主义与人文关怀精神的体现，是社会文明进步的象征。现代社会救助在面对社会发展进程中的社会分化和贫富冲突时，通过运用政府的公共权力与公共资源对收入分配进行适度调整，依法对低收入阶层（贫困人口与不幸者）生存权利的维护，恰恰体现了社会公平与正义的价值追求，它能够在一定程度上消除市场经济条件下效率对公平的排斥，减轻低收入和无收入的社会成员的生活困难，从而起到协调社会关系、稳定社会和促进社会公正的作用。

（四）社会救助有利于社会控制

作为一种收入再分配制度，社会救助同时还是社会控制的工具。作为一种收入调节制度，社会救助的水平高低会对社会需求的总量和结构产生影响，成为国家调节社会需要进而调节经济运行的重要手段。因此，在现代社会，社会救助在保障社会成员最低生活需求的同时，也会部分地实现国家对生产、分配、交换与消费等的有效调节，进而对经济运行起到“自动稳定器”的作用。在这一方面具体表现为：当社会需求不足、经济衰退时，就业岗位减少，失业人口增加，低收入阶层人口扩大，享受社会救助的人口也会自动增加，政府的社会救助金支出也会增加，进而使社会需求通过社会救助支出的增加而保持一定规模，缓和社会供求之间的矛盾，推动经济增长；反之，在社会需求膨胀，供给相对不足，经济发展过热的情况下，就业岗位会增加，失业人口会减少，低收入阶层人口规模会收缩，享受社会救助的人口亦会自动减少，从而客观上起到了收缩社会需求，稳定经济发展速度的作用。①

二、社会救助的基本特征②

在现代社会保障体系中，社会救助虽然只覆盖贫困人口与不幸者，保障待遇也较其他社会保障系统低，但却是最基本和不可或缺的。

（一）最低保障性

从现代社会保障体系来看，社会保险、社会福利与军人社会保障等均是水平较高的社会保障制度，它们解决的不仅是社会成员的生存问题，而且也

①② 郑功成. 社会保障学［M］. 北京：中国劳动社会保障出版社，2005：264-265，263-264

包括了保障社会成员一定的生活质量乃至个人发展问题。只有社会救助面对的是陷入生存困境并迫切需要国家或社会援助的社会成员，其救助（待遇）水平通常以维持社会成员的最低生活需要为标准，是整个社会保障体系中待遇最低的制度安排。这一特征使社会救助成为整个社会保障制度或社会稳定系统的第一道防线，被称为最低保障制度。

（二）按需分配

社会救助是有别于按劳分配与按资分配的国民收入再分配渠道。一方面，社会救助虽然面向全体社会成员，不像其他社会保障子系统有特定的年龄、职业或性别等身份限制，也不存在事先参加的问题，但它以确定的贫困线或救助起点为依据，只有生活陷入困境或者遇到特殊困难的社会成员才有资格申请社会救助，并通过这一途径获得国家或社会的援助。另一方面，国家或社会提供的社会救助包括现金援助、实物援助、服务援助等，一般根据不同社会救助对象的具体需要来提供，如实物援助有食物救助、衣被救助等，服务救助有医疗救助、心理咨询、教育及培训救助等。因此，社会救助具有在确定的标准范围内向救助对象按需分配的特征，是对按劳分配与按资分配形式的重要补充，是典型的收入再分配手段，这种再分配就调节国民收入初次分配的格局、缩小收入分配差距并推进社会公平而言，显然是必不可少的。

（三）权利义务单向性

与其他社会保障子系统相比，社会救助体现了权利义务单向性的特征，即享受社会救助的社会成员只要符合救助的条件，就有权利申请得到救助，对受益者而言，其享受的是单纯的法定权利；而提供社会救助则成了国家与社会的职责和法定义务，当需要社会救助而不能提供或提供救助不足或者不及时，便可以视为政府与社会的失职或未尽到应尽的义务，这种不作为或者不及时作为可能使救助机构承担相应的法律责任。而社会保险等却强调权利与义务相结合，但又并非是权利与义务对等。

（四）全民性

虽然设定了申请者申请救助的门槛，但任何人只要达到了这一门槛均有权申请社会救助。同时，对于某些特定事件中的不幸者亦提供救助，而任何人均有可能遭遇自然灾害并成为灾害救助的对象。因此，与社会保险面向劳动者且主要是工薪劳动者，社会福利按照其不同的项目面向特定的群体，军人保障面向军人等相比较，社会救助显然保障范围更加宽泛。这一特点决定了它并非只是贫困人口的最低保障机制，而是整个社会即全体社会成员的最低保障机制。

上述特征是社会救助系统区别于其他社会保障系统的基本标志，也是社会救助始终在社会发展进程和社会保障体系中占据特殊地位的原因。

三、社会救助的类型

（一）按救助方式分类

依据救助的方式，社会救助可以分为院内救助与院外救助。

1. 院内救助

所谓院内救助（indoor assistance）是指把需要救助者收容在救助机构内安养，也就是对于无法自力谋生的国民予以生活上的照顾，一般是通过机构（institutions）如安老、育幼、教养、疗养等有关院所（workhouse）予以收容，也称院内服务（indoor service）或院内救济（indoor relief）。院内救助可以救助无依无靠、无谋生能力的孤独老弱幼小贫困者，可以照顾被收容者（也称院民）日常所需要的衣、食、住、行、医疗、康乐等生活，可以解决部分社会问题。但是，院内救助的收容人数有限，而且，被收容者因其日常生活所必需的物质性、精神性的东西均由院方提供，容易养成依赖或自卑的心理，院民与外界（一般社会）容易产生社会隔离，也容易引起院民与院方的摩擦或冲突。如我国城市居民中的无依无靠、无生活来源、无法定抚养人的孤寡老幼，通常被安排在社会福利院集中供养。

2. 院外救助

所谓院外救助（outdoor assistance），是指对于无法自力谋生的国民，不分男女老幼，无须强迫送至安老、育幼、教养、疗养等有关院所收容，而留在自己家里或由亲人照顾，由政府予以现金的家庭补助或提供食物及其他用品，或者提供必要的服务，使贫困无依的老人或儿童或残障者等均能获得正常化的家庭生活，也称为院外服务（outdoor service）或院外救济（outdoor relief）。院外救助可作大规模的院外收容，受救助的人数多而普遍，无须机构的设备及管理的工作人员，可节省设备费及人力费。被救助者除了政府的家庭补助与服务外，有很多日常生活活动仍须由自己动手维持，所以不会养成依赖或自卑心理，不会产生社会隔离。但是，由于各地方政府财力不一，救助标准各异，所以救助绩效不同，有失公平合理原则。同时，被救助者日常所需的衣、食、住、行、医疗、娱乐等生活并非完全靠政府提供，有很多需自己去想办法或自己动手，所以，会给一些人的生活带来困扰与不便。[①] 如我国乡村，部分五保户分散居住在各村落，由邻居实施照顾。

（二）按救助内容分类

依据救助的实际内容分类，社会救助可分为生活救助、灾害救助、失业救助、住房救助、医疗救助、教育救助、法律援助、农村扶贫开发等。[②]

1. 生活救助

生活救助是指对家庭人均收入低于贫困线或当地最低生活保障标准的贫困人口实行差额补助的一种社会救助。中国的最低生活保障制度即一种生活救助，其最显著的特点就是解决保障对象的最低生活保障问题，而不是改善其生活。

2. 灾害救助

灾害救助是指当社会成员遭受自然灾害袭击而造成生活困难时，由国家和社会紧急提供援助的一种社会救助，目的在于帮助社会成员走出因灾害发生所带来的生活困境，如地震救助、洪水救助等。灾害救助包括现金救助、实物救助以及以工代赈等。

3. 失业救助

失业救助是与失业保险制度相配套的制度安排，其救助对象是因失业救济金低下无法维持基本生活或失业保险期满仍未找到工作，生活陷入困境者。其特点是不受时间限制，在失业者重新找到工作之前可以长期享受。

4. 住房救助

住房救助是指政府向低收入家庭和其他需要保障的特殊家庭提供住房租金补贴或以低廉租金配租住房的一种社会救助。其实质就是由政府承担住房市场费用与居民支付能力之间的差额，解决部分居民因住房支付能力不足而居无定所的问题。中国的廉租房政策实际上也是一种住房救助政策。

5. 医疗救助

医疗救助是指对贫困人口中因病而无经济能力进行治疗的人实施专项帮助和支持的一种社会救助。其特点是在政府主导下，社会广泛参与，通过医疗机构实施，旨在恢复受助对象的健康。

6. 教育救助

教育救助是指国家和社会为保障适龄人口获得接受教育的公平机会而对贫困地区和贫困家庭子女提供物质援助的一种社会救助。其特点是通过减免

① 江亮演. 社会救助的理论与实务［M］. 台北：桂冠图书股份有限公司，1990：114-116

② 郑功成. 社会保障学［M］. 北京：中国劳动社会保障出版社，2005：266-267

学杂费、资助学杂费等方式帮助贫困人口完成相关阶段的学业，以提高其文化技能。

7. 法律援助

法律援助是指国家在司法制度运行中对因贫困及其他原因导致的难以通过一般意义上的法律手段保障自身基本社会权利的社会成员，通过减免收费、提供法律帮助等实现其司法权益的一项社会救助。与其他社会救助项目不同的是，法律援助是以司法救济的形式出现的，其直接目的是为了实现司法公正与正义。法律援助的主要内容包括诉讼费减免、免费提供律师、公证和法律咨询服务等。

8. 扶贫开发

扶贫开发是指国家和社会通过包括政策、资金、物资、技术、信息、劳务、就业等方面的外部投入，对贫困地区的经济运行状态进行调整、优化，在此基础上实现贫困地区经济的良性增长，进而缓解贫困地区的贫困，促使贫困人口逐渐摆脱贫困的政策体系。它虽然与其他社会救助相比，主要是面向区域而不是直接面向贫困家庭与个人，但追求的目的仍然是社会救助要达到的目标，并且同样需要运用政府的公共权力与公共资源，从而仍然可以纳入到现代社会救助体系中来。

（三）按救助手段分类

依据救助的手段来划分，社会救助可以划分为现金救助、实物救助、服务救助及以工代赈等。[①]

1. 现金救助

现金救助是指以发放现金的形式为救助对象提供帮助的社会救助形式。费用的减免或核销其实也是现金救助，它是现代社会救助的主要形式。现金救助的优点是受助者可以根据自己的需要来将其转换为各种物质或服务，从而更有利于按需保障。在社会救助中，现金救助的形式最为广泛。

2. 实物救助

实物救助是指以发放物资的形式为救助对象提供帮助的社会救助形式，它是一种传统的救助形式。实物救助的优点是所发的物资可以直接消费，救助的效果比较快捷，因此，在现代社会它主要在灾害救助中被经常采用。不过，实物救助需要讲究针对性，并非任何救助项目都可以采用。

3. 服务救助

① 郑功成. 社会保障学［M］. 北京：中国劳动社会保障出版社，2005：267

服务救助是指针对特殊的救助对象提供生活照顾和护理等服务。主要包括对高龄老人的护理服务、对孤儿的关爱和照顾等。

4. 以工代赈

以工代赈是指通过提供相应的工作或就业机会并发放劳动报酬的方式实现对救助对象的救助。在灾害救助与扶贫开发中，以工代赈是一种在国内外较为广泛采用的救助手段。

实际上，许多救助项目在实践中并不限于使用上述任何一种手段，而是可能两种或多种救助同时采用。如灾害救助就几乎包括了上述四种救助手段。

（四）按救助的时间分类

依据救助的时间分类，社会救助可以划分为定期救助、临时救助和急难救助。①

1. 定期救助

定期救助是指在时间上具有连续性的社会救助，它一般表现为在相对较长的一段时间里，社会救助管理机构按规定连续、定时地为救助对象提供援助。如对孤寡老人、孤残儿童以及长期生活在贫困线或最低生活保障线之下的社会成员的救助等，均采取定期救助。

2. 临时救助

临时救助是指在时间上没有连续性，或者救助时间比较短的社会救助，它是为解决社会成员临时的生活困难而进行的社会救助。这种救助的条件往往是短期的或者临时的，因此，当救助条件消失之后，救助的必要性也就不复存在。临时救助主要包括各种灾害救助和失业救助等，其特征是短期性和非连续性。

3. 急难救助

急难救助是指社会成员在遭受灾害、意外等情况下，对其生活困难进行的社会救助。

▶第三节　社会救助的有关理论

社会救助是和贫穷联系在一起的概念。关于贫困的原因，有很多不同的理论诠释。然而，纯粹的社会救助的理论阐释却并不多见，这里仅介绍几种

① 郑功成. 社会保障学［M］. 北京：中国劳动社会保障出版社，2005：267-268

典型的与贫困有关的社会救助理论观点。

一、马尔萨斯的人口与贫困理论

马尔萨斯（Thomas Robert Malthus）认为，人口的增加常常比食物（粮食）的增加快，而提出人口的增加是几何级数，食量的增加是算数级数的“人口论”。其理论原则即人口过度增加，食量不够，生活水平就会下降，致贫穷人口增加，因此，贫穷问题就会产生；相反贫穷人口减少了，生活水平就会提高，生活水平提高而人口又重新增加。因此，只有抑制人口的增加才能消除贫穷。所以，马尔萨斯主张减少人口，保持工资的提高，从而维持劳动者的高生活水平。马尔萨斯把贫穷的原因归结于人口或粮食的绝对量等自然因素，实际上是为资本主义解脱罪责，当人口与粮食不能均衡时就会产生生存竞争，实际上是一种适者生存、优胜劣汰的社会进化论调。马尔萨斯甚至认为，济贫法是人为的无用反抗，济贫法是无益的立法。他的理论影响了以后的研究者，例如汤森（R. J. Townsend）就认为，贫穷是正常的，而不是社会的病态，贫穷是由个人的命运、懒惰、生活不规律或无节制造成的。“贫民政策”是人为干涉“自然秩序”，而提高贫民的地位是违反自然的愚策，不要让饥饿的贫民生活在安乐与懒惰中，要让他们有自助的精神，逐渐为自己的生活而努力工作。

二、最低生活保障理论

这种理论认为，最低生活保障制度是包括满足被救助者生活所需要的饮食费、被服费、自来水费、家具以及其他日常生活最基本的需要的生活救助，以及治疗疾病、伤害所必需的医疗救助及其他如教育、住宅、生育、工作、丧葬等所需要的救助。推行最低生活保障最主要的措施就是生活救助。一般在设定生活救助的标准时，通常用贫困线（poverty line）来衡量。但是国民生活的多元化使设定国民生活救助标准相当困难，因此，贫困线的界定往往采用多种方法，如市场菜篮法、恩格尔系数法、生活形态法等。

在确定了最低生活标准后，还要通过家庭财产调查遴选符合救助条件的救助对象。事实上，在财产调查项目内所关联的最低生活费（minimum cost of living），并不是指最低而是指最低限度（minimum）的生活费，最低限度的生活是应包含文化性活动在内的最低限度。最低限度生活与最低健康愉快水准（minimum of health and comfort standard）生活可以说是相同的。因此，人类不仅需要满足衣、食、住、行等物质生活，而且有期望满足生活多元化的需求。把最低健康愉快生活水准当成最低限度，确保劳动力充分再生产，满足文化、社会上各种需求。或者限于一定地域、一定职业，完全把劳动者的工资作为最低工资制（minimum wage legislation）的最低工资标准，而作为生活所需的工资，不仅含有最低生存，而且含有人类需要的意蕴。社会救助也就是把最低生活基准及程度，通过国家和社会的力量帮助所有国民都达到，从而抑制陷入贫穷（水准以下）的现象。

三、穷人与资产理论

穷人与资产理论的创始人是美国华盛顿大学的迈克尔·谢若登（Michael Sherraden）教授。1990年，他在《穷人与资产》一书中，首次提出了以资产为基础的福利救助政策：凡是广泛地和普遍性地促进公民和家庭尤其是穷人获得不动产和金融资产以增进他们的福利的方案、规则、法规法律，都属于资产政策。谢若登认为，资产积累和投资而非收入和消费，是脱离贫困的关键。要将以收入为基础的政策，发展为以资产为基础的福利救助政策。为此，谢若登建议建立一个相对简单和普遍的账户制度，他称之为个人发展账户（IDAS）。个人发展账户是在个人名义下非强制性的、有增值收入和税收优惠的账户，早在出生时设立，限于指定目的。[①]

谢若登对于资产的社会建设进行了长期锲而不舍的研究，得到了三个重要发现。第一，一个人缺乏资产是导致持续产生贫穷的机制——穷人的金融支持来源只有就业、家庭和政府福利，却没有资产，故而不存在资产的积累，不能产生可支持长期生活的资产为基础的福利效应。一个人的一生能否得到资产福利效应的惠顾，是穷与非穷的机制性标志。第二，如果将储蓄分为剩余储蓄与资产储蓄，即一开始就作为资产进入家庭的储蓄，就会发现，个人和家庭的资产积累有相当部分甚至大部分来自资产储蓄，即制度化机制的结果，而并非收入减去消费的剩余。非穷人的四种福利来源是就业、政府、家庭和现有资产，都有可能成为资产积累的来源。他们获得福利的模式是收入加资产。第三，在没有或很少有现存资产情况下，对穷人的三种主要支持来源（就业、政府和家庭的支持形式）只有收入一项，处于低水平就业状况下的穷人，以及失业者、残疾人和患重病者和他们的家庭，所能得到的政策支持只能是政府对穷人的转移支付，而这些转移支付都是收入维持性质的，包括最低生活保障补助、房租补助等。政府只有持续地进行这种转移支付，才能维持穷人最低程度的生存。由于穷人没有资产，政府有关家庭资产积累的规定，对房屋资产、退休金和遗产的税收优惠、激励和补贴政策不可能惠及

① 迈克尔·谢若登．资产与穷人——一项新的美国福利政策［M］．高鉴国译．北京：商务印书馆，2005：351-355

穷人。资产的分配比起收入的分配不仅更加不平等，而且形成持续拉开贫富差距的社会性趋势，这导致穷人一代又一代的生存只能依赖福利救助，难以甚至无法改变自己的穷人身份。[①]

资产建设的研究和试验表明，使人们尤其是穷人拥有资产具有多种积极的社会和经济效应，特别是由于持有资产增进了人们尤其是穷人的自信，培养了个人、家庭和社区自力更生的精神和能力，因而具有革命性的意义：首先，它鼓励工作的积极性，因为要向账户中存款，就要努力挣钱。其次，它改变了以往救助方式的被动性，穷人可以自主支配资产。最后，它放弃了要使穷人的所有收入和资产消耗殆尽才给予救助的理念，而用要求他们按计划存款的经济手段来鼓励他们自立、自助，使其最终成为一个寻求福利救助与经济发展相结合的救助制度。

本章小结

社会救助是指国家与社会面向由贫困人口与不幸者组成的社会脆弱群体提供款物接济和扶助的一种生活保障政策，它通常被视为政府的当然责任或义务，采取的也是非供款制与无偿救助的方式，目的是帮助社会脆弱群体摆脱生存危机，进而维护社会秩序的稳定。社会救助的外延，包括贫困救助、灾害救助及其他针对社会弱势群体的扶助措施。社会救助具有直接功能和间接功能。从其直接功能看，社会救助可以直接达到保护国民生活的目的，可以促进经济、社会的繁荣，可以安定社会秩序，可以补充社会保险制度的不足。从其间接功能来看，完备的社会救助体系是民主国家的象征，社会救助还可以减少贫富差距，可以提高国民生活素质。社会救助的基本特征是最低保障性、按需分配、权利义务单向性、全民性。社会救助的主要方式是院内救助和院外救助。依据救助的实际内容分类，社会救助可分为生活救助、灾害救助、失业救助、住房救助、医疗救助、教育救助、法律援助、农村扶贫开发等；依据救助的手段来划分，社会救助可以划分为现金救助、实物救助、服务救助及以工代赈等；依据救助的时间分类，社会救助可以划分为定期救助、临时救助和急难救助。社会救助的主要理论有马尔萨斯的人口与贫穷理论、最低生活保障理论和资产建设理论。

复习思考题

1. 如何理解社会救助的概念？

---

① 杨团. 资产社会政策——对社会政策范式的一场革命［J］. 社会保障研究，2005 (3)

2. 社会救助与社会救济的区别和联系是什么？
3. 社会救助体系包括哪些关键环节？
4. 社会救助的功能和特征是什么？
5. 社会救助的方式和种类有哪些？
6. 简述马尔萨斯的人口与贫穷理论。
7. 资产建设理论的主要观点是什么？

案例讨论 1

民政部通报汶川地震灾情和救灾工作情况

5 月 13 日下午，国务院新闻办公室就汶川地震灾害和救灾进展召开新闻发布会，民政部副部长罗平飞、救灾救济司司长王振耀介绍了地震灾情和救灾工作情况，并回答记者提问。

地震灾情较为严重，抗震救灾难度大

民政部副部长罗平飞介绍说，此次地震灾害造成了严重人员伤亡和重大财产损失。截至 13 日 12 时，汶川地震已造成四川、甘肃、陕西、重庆、云南、湖北 6 省（市）因灾死亡 11 921 人。

民政部救灾救济司司长王振耀回答记者提问时说，汶川地震是新中国成立以来西部地区发生的损失最大的一次破坏性地震，由于灾区处于山区，救灾困难比较多，主要呈现以下特点：一是强度大，波及面广，破坏力强。此次汶川地震是我国大陆内部地震，属于浅源地震，破坏力度较大。全国十余个省（市、区）都有不同程度震感。二是震中位于地震高发区。有地震记载以来，此次震中附近 200 公里范围内发生过 8 次 7 级以上地震，其中最大一次是 1933 年四川茂县叠溪镇 7.5 级地震。三是灾区建筑抗震能力较弱。震中汶川县羌族人口较多，占总人口的 26.69%。房屋结构为石砌墙或夯土板筑墙体，防震性能差。四是学校、医院等公共场所人员伤亡情况严重。由于地震发生在下午，学校、医院等单位人员较为集中，学生、教职工和医护人员伤亡严重。五是抗震救灾难度大。震中汶川县海拔 1 325 米，周围有茶坪山脉、邛崃山脉等众多山体围绕，地形复杂、交通不便，震后道路、通信中断，灾区近日又多阵雨天气，给救灾工作造成很大的困难。

防震抗灾工作迅速展开

罗平飞副部长介绍说，国家减灾委、民政部在震后紧急启动了国家救灾一级响应，中央财政紧急下拨了地震救灾应急资金 8.6 亿元，民政部已向地震灾区调拨救灾帐篷 6.06 万顶和 5 万床棉被。

同时，作为国务院抗震救灾指挥部群众生活组牵头部门，民政部认真履行群众生活综合协调职责，实行 24 小时灾情零报告制度；及时了解各地灾情，确保信息及时畅通；加强灾区现场应急技术支持，国家减灾中心及时启动了“空间与重大灾害国际宪章”机制，确保及时开展灾害评估工作。

下阶段着力做好三项工作

针对当前灾区存在的交通和通信瘫痪、救灾物资储备不足、群众自救能力较差等困难，罗平飞副部长强调，下一阶段要重点做好以下三方面工作：

一是切实做好遇难群众的善后工作。各级民政部门应在当地党委、政府的统一领导下，配合做好被困群众的搜救工作，切实做好遇难群众的善后工作，妥善做好遇难群众家属的安抚工作，确保灾区社会稳定，人心安定。

二是继续全力以赴做好受灾群众生活保障工作。在抓紧向灾区调拨已储备的救灾帐篷和物资的基础上，通过发动社会捐赠、紧急采购等方式筹措一批衣被、帐篷、移动厕所等物资，视情况增拨中央救灾应急资金，指导各地做好方便食品、饮用水等生活必需品的筹集和发放工作，必要时组织实施空运和空投，千方百计解决受灾群众生活困难。

三是及早筹划灾民倒房恢复重建工作。此次灾害过程倒塌损坏房屋数量大，而且倒房比较集中，恢复重建压力非常大。在进一步评估、核查灾情的基础上，商财政部及时下拨灾民倒房恢复重建补助资金，帮助灾区及早开展灾民倒房重建工作。

资料来源：《中国社会报》，2008年05月14日

案例讨论2

低保金变实物券谁接受？

《社会救助法（征求意见稿）》征求社会公众意见于9月8日结束，其中低保金可以变为实物券或实物的规定，引起广泛关注。

低保金变实物券谁接受？

“假设你是低保户，你选择要什么？”三个选项：最低生活保障金，实物券，实物。

人民网刚刚进行的调查结果显示：7 535位受访者，选择现金的高达97.3%，而选择券、实物的，分别只有0.9%和1.8%。

这项调查，源自正在征求社会公众意见的《社会救助法（征求意见稿）》。《社会救助法（征求意见稿）》规定，享受居民最低生活保障待遇的家庭，由乡、镇人民政府或者城市街道办事处每月按标准发给最低生活保障金或者实物券，也可以给付实物。

对草案中这项规定怎么看？记者就此进行调查采访。

低保户不愿：要什么我最清楚

“不方便，肯定不方便。”9月5日，北京丰台东大街西里社区一居民楼502室，享受低保待遇的郑建成听说相关规定后，连连摆手说：“如果真是发券发物，更难打理生活了。”据他介绍，现在全家的低保金加上特殊补助，刚

由每月的1 159.50元提高到1 300.50元，精打细算后生活还算过得去。可他有些忧心：如果真是低保金全部或者部分以券或东西发放，就很难挤出钱来买药，更别说补贴女儿上学。

记者在采访中了解到，低保户致贫的原因千差万别，每个家庭必需的水电气和米油盐等用量也不一样，同时大多数家庭都有特别的需求。

在北京的另一个低保户刘俊萍家里，女儿闫娜从13岁开始持家并照顾下肢瘫痪的母亲，至今已有13年。闫娜认为，还是现在的全额发放低保金好，因为她家的开销与别人有很多不一样。母亲瘫痪，要经常给她洗澡擦身，用水量比一般家庭要多得多。母亲还患有哮喘，家里的地板要经常用消毒液消毒，还要用于母亲常常犯病的非看病开销，比如上医院打车等费用。

"发的用不完，着急用的没有"，闫娜觉得发券发物不方便：刚享受低保时，就是领取米面油。她和母亲饭量都不大，一个月一桶油往往吃不完，特别是夏天把米面放在家里，会长虫子。最后她用近乎恳请的语气说："家里需要什么，我更清楚，千万别再给发这发那!"

街道办担心：老百姓难免要猜疑

"发券发物，会不会引起老百姓的猜疑。"面对低保金发券发物的规定，一些乡、镇和城市街道办事处的工作人员有些担心。

记者在北京市丰台区丰台街道办事处采访时了解到，为了帮助一些濒临低保的家庭，他们联合红十字会以及和谐委开办了一个"爱心超市"。这些家庭免费领取400元"爱心超市"购物卡。按说这是一件好事，可有人称之为"黑心超市"。一位工作人员介绍，"爱心超市"是非营利性的，为了帮助更多需要帮助的人，超市用房是他们外租可获5万元的自有房，超市工作人员工资不计入超市成本，为了省钱每次进货都是不辞辛苦找一级批发商，还尽可能募集社会捐赠。可谓把"心窝子"都掏出来了。然而，有的群众看到"爱心超市"的个别商品高于其他超市，就开始怀疑并表示不满。其实，个别商品价格显高，是因为其他超市的销售"花招"，他们往往以个别低于进价的特价商品形式招徕顾客。

"把低保金变为发券发物要慎重!"丰台街道办事处一位工作人员表示，慈善式的帮助，个别人说说也就说说，如果是最低生活保障金这种救助，被老百姓说三道四，恐怕就没这么简单了。

除了担心群众猜疑，一些基层民政福利工作人员还担心，如果是给低保户发实物，工作会更繁重。据了解，随着我国保障体制的逐步完善，基层民政工作人员的事务本来就多，工作量也大，再给低保户发实物，其统计、购买、运输、储存、分发、分送等，恐怕顾不过来，也很难保证众多环节不出问题。

也有群众支持：防低保户挪钱他用

把低保金变为发券发物，也有群众支持。他们认为，可以防止有的低保户把低保金挪作他用，用于炒股、赌博、吸白粉等非生活必需保障；许多国家的低保救助也有类似的规定；与此同时，为规范发券发物，征求意见稿在

“法律责任”中作了相应规定。

有关数据显示，2000年年底城市居民最低生活保障制度仅覆盖400多万人；2002年年底城市低保对象人数就激增到2 200多万人，2007年的数据为2 233万人。农村居民最低生活保障制度也于2007年全面推开。随着低保覆盖面越来越大，一些把低保金挪作他用的现象时有出现：比如用于赌博，购买手提电话，购买金银饰品等高档非生活必要品，自费到国外、省外观光旅游，养高级宠物等。这些现象早已引起群众非议。

专家提示：避免趋利行为

用发券发物的形式，杜绝低保户挪钱他用，一些群众也有不同看法。北京居民张鹏飞就认为，这个“药方”开错了。他说，低保户挪钱他用的现象，“病根”很大程度上是审批把关不严，不该让真正的低保户吃“药”受“罚”。“出发点虽好，效果不一定好”，广州市番禺区的汤先生表示，如果发券发物，那种“赌”心不改的人，同样可以折价换现。

而更多百姓关心并担心的是，发券发物，如果监管不力，会不会产生“猫儿腻”，如定点合作回扣、虚报物价等。

中国人民大学中国社会保障研究中心副教授韩克庆认为，老百姓担心的这个问题，是很有可能发生的，但“猫儿腻”现象本身是违法的，可以通过补充条款得以矫正，同时救助法草案也有关于惩戒的条款。

“救助方式多样化是一种进步。”韩克庆评价，采用多元化救助方式解除贫困群体的生活困难，不仅可以有针对性地满足贫困者的需求，发挥救助金的最大效益，而且还能在一定程度上避免低保金与其他专项救助的混合使用。

同时，韩克庆提示，要注意政府公共责任与市场化的关系问题。社会救助程序是否公开透明，作用能否有效发挥、能否有效避免市场化带来的部门利益和种种趋利行为，是检验政府执政力的重要内容。

资料来源：中国城市反贫困网，http://www.dibao.org/Content.aspx?lid=1462&type=zx02

原载：《人民日报》2008年9月10日第14版。

第四章

社会福利的一般理论

■**学习要点**

通过本章的学习，了解社会福利的概念、类型及与其他概念的关系，掌握福利经济学、社会学和政治学对社会福利的理论贡献，初步了解当今社会福利的主要理论流派。

■**关键概念**

社会福利　残补型社会福利　制度型社会福利
现金给付型社会福利　实物给付型社会福利
社会服务型社会福利　全民性社会福利　选择性社会福利
老年人社会福利　残疾人社会福利　妇女儿童社会福利
福利经济学　功能主义　民主社会主义　第三条道路
积极性福利　混合经济

▶第一节 概述

一、社会福利的概念界定

通常理解的“福利”（welfare）一词具有“幸福”“富足”等多种含义，在日常生活和学术研究中都是常用词，但同时人们对福利的理解也有很大的不同。综合起来看，“福利”一词有以下一些含义：从最一般的意义上看，“福利”一词常常指人们社会生活的一种良好的状态和总体上的利益，包含了富裕、幸福、平等等人们追求的价值理想。“福利”是一种物质的或者是货币的资源分配方式，如福利性住房分配制度、福利性医疗制度等。“福利”指对特殊社会成员提供帮助或者特殊服务的方式，常常用做指一些专门针对贫困者、残疾人、孤寡老人和孤儿等特殊群体的社会救济和特殊服务。

“社会福利”（social welfare）一词，最早见于1941年美国总统罗斯福与英国首相邱吉尔所签订的《大西洋宪章》和1945年所签订的《联合宪章》中。对于“社会福利”一词的理解，往往包含了上述三方面的内容。但是，在不同的国家和地区，对于社会福利的界定是不同的。即便是在同一个国家和地区，由于研究者的研究视角不同，对于社会福利的理解也有很大的差异。下面分别介绍一下不同国家和地区的学者对社会福利这个概念的理解。

美国社会工作者协会1999年出版的《社会工作百科全书》对社会福利的解释是：“社会福利是一个宽泛的和不准确的词，它最经常地被定义为旨在对被认识到的社会问题做出反应，或旨在改善弱势群体的状况的‘有组织的活动’‘政府干预’政策或项目……社会福利可能最好被理解为一种关于一个公正社会的理念，这个社会为工作和人类的价值提供机会，为其成员提供合理程度的安全，使他们免受匮乏和暴力，促进公正和基于个人价值的评价系统，这一社会在经济上是富于生产性和稳定的。这种社会福利的理念基于这样的假设：通过组织的治理，人类社会可以生产和提供这些东西，而因为这一理念是可行的，社会有道德责任实现这样的理念。”①

美国学者巴克尔（Robert L. Barker）认为，社会福利是指“一种由社会福利计划、社会福利津贴和社会服务构成的，帮助人们满足对维持社会运转

① 尚晓援．“社会福利”与“社会保障”再认识［J］．中国社会科学．2001（3）：114

必不可少的社会需要、教育需要和健康需要的国民制度。”①

日本在1950年社会保障审议会提出的《关于社会保障制度的劝告》中，提出“社会福利是指对于国家扶助的对象，如残疾者、儿童及其他需要援助的人，给予必要的生活指导、回归社会指导、生活保护等，以达到充分发挥他们的能力，走向自立为目的的事业。”此外，在《社会事业法》的第3条里，对社会福利事业的宗旨则进行了以下的规定：“社会福利事业是对于需要进行援助、培养和需要重新谋求生活手段的人，在不损害其独立生活意志的前提下，给予生活上的援助。必须以此为其宗旨并从事活动。”也就是说，社会福利等于社会福利事业，它是“对需要援助和保护的人所进行的诸项活动”。②

1991年出版的《中国大百科全书·社会学》对“社会福利”的定义为：“国家和社会为增进成员尤其是困难者的社会生活的一种社会制度。旨在通过提供资金和服务，保证社会成员一定的生活水平并尽可能地提高他们的生活质量。社会福利狭义指当社会成员因年老、疾病、生理或心理缺陷丧失劳动能力而出现生活困难时向其提供的服务措施；广义指为了改善和提高全体社会成员的物质生活和精神生活的各种社会服务措施。”③

1994年出版的《中国社会工作百科全书》对“社会福利”的解释是：“按其字义和一般人的观念，通常被理解为有关改善社会成员物质、文化生活的一切举措。在社会工作专业领域里，有广义和狭义两种理解。在世界许多国家，特别是西方发达国家里，大多把‘社会福利’当做‘社会保障’的同义词。如《简明不列颠百科全书》将社会保障解释为‘一种公共福利计划’，属于对‘社会福利’一词的广义解释。在另一些国家里，如美国、日本等国，社会福利仅指社会保障制度中的一个特定的范围和领域，通常是指专为弱者所提供的带有福利性的社会服务与保障，如儿童福利、老人福利、残疾人福利等。从这个意义上，‘社会福利’一词便具体化为‘社会福利服务’或‘社会福利事业’。属于对社会福利的狭义理解。在中国，社会福利仅仅是社会保障体系的一个组成部分，属于狭义社会福利范畴。”④

在本书中，我们把社会福利看做与社会救助逻辑上并列的概念，是国家和社会通过社会化的福利津贴、实物供给和社会服务，满足社会成员的生活

---

① Robert L. Barker. The Social Work Dictionary 2d ed [M]. Silver Spring, MD: National Association of Social Workers. 1991: 221.

② 一番ケ濑 康子. 社会福利基础理论［M］. 沈洁，赵军译. 武汉：华中师范大学出版社，1998：26

③ 谢曙光. 中国大百科全书·社会学. 北京：中国大百科全书出版社，1992：286

④ 陈良瑾. 中国社会工作百科全书［G］. 北京：中国社会出版社，1994：419

需要并促使其生活质量不断得到改善的一种社会政策。

这一概念包括以下几个层次：第一，国家（通过政府有关职能部门）和社会（通过从事福利事业的社会团体）是社会福利的责任主体，国家颁布相关法律对各项福利事业进行规范，如中国就先后颁布过《残疾人权益保障法》《老年人权益保障法》等若干部法律或法规，政府通过有关职能部门对社会福利事业进行监督与管理，并承担着相应的拨款补贴责任。第二，它与其他社会服务相比，其本质主要体现在经济福利性上，既属于第三产业范畴，又不同于一般第三产业，是难以采取市场调节的社会公共领域，政府的呵护与政策扶持往往是其生存、发展的必要条件。第三，它强调社会化，即福利的提供必须是开放式的，因此，严格而论，由各机构提供给员工的福利并不能算是社会福利。第四，社会福利的供给，采取的主要是提供服务的方式（如青少年教育服务、残疾人康复服务、老年人安老服务，以及其他各种具有福利性的社会服务等），主要处于服务保障的层次，甚至也包括对有需要者的精神慰藉。第五，社会福利的目标，不单是为了保障社会成员的基本生活，或解除社会成员的后顾之忧，而且还在于促使社会成员的生活质量不断得到改善和提高，如满足社会成员在教育、文化方面的需求等。①

二、社会福利与其他概念辨析

（一）社会福利与社会保障

关于社会福利和社会保障的关系问题，一种观点是将社会福利广义化，将社会保障作为社会福利的一部分，即是其中最重要或最受重视的部分。另一种观点是将社会福利狭义化，并将社会福利作为社会保障的一部分。这两种角度的理解都不乏支持和拥护者。

有的学者认为，社会保障在制度目标、保障对象、主要项目、资金和服务的提供者等方面，都与社会福利有着重要的差别。具体来说，两者的区别表现为：第一，社会保障是从属于社会福利的一个范畴，社会保障的项目不能覆盖社会福利。社会保障与社会福利相比，是属“低层次”的，是为了满足基本生活需要。而社会福利的项目却多得多，它既可以是低层次的基本生活需要，也可以是较高层次的生活享受；其提供者不仅包括由国家提供的社会保障，而且包括由国家、地方、企业、国际社会等提供的福利；它既提供了资金保证，又提供了一般社会保障所不包含的社会服务。第二，社会保障

① 郑功成. 社会保障学——理念、制度、实践和思辨［M］. 北京：商务印书馆，2000：20-21

作为一种特殊的分配形式，只能针对一部分特殊的社会成员，而社会福利则是针对全体公民。社会保障主要是"扶贫"与"济困"，起着社会稳定的作用。社会福利主要是"脱贫"与"致富"，起着促进社会发展的作用。第三，政府只是社会保障的组织者和提供者之一，社会保障是国家社会福利制度的组成部分，是社会福利体系的一个子体系。[①] 这种观点显然比较符合上述对社会福利与社会保障关系理解的第一种角度。

日本学者一番ケ瀬 康子认为，从政策的主体方面来看，社会保障是国家或者地方公共团体，而社会福利事业除了国家和地方公共团体之外，还包括个人。另外，从客体的方面看，社会保障的对象是经济方面的困难，而社会福利则主要是由于经济困难而带来的社会生活上的困难，也就是对社会的不适应现象。社会保障和社会福利之间的区别，说到底是实施于对象的方法和实施者本身有所不同。社会保障是普遍地、平均地实施的，而社会福利是特殊地、个别地、自发地实施的。在现实社会里，社会福利事业往往只是对社会保障发挥一种替代或者补充性的作用，因此，从广义的角度来论述社会保障用语时，大都也就包含了社会福利事业。[②] 也有的学者将社会保障划分为三大层次，即基本保障——社会保险，最低保障——社会救助，最高保障——社会福利。这里的社会福利显然是对人们在解决了基本生活需要基础之上的一种较高层次的物质或精神需求的满足。而福利如残疾人福利，则属于最低或基本层次保障的范畴。上述观点显然把社会福利狭义化，将之作为社会保障的一个部分。

有的学者认为，虽然"社会福利"和"社会保障"这两个概念都有广义和狭义的定义，但从国际惯例和许多国家的实践经验看，把"社会福利"定义为"社会保障"制度的一个部分是不恰当的。社会保障在国际社会政策的研究中有相对固定的、通行的含义，指由国家或立法保证的、旨在增加收入安全的制度安排。社会福利的含义则宽泛和含糊得多，一般指作为人类社会，包括个人、家庭和社区一种正常和幸福的状态。贫困、疾病和犯罪等社会病态是"社会福利"的反义词。广义的"社会福利"制度指国家和社会为实现"社会福利"状态所作的各种制度安排，包括增进收入安全的"社会保障"的制度安排。狭义的"社会福利"则指为帮助特殊的社会群体，疗救社会病态而提供的社会服务，它与"社会保障"的制度安排同为促进人类幸福的制度

---

① 陈银娥. 社会福利［M］. 北京：中国人民大学出版社，2004：2

② 一番ケ瀬 康子. 社会福利基础理论［M］. 沈洁，赵军译. 武汉：华中师范大学出版社，1998：33-35

措施，只是针对不同的社会问题。[①] 那么，社会福利与社会保障之间到底是什么关系呢？笔者认为，两者之间并没有必然的谁包含谁的问题。一方面，两者在内容上相互交叉，难以割裂；另一方面，学科视角的不同则是导致上述分歧的主要原因。在本书中，我们倾向于认为社会福利是从属于社会保障学科的研究范畴。

（二）社会福利与社会福利制度

社会福利可以指社会福利状态，也可以指社会福利制度。社会福利状态是指人类社会，包括个人、家庭和社区的一种正常和幸福的状态。社会福利制度则是指国家和社会为实现社会福利状态所做的各种制度安排，包括增进收入安全的社会保障的制度安排。一般来说，社会福利制度指为促进人类幸福、疗救社会病态的慈善活动或政府行为。社会福利制度的概念有广义和狭义之分。狭义的社会福利制度指为帮助特殊的社会群体、疗救社会病态而提供的服务，又称福利服务（welfare services）。它在社会生活中是补缺性的，涉及的是传统社会工作的内容，宗教和慈善机构、邻里和社区等在其中起着重要作用，政府介入较少。广义的社会福利制度强调社会福利制度在促进和实现人类共同福利中的作用，主要包括以下几方面：第一，非正式的社会福利制度，包括个人、家庭、邻里和社区为增进社会福利、履行文化和道德责任所承担的各种活动，如个人帮助和照料家庭成员的活动、帮助周围需要帮助的人的活动、社区为帮助需要帮助的人所做的集体努力等。第二，正式的社会福利制度，主要包括宗教的慈善活动、非宗教的慈善活动（即非营利组织的社会福利活动）。其中，有组织的宗教慈善活动是其最重要的内容。但非宗教的慈善活动有扩大趋势。有组织的宗教和非宗教的慈善活动组成了社会福利活动的志愿部门，有时又被称为“第三部门”。第三，国家的社会福利制度，一般认为主要有六大服务项目，即社会保障或收入保障服务，包括社会保险和社会救助；医疗服务；教育；住房；社会工作服务和对个人的社会服务；就业保障。除此以外，政府还通过税收制度影响社会福利状态，如对有儿童的家庭和残疾人提供税收减免等。[②]

三、社会福利的分类

对于社会福利的类型的划分，有的学者根据社会福利的对象，将其划分为老年人福利、残疾人福利、妇女儿童福利等。有的根据社会福利的内容，

---

① 尚晓援. “社会福利”与“社会保障”再认识［J］. 中国社会科学. 2001（3）：114

② 陈银娥. 社会福利［M］. 北京：中国人民大学出版社，2004：2

划分为医疗卫生福利、公共教育福利、住房福利、社会服务等。对于上述两种分类，在下文中将着重介绍。这里主要介绍以下几种类型。

（一）按社会福利的作用方式分类

按照社会福利的作用方式来划分，可以分为残补型社会福利和制度型社会福利。

关于社会福利的类型，一种最为流行的划分是20世纪60年代由社会学家沃伦斯基（Harold Wilensky）和莱博克斯（Charles Lebeaux）提出的。[①] 他们根据国家在社会福利供给中的职能，将社会福利制度划分为“残补型”（residual，也有的译为“剩余型”或“补缺型”）和“制度型”（institutional）两种类型。“残补型”社会福利指国家的社会福利机构只有在其他通常的渠道如家庭和市场不能维持时，才应为遇到困难的人提供帮助，实际上主张一种针对弱势群体的有限的、基于家计调查的服务。“制度型”社会福利将社会福利服务当做工业社会一种正常的功能，以提供制度化的、针对全体人民的普遍福利为职志。这种关于社会福利的类型划分显然与对社会福利的广义、狭义理解密切相关。这一框架已被广泛运用于社会福利的国际比较研究中。

（二）按社会福利资源的提供方式分类

按照社会福利资源的提供方式来划分，可以分为现金给付型社会福利、实物给付型社会福利和社会服务型社会福利。

现金给付一般被称为社会津贴或社会补贴，它是政府在实施某项可能影响居民物质利益的社会经济政策时，为了使居民能够分享政策实施推动经济发展的成果，或者使居民不致因新政策的出台使生活水平降低而为居民普遍提供的一种津贴，如农产品提价而由政府普遍为居民提供的物价补贴等；实物给付是指政府和社会通过举办各种社会福利事业向社会提供社会福利设施等实物的形式来体现社会福利待遇，它是社会福利最主要的实现形式，如食品券供应，国家通过兴办教育事业实行义务教育或者低费教育来提高社会成员的教育福利，通过兴建各种文体娱乐设施以丰富人民群众文化体育生活，通过举办疗养院、社会福利院等为社会成员提供生活和康复福利等；社会服务是指政府和社会为了解决社会成员的生活困难，使其生活更加方便和愉快，由社会福利组织及其人员向社会成员提供服务的方式来实现的社会福利形式，它主要通过社区组织和福利机构来实现，主要形式是社区服务，它通过举办

① 尚晓援．“社会福利”与“社会保障”再认识［J］．中国社会科学．2001（3）：118

各类福利院、福利工厂、福利卫生医疗机构、福利性娱乐场所等来为社会成员提供服务，以提高其生活质量和水平。

（三）按社会福利资源的分配方式分类

按照社会福利资源的分配方式来划分，可以分为全民性社会福利与选择性社会福利。

全民性的社会福利，是指社会成员在社会福利资源分配的过程之中，不论贫富，皆有资格享受福利服务。例如社会福利制度中的国民失业保险、家庭儿童津贴与退休保险、国民健康服务等。此模式的特点是每个人都有平等的机会来享受社会福利服务；其最大的缺点是容易造成国家财政负担，阻碍社会经济的正常发展。选择性的社会福利是通过社会福利机构将社会福利资源分配给那些真正需要福利服务的低收入者，其服务对象是有选择的而非全民的。选择的方法一般是通过“家计调查”，需要社会福利服务的个人或者家庭，先向社会福利机构提出申请，经过家庭经济状况调查，审查合格后，才能够享受政府所提供的各种社会福利服务。例如家庭补助、住房福利都属于这种模式。其优点是能够避免社会福利资源的浪费，能够充分利用福利资源的再分配改善贫困者的生活状况。选择性福利模式的缺点是对接受福利者的隐私保护不够，容易影响接受福利者的正常态度和心理健全发展。

（四）按影响社会福利服务的特定人群分类

按照影响社会福利服务的特定人群来划分，可以分为老年人社会福利、残疾人社会福利、妇女儿童社会福利等。

老年人福利，是指国家和社会为了安定老年人生活、维护老年人健康、充实老年人精神文化生活而采取的政策措施和提供的设施和服务，它作为养老保险的延续和提高，在解决老年人基本物质生活需要的基础上，进一步满足老年人物质文化生活的需要，努力实现“老有所养、老有所医、老有所为、老有所乐”的社会目标。从老年人的生活保障出发，老年人的福利需求可以归纳为老年人的经济保障需求、老年人的健康保障需求、老年人的情感保障需求、老年人的服务保障需求等几方面。老年人对生活保障的需要是多方面的，也是复杂的，它需要一个健全完备的社会福利系统。因此，随着人口老龄化高峰的到来，老年人福利事业必定成为社会福利制度乃至整个社会保障体系中的重要项目。

残疾人福利，是指国家和社会对残疾的公民在年老、疾病、缺乏劳动能力及退休、失业、失学等情况下提供基本的物质帮助，并根据社会的经济、文化发展水平，给予残疾人相应的康复、医疗、教育、劳动就业、文化生活、社会环境等方面的权益保障，实现残疾人“平等、参与、共享”的目标。虽然各国的残疾人福利政策存在一定的差异，但总体而言，残疾人福利的基本内容是一致的。按残疾人福利的领域来划分，一般包括残疾人生活保障、残疾预防、残疾人康复、残疾人教育、残疾人文化和社会环境。按残疾人福利提供的方式来划分，残疾人福利通常包括残疾人福利制度和残疾人福利服务，前者包括残疾人社会福利行政和残疾人社会福利立法，后者包括残疾人社会福利设施、残疾人社会福利服务或者残疾人社会工作。

妇女儿童福利是妇女福利和未成年人福利的合称，它是国家和社会为满足妇女、未成年人的特殊需要和维护其特殊利益而提供的照顾和福利服务，是社会福利项目之一。妇女儿童福利项目是根据妇女、未成年人的生理、心理特点以及可能受到的歧视和侵害设立的，对于保障和满足妇女、未成年人的特殊利益需要和促进整个社会的和谐发展，均具有重要的意义。

▶第二节 社会福利的理论基础

一、福利经济学的社会福利理论

1920年，庇古（Arthur Cecil Pigou）出版了《福利经济学》，建立了比较完整的福利经济学体系，成为旧福利经济学的主要代表人。庇古以边沁（J. Bentham）的功利主义哲学及马歇尔（A. Marshall）等人的一般均衡经济理论为基础，以完全竞争为前提，系统地论述了福利概念及其政策应用，建立起福利经济学的理论体系。庇古的福利经济学，相对于他以后的福利经济学来说，被称为旧福利经济学。

（一）福利经济学的思想渊源

福利经济学的思想渊源主要有两个：一是边沁的功利主义哲学，二是霍布森的最大社会福利思想。边沁的功利主义哲学主张经济自由放任，国家不干预私人的经济活动。认为社会是个人的总和，人们的理性活动是寻求快乐和避免痛苦，如果社会上的每个人都能自由地追求个人利益，最终就会实现公共利益，使社会的绝大多数人得到最大的幸福。霍布森的最大社会福利思想则主张通过确立一种合理的分配原则，使社会实现福利的最大化。生产力的配置要使劳动痛苦降低到最小，消费品的分配要使社会效用达到最大量；

也就是说，要用最小的人类痛苦去获取最大的社会效用，从而取得最大量的社会福利。福利计算不应以个人为单位，而应以社会为单位，它是个人需要和社会需要相结合的社会效用所表示的福利。实现“最大多数人的最大量的幸福”是霍布森的梦想。[①]

（二）旧福利经济学的基本思想

1. 旧福利经济学以边际效用价值论为基础论述了福利的含义：广义的福利即“社会福利”，狭义的福利即“经济福利”；福利系指个人获得的某种效用或满足，它可以由于对财物的占有而产生，也可以由于对知识、情感、欲望的占有而产生。所有社会成员的这些满足或效用的总和便构成社会福利；只以货币计量的社会福利称为经济福利，它是由效用构成的。广义的福利包括由于对财物的占有而产生的满足，涉及“自由”“家庭幸福”“精神愉快”“友谊”“正义”等内容，但这些是难以计量的。经济学所要研究的是可以用货币计量的那部分社会福利即经济福利。一个人的经济福利是由效用构成的，各个人的效用总和也就是全社会的经济福利。由于经济福利是可以用货币计量的，国民收入是可以用货币衡量的那部分社会客观收入，因此，经济福利和国民收入这两个概念是对等的，对其中之一的内容的任何表述，就意味着对另一个内容的相应表述。

2. 旧福利经济学提出了检验社会福利的两个标准：一是国民收入的多少，二是国民收入在社会成员中的分配情况。经济福利的增加首先取决于国民收入的绝对量的增加，即通常所说的要做大蛋糕，才能使每一个社会成员的经济福利更大，其次取决于国民收入在社会成员之间的分配情况，即要缩小贫富差距，使社会成员的福利均等化。[②]凡是能增加国民收入总量而不减少穷人的绝对份额，或者增加穷人的绝对份额而不影响国民收入的总量，都意味着社会福利的增进。收入均等化或减低收入不均的程度是福利最大化的必要条件。如果政府把富人的一部分货币转移给穷人，将会增加一国的经济福利。由于救济有工作能力而不工作的人会减少国民财富，因而不应该实行无条件的普遍的补贴制度，而应该训练身强力壮的低收入者，让失业的技术工人学习新技术，为工人的优秀子弟提供上学的机会并补贴其生活等。这些政策既可以缓和国内的阶级矛盾，也有利于扩大资本的积累。

3. 旧福利经济学还认为，要使一国的经济福利有所增加，还必须增加国民收入量。而要增加国民收入量就必须使生产资源在各个生产部门中的配置

---

①② 陈红霞. 社会福利思想［J］. 北京：社会科学文献出版社，2000：243，245

能够达到最优状态。国民收入总量的增加是促进经济福利、彻底解决贫困问题的主要因素。而增加国民收入量的关键在于资源的有效配置。最适度地配置生产资源，可以使国民收入或社会经济福利总量达到最大值。一般来说，资本主义的自由竞争可以最适度地配置生产资源。如果出现了生产资源配置不当，由国家采取适当的调节措施如课税和补贴，可以实现生产资源的最优配置，增进社会经济福利。

（三）新福利经济学对旧福利经济学的修改和发展

1929—1933 年资本主义世界经济危机以后，英美等国的一些资产阶级经济学家在新的历史条件下，对福利经济学进行了许多修改和补充。庇古的福利经济学被称为旧福利经济学，庇古以后的经济学被称为新福利经济学。勒纳（A. P. Lerner）、卡多尔（Nicholas Kaldor）、希克斯（John Hicks）、伯格森（Abram Bergson）、萨缪尔森（Paul Samuelson）等人进一步丰富和完善了新福利经济学的思想。

1. 新福利经济学运用“序数效用论”“无差异曲线”“消费可能曲线”等方法，在微观经济领域里对福利问题进行了一系列探讨，丰富和完善了庇古的福利经济理论。新福利经济学的奠基工作是由意大利经济学家帕累托完成的。帕累托认为，在经济福利学中对最适度行为的研究，或者说对消费和生产的最适度条件实现的研究，是福利经济学的根本目的。为此，他将最适度的行为和完全竞争下的一般均衡结合起来进行考察，在一般均衡论的基础上提出序数效用论和无差异曲线。根据序数效用论，物品的效用不能用具体数值来表示，但可以用序数来进行比较。这种比较说明，一个人对于不同物品的不同组合有偏好上的差异，只不过表明个人对物品的趣味不同，而不能表明某种物品的效用大、福利多。根据无差异曲线，两种商品的不同组合可以给一个消费者带来同等程度的满足，消费者为了使自己的满足程度不变，就会在损失了一定数量的甲种物品时用一定数量的乙种物品来补偿。由于效用不能相加，各个人的效用和偏好因其偏好方式的不同而无法进行比较，因此，消费者追求最大满足的途径就不能如庇古所理解的那样是力求达到最大满足总量或最大效用总量，而应该是力求达到最高的满足水平，即最高的无差异曲线。①

2. 新福利经济学发展了“最适度原理”。新福利经济学回避旧福利经济学所主张的效用计量和比较的问题，它以序数效用论和一般均衡论为理论基础，

① 陈银娥. 西方福利经济理论的发展演变［J］. 华中师范大学学报（人文社会科学版）. 2000 (4)

从每个消费者购入商品所谓“交换的最适度条件”和各个企业使用生产资源的所谓“生产的最适度条件”，来论述达到最大社会福利的条件，认为只有经济效率问题才是最大福利的内容。为了说明经济福利，勒纳等人论述了实现“帕累托最优”在交换和生产两方面所需具备的条件，发展了“最优”原理：交换的最适度条件就是在完全竞争条件下，交易双方通过交换而使彼此得到最大满足的条件；生产的最适度条件就是在完全竞争条件下，生产要素最有效地进行配置，从而使产品最有效地生产出来所必需的条件；生产和交换的最适度条件是指同时满足交换最适度条件和生产最适度条件所要求的前提。根据这一原理，一切社会变革都只能直接为垄断组织谋利益。但实际上，在社会变革中，一个阶级或一些个人蒙受损失是不可避免的。如果不能触动任何人的利益，就等于否定社会变革，也没法谈福利经济学。

3. 新福利经济学提出了“假想的补偿原理”：如果一些社会成员经济状况的改善不会同时造成其他社会成员经济状况的恶化，或者一些社会成员状况的改善补偿了其他社会成员状况的恶化，社会福利就会增加。“补偿原理”的实质是，如果一些社会成员经济状况的改善不会同时造成其他社会成员经济状况的恶化，或者一些社会成员状况的改善补偿了其他社会成员状况的恶化，社会福利就会增加。根据这一原理，政府的某项措施或立法会使一些人得利而使另一些人受损，如果得利总额超过损失总额，那么，政府可运用适当政策向得利人征收特定租税，以补偿受害者，这样做对任何人都没有不利而对一些人有利，因而增进了社会福利。这一原理宣扬的是“整个社会的福利”或“福利综合指标”，而且，这一原理只是“假想”的，事实上并不一定实行。只要提高了效率，所受损失总可以在长时期内补偿过来。而且，如果一种政策措施的结果虽然是使贫者越贫、富者越富，但只要它使国民收入总量有所增加，也被认为“增进”了社会福利。

4. 新福利经济学提出了“社会福利函数”理论。社会福利函数论者认为，社会福利是社会所有个人购买的商品和提供的要素以及其他有关变量的函数，这些变量包括所有家庭或个人消费的所有商品的数量，所有个人从事的每一种劳动的数量，所有资本投入的数量等。社会福利函数论者通常用多元函数来表示其理论，他们根据假定存在的社会福利函数做出一组表示社会偏好的社会无差异曲线，并根据契约曲线做出一条效用可能性曲线。社会无差异曲线和效用可能性曲线相切的切点，代表受到限制的社会福利的最大值。伯格森、萨缪尔森等人认为，社会福利和一些影响社会福利的各种因素之间存在一定的函数关系，这些影响因素可能有各种不同的配合。在一定的收入分配条件下，社会福利的最大化就在于个人对各种不同配合的选择，个人的自由选择是决定个人福利最大化的重要条件，而社会福利又总是随着个人福利的增减而增减，因此，要使社会福利最大化，政府应当保证个人的自由选择，进行“合理的”收入分配。伯格森等人提出的这一福利标准，多年来一直在福利经济理论中处于支配地位。

5. 新福利经济学突出福利的主观性和“福利的相对性”。杜生贝里（J. S. Duessenberry）指出，每个人的消费支出不仅受自身收入的影响，而且受周围的人的消费行为及其收入和消费相互关系的影响。一个人的福利如果受其他人的福利的影响，则“最适度条件”将更为复杂。米香（E. J. Mishan）则认为，像美国这样的“丰裕社会”，人们不仅关心他们收入的绝对水平，而且更关心他们收入的相对水平，即他们在社会收入结构中所处的地位，以致出现这样一种极端情况，一个人宁肯在其他人的收入减少10%的前提下，把自己的收入减低5%，而不愿意大家的收入都增加25%。由于福利是相对的，福利与个人收入并无直接联系，因此，提高国民收入水平的政策和缩小国民之间收入差距的政策都不能增加国民福利。而且，由于人的欲望是无止境的，因而福利永远不能得到满足。“相对福利”既否定了收入均等化措施，也否定了普遍提高国民收入水平的意义，认为任何社会变革都不能增进社会福利。①

二、社会学的社会福利理论

（一）功能主义的社会福利理论

在功能主义看来，社会福利是社会的功能需要。结构功能论的核心观念是整合与秩序，并多少承袭了生物演化论者的观点，他将社会比喻成生物有机体，并认为社会各部门就像生物的各种器官一样，各有其功能，只有将社会视为一个整体才能透视和了解它如何有秩序地存在，以及发挥社会的各部门的不同功能，进而解释一个稳定而整合的社会是如何运作的。因此，马歇尔的福利理念对社会政策的影响体现为：福利国家的发展不仅应对公民需要的结构和文化层面决定因素给予极大的关注，同时也应致力于将公民的社会参与同社会发展加以整合，使资本主义制度朝着以混合的经济、福利的多元主义、公民权利和义务并重的模式发展，以实现稳定的社会团结。

法国社会学家迪尔凯姆（E. Durkheim）认为，在从“机械团结”到“有机团结”的转型中，容易出现“社会失范”，因此，需要有一种新的“集体意识”（collective consciousness）来增强社会整合，而社会福利制度正好体现了

① 陈银娥. 西方福利经济理论的发展演变［J］. 华中师范大学学报（人文社会科学版）. 2000（4）

这种集体意识。他认为国家存在的功能是为了要帮助社会以达成整合的目的，而为了社会整合，必须建立社会互助的集体意识并由“中介组织”（主要是职业组织）来提供福利。

美国社会学家帕森斯（T. Parsons）是结构功能主义的创立者，而结构功能主义可以说是社会学理论最基本的见解，也是社会学较早成熟的理论派别。帕森斯在他的《社会行动的结构》等一系列的著作中，强调分析大规模的社会、文化的体系结构与功能，重点描述社会结构与社会制度的关系。结构功能主义的核心观念是“整合与秩序”，并多少承袭了生物演化论者的观点，他将社会比喻成生物有机体，并认为社会的各部门就像是生物的各种器官一样，各有其功能，只有将社会视为一个整体才能透视和了解它如何有次序的存在，以及如何发挥社会的不同部门的不同功能，进而解释一个稳定而整合的社会是如何运作的。结构功能主义认为社会福利是社会整体中的一个必要组成部分并具有独特的社会功能。与结构功能主义类似的社会学理论还有整合理论。

（二）社会福利的工业化理论

在持工业化理论观点的学者看来，社会福利是工业化的产物，其目的是要弥补工业化社会和资本主义的不足。罗斯托（W. W. Rostow）的经济发展阶段论认为，经济增长有一定的阶段性，他认为任何社会迟早都会经历经济发展，而经济发展一般都可以分为五个阶段，即传统社会阶段—起飞的准备阶段—起飞阶段—成熟阶段—大众高消费阶段，社会福利则是经济发展到一定阶段的产物。威兰斯基（H. L. Wilensky）和莱比克斯（C. N. Lebeaux）认为，社会福利是为了解决工业化带来的社会问题，因此，不论其社会观念如何，只要是工业化国家，都会建立社会福利制度。在其 1965 年合著的《工业社会与社会福利》一书中，他们将各种社会福利体系想像成一个连续体，描述了两个极端类型的特性，即残补型和制度型，并认为当一国开始工业化以后，其社会福利的实施就会从残补型向制度型方向演变。在威廉斯基和黎鲍克斯的理论中，残补型社会福利是视家庭和市场为满足人类需要的正常机制，当它们无法发挥正常功能时国家才弥补其缺失；同时，国家所提供的协助，不宜超过维持最低生存的标准，且受助者须通过官方制定的严格程序才能获得受助资格。制度型社会福利则主张国家应扮演福利供应者的实质角色，制度化的社会保障成为一种最基本的、第一线的社会福利机制。

（三）社会福利的文化决定论

在文化决定论者看来，社会福利的建立与发展水平主要反映一个国家社会文化的特点，集体主义文化占上风的国家更容易建立和发展社会福利制度；相反，个人主义比较盛行的国家中社会福利发展水平就较低。同时，各国社会福利发展方面的差异主要是由其不同的文化决定的。瑞林格认为，一个社会的价值观与意识形态对社会福利的影响极大。他通过对德国与美国的社会保险制度的比较，认为美国之所以较德国晚 50 年之久才建立社会保险制度，其根本原因是文化风俗习惯与价值体系的差异。即德国在当时有很强的父权主义思想，人民普遍认为国家应该为全国的百姓负起保障生老病死的责任；而美国则相反，一直是一个自由放任、个人主义思潮盛行的国家，接受救济或福利者往往被公众视为个人失败的象征，含有强烈的社会歧视效果。因此，德国不仅很自然地比美国更早确立社会福利制度，而且其制度建设得更好、更完整。从文化因素的角度来研究社会福利问题肯定是必要的，因为它确实能够说明一些从经济的、政治的角度无法说明的现象，但过分强调文化决定论却并不妥当。

（四）冲突学派的社会福利理论

冲突学派的主要代表人物有达伦道夫（Ralf Dahrendorf）和科塞（Lewis A. Coser）等人，在社会学传统上一般也把马克思视为冲突学派的代表人物。冲突理论认为，社会福利是利益集团冲突的结果，社会政策的决策过程是各个利益集团协商和妥协的结果。

冲突理论的学者认为，社会改良和社会福利制度的发展，在资本主义内部是可行的。但是，通过政府的资源分配，政府提供各种福利服务，以增进社会安全，同时增加个人生命机会，却丝毫不会改变阶级之间不平等的结构。另一方面，为了维持福利社会的发展需要，工人阶级必须不断地争取福利权利。如果不积极争取，这些福利服务就可能被收回。就冲突理论看来，没有一个社会政策能够永远解决资本主义社会中的贫穷问题。因此，冲突论者主张对现有社会秩序的革命性转变，社会福利只是达到革命性转变的一个途径而已。

三、政治学的社会福利理论

（一）社会福利的公民权理论

马歇尔（T. Marshall）认为，在工业化国家中，公民权的实施为社会福利的发展奠定了基础。马歇尔对社会的看法显然有别于经典功能主义所坚持的社会系统间相互依赖的观点，他指出存在非系统的成分使社会系统内部有一种自由选择的机制，因此，对资本主义市场经济失败的修正可以通过社会政策加以矫正，尤其是透过就业、教育和文化机会的平等使阶级之间的冲突削弱，将资源的再分配同公民享有福利的“社会权利”加以结合，使福利国家成为一种扩大公民权范围的手段。[①] 按发展的先后次序，公民权包括法律方面的权利、政治权利和社会权利，与社会福利最为相关的是“社会权利”。公民权的发展强调保护社会权利，为社会福利制度的发展打下了基础。

（二）社会福利的国家观

对于福利国家，马克思主义的基本视角是，资本主义的国家是阶级统治的工具，不可能主动承担为劳工大众谋福利的角色；社会主义的国家是经济与社会活动的组织者，因此，应当承担提供社会福利的角色。民主社会主义则认为，组织和提供社会福利是国家的基本职能之一；作为福利国家的辩护者，民主社会主义认为福利国家能够消除资本主义社会的痛苦，可以不通过暴力革命的方式就能够达到消除贫困和实现平等的社会目标；能够培养利他主义、互助精神和社会一体化思想，符合人类建立更平等、更公平的社会理想；福利也是一个以国家的经济繁荣为目的的投资，可以充当刺激消费和生产的手段，从而能够促进经济发展。[②] 新自由主义的基本视角是，国家不应该过多干预经济与社会过程。哈耶克（Hayek）认为，福利国家完全忽视了一个自由社会特别是市场经济中建立“自发秩序”（Spontaneous order）的必要条件，因为福利国家是一种人为的设计（Human design）而不是单纯的人类行动，由政府对社会经济生活的干预违背了自由主义所强调的人类行为的自然倾向，即要以策略知识、习惯和习俗而非以理由为主。因此，福利国家作为一种人为的建构（Human const ruct），其实际的运行并未能彻底实行理性策划的目标。弗里德曼认为个人的福祉应完全从属于个人的经验，他反对“社会”福利的界定，在某种程度上他不承认社会福利作为个人与社会之间整合的价值判断，也拒绝赋予福利以社群主义的性质。从本质上看，弗里德曼认为个人的福利应是透过市场购买来实现，个人的生活满足感或幸福也只有从市场的交换中才可能得以改善，他对卫生、就业、教育等领域的福利分配更主张采取一种货币分配而非实物的手段。[③]

---

①③ 熊跃根. 论国家、市场与福利之间的关系：西方社会政策理念发展及其反思 [J]. 社会学研究. 1999 (3)

② 郑功成. 社会保障学：理念、制度、实践与思辩 [M]. 北京：商务印书馆，2000：96

（三）社会福利的政治过程理论

该理论的主要观点是，在现代社会中，政治过程受政府部门、议会、各类利益群体、大众传媒与社会舆论以及国际因素等各种社会力量的影响；社会福利是社会利益群体为争夺资源而讨价还价的结果；与社会福利有关的利益群体主要包括福利受益者群体（如老年人团体、残疾人团体、妇女团体等）、专业团体（如医生团体、教师团体、社会工作者团体等）、政府主管部门、工会、商界团体以及其他有关团体；政府的社会福利政策具有协调社会利益群体关系的功能。

▶第三节 社会福利理论的主要流派

一、马克思主义的社会福利理论

（一）基本价值观

马克思主义社会福利理论的基本价值观是自由、平等和集体主义。

马克思主义认为，自由的实现必须有三个条件：第一，社会上的特权阶级消失；第二，某一阶层的权利不会因其他阶层的喜恶所左右；第三，政府的政策及措施不会偏重某一阶层的利益。因此，只有在社会主义制度下，生产资料公有化，阶级制度消失，达到高度的经济平等，社会及政治关系得以重新建立，以利他主义为主流观念的社会才可能建立，到那时个人的自由才可能真正实现。

马克思主义者相信平等与自由是唇齿相依的，相当平等程度的社会环境才可以让人群实现自由。马克思的理想是建设社会主义的社会——一个基于公众拥有生产资料的合作性社会。马克思主义者相信社会主义的社会才能真正满足人民的需要，才能消除社会不平等及达到福利的目标，而配合的社会安排包括主要生产资料及分配资料社会化，政府与人民拥有共同权利，全民性的社会服务提供等。很明显，这些安排或措施都是基于集体主义的概念，即强调社区或政府的拥有及控制。在马克思主义中，集体主义其实发挥了极为重要的工具性功能（instrumental function），不过，它比自由及平等是较为次要的概念，主要是被视为实现首要价值观（自由及平等）的工具而已。[①]

（二）对福利制度的评析

1. 福利制度是资本主义社会的需要

这是因为，资本主义制度要延续及发展，就必须依靠特定社会环境的配合及支持，其中包括社会能提供具有较高素质及健康体魄的劳动群体，能对非劳动群体给予保障，能不断培训新的劳动群体，稳定的政治环境及良好的社会秩序。而政府扮演了主要的角色，去创造这些社会环境。福利国家的形成，就是要去建立支持这些资本主义社会发展的条件。社会福利发挥了两方面的功能：再生产（reproduction）和合法化（legitimation）。所谓再生产功能的意思是，提供各项福利服务及社会保障援助，从而令资产阶级的赢利可以延续下去。其内容包括利用社会福利降低培训新劳动群体的成本及提升其生产力、控制资本阶层及劳动阶层的社会关系等。前者最明显的例子是教育服务；至于后者，以社会保障制度为例，它就能延续资本主义的社会关系，主要原因包括透过维持低援助水平去直接拉低工资的水平，透过援助健康的失业阶层在有需要时能重投劳动市场等。所谓合法化功能的意思是，利用社会福利去强化社会对资本主义制度的接纳。其实，加强合法化亦可视为发挥社会控制功能（social control），其原因有二：第一，社会福利成功地减少劳动阶层对资本主义的不满，避免了社会斗争，维持了社会的和谐。换句话说，社会福利便是发挥了控制劳动阶层的作用。第二，社会福利还可通过其接受援助的资格及附带条件，去控制福利接受者的行为，令他们继续遵循资本主义的社会规则，例如领取失业援助的人士就必须接受培训及就业转介，以迫使他们遵守资本主义的工作纪律。

2. 福利制度阶级斗争的结果

有了社会福利的提供，阶级间的斗争应可稍微舒缓，政府及资本阶层所承受的政治压力亦可减低，这可理解为政府及资本家的政治让步（political concession）。例如 19 世纪末英国政府制定的工厂法，减少劳动时间，马克思认为这就是劳动阶级与资本阶级斗争的结果。

3. 福利制度是对激进主义的抗衡

这方面的解释主要源于 19 世纪末欧洲的社会政策发展经验。当时，社会主义正在兴起，在各国开始被大众所接受，同时期大众对资本主义的抗拒亦不断增加。在这种情况下，部分欧洲非社会主义的政权便开始扩展社会福利，

---

① 蔡文辉. 社会福利［M］. 台北：五南图书出版公司，1999：7-9

以继续获取政治上的支持。最著名的例子就是在德国建立的社会保险计划。1883年，当时的德国总理俾斯麦为了消弱革命社会主义的政治支持力量，及获取工人对其政权的支持，宣布建立全面的社会保险制度。其实，在当时，社会保险的概念可说是接近社会主义多于资本主义的信念。因为这个原因，亦有人称该论点为“密谋理论”，意思是当权者发展社会福利的隐藏目的，就是消弱其社会主义及激进主义政敌的政治力量。[①]

（三）基本立场

马克思主义社会福利理论的基本观点是对福利国家的否定。马克思主义者认为，福利国家的建立只是强化了资本主义社会关系，并没有对资本主义造成结构性的转变（structural change）。根据马克思主义者的分析，福利制度的主要功能是使资本主义的运作模式可以再生产，使其合法性得以维持，控制劳动阶层的思想行为，这些功能有助于资本主义的延续。同时，福利国家的建立未能改善不平等，未能带来有效的资源再分配效率，以改善劳动阶层的社会福利，只是处理社会问题所带来的负面影响，而未能消除问题的成因。还有，那些订立严格接受条件的服务和援助，更会强化受助人容忍社会及政治现实的虚假的意识形态理解（false ideological understanding）。

二、民主社会主义的社会福利理论

所谓民主社会主义，就是通过议会式民主实现社会主义理想目标。民主社会主义主张放弃激进，认为虽然社会改革的过程是渐进式的且较为缓慢，但这套理论反对其他的改革途径，例如通过武力革命等。坚持必须通过民主过程控制议会，然后再利用社会政策及福利制度，把自由放任的资本主义体系转变成社会主义的体系。

（一）基本价值观

民主社会主义的基本价值观是平等、自由和互爱。

民主社会主义者相信，平等首先有利于提高社会整合程度，他们相信在庞大的不平等情况下，财富分配严重不均，群体或阶级间是不能互相团结的。除了未能团结外，还有可能出现群体或阶级间的矛盾及斗争，影响社会的稳定。相反的，假设群体或阶级间的不平等情况减少，大家对社会才会产生归属感，这才有利于达到社会整合的目的。其次，不平等会造成资源浪费，影

① 蔡文辉. 社会福利［M］. 台北：五南图书出版公司，1999：11-13

响经济效率。严重的不平等会引导市场偏向以需求提供生产，而忽略人群的需要，而因为部分需求并非真正等同于群体的需要，资源的运用就此出现浪费。此外，在严重的财富不平等情况下，既得利益群体会倾向依赖已拥有的财富，而不欲发挥自己的才干去参与竞争，这间接造成人才的浪费及降低生产力。再次，不平等会破坏社会正义，违反自然公益的原则（idea of natural justice），原因是这样会剥夺人的基本权利。不平等还会影响人的潜能，造成自我实现机会的丧失。严重的缺乏物质基础还会使贫困群体未能拥有具有尊严的生活方式。

民主社会主义认为自由是有足够的机会去实践基本权利。自由是平等的结果，假如财富的分配上出现严重的不平等，由于某些群体或阶级缺乏足够的经济资源及经济权利，自然要受到其他群体或阶级的操控，其自由在根本上是受到削弱的。因此，自由的核心是拥有经济权力去选择自己的生活模式；自由主要在工作及政治领域实践，劳动阶级应充分参与决定工作环境和内容的安排、待遇的界定以及社会政策的制定过程；自由通过社会政策可以减轻经济上的不平等，从而支持自由的实现。

民主社会主义者还主张互爱。他们相信，社会制度的安排会影响人们的信念，故全民性的福利提供可以引发人民的利他主义。所以，民主社会主义者支持社会福利以全民性的方式推展，就是希望推广一股强调合作而非竞争、义务而非权利、整体福利而非个人利益、利他而非自私的社会风气。

（二）对福利国家的立场

民主社会主义者的最高理想是通过民主议会及社会政策的途径，去建设社会主义社会。他们认为，福利国家有 6 项功能。

1. 消除社会问题及改善受苦群体的困境

社会服务的最终目标并不是达到社会平等，而是改善有需要人士所面临的困境，减轻社会上出现的苦难及满足社会的需要。

2. 推动经济的增长

通过教育服务，人民的知识水平上升，各方面的技能得以增进，其实是提高劳动人口的素质，有利于提高其生产力，促进经济发展。

3. 建立更平均的社会

通过全民教育的提供，所有儿童不论家庭背景都可以接受教育，从而发挥潜能，得到向上流动的机会。这样，所有的儿童都会得到相同的对待，能从相同的社会起点出发投入社会竞争。

4. 提倡利他主义（altruism）和社会整合

由于社会福利能提供机会给人民，去献出他对别人的关怀和支持，所以利他主义便可得到发扬。此外，在全民性的福利提供下（universalist provision），不论性别、年龄、族群及其他背景，任何群体都可以接受服务，得到相同的对待。这样，各社会群体在平等的基础下互相交往，社会整合效应便会产生。

5. 补偿弱势群体所付出的社会成本（social cost）

高速的经济及科技发展要付出社会成本，包括生产技能的淘汰、早年退休、意外、环境污染、各种疾病和伤残等，这些成本对社会群体的生活带来负面打击。可是，这些成本很难去界定其制造者，亦很难去指出负责者而要求其做出对社会的赔偿。另外，大部分处于困境的社会群体都可说是其承担者，故此，根据蒂姆斯（Richard Titmuss）的主张，社会福利便代表一种给予那些因社会进步而遭受损害的人士的补偿。

6. 减少社会不平等

社会不平等包括横向性不平等及纵向性不平等。横向性不平等是指患病者与健康者、老人与年轻人、失业者与就业者组群的差别。纵向性不平等是指不同所得阶级之间的距离。①

此外，民主社会主义者反对针对接受社会福利服务的弱势群体进行经济调查，主张建立全民性服务的结构及提供相配合的环境，推广全民性服务的观念，让人人都享有使用服务的机会，然后再配合针对特殊人群的选择性措施。民主社会主义也反对私营化社会服务。

三、新自由主义的社会福利理论

新自由主义相信自由市场经济，强调个人责任、不干预政策，主张社会应回归到福利国家之前的制度。在理论上，以哈耶克（F. A. Hayek）等人为代表；在实践中，则以英国保守党的撒切尔夫人（Mrs. Thatcher）和美国共和党的里根（Ronald Reagan）为代表。

（一）基本价值观

新自由主义社会福利理论的基本价值观是个人主义（individualism）、自由主义（liberty）和不平等（inequality）。

新自由主义认为应当尊重个人，把人当做人，社会应该关心每一个人的自由和利益，使他人获得与别人同样的权利和自由。新自由主义视自由为个

① 蔡文辉. 社会福利［M］. 台北：五南图书出版公司，1999：29

人主义的基石，而社会没有自由即是社会对人不尊重。新自由主义者认为，社会在一定意义上具有组织性质，功能齐全的市场是自发社会秩序的主要实例和主要的制度依靠。同时，社会本身就有鼓励成功、惩罚失败的机制，只有不停的竞争才有不停的进步，而只有不平等的社会环境才有竞争的出现。相互竞争，优胜劣汰，自然会出现不平等的结果。

（二）对福利国家的评析

对福利国家的全盘否定既是新自由主义的一个重要特征，也是新自由主义理论的重要思想内容。他们认为，由于社会上不可能达成一个共同的目标，福利国家只不过是理想主义者的政治神话，危机、不稳定感和失败的危险对人来说都是必要的，而福利国家的政策否定了这些社会法则，对人的本性和社会特征的认识发生了错误。他们认为，经济增长对提高国民福利和促进社会平等比任何平等的政策都重要，而福利国家错误理解了自由的特征、社会正义、权力和需求的概念，把追求平等和再分配看得比经济增长和福利的创造更重要，这实际上削弱了个人的选择和个人对自己的责任。不仅如此，新自由主义还罗列了福利国家的很多缺陷：

第一，福利国家错误理解人的本性及能力。新自由主义者主张人的本性是恶的，人类的理性是有限的，福利国家破坏了原有的社会秩序，从而引发了更为严重的社会后果。

第二，福利国家错误理解社会的特性。新自由主义者认为，社会并无共同目的，而且福利国家也忽视了社会内原本已存在的既有秩序，而社会秩序是神奇的，是一个可以自我创造、自我更新的系统。因此，福利国家提倡的人为制度，就会对现有的行之有效的制度造成破坏。

第三，福利国家对自由构成威胁。新自由主义者认为，福利国家破坏了自由，政策支配人们的一切即福利国家是政府的特权，制定福利政策是政府和专业人士的权利，从而使政府的权力增长，而人民没有选择的权利，个人的自由与责任遭到削弱，因此，通过福利国家来寻求社会公正和平等是对自由的威胁，再分配政策更是和理想自由的社会相悖。

第四，福利国家对经济、社会及政治带来破坏。新自由主义相信，自由市场力量是个人及社会发展的必要元素。福利国家导致了效率低下，导致了服务体系更多地倾向于政治目的而不是服务对象的利益，进而导致了福利的供给过剩或不足，是一种效率低下的方式。福利国家限制了自由市场经济，高税收政策使企业和成功者缴纳了高额税收，从而遏制了福利创造者的积极性，降低了个人的积累，助长了懒惰，破坏了经济成长的动力和竞争力。新自由论者认为，尽管福利国家政策的出发点是保护人民，但是其集体主义和国家负责的特征导致了人民习惯于依赖政府，是对自立、自主、自足以及自我负责这些社会进步成分的破坏；同时，福利国家对单亲家庭的保护，破坏了家庭的稳定，导致了家庭的迅速解体。福利国家政策扩大了政府权威，但政府仍然不可能成功地消灭贫困、改进国民健康水平等，这种失败使政府失去了信誉；此外，福利领域的泛政治化亦导致了权力利益的增长。

（三）对福利国家的立场

1. 反对以中央化组织推行福利政策

新自由主义者认为，福利服务的市场化是最好的选择，应当降低并且转移国家的作用，让市场发挥主导作用。国家在社会福利方面的作用应当是受限制的而不总是无限制的，是推进而不是提供，是鼓励竞争而不是垄断，进而主张国家应当建立内部的竞争市场，在购买和出售服务上让不同的经济成分参与竞争。

2. 反对为人民提供全民性的福利

对政府而言，一方面是应当提供最基本的福利，如安全网的建立；另一方面则是必须放弃那些不可能实现的关于建立平等和公正社会的目标。

3. 主张重新界定国家的角色

新自由主义虽然反对福利国家的政策制定及提供福利的模式，但是并非主张国家采取自由放任的态度。相反，认为国家在社会福利上应当扮演积极的角色，国家要去创造法律架构，使自由市场系统能够有效运作，主张政府部门与其他福利服务提供者在自由市场中进行竞争，从而提升国家内部的效率。

四、第三条道路的社会福利理论

在西方的历史里，第三条道路（The Third Way）最初出现在 20 世纪初。第二次世界大战结束后，当时的社会民主主义者开始普遍地被称为第三条道路，意指他们的立场既有别于美国式的资本主义，又有别于苏联的共产主义。20 世纪末，当美国民主党的克林顿（Bill Clinton）赢得总统大选及英国工党的布莱尔（Tony Blair）取得首相席位后，“第三条道路”便被用来归类他们的政治立场。在理论界，第三条道路的核心人物则是英国伦敦经济学院的吉登斯（Anthony Giddens）教授。吉登斯在 1994 年出版了《超越左与右：激进政治的未来》，1998 年出版了《第三条道路：社会民主主义的更新》，先后表明了其第三条道路的理论观点。

（一）基本价值观

吉登斯在《第三条道路：社会民主主义的更新》一书中提出新的政治路线必须回应现时三方面的革命性冲击：全球化、生活方式的转型以及人与自然的关系。他提出第三条道路的核心价值观包括平等（equality）、保护弱势群体（protect vulnerable）、自主性的自由（freedom as authonomy）、以责任为基础的权利（no rights without rsponsibilities）、以民主为基础的权威（no authority without democracy）、世界多元化（cosmopolitan pluralism）以及哲学保守主义（philosphic conservatism）。

在吉登斯看来，新的政治学把平等定义为“包容性”（inclusion）而把不平等定义为“排斥性”（exclusion）。包容性平等指无论是名义上还是实际生活上，每位人民都可享受公民及政治权利和履行所连带的责任以及包括在公共领域里的机会及参与，最具体的例子就是就业和接受教育的权利及相关机会。排斥（不平等）则是把个人与主流社会分隔，令她或他们不能行使上述权利和获取相关机会。吉登斯反对经济结果的不平等及认同资源再分配的必要，因为前者会产生社会排挤的效应；而这个效应不单在经济层面出现，还会延伸到其他客观社会条件及文化的层面。

吉登斯认为，“公民自由主义”——也就是对公共空间的重塑——仍然必须成为上层的包容性社会中的一项重要内容。成功地培育出世界性国家是一条途径。那些认同自己为某一民族共同体的一员的人们，更有可能承认自己对该共同体的其他成员负有某种责任。培育一种负责任的商业气氛也是一条可行的途径。从社会团结的角度看，最重要的不只是那些新兴的商界巨头，也包括专业的和有钱的中产阶级，因为他们最靠近脱离公共空间的分界线。提高公共教育的质量，维持一套资源充足的保健服务体系，推行安全的公众娱乐方式以及控制犯罪率等都是非常重要的。由于这些原因，不应当把对福利国家的改革简单地理解为营造一张安全的大网。只有一种造福于大多数人的福利制度才能够产生出一种公民的共道德，如果福利只具有一种消极的内涵而且主要面向穷人，那么它必然导致社会分化。

吉登斯主张世界性多元化。他认为世界性民族是一个积极的民族，民族建构在这一代应该具有与以往不同的含义，以往它是“现实主义”国际关系中的一个组成部分。在过去，民族在很大程度上是在与其他民族对抗的过程中建构起来的。今天，民族认同必须在一种合作的环境下维持自身，在这样一种环境中，它们不再像过去那样具有高度的内聚性，而其他类型的忠诚也可以与之并存。世界大同主义和文化多元主义围绕着移民问题产生了融合。

对于一个处在某种全球化秩序中的多元社会而言，世界性的视角是它的一个必要条件。世界性民族主义是与这种秩序相一致的民族认同的唯一行动。两极化时代的终结，连同全球化所带来的冲击，从根本上改变了国家主权的性质。①

（二）主要观点

1. 构建积极性福利

所谓积极性福利的首要特点是有效处理危机，并寻求发展。危机处理的含义除了指保障个人及族群去克服危机外，还包括提供资源去利用危机中有利之处及在危机里寻求发展。例如鼓励福利接受者放弃援助，重投工作或推动工人投身某类行业等。而这些积极面对危机的行为（放弃援助及积极投身某类行业）对个人及社会通常都会带来正面的结果（自力更生、重拾自我价值、降低失业率及刺激经济等）。其次，福利包含经济需要及精神需要。前者被传统福利制度过分强调，后者的最明显例子是提供个人辅导。积极性福利的第三个特点是从人力资本（human capital）的角度发展社会福利，即基于社会投资的原则，而非单以维持经济需要。第四，第三类机构在福利的提供上应有更大程度的参与，它们包括政府以外的志愿组织、慈善团体、自动组织、非营利机构及社会企业（social entrepreneurship）。让这些第三类机构有更大程度的参与，一方面可改善由上而下的利益分配方式，令有关的福利提供更配合社群的需要；另一方面可协助推动公民社会的发展，加强其活动性。

2. 建设社会投资型国家

他认为社会投资可以使政府的介入得到回报，带来社会益处，如失业。社会投资的策略在微观层面就是透过各项公共的提供（包括福利），推动人民去采纳积极面对危机、发展独立自主的态度；而在宏观层面就是需要政府积极参与社会经济，配合及鼓励民间各体系去推动整体的发展。

3. 发展新型混合经济

吉登斯肯定私人企业的作用，认为政府的责任应当是进行人力投资及建立基本设施，让企业文化能够得到充分发展。政府与企业之间应该充分合作，以公众利益为依托去利用市场动力。无论在跨国、国家甚至地区层面，政府管理及介入与自由放任应得到平衡。很显然，他非常重视私人企业在社会的位置，新型混合经济的重心是如何利用私人企业的优点与有利位置，这已摈

① 安东尼·吉登斯. 第三条道路：社会民主主义的复兴［M］. 北京：北京大学出版社. 1994：111-142

弃了以往国营企业及社会市场的策略。①

本章小结

社会福利是国家和社会通过社会化的福利津贴、实物供给和社会服务，满足社会成员的生活需要并促使其生活质量不断得到改善的一种社会政策。按照社会福利的作用方式来划分，可以分为残补型社会福利和制度型社会福利；按照社会福利资源的提供方式来划分，可以分为现金给付型社会福利、实物给付型社会福利和社会服务型社会福利；按照社会福利资源的分配方式来划分，可以分为全民性社会福利与选择性社会福利；按照影响社会福利服务的特定人群来划分，可以分为老年人社会福利、残疾人社会福利、妇女儿童社会福利等。福利经济学、社会学、政治学为社会福利思想的发展提供了丰富的理论来源。当今世界，社会福利理论形成四大主要流派，即马克思主义的社会福利理论、民主社会主义的社会福利理论、新自由主义的社会福利理论和第三条道路的社会福利理论。

复习思考题

1. 如何理解社会福利的概念?
2. 简述社会福利的分类。
3. 试述福利经济学对社会福利的理论贡献。
4. 试述社会学对社会福利的理论贡献。
5. 试述政治学对社会福利的理论贡献。
6. 试述社会福利主要理论流派的基本思想。

案例讨论

“优越的”社会福利：英一懒汉靠政府救济养 8 个妻妾

英国一懒汉花掉政府 250 万英镑

据 3 日英国媒体报道，47 岁的英国男子约翰·沃克是一名常年失业在家的懒汉。但令人惊讶的是，没有一分钱收入的他，仅靠政府救济竟同时养活了 4 个老婆和 4 个情人以及她们为他所生的 11 个孩子！据悉，沃克迄今已经花了英国政府 250 万英镑救济金。

---

① 蔡文辉. 社会福利［M］. 台北：五南图书出版公司. 1999：61-63

“寄生虫”妻妾一大群

据报道，这名英国“头号寄生虫”名叫约翰·沃克，现年47岁，是英国南威尔士凯菲里人。据悉，浑身纹满刺青的沃克从年轻时起就是一个游手好闲的人，并曾坐过数年大牢，从未干过一份正经工作。

1980年，沃克和第一任妻子琳恩结婚，后者为他生下4名子女。但结婚数年后，沃克就和妻子离婚，并从此像走马灯一样，不断寻找情人、结婚、生子、离婚。过去25年来，他先后找过4个老婆和4个情人，后者也源源不断地为他生下至少11个、可能多达17个孩子。

找到养家捷径

令沃克头痛的是，这一大堆老婆、情人和孩子们全都靠他一个人养活。因此，一开始，沃克还想方设法地打工挣钱，但很快他就发现了另一条不花任何气力就能白拿钱的“致富捷径”——申请政府救济。

令沃克惊喜的是，英国的救济制度“优越”到令人难以置信的地步——补助机构对他提出的要求总是有求必应。

花掉250万英镑

据报道，经《太阳报》一番调查后发现，这些年来，沃克一家20来口人，已狂花了政府高达250万英镑救济金！记者上门采访时发现，尽管分文不挣，沃克的生活却过得挺滋润：他住在政府为他提供的一套3层楼房中，周围还有一大片草坪供孩子们骑自行车玩耍。

据报道，沃克的事迹被曝光后，立刻在英国激起轩然大波，他也被《太阳报》封为英国“头号寄生虫”。许多民众都对政府把这么多救济金发给一个懒汉表示不满。

令人惊讶的是，沃克2日接受《每日快报》采访时，竟称：“既然政府可以用纳税人的钱来救助瘾君子和酒鬼，为何就不该给我一些帮助呢?”

（作者袁海，摘自新华网，2005年9月4日）

第五章

贫困问题与社会发展

■学习要点

通过本章的学习，应了解关于贫困的含义主要包括哪些观点，贫困的主要类型有哪些，掌握贫困线的几种主要测定方法以及对于中国最低生活保障制度建设的意义，明确贫困的致因、中国农村和城市贫困现状以及中国反贫困战略，搞清贫困问题与社会发展之间的关系。

■关键概念

贫困　贫困线　贫困类型　贫困致因　反贫困战略　贫困悖论

▶第一节 概述

贫困是指在一定的社会条件下，人们长期无法获得足够的劳动收入来维持一种生理上要求的、社会文化可接受的和社会公认的基本生活水准的状态。由于对贫困理解的角度的差别，学者对贫困的含义有种种不同的理解。

一、贫困的含义

总的说来，学者对贫困含义的界定主要包括四个角度。

定义贫困的角度之一是“缺乏说”。“缺乏说”关注的是贫困的表象，范围从单纯的物质“缺乏”到无所不包的社会的、精神的“缺乏”。例如，美国学者雷诺兹对贫困的定义主要着眼于收入的不足。他说：“所谓贫困问题，是说美国有许多家庭，没有足够的收入可以使之有起码的生活水平。”而戴维则认为，贫困的典型特征是“不能满足基本生活需要。对于那些体验过贫困的人来说，他纯粹是个人感受——一种腹中空空的感觉，一种从自己的孩子眼中看到的饥饿的感觉”。英国的汤森对贫困所下的定义含义较广，他的关注点是“资源的不足”。他认为：“所有居民中那些缺乏获得各种食物、参加社会活动和最起码的生活和社交条件的资源的个人、家庭和群体就是所谓的贫困。”

定义贫困的角度之二是“排斥说”或“剥夺说”。奥本海默曾尝试从“机会剥夺”的角度去界定贫困。他说：“贫困夺去了人们建立未来大厦——‘你的生存机会’的工具。它悄悄夺去了人们享有生命不受疾病侵害、有体面的教育、有安全的住宅和长时间的退休生涯的机会。”欧盟从“社会排斥”的角度给贫困下的定义是：“贫困应该被理解为个人、家庭和人的群体资源（物质的、文化的和社会的）如此有限以致他们被排除在他们所在的成员国可以接受的最低限度的生活方式之外。”

定义贫困的角度之三是“地位说”。挪威的艾尔泽指出：“贫困是经济、政治、社会和符合的等级格局的一部分，穷人就处在这个格局的底部。贫困状态在人口中持续的时间越长，这种格局就越稳定。”

定义贫困的角度之四是“能力说”。世界银行在《1990年世界发展报告》中曾将贫困界定为“缺少达到最低生活水准的能力”①。

---

① 唐钧，沙琳，任振兴. 中国城市贫困与反贫困报告［M］. 北京：华夏出版社，2003. 28-30

以上四种对“贫困”概念的界定反映了研究者对“贫困”理解的不同立场和角度。“缺乏说”比较偏重贫困的现象，缺乏的范围包括物质缺乏、精神和文化缺乏等。而“能力说”“排斥说”和“地位说”则是在探寻“缺乏”和“匮乏”的深层原因，他们在描述贫困时加入了价值判断和社会评价，并且着重探寻贫困的个人、家庭和群体的致贫原因。尽管诸多贫困定义都有可取之处，但是贫困并不能单从某一方面或某一个角度去理解，而应该采取多层次的综合角度才能获得更加全面的认识。早期的学者研究贫困时大都赞成“缺乏说”和“能力说”，认为贫困的基本内涵是生活资料的缺乏，而缺乏的原因在于个人能力的不足。随着对贫困现象的研究和理解的深入，人们逐渐认识到贫困不仅仅是纯经济现象，还是社会现象。贫困现象尽管首先反映的是经济领域的分配和消费等问题，但它同时也反映了许多经济以外的社会结构和社会文化现象。例如，导致贫困的原因中包括了社会结构和权力分配的不平等、贫困者受教育机会的缺乏以及贫困者文化价值观念等因素的影响。同时，贫困现象也会带来一系列的社会文化后果，包括由贫困所导致的犯罪、社会文化整合破坏以及社会冲突和政治不稳定等后果。

二、贫困的类型

贫困是一个发展的概念，它可以从不同的角度、不同的标准进行划分。按照贫困的程度可以分为绝对贫困和相对贫困，按照贫困的范围可以划分为狭义贫困和广义贫困，按照贫困的结构特征可以划分为阶层贫困和区域贫困。

（一）绝对贫困与相对贫困

绝对贫困又称生存贫困，是指在一定的社会生产方式和生活方式下，个人或家庭获得的收入、拥有的消费资料和得到的服务不能维持最基本的生存需求。绝对贫困可以根据人们正常生存和发展所必需的食物、衣物、住房、交通、基本生产工具和基本服务等的需要量，折算成货币单位进行测算。最初的研究者在对贫困进行测量时是先算出维持基本生理功能所需要的营养量，然后将这些营养量转换为食物及数量，再根据市价算出相等的金额。绝对贫困的主要特征表现为两方面：在消费方面，贫困人口或贫困家庭的收入难以满足衣食住行等人类基本生存需要。在生产方面，贫困人口和贫困家庭缺乏扩大再生产的物质基础，甚至难以维持简单再生产。相对贫困是比较而言的贫困，指收入虽然能够达到或超过维持生存和基本发展的需要，但与一定时期内社会经济发展水平相比较仍处于较低的生活水准。相对贫困具有四方面的特征：第一，贫困是相对的。它是与一定的变化着的参照系相比较而言的，比较的对象是处于相同社会经济环境下的其他社会成员。第二，贫困是动态的。贫困的标准随着经济的发展、收入水平的变化以及社会环境的变化而不断变化。第三，贫困的不平等性。它反映的是社会不同成员的收入差距和社会财富分配上的不平等。第四，贫困的主观性。例如，有的国家把收入最低的5%的人口确定为相对贫困人口，有的国家则把这一比例提高到10%甚至更高。有的国家以全国人均纯收入的一定比例作为贫困标准；有的国家则以中等收入的一定比例作为贫困标准。世界银行专家认为，收入低于平均收入水平1/3的社会成员可视为相对贫困人口。而按照国际贫困线的定义，凡是收入不到平均收入50%的就属于贫困人口。由此可见，贫困标准确定具有明显的主观偏好。

从历史上看，绝对贫困和相对贫困是一个不断发展和不断变化的概念。绝对贫困概念的使用可以追溯到19世纪末英国的布什和朗特里。他们分别在英国伦敦和约克郡所做的城市贫困问题调查中，采用的都是绝对贫困的概念(尽管当时并没有“绝对贫困”一词)。但是即使在朗特里的“必需品”菜单里也并非都是绝对必需。彼特·阿尔柯克在《认识贫困》一书中指出：被认为是绝对贫困概念鼻祖的朗特里在“对维持生存的必需品进行度量时就将‘非必需品’茶也包括在内。”“在另一次调查中，他还将收录机、报纸和给孩子的礼品和节日的开支包括进去。”对此，贝弗里奇也说：“在某种程度上，适当地确定人们维持生存需要什么是一个判断问题，对这一点的估计会随时间而变化，一般在一个进步的社区中，这种变化是向上发展的。”① 由此可以看出，随着社会经济的发展，用于确定绝对贫困的“生活必需品”的范围也会随之扩大，以前被认为是奢侈品的东西现在很多可能成为生活必需品。

（二）狭义贫困与广义贫困

狭义贫困仅指经济意义上的贫困，反映在一定条件下维持生产和生活的最低标准。这种贫困的概念只包括物质生活的贫困，而不包括精神、社会和环境等方面的贫困因素。处于这种贫困状态的人所追求的是物质生活上的满足，希望得到的是与其他社会成员相同的收入、食品、衣着以及燃料等物质生活资料。发展中国家所面临的最大问题是物质方面的贫困，因此，狭义贫困对于发展中国家而言更具现实意义。在当前的中国社会，广泛使用的贫困概念也主要是指狭义贫困，即个人或家庭依靠劳动所得和其他合法收入不能维持其基本的生存需求。

---

① 阿尔柯克（Alcock）. 认识贫困（Understanding Poverty）［M］. 伦敦：麦克米伦（Macmillan）出版社，1993：113

广义贫困则是指除经济意义上的贫困之外，还包括精神、社会和环境等方面的贫困。贫困者不仅在收入分配上处于社会最底层，而且社会地位也极其低下。他们无力控制自己所处的生活环境，面临社会的歧视和不尊重。他们不仅在经济收入方面，而且在教育、就业、发展机会、健康、生育和自由等个人发展和享受等方面的权利也面临“社会剥夺”。广义贫困更多强调的是非物质贫困，这种贫困与物质贫困相比较更痛苦更难受。同时，广义贫困具有较大的隐蔽性，是最容易被人们所忽视的一种贫困。

（三）阶层贫困与区域贫困

阶层贫困亦称结构性贫困，是指因各种原因造成部分社会成员收入过低或无收入而难以维持其自身及其家庭成员的基本生活的贫困现象。而区域性贫困则是指在国家总体发展水平的条件下，各个区域之间的经济与社会发展水平产生了较大的差距，某些区域社会经济发展的相对落后导致的贫困。在区域性贫困的条件下，整个区域人口中的全部或大部分都可能处于贫困状态。阶层贫困与区域贫困相比，存在着如下区别：一是阶层贫困的产生主要是以社会成员个体之间的收入分配不均为基础，而区域贫困则是区域内社会成员的收入普遍过低；二是阶层贫困是城乡并存，即无论城镇还是乡村都存在着阶层贫困，而区域性贫困却局限于乡村；三是阶层贫困现象是任何国家都有的，且会长期存在下去，而区域性贫困却为发展中国家所独有且是暂时的；四是阶层贫困与地区经济发展即生活水平有关并表现出地区差异，从而更适用于相对贫困概念，而区域贫困趋势普遍陷入绝对贫困境地即维持生存的基本食物缺乏保障。[①] 此外，阶层贫困还有另一个重要的特征是：社会中一旦形成了贫困者阶层，在这一阶层内部可能产生一种共同的“贫困文化”。这种贫困文化包含共同的阶层意识和类似的经济、政治和社会行为等要素。贫困文化使得贫困阶层内部关系加强，并使他们与社会中其他阶级或阶层之间的交往减弱，从而导致他们与社会主体结构和主流文化的进一步分化。因此，在贫困阶层中容易产生反主流文化倾向，各种犯罪和越轨行为的发生率要高于其他社会阶层。同时，贫困文化会通过阶层内部的社会化过程传向下一代，产生一种贫困的代际传递机制，形成贫困的“恶性循环”。

---

① 郑功成. 论中国特色的社会保障道路［M］. 武汉：武汉大学出版社，1997. 248-249

▶第二节　贫困线及其测量

一、贫困线的含义

要测量贫困人口有多少，首先必须确定一道界线以划分出哪些是贫困人口，哪些不是贫困人口，这就是贫困线。所谓贫困线是指为度量贫困而制定的针对维持最起码的生活需求标准所做的定量化界定。每一个公民，当其收入水平低于贫困线而出现生活困难时，都有权利得到国家和社会明文公布的法定程序和标准提供的现金和食物救助。在贫困线的测定过程中，由于人们对贫困的认识和理解不一致，因而在确定贫困线时有不同的方法。不过大多数人认为，贫困线一般采用绝对贫困的标准，界定贫困需要考虑人的最小需求量和收入。世界银行的研究报告《发展中国家面临的贫困问题：标准、信息和政策》一书中，对通常用来测量贫困的标准设置了 7 个指标，即人均收入、家庭消费和人均消费、人均食品消费、食品比率、热量、医学数据、基本需求等 7 方面。但是这些指标的设置本身存在许多不足，难以形成一个规范、严谨的全面反映贫困问题的数字公式。为此，大多数国家通常是在计算人类生存的“最小需求量”的基础上转化为价值形式的最低购买力来测定，如果一个人的收入低于“最低需求量”即形成不了这一购买力，那么它就陷入了贫困。① 因此，实际操作中较常见的做法是用个人或家庭的货币收入或支出来衡量个人或家庭是否陷入贫困。

二、确定贫困线的方法

（一）市场菜篮法（标准预算法）

市场菜篮法关注的是贫困人口基本生活需要的满足，最早由英国人朗特里在 1601 年提出，他在英国约克郡进行贫困研究时就采用了这种方法。他当时按照营养学家给出的一个人每天应该需要的各种营养要素，将他们折合成相应的食品，再根据对社会实际生活的调查，确定一个家庭需要在非食品方面的最低消费。在此基础上，按照市场上的最经济的价格将这些基本的消费品折算成货币单位，以此作为划分贫困线的标准。采用这种方法时，首先要

① 叶普万. 贫困经济学研究［M］. 北京：中国社会科学出版社，2004：18

求确定一揽子基本消费品（以向量 X_0 表示），内容包括维持社会公认的最起码的生活水准的必需品的种类和数量，然后根据市场价格（用向量 P 表示）来计算拥有这些生活必需品需要多少现金，该金额就是贫困线。用公式表示如下：

$$(1+B)\ P\ X_0$$

其中，B 是考虑到价格、浪费等因素而做的调整，或是对 X_0 中未包括的项目所做的调整。①

在现实操作中，市场菜篮法简明直观，能够保障贫困者的最起码的生活需要。因此，直到现在人们还在使用这种方法。但是，市场菜篮法也有它的不足之处，主要表现在：第一，一揽子基本消费品的确定很难统一，一般说来，最后纳入 X_0 的总是那些最容易取得一致的项目，而有争议的项目往往会被搁置起来，从而导致采用这种方法制定出的贫困线标准往往偏低。第二，市场菜篮法所确定的基本消费需求的项目及其价格必须随着社会经济发展状况而发生改变，因而需要不断改变贫困线的标准。第三，生活必需品的最低需求量是个主观概念，而不是一个客观确定的量。因此，对于生活必需品的最低需求量的确定必须依靠专家或者专家和群众共同确定。此外，不同的国家和地区人们的生活水平参差不齐，生活必需品在不同的地方有不同的界定，因而很难进行国际比较。

（二）恩格尔系数法

恩格尔系数法是建立在恩格尔定律基础上的。19 世纪德国统计学家恩格尔经过大量调查研究发现，一个家庭用于食物支出的比例大体可测定家庭的生活水平：如果食物支出占家庭总支出的比例很高，意味着家庭生活水平很低；反之，如果食物支出比例很低，则意味着家庭用于满足其他生活需求的收入很多，生活水平肯定比较高。这种食物支出与家庭收支逆相关关系被称为“恩格尔定律”。恩格尔系数指的是食物消费支出占全部生活消费支出的比例。第二次世界大战以后，有学者认为，凡是食物支出占家庭支出 59%以上比例的，属于贫困家庭；此项支出介于 50%～59%的，则进入小康生活水平；比例进一步下降到 20%～40%，家庭便上升到富裕行列；比例降到 20%及以下，属于极其富有。不同经济发展水平的国家，根据恩格尔系数划定的贫困线差距很大。在美国，通常认为贫困家庭将其收入的 1/3 用于购买食物，也就是说贫困线的恩格尔系数在 0.3～0.4。而根据《中华人民共和国国民经济

① 吴碧英. 城镇贫困：成因、现状与救助［M］. 北京：中国劳动社会保障出版社，2004：113

和社会发展统计公报》公布的数字，我国2008年城镇居民家庭恩格尔系数是37.9%，相当于美国的贫困线。贫困线以下的家庭的恩格尔系数通常要高得多。例如，2005年江苏省城镇居民20%的中等收入户的恩格尔系数是41.5%，10%的低收入户的恩格尔系数是45.2%，而10%的最低收入户的恩格尔系数为49.7%。[①] 由于我国当前的城市居民最低生活保障采用绝对贫困标准，覆盖人口规模有限，因此真正低保线下居民的恩格尔系数要远远超过49.7%。

（三）生活形态法

生活形态法也称“剥夺指标法”。它首先从人们的生活方式、消费行为等“生活形态”入手，提出一系列有关贫困家庭生活形态的问题，让被调查者回答，然后选择出若干“剥夺指标”，再根据这些剥夺指标和被调查者的实际生活状况来确定哪些人属于贫困者。在此基础上，进一步分析他们的需求、消费和收入并求出最低生活标准。这种方法实际上是以当地大多数人的主观判断来确定哪些生活形态是属于贫困的，并以此为基础进一步调查确认，进行救助。如20世纪80年代初，香港学界有人对326位各界人士进行调查，得出的“贫困生活状态”是：无力为子女上学提供必需的学习用品，过年过节无力送礼，生大病买不起补药，子女9年义务教育后立即就业，家中无电话，过年过节开不起舞会等。这种方法类似于进行社区阶层分析的主观声誉法，只能在一个较小的范围内进行，并带有很大的主观随意性。

（四）国际贫困标准法

国际贫困标准实际上是一种收入比例法，由欧洲经济合作与发展组织提出。欧洲经合组织认为，社会的平均收入水平在一定程度上反映了一定生产力水平下满足社会成员基本生活需求所要求的平均消费价格。这种消费价格是社会的平均水平，是基于最高和最低之间的消费水平。社会救助是以满足最低生活消费为目的的，这种最低消费水平的确定可以以一定时期社会平均收入水平为依据，向下进行一定比例的调整。国际贫困标准法是以一个国家或地区社会平均收入的50%～60%作为这个国家或地区的贫困线，亦即最低生活保障标准。

国际贫困标准法具有两项优点：第一，简单、易操作，只要知道社会平均收入，再乘以50%或60%，就可以得出贫困线；第二，救助对象得到的救

① 江苏省社会科学院财贸研究所课题组. 关于近年来恩格尔系数变化的分析研究［J］. 金融纵横. 2008,（2）

助金额可以与社会平均收入水平同步增长，可以分享经济和社会发展的成果。此外，采用国际贫困标准法便于进行国际比较，欧盟是为了统一成员国的社会救济标准，决定将社会平均收入的50%～60%作为各个成员国的社会救济标准。

以上四种方法各有优缺点，具体到某个国家和地区需要采用哪种或兼用哪几种方法来确定贫困线必须根据该国或该地区的社会经济发展状况、政府的财力和救助意愿以及其他社会因素来定。一般说来，发达国家和地区社会救助标准和水平比较高，大都采用收入比例法。而发展中国家和地区的社会救助水平较低，多根据绝对贫困标准来选用确定贫困线的方法。

三、中国贫困线的确定

我国对最低生活保障线（贫困线）的确定尝试过多种方法，基本上采用的是绝对贫困取向，包括市场菜篮子法、恩格尔系数法和收入比例法等。例如，1993 年上海市根据中国营养学会提出的普通家庭膳食标准，列出每个人每月的食品消费清单，并利用 1992 年上海市商品零售平均价格算出其消费金额，见表 5—1。

表 5—1　　上海市 1992 年每人每月食品消费金额测算

消费品量（千克）	金额（元）	消费品量（千克）	金额（元）
粮食 15	15.9	水产品 0.5	3.67
乳制品 1	2.22	水果 3.9	5.89
蔬菜 1.1	13.1	植物油 0.6	2.92
干豆类 1	4.48	肉类 2.2	17.67
禽蛋 1	4.53	糖 0.5	2.67
合计	73.05		

以上支出加上 5%的调味品，为 76.7 元，再除以城市调查队提供的 10%的最低收入家庭的平均恩格尔系数 0.67，为 114.48 元，再加上预计的物价上涨率 5%，得出的最低生活保障标准为 120.21 元，[①] 尽管采用单一的贫困线测量方法也能测算比较合理的贫困线，但在具体研究和实践中，我国贫困线的确定多采用“综合法”，也就是将多种贫困线测定方法结合起来使用。例如有学者提出将目前国际上常用的市场菜篮法、恩格尔系数法、生活形态法和国际贫困线标准纳入同一框架中而形成“综合法”。并根据中国社会政策的实际

① 多吉才让. 中国最低生活保障制度研究与实践［M］. 北京：人民出版社，2001：147

运行状况策略提出了生存线、温饱线和发展线 3 个最低生活保障标准。1995—1996 年，唐钧用这种方法在北京市、江苏省、吉林省等 5 个省市的 10 个城市做了实证研究，得出的三个最低生活保障线（见表 5—2）。

表 5—2　　用综合法计算的 10 城市最低生活保障标准　　单位：元

市名	生存线	温饱线	发展线	市名	生存线	温饱线	发展线
北京	155	190	210	盐城	110	130	160
南京	150	180	240	长春	140	160	200
常州	140	170	210	延吉	130	150	200
苏州	150	180	240	益阳	95	107	130
扬州	120	150	180	吉安	100	112	150

此外，还有其他综合法用于制定中国的贫困线。21 世纪初，亚洲开发银行组织了一个以伦敦经济学院教授侯赛因为组长，有国务院发展研究中心、民政部、劳动和社会保障部、国家统计局和中国社会科学院社会政策研究中心以及英国米德尔赛克斯大学的专家学者参加的研究小组，就“中国城市贫困问题”开展了为期两年（2000—2001）的课题研究。在提供的报告中，关于贫困的测量专家小组提出了“食品贫困线”和“一般贫困线”两个概念。食品贫困线以每人每天 2100 卡热量为基本标准，用中国营养学会编辑的“营养成分品种数量表”和国家统计局的城市调查数据计算出一个“菜篮子”，“选定了菜篮子，费用就自动得出了”，这就是“食品贫困线”。“在确定食品贫困线之后，下一个问题是确定人均‘基本非食品贫困线’，以便获得‘一般贫困线’”。这个研究中所用的方法是以城市调查资料中人均食品支出正好等于食品贫困线时的人均非食品支出作为“基本非食品贫困线”。然后，将“食品贫困线”与“非食品贫困线”相加，就得出了一般贫困线。[①]

▶第三节　贫困的致因

在迄今为止的一切社会中，贫困是一个普遍存在的社会现象。人们虽然能够减轻、治理贫困，却无法消灭贫困。基于这样一种事实，很多学者便探索贫困为什么持续存在，贫困的原因究竟是什么。

---

① 唐钧，沙琳，任振兴. 中国城市贫困与反贫困报告［M］. 北京：华夏出版社，2003. 93-94

一、贫困原因的理论阐释

（一）个体主义贫困论

在欧美国家（尤其是美国），个人主义价值观盛行。这种价值观主张自由放任的政策，强调经济领域中自由竞争的重要性，认为在自由的经济活动中，政府不应该加以干涉。其一般假设是：市场有利于解放劳动力，是自立者和勤劳者的最佳保护。只要不受干扰，它的自我调节机制将确保愿意工作的劳动者被雇用，保证所有劳动者的福利。在这种情况下，个人的贫困不是制度的错误，而是个人缺乏远见和懒惰的结果。一个人如果处于贫困之中，应该责备的是他自己。当然，这种观点并不否认有一些特殊处境下的贫困。在此环境下，个人可以不对其贫困负有个人责任。如老人、儿童和残疾人等。

具体说来，人们常常从三方面解释个体主义贫困观。第一种解释认为，一个人的贫困是个人经济上失败所致。这种观点的典型代表是美国自由放任主义经济学家米尔顿·弗里德曼，他在与夫人罗斯合著的《资本主义与自由》一书中认为，个人应对自己的行动及结果负完全责任。既然自由的市场机制已经给人们提供了各种机会，那么不能够获取这种机会的责任就只能在于个人而不是政府管理者。按照这种观点，贫困的原因主要是个人的懒惰、不节俭、不努力工作、缺少创业精神以及身体方面的某些原因。第二种解释认为，贫困与个人的遗传因素有关，所谓遗传因素主要是指智力因素。在社会现象的分析中，一直有人试图从生物、生理、遗传的因素上解释社会行为，从早期的S·布洛索的解释，直到当代的遗传基因、生物染色体学说等。然而，迄今为止没有一种解释能够证明遗传因素与经济地位有何联系。因此，试图以生理因素解释贫困原因是根本错误的。第三种解释认为，贫困与个人道德品质、家庭环境有很大关系。认为贫困往往是由个人道德约束松弛、吸毒、酗酒、违法犯罪等一系列行为所致。[①]

（二）贫困结构论

贫困结构论将贫困看成是社会结构、社会制度以及社会政策的结果。只要社会结构和社会制度没有改变，贫困现象将继续存在。关于贫困的社会结构解释又有不同的观点。

1. 制度贫困论

---

① 李强．中国扶贫之路［M］．昆明：云南人民出版社，1997：6-7

贫困制度论将贫困原因归结为占主导地位的社会制度。它认为任何社会总是有贫有富，一定制度规定了谁是穷人，谁是富人。例如，在传统农业社会里，土地所有者在社会中占主导地位，穷人往往是那些没有土地或居住在土地贫瘠环境中的人。制度造成贫困是经典马克思主义理论的精髓。马克思认为，在资本主义制度下，贫困的根本原因在于生产资料的不平等占有。比如，资本家占有生产资料，工人除了出卖劳动力，一无所有。这就形成了资本家对工人的剥削，形成了支配和被支配的生产关系。在种生产方式下，生产资料所有者能够通过无偿占有工人创造的剩余价值使工人贫困化。随着资本的增长，工人阶级的贫困会进一步加剧。因此，在马克思看来，只有通过彻底改变资本生产关系，推翻资本主义制度才能最终解决贫困问题。

2. 社会政策贫困论

社会政策不平等也是制造贫困的原因。英国工业革命初期的“圈地运动”曾经造成了数以百万计的无家可归的贫民，美国的“种族歧视政策”造成了大量有色人种的穷困潦倒。而在我国改革开放初期，城乡工农业产品的“剪刀差”严重加剧了我国农村贫困。因此，人们感觉到，政策制定的失误或者不当的政策导向，都将引起或进一步加剧了贫困。比较有意思的是，西方奉行社会福利政策貌似公平，但研究者发现它并不能消除贫困，有时候甚至加剧了贫困。关于这一点又可以分为激进和保守两派。激进派认为，表面看来福利制度和政策是救助贫困，其实政府发放的福利和救济金额很少，只能够使穷人维持在贫困的生活水平上。这样，社会福利制度实际上在制造一个贫困阶层，这个阶层必须依赖社会保障和社会福利生活。此外，过高的福利还容易导致福利领取者放弃就业动机，从而进一步加剧他们的贫困。因此，福利制度和福利政策阻止了穷人贫困状况的改善。而保守派认为，福利制度和福利政策的推行需要大量政府支出。社会保障开支过大使社会再生产受到抑制，使投资减少，结果限制了财富与新的就业机会的增长，最终加剧了社会上一部分人的贫困。

3. 冲突学派的贫困观

社会学冲突学派认为，群体间利益的争夺是贫困现象的根源，贫困是社会各群体之间在利益分配过程中争夺有限资源的结果。每一个群体在任何一种生存与发展的竞争中都倾向于为自己争夺更多的利益，由于各个群体所拥有的权利和占有的资源不等，也由于能够给予争夺的资源总有短缺，利益争夺的结果必然是出现不同群体间的利益不平等分割，进而使部分群体处于相对贫困状态。按照这种观点，贫困者之所以陷入贫困是由于他们所拥有的资源较少。具体而言，穷人在经济领域里缺乏资本和技术等生产要素，因而难以获得较多的经济收入。在政治领域里他们缺乏参与政治的能力和机会，因此，不可能对决策、投票等产生实际影响。在生活中，穷人无力影响教育、传媒和社区组织，他们普遍受到社会的歧视和排斥。

由于穷人长期处于无权和受歧视的状况，因而很容易使他们越来越远离社会的主体结构和主流文化，形成一个独特的社会群体。这一群体的存在将导致社会在结构和文化上的整合程度降低，社会矛盾加剧。同时，由于穷人缺乏组织的力量和合法的渠道为自己争取权利，因此，他们当中的部分人就可能以个人的行动，并且常常是非法的行动反抗社会，从而进一步强化社会对穷人的偏见和压制。总之，权利结构的不平等、不合理，迫使社会部分成员“失能”而陷入贫困或长期维持贫困状况，其结果往往进一步强化了社会对他们的排斥和偏见，加剧了社会矛盾。

（三）贫困文化理论

20 世纪 60 年代，关于贫困文化的研究大量出现。其中，刘易斯的《贫困文化：墨西哥五个家庭实录》、班费尔德的《一个落后社会的伦理基础》和哈瑞顿的《另类美国》，通过来自墨西哥、意大利和美国等不同社会的经验资料，奠定了贫困文化理论研究的基础。根据贫困文化理论，虽然贫困表现为一种经济现象，但却是一种自我维持的文化体系。穷人由于长期生活在贫困之中，结果形成了一套特定的生活方式、行为规范、价值观念体系等。而一旦这种“亚文化”形成，它便会对周围的人（特别是后代）发生影响，从而代代相传，于是贫困本身便得以在这种亚文化的保护下维持和繁衍。因此，要想消灭贫困，首先必须改造贫困文化，只有使穷人抛弃了贫困文化，如抛弃自暴自弃、不求进取、宿命论等价值观，接受积极上进、具有奋斗精神的价值观，贫困才有可能消灭。

刘易斯从四个层次对贫困文化做了解释：首先，从全社会角度看，贫困文化是一种亚文化，其最主要的特征是该种文化的体现者——穷人，脱离社会生活的主流，不能与社会融为一体，不能参与到广泛的社会活动中来，处于一种自我封闭或孤立的境地。刘易斯认为，贫困文化实际上是穷人对自己低下社会地位的反应，即穷人由于意识到按照社会上所推崇的标准去获取成功已经不可能，于是索性放弃努力而信奉一种不求上进的价值观。例如，由于意识到长远的富裕目标不可能实现，于是便及时享乐；由于感到即使付出巨大努力也不足以支撑中等以上水平的家庭生活，便放弃建立家庭的努力，进而导致遗弃妻儿、离婚、未婚同居现象的增多。其次，从社区层次上看，贫困文化主要体现为一种贫民窟的特殊文化现象。生活在贫民窟的人往往有共同的生活方式和价值观念，并且这些生活方式和价值观念会交互影响，加速贫困文化的发展。长期生活在贫民窟里的人会逐渐形成贫民窟特有的社区意识，使贫民窟居住者在情感上与城市其他地区的人区别开来。再次，从家庭层次来看，贫困文化体现为特定的家庭关系和家庭结构。例如，由于负担不起结婚的费用，穷人的未婚同居比例较高。由于妇女感到男子的经济收入不足以支撑家庭，不愿与之建立稳定的家庭关系，因此，贫困家庭的结构松散，容易发生家庭暴力。最后是个人层次。贫困文化虽然是一种群体模式，但它通过个人的思想、态度和行为表现出来。贫困文化的通常表现为个人知识贫乏、眼界狭窄，只关心眼前利益和个人事情，没有社会情感或大的群体感；生活无计划，有强烈的及时行乐倾向；自我控制力较弱，易冲动，意识到地位低下并接受这一事实，宿命论，有自暴自弃倾向等。

二、中国农村贫困问题的致因

导致中国农村贫困问题产生的原因很复杂，并不能仅从个人的角度去认识贫困，而必须从政治、经济、文化、环境、制度和习俗等方面进行综合考察。

（一）自然原因

从某种意义上说，贫困问题是一个生态问题，贫困的发生和贫困程度与生态环境存在极为密切的关系。在我国，根据“八七扶贫攻坚计划”确定的592个国家重点扶持的贫困县名单，可以发现贫困地区几乎都是山区、高原等自然环境较差甚至恶劣的地区。其中307个集中在西北、西南地区以及中部地区的大山区，贫困人口约为全国贫困人口的60%。迄今为止仍未脱掉贫困县帽子的几乎都是自然环境恶劣的地区。这些地区不仅耕地少、土地贫瘠，可利用的水资源极度短缺，而且旱涝灾害发生的频率极高，农业的自然生产条件极差。因此，恶劣的自然环境是这些地区贫困的重要原因。

问题还远远不止于此。自然环境恶劣导致贫困，但贫困又反过来加剧环境恶化。其原因在于贫困人口对自然环境表现出更高的依存度。例如，在没有外部经济资源注入的情况下，为满足因人口增长对食物的需求，他们不得不简单地依赖开垦更多土地的办法。当适宜耕种的土地被开垦殆尽的时候，垦殖活动必然转向那些山高坡陡的地方，这样就进一步导致自然环境的恶化。因此，贫困和自然环境之间就形成了一种恶性循环。

（二）社会历史原因

中外研究者大都赞成这样的观点，即发达国家的贫困往往是现实原因导致的贫困；而发展中国家的贫困却经常是历史积淀下来的。这种观点用来解释中国农村贫困也非常具有说服力。首先，旧的社会形态和文化积淀下来，并在相当程度上仍然支配着劳动者的观念和意识，对社会生产发展起着顽强的抗拒作用。解放前，由于种种原因，我国一些少数民族地区还停留在很原始的社会发展阶段。解放后，虽然这些民族迅速进入社会主义社会，国家也在人力、财力和物力上给这些地区予以巨大帮助，但也未能有效地改变旧的生产方式。有相当数量的群众仍然沿用古老、落后的生产工具，甚至保留刀耕火种的生产方式。这说明，旧的社会意识形态、文化传统积淀下来并体现在劳动者身上的旧传统观念和意识，对落后地区生产力的发展起到了顽强的抗拒作用。其次，在落后民族和地区，通过教育来促进文化科学知识传播，推动生产力发展难以达到预期效果，而且还往往形成一个越穷越不重视教育、越不重视教育越穷的恶性循环。他们有时宁愿从前辈那里获取生产和生活经验，也不愿求助科学技术。甚至一些人宁愿节衣缩食把一年劳动所得无偿捐献给庙宇，也不愿投资于教育。

（三）制度性因素

自然条件和环境恶劣仅仅是贫困发生的必要条件，但并不是充分条件。一方面，如果存在收入再分配机制，低于贫困线的家庭能够得到及时和有效的救助，贫困完全可以避免。另一方面，如果政府能够向贫困地区增加投资，自然条件是可以改变的。一旦贫困人口不再受制于恶劣的自然条件，他们也就很容易脱贫。从这个意义上来说，贫困的发生是与一定的制度背景分不开的。而中国农村与反贫困相关的制度比较缺乏或不完善。首先，中国农村几乎不存在任何意义上的收入再分配机制。农村税费的征收不是与收入挂钩，而是与人头或土地挂钩，不管收入多少，上缴税费几乎相当，其结果出现了累退的税费率。其次，中国农村的转移支付制度非常有限，而且基本上不具有扶贫的功能。从20世纪80年代中期开始的贫困战略大转移，即从“输血”式扶贫战略到“造血”式扶贫战略，也就意味着对贫困人口的救济不复存在。新的扶贫战略无疑对大规模消除贫困、带动地区经济发展起到很大作用，但是对于解决那些无“造血”条件的贫困户的贫困来说，并不具有显著作用。最后，农村的社会保障体系的缺位是导致贫困的重要因素之一。一个最明显的例子是公共医疗服务体系的不健全造成许多农民经常处于一种“有病不医，有医无钱”的状态。在身体健康得不到保护的情况下，农民创收和摆脱贫困只能是一句空话[①]。由此可见，反贫困制度的缺乏或不完善也是农村贫困的重要因素。

除了上述三方面外，导致中国农村贫困问题的原因还有很多，例如国家对贫困地区的投资不足，贫困地区的教育水平落后、科技人才短缺，甚至是风俗习惯等都会对经济发展起一定的阻碍作用。

三、当代中国城市贫困的致贫原因

中国的贫困问题在20世纪90年代以前主要表现为农村贫困。而90年代初期以来，随着城市下岗工人的大量出现和城市居民贫富差距扩大，城市贫困成为困扰我国社会经济发展的一个重要问题。目前，中国城市贫困人口以失业人员、下岗职工、停产半停产的职工和一部分被拖欠养老金的退休人员以及他们的赡养人口为主体，人口规模占中国城镇人口总数的比重为4%～8%，绝对数在1 500万～3 000万人。城市贫困的产生原因是多方面的，既有社会原因，也有贫困者自身的原因，以下从宏观和微观两方面进行分析。

（一）宏观因素

1. 经济体制的历史积淀

我国长期实行计划经济体制，“低工资、高就业”是基本政策。在这种体制下，劳动力基本上是靠行政力量进行配置，企业（特别是国有企业）承担了许多社会责任。很多进入企业的人员并非企业所真正需要的，许多企业职工无事可做，或者几个人做一件事，实际上处于隐性失业状态，只是由于计划经济的“大锅饭”体制掩盖了这种现象。随着改革的深入，计划体制所积累的问题开始暴露出来。许多企业为提高效益采用了“减员增效”的策略，于是下岗、失业人员大量出现。

2. 矿产资源枯竭

在矿产资源的开采中，我国已形成了990余座矿业城镇，其中20%处于成长期，68%处于成熟期，12%处于衰弱期。另据国家发改委宏观经济研究院“资源枯竭型城市经济结构转型”课题组统计，中国20世纪中期建设的国有矿山，有2/3已经进入“老年期”，440座矿山逐渐或即将关闭，390座矿城中50余座城市资源衰竭，300万下岗职工、1 000万职工家属生活受到影响[②]。例如，阜新市就是一座“因煤而兴”的资源型城市。在第一个五年计划

---

① 岳西明，李实，王萍萍等. 透视中国农村贫困［M］，北京：经济科学出版社，2007：17

② 于立，姜春海，于左. 资源枯竭型城市产业转型问题研究［M］. 北京：中国社会科学出版社，2008：13

期间，国家156项重点工程就有4项在阜新，但几十年的开采使阜新的资源枯竭，工厂开工不足甚至倒闭。到2002年阜新矿区职工占全市下岗职工的50%，矿区特困职工已经占全市特困职工的64%，可以说阜新是资源枯竭型城市的典型。

3. 贫富差距拉大

收入不平等也是造成城市贫困的重要原因。改革开放之前，由于计划体制下按劳分配被看成使唯一的原则，收入渠道单一，工资极差小，因此，居民收入较为平等。改革开放以后，“按劳分配”的原则被打破，特别是20世纪90年代以来，随着经济的持续增长，贫富差距逐渐拉大。衡量贫富分化的重要指标是基尼系数。一般认为基尼系数超过0.3就属于分配不公正的范畴。根据中国社会科学院“居民收入项目调查（China Household Income Project)”测算，我国2002年时全国基尼系数和城市基尼系数就已经分别达到0.45和0.32。近几年又有所扩大，2005年城市地区的基尼系数已经上升至0.34。[①] 正因为贫富差距不断拉大，使得中国目前存在大量的低收入贫困群体，所以有学者将我国的目前的社会分层结构称为底层大、上面小的“金字塔形”结构。

4. 农村剩余劳动力向城市转移

应该说，农村剩余劳动力向城市流动，为城市的发展做出了巨大的贡献。但是，大量农村劳动力流向城市，使得城市的就业环境更为严峻。而且大量低素质的农村剩余劳动力流入城市，把农村贫困带入城市，也无形中加剧了城市贫困。

除了以上原因外，造成我国城市贫困的原因还有很多，比如20世纪90年代国内的持续高通货膨胀，原有的社会保障体系无法应对经济体制改革引起的下岗潮等都是造成我国城市贫困的重要原因。

（二）微观因素

除了社会原因以外，贫困者自身的原因也是不可忽视的。一方面，从贫困者个人自身因素来看，孤寡老人和孤儿、残疾人和妇女等社会弱势群体容易陷入贫困。此外，受教育程度较低、无技术特长的人在激烈的市场竞争中处于明显劣势，难以找到合适的工作，因此，陷入贫困的概率也比较大。据劳动和社会保障部1999年7月对5省10市下岗职工的调查，在下岗职工中，初中文化程度者占44%，小学及以下文化程度者占4.1%，两者相加将近

① 薛进军．中国不平等的收入分配差距研究［M］．北京：社会科学文献出版社，2008：14

1/2。从技术等级看，初级工及没有技术等级的人员占 52.6%，中级技工占 38.9%，高级技工和技师占 8.5%。可见，受教育程度和技术因素也是决定个人贫困与否的重要因素。

另一方面从家庭因素来看，单亲家庭、无养老保障的老年人家庭，特别是有残疾人和重病患者往往经济负担较重，容易陷入贫困。据“全国百城万户‘低保’抽查”的结果显示，有 66.2%的低保家庭有患大病或慢性病的病人，这实际上说明他们陷入了一个“因病致贫，因贫致病”的恶性循环中。

▶第四节　中国的贫困问题及反贫战略

中国贫困问题在 20 世纪 80 年代改革开放以前主要表现为农村贫困、区域性贫困和普遍的绝对贫困。改革开放以后，随着社会经济的发展，在原有的贫困问题尚未完全解决情况下，新的贫困问题不断出现，使中国贫困问题变得更加复杂。

一、中国贫困问题的现状分析

（一）旧的贫困问题已经获得缓解

中国是一个发展中国家，长期以来都是以农立国，新中国成立以后，又长期实行计划经济，这一时代的贫困问题集中表现为普遍性的区域贫困与极端贫困。20 世纪 80 年代初进入改革开放时期后，首先得益于乡村土地承包责任制，激发了农民的生产积极性，并迅速使自然条件相对较好的乡村地区贫困局面得到了改变；其次是改革开放后大规模的区域扶贫运动，使一些贫困地区逐渐摆脱普遍性的绝对贫困状态，从而取得了举世瞩目的缓贫成就。这种成就主要表现在以下两方面。

1. 区域贫困问题已基本获得解决

通过乡村改革和大规模的扶贫运动，国家确定的贫困县大多数已经脱贫，虽然还有极少数自然条件恶劣的地区未最终摆脱贫困，但面对区域贫困的扶贫任务已经转换为如何巩固扶贫与脱贫的成果。因此，区域贫困已由中国贫困问题的主要方面，退居到与阶层贫困并重甚至处于阶层贫困问题之后，这显然是一个巨大的进步。

2. 普遍性的极端贫困状态已经成为历史

在改革开放前，占全国总人口 80%以上的农村人口普遍处于贫困状态，其中30.7%的人口处于极端贫困状态。经过20年的努力，中国政府已宣布农村极端贫困人口由1978年的2.5亿人下降到2007年年底的2 000万人，贫困发生率也从1979年的31%下降到2007年的2.5%。在城镇，2002年我国城镇居民最低生活保障制度覆盖人数就达到2 064.7万，基本上保障了城镇所有贫困人口，从而实现了应保尽保。此后一直持续到2008年，我国城市低保人口总数基本上维持在2 000万～3 000万人，既没有大规模增加也没有大规模减少。因此，普遍性的极端贫困状态在中国已经成为历史，取而代之的则是越来越多的城乡居民进入小康乃至富裕阶层。

（二）新的贫困问题依然严重

1. 贫困人口的数量规模仍很庞大

从1990年开始，世界银行在测量贫困时采用每天的平均消费支出（当消费支出无法获得的时候，用收入代替），通常将家庭平均每天消费支出1美元作为贫困线（简称1美元线）。同时为了加强测量的敏感性，世界银行还使用家庭平均每天消费支出2美元作为贫困线（简称2美元线）。按照这一标准，我国2004年1美元线下的贫困人口数为1.28亿，占总人口数的9.99%。2美元线下的贫困人口数为4.52亿，占总人口数的34.89%。在一些农村边远地区，大面积的区域性贫困现象仍然非常严重。同时，城镇亦存在着一个需要救济的2 000万～3 000万人的贫困群体。因此，无论怎样计算，中国城乡贫困人口数量规模仍然非常庞大。

2. 贫困人口的贫困程度仍很深刻

国际上一般认为，恩格尔系数在60%以上即为贫困，50%～60%为温饱，而在中国农村的贫困家庭的恩格尔系数竟高达85%左右。2009年第1季度，农村居民最低生活保障标准全国平均为84.87元/月，城镇居民最低生活保障标准全国平均为211.21元/月，这一标准下的农村与城镇贫困人口人均每天可支配的收入分别在0.41美元和1.03美元以下。可见，中国城乡贫困人口的贫困程度仍很深刻。

（三）贫困问题的结构较为独特

中国现阶段的贫困问题，与发达国家及其他发展中国家相比，在结构上也是相当独特。它主要表现在以下几方面。

1. 极端贫困、一般贫困与相对贫困并存，但此消彼长

从世界范围来看，贫困的演变一般要经过三个阶段，即从极端贫困到一般贫困，再到相对贫困。中国在改革开放以前的贫困可以说是极端贫困状态，

但现在也并未过渡到一般贫困阶段，而是仍有 2 000 万极端贫困的乡村人口和少数城镇极端贫困人口，还有数以千万计的一般贫困人口，东部发达地区则还存在着相对贫困现象。因此，中国现阶段是极端贫困、一般贫困与相对贫困现象并存但此消彼长的格局。

2. 区域贫困与阶层贫困并存，但此消彼长

经过大规模的扶贫运动，中国的区域贫困（贫困县）问题得到了基本解决，但部分老、少、边、穷地区仍然处于普遍性贫困状态，一些贫困县虽然按现行贫困标准已经脱贫，但其中的一部分乡村仍然处于普遍性贫困状态，因此，中国的区域贫困问题并未完全消失。同时，城乡社会又普遍存在着阶层贫困问题，即使是上海、北京等大都市，贫困问题仍然不容小视。据调查，在北京的贫困家庭中，政府的最低生活保障金和帮困卡要占其月收入的44.9%。67.9%的贫困家庭无钱看病，17.5%的贫困家庭无钱交房租、水电气费，12.5%的贫困家庭无钱交卫生清洁费。因此，中国正处于一个区域贫困与阶层贫困并存但又此消彼长的时代。

3. 物质贫困与精神贫困并存

在乡村，国家统计局 2000 年的一项研究证实，农村贫困人口中劳动力的文盲率亦达 20%以上；农村失学儿童中有 78%的儿童是因家庭经济困难而失学。在城市，一项 2004 年对济南市 803 个享受低保的城市贫困家庭的调查结果显示，94.0%的城市贫困者受教育程度在高中以下（包括高中），其中受过高中（含职业高中）教育的人只占总数 28.4%，受过初中教育的人占总数的37.9%，小学（含小学）以下文化程度的人高达 27.8%，其中还包括 10.3%的人没有受过任何正规教育。① 与教育程度低相对应，贫困人口的思想观念也普遍较为封闭、保守和落后。可见，中国现阶段的贫困问题确实是一种物质贫困与精神贫困并存的现象。

4. 贫困问题的致因趋向复杂化

改革开放以来，旧的致贫因素（如历史贫困、计划体制等）在不断弱化，新的致贫因素则在不断出现并得到强化，收入分配差距的持续扩大带来了城乡居民的贫富分化。在收入差距扩大化过程中，包括城乡及行业之间的收入分配不公、资产与知识产权进入分配领域、失业问题的恶化、劳动者个体素质的差异、社会保障制度不健全，以及天灾人祸、自然环境恶劣等，均是造成现阶段贫困问题的重要致因。②

---

① 程胜利. 经济全球化与当代中国城市贫困［M］. 北京：社会科学文献出版社，2007：189

② 郑功成. 中国的贫困问题与 NGO 扶贫的发展［J］. 中国软科学，2002 (7)

二、中国反贫困战略

（一）中国农村反贫困

我国政府历来重视农村贫困问题，把扶贫工作当做党和国家的重要社会责任。从某种意义上说，在新中国成立后，我国政府就开始了扶贫历程。但是真正着手解决农村贫困地区问题并形成制度性扶贫战略是20世纪80年代，成型于90年代中后期。这一战略集中体现在80年代初到90年代中后期的四个具有代表性的纲领性文件中：一是中共中央、国务院在1984年9月联合发出的《关于帮助贫困地区尽快改变面貌的通知》。该文件明确指出了“七五”期间贫困地区的发展目标：解决大多数贫困地区人民的温饱问题，使贫困地区初步形成依靠自己力量发展商品经济的能力。二是1994年4月国务院正式公布实施了《国家八七扶贫攻坚计划》。该计划明确要求集中财力、物力和人力，从1994年到20世纪末用7年的时间基本上解决8 000万贫困人口的温饱问题，并改变贫困地区经济、文化和社会的落后状态，缓解乃至消灭贫困。三是中共中央、国务院1996年10月颁布的《中共中央、国务院关于尽快解决农村贫困人口温饱问题的决定》。该文件进一步完善了扶贫战略，提出通过信贷资金扶持微观扶贫产业发展：从1997年开始，在现有扶贫信贷资金的基础上，每年再增加30亿元扶贫贷款，重点支撑效益好，能还贷，能带动千家万户脱贫致富的种植业、养殖业、林果业和农产品加工项目。四是1999年6月，在扶贫攻坚的关键时刻，党中央、国务院再次召开会议，作出《关于进一步加强扶贫开发工作的决定》，江泽民总书记在会上发表了重要讲话，动员全党和全社会切实做好扶贫攻坚决战阶段的工作，确保实现在20世纪末基本解决农村贫困人口温饱问题的战略目标。

从扶贫战略来看，我国政府实行的是以促进贫困人口集中地区自我发展能力的提高和推动区域经济发展来实现反贫困的目的。其特征主要表现在：第一，在扶贫方式上，改变单纯生活救济的办法，致力于开发性扶贫，帮助贫困地区形成新的生产能力。第二，将贫困人口集中区域（即贫困县）作为扶贫操作单位和工作对象。这种做法有利于政府集中财力、人力和物力，统筹安排、合理使用，解决贫困地区社会经济发展问题。同时，将贫困地区的发展作为一项专门列入国家以至各省（自治区）、各部门的国民经济计划，给予重点照顾。充分发挥各自优势，在资金、物质、技术上向贫困地区倾斜。第三，在扶贫资源的管理体制上，改变单纯由财政渠道拨款救济，扶贫资金无偿使用的方式，转向以财政支持和银行贷款、无偿和有偿相结合的扶贫资金投放方式。第四，在扶贫指导思想上，把扶贫作为一个系统工程，改变单纯经济扶贫的做法，进行科技、教育、物质生产等综合性投入，同时强调了在缺乏基本生存条件的地区，实行人口迁移和进行劳务输出。第五，动员全社会力量帮助贫困地区开发建设，并积极开展同扶贫有关的国际组织、区域组织、非政府组织的交流，争取国际社会及海外华人的了解和支持，吸引外商来贫困地区投资，促进贫困地区发展。

（二）中国城市反贫困

中国城市贫困问题是在 20 世纪 90 年代以后才逐渐显露并引起人们关注的。特别是 90 年代中后期城市下岗工人大量出现以后，城市贫困问题急剧恶化。为此，中国政府和中国社会采取了一系列反贫困政策，使中国城市贫困问题得到了有效的控制。

1. 两个确保

“两个确保”是反贫困政策中重要环节。所谓“两个确保”，就是“确保国有企业下岗职工基本生活，确保企业离退休人员养老金按时足额发放”。这是中国政府为确保城镇下岗职工和离退休人员的收入保障做出的承诺。1999 年 1 月劳动和社会保障部会同中共中央宣传部印发了《国有企业下岗职工基本生活保障和再就业工作宣传提纲》与《确保企业离退休人员基本养老金按时足额发放工作宣传提纲》；2000 年 2 月，由国务院办公厅下发了《关于继续做好确保国有企业下岗职工基本生活和企业离退休人员养老金发放工作的通知》；5 月，又由国务院发布了《关于切实做好企业离退休人员基本养老金按时足额发放和国有企业下岗职工基本生活保障工作的通知》。据原劳动和社会保障部介绍，1999 年，为了完成“两个确保”的既定目标，各地党委、政府都把它作为“一把手”工程来抓。各级财政都给予资金上的充分支持，其中中央财政直接投入就达 255 亿元，比 1998 年增加了近 100 亿元。1999 年年底全国还有下岗职工约 650 万人，90%以上的人领到了基本生活费。养老金按时足额发放工作也基本实现，全年共发放企业离退休人员养老金 1 800 多亿元，按时足额发放率达到 98%以上。全年还补发了历史拖欠的养老金 120 多亿元。根据原劳动和社会保障部统计数字，截至 2002 年 9 月底，全国共有国有企业下岗职工 439 万人，其中 376 万人进入再就业服务中心，基本做到按时足额发放基本生活费并为其代缴社会保险费。第三季度，全国应发企业离退休人员基本养老金 594.03 亿元，实发 593.71 亿元，基本做到养老金按时足额发放。[1]

2. 最低生活保障

我国城市最低生活保障制度开始于1993年在上海的试点，到1999年9月国务院颁布了《城市居民最低生活保障条例》(以下简称《条例》)，并立即于10月1日正式实施，标志着我国在法规层次上将城市居民最低生活保障制度提升成为中华人民共和国的一项正式的法规制度。到目前为止，最低生活保障制度共经历五个发展阶段：第一阶段，1993年6月至1995年5月，试点阶段。第二阶段，1995年5月至1997年8月，推广阶段。第三阶段，1997年8月至1999年9月，普及阶段。第四阶段，1999年9至2001年10月，落实阶段。第五阶段，2001年10月至目前，提高阶段。[2] 最低生活保障制度建立后取得了很大成就。民政部的统计资料表明，截至2008年年底，我国城镇居民享受最低生活保障的人数达2 334.6万人，家庭数为1 111.1万户，基本上涵盖了目前我国城镇2 000多万的贫困人口。

3. 社区公共服务

我国政府非常重视基层社区在解决城市贫困问题上发挥的作用，加强社区在城市反贫困中的作用，也代表了新的政策方向。社区在城市反贫困中发挥的作用主要表现在四方面：第一，发挥社区对贫困居民的管理作用，特别是可以有效地加强社区的低保制度管理，对低保对象中有隐形收入和隐形就业的人起到了甄别的作用；第二，通过大力发展社区服务，形成从事社区公益活动和公益劳动的一支生力军，既能补充现金和实物救助的不足，同时还有助于促进贫困居民通过就业摆脱贫困；第三，促进社区互助，能满足下岗失业职工在情绪宣泄和交流互动方面的精神需求；第四，通过社会活动，培育社区自治组织，促进贫困居民的社会参与和社会整合。

此外，国家和政府还采取大量其他城市反贫困措施。例如，针对城市贫困人口开展“送温暖活动”，通过优惠政策鼓励和促进下岗工人再就业等。

▶第五节　贫困问题与社会发展

关于贫困地区的社会发展问题在理论界也存在很多的争论。总的说来，对造成地区贫困和社会发展滞后原因经历了一个认识的转变过程，因而在对

① 新华网．我国“两个确保”工作进一步落实，2002-10-29，16：40：19。http：//news. xinhuanet. com/fortune/2002-10/29/content _ 612065. htm，2009年4月16日。

② 洪大用．改革以来中国城市扶贫工作的发展历程［J］．社会学研究，2003（1）

贫困地区的社会发展战略选择上有一个转变过程。它大致经历了早期的单纯注重物质资本的投入拓宽到向人力资本倾斜，再过渡到综合反贫困的社会发展战略。

一、反贫困社会发展理论与中国贫困地区的社会发展

早期有关贫困的社会发展理论认为，资源（特别是资本）稀缺是制约贫困地区社会发展的重要原因。因此，早期有关反贫困的社会发展理论重视资本在社会发展的作用。1943 年，英国学者罗森斯坦—罗丹在《东欧与南欧的工业化》一文中提出他的平衡增长理论。他认为，贫困地区以农业生产为主，劳动生产率和收入水平低下，因此，摆脱贫困的方法就是要大力发展工业，通过大规模的发展工业以获得规模经济效应。但是由于长期贫困、工业落后、基础设施不全，而且劳动生产率低，收入水平和消费水平不高，市场容量狭小，因而少量的投资很难解决问题，只有通过全面、大规模的投资，建立全面的工业结构体系，冲破狭小的市场束缚，才能实现工业化和发展经济的目的。

与平衡增长理论相反，另外一些经济学家如赫希曼、罗斯托、辛格等人认为，发展中国家和贫困地区应该实行不平衡增长战略。赫希曼在 1958 年出版的《经济发展战略》一书中提出，发展是由经济中的一些主导部门成长，带动其他部门成长，由一个行业成长带动另一个行业成长。发展中国家和贫困地区之所以要实行不平衡增长战略主要有三方面的原因：首先，通常发展中国家过去的经济发展是不平衡的，为了使失去的平衡得到恢复，应该采取不平衡发展战略。其次，发展中国家资本、技术、管理及其他资源短缺，不可能百废待兴，实行平衡增长，因而只能选择若干主导部门，有重点地利用有限的资源才能取得较好的经济效果。最后，从过去的经验来看，整个经济发展过程总是由少数企业和部门为主导，再带动其他部门发展。例如，18 世纪，英国通过发展纺织业和钢铁工业带动了其他部门的发展。

在传统经济学中，资本概念并不包含人力资本，因此，有很大的局限性。1960 年，美国经济学家舒尔茨在美国经济学学会上发表题为《人力资本投资——一个经济学家的观点》的演说，并提出一个著名的观点：经济发展主要取决于人的质量，而不是自然资源的丰富或资本存量多寡。舒尔茨特别强调了教育投资在人力资本形成中的作用。他认为教育投资是一种重要的生产性投资，教育活动是隐藏在人体内部的能使人的能力得以增长的一种生产性活动，而不是一种消费活动。政府和私人有意识的教育投资，为的是获得一种具有生产能力的潜力，它蕴藏在人体内，会在将来做出贡献。对人力资本

理论的重视，对于推动发展中国家和贫困地区的社会和经济发展具有重要意义。因此，发展中国家在制定反贫困政策时，重视人力资本投资，优化人力资本投资结构也具有重要意义。

社会和地区贫困往往并不是单一因素（例如投资不足）造成的，而是多因素综合作用的结果。缪尔达尔在分析论证发展中贫困的“积累因果关系理论”基础上，系统地构建了一套从经济、政治、文化乃至上层建筑等层面上的反贫困战略。他在《亚洲的戏剧》一书中，提出了不发达国家自身必须进行三方面的改革：第一，土地改革。他认为，不发达国家（主要是南亚国家）的土地关系状况尽管有所不同，但也有其相同的一方面，即土地所有制和租佃关系严重妨碍了耕种者的积极性和效率。因此，必须进行土地所有制和租佃关系的改革。第二，教育改革。许多不发达国家的现实情况是：教育工作没有很好的开展，学龄儿童入学率不高，中等教育比初等教育发展快，高等教育比中等教育发展快，同时学生学习的目的功利性比较强，即学习目的是为了求得一个坐办公室的工作，而不是到落后地区去帮助贫困人民。第三，权力关系改革。在许多不发达国家中，权力掌握在包括地主、实业家、银行家、大商人和代表他们利益的高级官吏的特权集团手中，这个集团考虑的是自身发财致富而不是国家的发展。为此，必须进行权力关系改革，把权力转移到人民大众手中。此外，缪尔达尔在《世界贫困的挑战——世界反贫困大纲》中，进一步深入论证了不发达国家必须进行改革的一揽子内容，包括平等问题、农业、人口、教育等，其中尤其是要解决不平等问题。他认为，贫困国家的不平等包括社会与经济两方面。社会不平等与人们的地位相连，经济不平等与财富和收入差距相连。社会不平等与经济不平等密切相关，社会不平等是经济不平等的主要原因，经济不平等又加剧了社会不平等。

反贫困社会发展理论对于中国贫困地区的社会发展有重要的指导意义。从 20 世纪 80 年代初开始，中国政府就开始实施旨在促进贫困地区社会经济发展的反贫困战略。1984 年 9 月 30 日，中共中央和国务院联合发出了《关于贫困地区尽快改变面貌》的通知，要求各级党委和政府必须采取积极可行的措施，帮助贫困地区人民摆脱贫困，提高生产力，发展商品经济，赶上全国经济发展步伐，主要措施包括：第一，从国务院到贫困面积较大的省、地、县先后成立扶贫开发领导机构和办事机构，配备专职人员负责组织、领导、协调、监督和检查扶贫开发工作，形成了比较完整的工作体系，逐层落实扶贫工作责任制。第二，为迅速启动贫困地区的经济开发能力，政府大幅度增加了资金和物质的投入。国家财政部、中国人民银行、中国农业银行从 1980—1984 年向老、少、边、穷和经济不发达地区发放专项拨款或提供低息贷款，每年总额达 20 亿元。“七五”期间，即从 1986 年起，在原有对贫困地区各种扶贫资金不变的基础上，每年增加 10 亿元的贴息贷款。“八五”期间，从 1991 年起在保持原有扶贫资金不变的情况下，每年新增 5 亿元扶贫专项贷款。1992 年中国政府又拿出 5.5 亿元扶贫专项贴息贷款，重点用于贫困地区农田基本建设。此外，中国政府还实施了一系列有利于贫困地区社会经济发展的财政税收政策。例如，贫困地区从 1985 年起，分情况减免农业税。外地到贫困地区开办企业（如林场、畜牧场、电站、矿场等），5 年内免缴所得税等。第三，贫困地区的社会发展始终把提高人口素质和推广科学技术作为工作重点。例如，从 1986 年到 1992 年，国务院贫困地区经济开发办公室直接培训了县、乡领导干部 18 000 名，培训贫困地区农民 4 000 万人次，使他们掌握了 1～2 门实用技术。同时，在国家机关、大专院校和科研单位组织选派了大批科技副县长、副乡长到贫困地区挂职，组织科技人才搞技术承包。“十一五”期间，国务院扶贫办又推动实施了“雨露计划”，总体目标是通过职业技能培训，促成 500 万左右经过培训的青壮年贫困农民和 30 万左右贫困地区复员退伍士兵成功转移就业；通过创业培训，使 15 万名左右扶贫开发工作重点村的干部及致富骨干真正成为贫困地区社会主义新农村建设的带头人；通过农业实用技术培训，使每个贫困农户至少有一名劳动力掌握 1～2 门有一定科技含量的农业生产技术。第四，在贫困地区经济发展过程中，严格控制人口过快增长。为了改变贫困地区“越穷越生，越生越穷”的恶性循环，认真坚持扶贫工作和计划生育工作相结合的政策，并积极探索贫困地区社会保障政策。

二、贫困与社会发展的悖论

按照一般的理解，贫困似乎是由于社会生产力低下导致人们生活水平低下造成的。因此，只要社会生产力充分发展，贫困应该就可以消除。但是，人类社会的历史发展经验表明，从古到今的任何一个社会都在不同程度上存在着贫困现象，贫困的历史几乎与整个人类社会的历史一样长。尽管在不同的时期和不同的社会中，贫困的含义和表现往往有很大差异，并且人们对贫困现象的解释也不尽相同，但贫困现象在世界各国一直存在。在人类社会的早期，由于生产力水平低下，人类社会无法摆脱贫困的困扰。工业革命以后，由于技术和生产力水平的提高，世界各国的物质生活水平已经极大地提高了。特别是 20 世纪 50 年代西方发达国家开始进入所谓的后工业社会（也称为消费社会或丰裕社会）以后，很多研究者认为消费社会面临的不是生产的不足，而是消费的不足。人类社会面临的不是生产的矛盾，而是消费的矛盾。但即使是在这种状况下，西方发达国家也无法消除贫困，甚至呈上升趋势。美国是当今世界上最发达的国家，但是美国贫困问题却非常严重。据统计，美国的贫困人口自70年代初以来持续上升，到1995年美国贫困线以下的人口是4 300万人，占总人口的17.2%，几乎每6个人就有1个人生活在贫困中，而1973年的贫困率是11.1%。[①] 西方其他工业福利国家的贫困率也非常高。1990年，澳大利亚和意大利的贫困率为12%～13%，而英国、挪威和加拿大三国的贫困率也在10%～11%。[②] 因此，这就形成了人类社会一种奇特的现象，一面是高度发达的技术和社会生产力所造就的富裕社会，另一面却是无处不在、甚至极度的社会贫困。

很多学者也试图来解释这种贫困与社会发展的悖论，主要观点有：首先，必须从绝对贫困和相对贫困来解释。绝对贫困是指个人或家庭所获得的收入和生活资料难以维持生存需要。而相对贫困则是社会所认可的维持最基本的生存和发展需要的生活水准。因此，相对贫困的划分通常是按总人口的百分比划分的。例如，有的国家把收入最低的5%的人口确定为相对贫困人口，有的国家则把这一比例提高到10%甚至更高。而按照国际贫困线的定义，凡是收入不到平均收入的50%就属于贫困人口。因为全部人口中收入最低的既定百分比总会存在，因而相对贫困无法消除。其次，也有人从制度的角度来解释贫困悖论。贫困的制度观与马克思主义理论联系在一起，认为贫困是资本主义体系的一部分，是资本主义在阶级意识形态中构架和发展的必然结果。在这种观点下，贫困必然会产生，因为资本所有者有比工人更强大的政治权力，且建立一定的制度体系来维持这种权力。在劳动市场上，高级部门需要高技术水平，并产生高工资、良好的待遇和工作条件，而初级部门需要较低的技术水平，且产生低工资、低待遇、较差的工作条件、高失业以及很少的晋升机会。从初级部门向高级部门移动很困难，因为高级部门需要更高的学历，而且性别和种族等因素也有关系。此外，初级部门的劳动文化产生不好的工作习惯，并使人眼界狭隘、缺乏自信。同时，福利制度本身只是减缓了贫困增长趋势，而不是改变了贫困增长的方向，从而维系了资本主义，同时使穷人陷入一种社会束缚之中，因为他们寄希望于政府来解决贫困，而没有看到产生贫困的真正原因是资本主义制度本身。[③] 因此，按照这种观点，只有

① 陈恕祥. 美国贫困问题研究［M］. 武汉：武汉大学出版社，2000：105

② 罗兰德·斯哥. 地球村的社会保障——全球化和社会保障面临的挑战［M］. 北京：中国劳动社会保障出版社，2004：324

③ 马克·斯考森，肯那·泰勒. 经济学的困惑与悖论［M］. 北京：华夏出版社，2001：143-144

资本主义制度消亡了，才有可能消除贫困。

从以上对贫困悖论的讨论中可以看出，尽管经济增长是摆脱贫困的前提条件，但是仅靠经济增长无法自动消除贫困。贫困现象一方面是经济发展落后的原因，另一方面也是社会本身缺陷所致，它包括社会在经济制度、社会结构、文化和政策等方面不合理的因素。

本章小结

贫困是指在一定的社会条件下，人们长期无法获得足够的劳动收入来维持一种生理上要求的、社会文化可接受的和社会公认的基本生活水准的状态。由于对贫困理解的角度的差别，学者对贫困的含义有种种不同的理解，主要包括缺乏说、排斥说、地位说和能力说四种理解。贫困本身又是一个发展的概念，它可以从不同的角度、不同的标准进行划分。按照贫困的程度可以分为绝对贫困和相对贫困，按照贫困的范围可以划分为狭义贫困和广义贫困，按照贫困的结构特征可以划分为阶层贫困和区域贫困。

所谓贫困线是指为度量贫困而制定的针对维持最起码的生活需求标准所做的定量化界定。每一个公民，当其收入水平低于贫困线而发生生活困难时，都有权利得到国家和社会明文公布的法定程序和标准提供的现金和食物救助。贫困线的测定方法主要包括市场菜篮子法、恩格尔系数法、生活形态法和国际贫困标准法。四种贫困线测定方法各有优缺点，具体到某个国家和地区需要采用哪种或兼用哪几种方法来确定贫困线必须根据该国或该地区的社会经济发展状况、政府的财力和救助意愿以及其他社会因素来定。

导致贫困的原因有很多，贫困致因的理论阐释也有很多，主要观点包括个体主义贫困论、贫困结构论和贫困文化论三种比较有代表性的观点。中国的贫困致因很复杂。中国农村贫困问题与自然因素、社会历史文化原因以及制度因素都有密切关系。城市贫困主要是由于下岗失业、贫富差距拉大以及农村劳动力大量流入城市等因素造成的。

改革开放以后，随着社会经济的发展，农村贫困问题大大缓解。但是在原有的农村贫困问题尚未完全解决的情况下，城市贫困问题不断出现以及恶化，使中国贫困问题变得极为复杂。中国农村主要采取以促进贫困人口集中地区自我发展能力的提高和推动区域经济发展来实现反贫困的目的的反贫困战略。针对城市贫困，我国政府除了采取“两个确保”措施来控制城市贫困以外，又在20世纪90年代末正式建立了最低生活保障制度。

贫困与社会发展是一个悖论。在迄今为止的一切社会中，贫困是一个普遍存在的社会现象。人们虽然能够减轻、治理贫困，却无法消灭贫困。究其原因，主要在于贫困现象不仅仅是经济发展落后的结果，同时也是社会本身缺陷所致，它包括社会在经济制度、社会结构、文化和政策等方面不合理的因素。

复习思考题

1. 贫困主要表现为哪几种主要类型？不同贫困类型的含义是什么？
2. 贫困线的测定主要有哪几种方法？它们之间有什么区别？
3. 贫困的致因主要有哪些理论解释？
4. 简述中国的贫困现状以及反贫困战略。

案例讨论

贡××，今年42岁，北京人，高中毕业；妻子今年28岁，是河南来北京打工的，现在户口仍在河南；他们有一个3岁的儿子，看上去不是很活泼，在访谈过程中，孩子不曾说过一句话。

贡××的身世比较凄惨，在他10岁的时候，父母都去世了，只留下他和弟弟。后来他和弟弟分别由姑姑和叔叔抚养，国家每月给每人20元，这在当时（据推算为20世纪70年代初）已经算不少了。贡××的弟弟现在也没有工作，以蹬三轮车为生，家住在宣武区，是倒插门的女婿。现在和贡××的来往也很少。

贡××家共9平方米，一张大铁床，占据了屋里的大半部分，上面堆满了旧衣服。屋里放着几件旧家具，更使这个本来就很局促的房间没有插足之地。这些旧家具都是弟妹给的，上摆一台21英寸的彩色电视机，据说是结婚时候买的，还有一台旧冰箱，是邻居大妈送的。贡××每月享受低保450元，每人每月享受粮油补助40元。平时钱主要是花在食物上。“平时就是吃点面什么的，蔬菜就是西红柿和黄瓜，既是蔬菜，又当水果了。”每月水电费二三十元，房租十多元。在衣服上从来不花钱，也就是“六一”才给孩子买一身衣服。

贡××1998年以前在“前门大厦搞业务”，单位属于公有制，每个月收入1 000元左右。1998年下岗后就失去了经济来源，家庭生活逐步陷入困顿。妻子从河南农村来北京打工，先是在一家编织厂做工，每月工资120元。后来经人介绍与贡××结婚，婚后贡××帮她在饭店找了个清洁卫生的活，但是路途比较远，饭店效益也不好，再加上她身体不是很好，后来就不做了。妻子有严重的胃病，1998年病情严重，没钱住院，只是买了一些中草药来吃，一生气，胃病就犯了。

在访谈过程中，给我印象最深的就是贡××3岁的儿子。这个小男孩不像普通的同龄儿童那样活泼好动，在全部的访谈中他没有说过一句话，很害羞。

他母亲说主要是很少和外人接触，人多了就不敢说话，平时都是她带着他在家里。邻居家有一个小女孩和他一般大，但是人家孩子娇气怕磕碰什么的，所以也没有一起玩。“小孩儿长这么大，还没有去过动物园，甚至连普通的公园都没有去过。”贡××说起来也有几分无奈。“动物园门票很贵，去一趟就花好几十，够我半个月的菜钱了。去公园稍微便宜一点，但是来回车费也不少，干脆就不去了！”这也解释了小孩儿为什么不敢在陌生人面前说话。很难想象，这种童年生活经历会给他未来的成长带来怎样的影响。

案例思考题：

1. 案例中所显示的中国城市贫困的致贫因素主要有哪些？
2. 贫困会给儿童成长带来哪些负面影响？

（资料来源：李彦昌. 城市贫困与社会救助研究［M］. 北京：北京大学出版社，2004. 204-206）

第六章

贫困救助

■ **学习要点**

通过本章的学习，掌握贫困救助的主要内容，熟悉最低生活保障的概念、特征和基本内容，了解我国城镇最低生活保障制度的发展历程、存在的问题和今后的走向，掌握廉租住房制度的基本概念和内容，了解医疗救助、农村五保制度的主要内容。

■ **关键概念**

贫困救助　最低生活保障　廉租住房　医疗救助
农村五保制度　教育救助　流浪乞讨人员救助

▶第一节　概述

一、贫困救助的概念

贫困救助是针对社会低收入群体的社会救助，主要以家庭为单位进行救助，目的是解除贫困者的生存危机，确保其维持起码的生活条件。在贫困救助中，以生活救助、医疗救助、住房救助、教育救助、法律援助等方式来实施，具体项目包括家庭成员的营养、教育、住房、丧葬、居家、生育等方方面面。

从制度安排看，由于长期以来形成的城乡二元社会结构的影响，我国贫困救助制度可以分为城市贫困救助和农村贫困救助两大板块。目前，城市贫困救助的主要方式是城镇最低生活保障制度、廉租房制度以及医疗救助等。农村贫困救助的主要方式是农村五保供养制度和农村最低生活保障制度等。

二、贫困救助的基本原则

（一）保障生活权的原则

在当代社会，生存权不仅是公民在现代生活中最重要的权利，也是公民享受其他合法权益的基础，因此，保障全体国民的生存权是国家和社会的当然职责与基本义务，贫困救助就是为保障国民生存权而建立的社会保障制度。尽管各国或各地区确定的保障标准不一，但是贫困救助能够维持受助者最低生活水准的“保底”原则却是一致的。换言之，贫困人口在获得贫困救助以后，能够避免挨饿受冻，并能够享受最起码的生活条件。

（二）普遍性原则

贫困救助的对象是低于最低生活保障线的个人和家庭，但这一标准是开放的，社会成员无论其身份地位、有无职业，只要生活陷入困境，即应一视同仁地予以救助。也就是说，全体社会成员一律平等享有贫困救助的权利。它所起的“保底”作用，是全体社会成员普遍适用的标准。

（三）以贫困线为标准的原则

一般而言，对贫困人口的认定，通常是与他周围的人群相比较的，国际通用的做法是确定地区贫困线并结合家计调查作为实施救助的标准。同时，贫困救助的标准还要与当地实际生活水平相联系，如北京市的贫困人口只能和北京市的市民来比较，不可能与贵州省贫困地区的居民来比较。

（四）维护个人尊严的原则

在历史上，曾经把对贫困者的救助视为一种恩赐、施舍与怜悯，受助者以牺牲人格尊重为代价。然而，贫困救助之所以在现代社会被上升到法律规范的层面，其所体现的恰恰是国家与社会对解决贫困问题的责任和义务，而接受救助则是社会成员在遭受生活困境时应当享受的法定权益，这一制度的核心价值在于平等，即救助者与受助者的地位是完全平等的。因此，在贫困救助时，不能损害个人尊严。否则，将会产生与建立这一制度的初衷相反的效果。①

三、贫困救助的主要内容

（一）最低生活保障

最低生活保障，是指以政府为责任主体，对收入低于贫困线或最低生活保障线的城乡居民依照法定标准提供援助，以维持其最低生活为目标的一种社会保障制度。最低生活保障的根本目标，就是运用国家财力帮助那些低于当地最低生活保障线的贫困人口摆脱生活困境，使其达到最基本的生活水平。

（二）住房救助

住房救助是社会住房保障体系中非常重要的一个内容，它所面对的保障对象，往往是社会上的低收入家庭。要维护社会公平，合理调节社会第二次分配，保障好这些最低收入家庭的基本住房需求，应由政府为主，社会各方共同协助建立一个科学、合理的公共住房保障体系。

（三）医疗救助

医疗救助是政府和社会对贫困人口中因病而无经济能力进行治疗的人实施专项救助的行为，医疗减免是医疗救助中的基本形式或常规形式。实施医疗救助，对于解决因病致贫和病贫相系等问题，切实保障低收入群体的基本生活，完善社会保障制度，维护社会稳定，具有十分重要的意义。

---

① 郑功成. 社会保障学［M］. 北京：中国劳动社会保障出版社，2005：274-275

（四）教育救助

教育救助是针对贫困家庭的子女就学，由国家和社会提供资金和物质帮助的救助形式。目前我国的教育救助制度面向中小学教育和高等教育两个层面，主要包括学杂费减免、助学金、困难补助、助学贷款等具体措施。

（五）流浪乞讨人员救助

我国流浪乞讨人员的救助制度始于新中国成立初期，最初主要是为了收容遣送战争和旧制度遗留下来的城市流民，具有政治斗争和城市管理双重作用。2003 年，国家先后颁布《城市生活无着流浪乞讨人员救助管理办法》和实施细则，强调受助人员的人身安全和财产安全应受到保障。救助管理制度主要是针对城市生活无着的流浪乞讨人员，主要是指因自身无力解决食宿，无亲友投靠，又不享受城市最低生活保障或者农村五保供养，正在城市流浪乞讨度日的人员，由民政部门统一负责进行救助管理。

第二节　城镇最低生活保障制度

一、城镇最低生活保障制度的发展过程

1993 年 6 月 1 日，上海市率先建立了城市居民最低生活保障线制度，拉开了城市社会救助制度改革的序幕。在 1994 年召开的第十次全国民政会议上，民政部肯定了上海的经验，提出了“对城市社会救济对象逐步实行按当地最低生活保障线标准进行救济”的改革目标，并部署在东部沿海地区进行试点。到 1995 年上半年，已有上海、厦门、青岛、大连、福州、广州等 6 个大中城市相继建立了城市居民的最低生活保障线制度。在这一阶段，这项制度的创建和实施基本上是各城市地方政府的自发行为。

1995 年 5 月民政部在厦门、青岛分别召开了全国城市最低生活保障线工作座谈会，号召将这项制度推向全国。到 1997 年 5 月，全国已有 206 个城市建立了这项制度，约占全国建制市的 1/3。在这一阶段，制度的创建和推行已经成为中央政府的一个职能部门——民政部门的有组织行为。

根据民政部救灾救济司提供的 1997 年 3 月的统计数字，在 165 个建立了最低生活保障线制度的城市中，有直辖市 3 个，占同类城市总数的 75%；地级市 106 个，占 49%；县级市 56 个，占 13%。由于测算的方法不一，各地的

救助标准差异较大。大致可以分成 4 个档次：200 元及以上；150～199 元；100～149 元；99 元及以下。在这一发展阶段，“建立城市最低生活保障制度”的思想第一次写进了《国民经济和社会发展“九五”计划和 2010 年远景目标纲要》中。

1997 年 9 月 2 日，国务院颁发《关于在全国建立城市居民最低生活保障制度的通知》(国发［1997］29 号)，决定在全国建立城市居民最低生活保障制度。通知要求要把建立城市居民最低生活保障制度当成一项重要工作抓紧抓好；要合理确定保障对象的范围和保障标准；要认真落实最低生活保障资金；倡导社会互助，鼓励保障对象劳动致富；加强领导，确保城市居民最低生活保障制度顺利实施。

到 1998 年年底，中国已经有 581 个城市——包括 4 个直辖市，204 个地级市、373 个县级市和 1 121 个县都建立了最低生活保障制度，分别占直辖市总数、地级市总数、县级市总数和县总数的 100%、90%、85%和 90%。1999 年 9 月底，全国 668 个城市和 1 638 个县政府所在地的建制镇已经全部建立起最低生活保障制度。到 10 月底，最低生活保障对象增加到 282 万人。其中，传统民政对象占 21%，新增加的救助对象占 79%，1999 年 1—10 月，全国共支出最低生活保障金 15 亿元。就救助对象和保障资金而言，都比建立这项制度前的 1992 年增加了 10 多倍。

1999 年 9 月 28 日，国务院正式颁布《城市居民最低生活保障条例》(中华人民共和国国务院令第 271 号)，自 1999 年 10 月 1 日起施行。这是迄今为止最全面、最权威的规范性法律文件。《条例》规定：“持有非农业户口的城市居民，凡共同生活的家庭成员人均收入低于当地城市居民最低生活保障标准的，均有从当地人民政府获得基本生活物质帮助的权利”。“对无生活来源、无劳动能力又无法定赡养人、扶养人或抚养人的城市居民，批准其按照当地城市居民最低生活保障标准全额享受”。“对尚有一定收入的城市居民，批准其按照家庭人均收入低于当地城市居民最低生活保障标准的差额享受”。

2001 年 11 月 12 日，国务院办公厅发出《国务院办公厅关于进一步加强城市居民最低生活保障工作的通知》(国办发［2001］87 号)，针对一些地方存在着财政投入不足、属地管理原则没有完全落实、管理工作不够规范、基层日常管理、服务工作不适应以及最低生活保障与其他保障措施衔接不够紧密等问题，要求：进一步提高认识，认真抓好城市居民最低生活保障工作；认真贯彻属地管理原则，全面落实城市居民最低生活保障制度；加大财政投入力度，管好用好城市居民最低生活保障资金；建立健全法规制度，推进城市居民最低生活保障工作的规范化管理；加强组织领导，确保城市居民最低生活保障制度落到实处。

2007 年 7 月 11 日，国务院办公厅发出《国务院关于在全国建立农村最低生活保障制度的通知》(国发［2007］19 号)，决定 2007 年在全国建立农村最低生活保障制度。目前是通过在全国范围建立农村最低生活保障制度，将符合条件的农村贫困人口全部纳入保障范围，稳定、持久、有效地解决全国农村贫困人口的温饱问题。农村最低生活保障对象是家庭年人均纯收入低于当地最低生活保障标准的农村居民，主要是因病残、年老体弱、丧失劳动能力以及生存条件恶劣等原因造成生活常年困难的农村居民。

近些年的实践证明，城市居民最低生活保障制度在解除贫困群体的生存危机、遏制城市贫困规模的持续扩大、维持社会团结和稳定等方面发挥了相当重要的作用。有关数据显示，2000 年年底城市居民最低生活保障制度仅覆盖 400 多万人；2002 年年底城市低保对象人数就激增到 2 200 多万人，2007 年的数据为 2 233 万人。农村居民最低生活保障制度也于 2007 年全面推开。

二、城镇最低生活保障制度的基本内容

（一）保障对象

家庭人均收入低于当地最低生活保障线的贫困人口。包括：传统的“三无对象”(无固定收入、无劳动能力、无法定赡养人或抚养人)；失业保险期满未能重新就业、家庭人均收入低于最低生活保障标准的居民；家庭有人在职，但在领取工资或最低工资、退休金后，家庭人均收入仍少于当地最低生活标准的居民；因天灾人祸造成暂时生活困难的居民。此外，还有一些国家政策规定的特殊保障对象。在职人员由单位补至最低生活保障线；无职业人员符合条件的，由地方财政拨款，民政部门补至最低生活保障线。第一类属于传统的救济对象，后三类属于新增的社会救济对象。随着经济体制改革的深入，后三类救济对象会有所增加，逐渐成为最低生活保障制度的主要对象。从保障对象来看，最低生活保障制度是社会最后一道“安全网”。

（二）救助标准

通过政府的援助，使受助对象的收入水平达到当地的最低生活保障线。城市居民最低生活保障标准，按照维持城市居民基本生活所必需的衣、食、住费用，并适当考虑水电燃煤（燃气）费用以及未成年人的义务教育费用确定。对“三无”人员，按照城市居民最低生活保障标准全额享受；对尚有一定收入的城市居民，按照家庭人均收入低于城市居民最低生活保障标准的差

额享受，即按照本市城镇居民的家庭人均收入与当年公布的本市城镇居民最低生活保障线之间的差额确定，差多少补多少。2002年出台的《关于完善城市居民最低生活保障制度若干意见的通知》，就一次性经济补偿费用问题进行了规定：对于与企业解除劳动合同关系或者由农业户口转为非农业户口，所领取的补偿安置费用，要首先扣除参加社会保险的缴费金额，结余部分按当年城市低保标准的110%的比例，计算出家庭人均可摊月数，在可摊月数外，符合条件的可享受城市低保待遇。对于住房拆迁补偿费，一年内购买住房的，余额计入家庭收入，符合条件的可享受低保待遇。另外，对于无力参加社会保险，停产3个月以上，且不能足额支付职工工资、退休金和基本生活费的原劳服（联社）等小集体企业，由主管部门审核确定，其职工或退休人员可持确认的企业证明向户籍所在地街道（乡镇）民政部门提出申请。符合条件的家庭，可享受城市低保待遇。不符合条件的，对本人按照企业实际发给的工资、退休金或基本生活费低于低保标准的差额，按月发给生活补助。①

（三）管理体制和运行机制

城市居民最低生活保障制度实行地方人民政府负责制。市民政局负责本行政区域内城市居民最低生活保障的管理工作；财政部门按照规定落实城市居民最低生活保障资金；统计、物价、审计、劳动保障和人事等部门分工负责，在职责范围内负责城市居民最低生活保障的有关工作。民政部门以及街道办事处和镇人民政府负责城市居民最低生活保障制度的具体管理审批工作。街道（乡镇）社会保障所设有低保工作人员，从事低保事务性工作。街道居委会根据管理审批机构的委托，可以承担城市居民最低生活保障的日常管理、服务工作。②

（四）申请程序

一般而言，社会成员申请最低生活保障金需要经过如下程序。

1. 申请

即社会成员根据先行法规、政策规定的最低生活保障标准，评估自己及共同生活的家庭成员的人均平均收入，如果低于法定标准并需要通过这一制度提供援助时，应当填写并向社会救助机构提交申请书，申请书应当填写清楚家庭人口、无劳动能力人口、工作人口及家庭收入和支出状况，以作为申请救助的依据。

①② 李彦昌．城市贫困与社会救助研究［M］．北京：北京大学出版社．2004：118-119，119

2. 调查

社会救助机构在接到申请后，应当派工作人员，向申请家庭及其所在地区和工作者所在单位进行详细调查，以核实申请者的家庭情况和收入情况。

3. 审核与批准

根据调查结果和核实后的情况，社会救助专门机构确定是否批准其申请报告。

4. 发放保障金

经过社会救助机构批准后，向申请者发放最低生活保障金。

三、我国最低生活保障制度存在的问题

当前，最低生活保障制度存在如下突出问题。

（一）最低生活保障制度没有完全实现城乡统筹

城乡分隔是我国社会结构的显著特征，这种结构已经严重制约了我国社会全面、协调和可持续发展。然而，现有的很多积极的社会政策仍然在强化着城乡分割，没有充分考虑促进城乡统筹化协调。可以说，改革开放以后，最低生活保障制度的转型首先是从城市开始的，它在 20 世纪 90 年代发起、推广并逐步定型，这项制度初步整合并改进了城市社会救助，使得城市贫困居民可以享受基本生活保障。而与此同时，农村居民中有 3 000 万人左右处于贫困状态，急需政府和社会的制度性救助。由此可见，现行社会救助更多地满足城市贫困居民的需求，而对农村贫困居民的救助需求满足不够。

（二）最低生活保障制度救助项目比较单一

整体上看，现行社会救助主要还是单一的生活救助，重在保障贫困居民的最低生活需求。尽管一些地区在试行一些专项救助，比如说医疗救助、教育救助、住房救助等，但是目前成效还不明显。其他一些有助于救助对象摆脱贫困状态的支持性的救助项目，还几乎没有开展，例如促进救助对象的社会参与，改善救助对象的生活质量等。①

（三）家庭收入核实有困难

现行最低生活保障制度的家庭收入核查主要依靠社区（居委会）工作人员的调查走访，不可避免地导致以下结果：第一，申请者想方设法隐瞒自己

① 洪大用. 转型时期中国社会救助［M］. 沈阳：辽宁教育出版社，2004：22-27

的实际收入，因为隐瞒多少意味着可以从政府那里拿多少；第二，申请者通过非正规就业或其他方式增加的收入很难准确统计；第三，家计调查中人情、主观因素影响了对贫困者家庭实际收入的测算，在客观上制造不公平。

四、我国最低生活保障制度的未来发展

（一）规范以家庭经济状况调查为核心的收入审核制度

我国低保制度实施以来，在国家没有形成统一的收入核查实施细则的前提下，各地都结合实际情况对低保对象的收入核查标准进行了积极探索，包括对消费形态的控制，如有的地方禁止低保户使用空调、禁止养宠物，等等，有时虽然刻板僵化，但对低保对象的有效甄别和监督还是起到了一定的积极作用。

目前，低保制度中的收入核查难既有我国金融信用体系不完善的问题，也有制度本身设计的问题。具体来说，这些困难和问题表现在：一是缺乏完备的金融信用体制。迄今为止，我国尚未建立起与市场经济体制相适应的金融信用体制和居民个人收入申报制度，个人收入和金融资产不公开透明，个人所得税制度也不完善，缺乏有效的收入监控手段和相关的调查统计手段，缺少低保对象甄别的社会信用基础，因而导致收入核查的具体工作都要靠手工方式进行。二是家庭财产和隐形收入难以核查。对于低保户的私有住房、有价债券或者遗产继承等财产情况难以核实，同时就业形式多样化、收入来源多样化，都给收入核查增加了不少难度。三是没有建立科学测定贫困的系统指标。贫困的测定实际上包含收入和支出两个部分，在实际操作中往往侧重对收入状况的核查，忽略支出部分。对低保对象的家庭财产和收入水平在目前缺少信用体制支撑的情况下，收入核查包含了更多的主观判定和非理性因素，调查缺乏客观性与准确性，最终导致家庭收入核查结果的可信度和有效性大大降低。一个可行的思路是，是否可以优先考虑从支出入手，确定其消费形态和生活方式，对低保对象的住房、耐用消费品等支出项目进行指标设计，结合收入状况进行综合评判。

很多国家都有严格而详尽的家庭经济状况调查（means test）。例如，日本的经济状况调查大体包含了三个层面的内容：一是通过金融信用和税收体制核查个人收入情况；二是调查其住房情况，如果是私有住房且住房面积高于享受救助的标准，则取消救助资格；三是根据日常消费和支出状况进行生活方式调查。近年来，也有一些国家甚至已经不再对申请者申报的家庭财产状况进行核实，而是根据要求和标准发放救助金，从而避免了对受益者人格

和心理上的伤害，但这种方式的前提是国家能够监控居民的收入状况。

我们认为，规范以家庭经济状况调查为核心的审核制度，一是借助现有的信息网络平台，包括利用银行、税务、劳动保障、工商行政管理等部门的信息系统，依法强制性获取申请者和受助者的家庭财产和收入状况，结合个人申报，明确有关机构和个人在低保资格评估中的职责和义务，加强行政立法，如劳动保障部门对有工作但其实际收入在最低工资以下的进行仲裁或给予证明，并优先对有劳动能力的无业低保人员进行技能培训和职业介绍；工商部门与市场管理部门要对早夜市和正规市场的个体商户的收入进行证明；税务部门应根据其缴税情况，提供其收入证明；在必要时，金融、证券部门应积极配合民政部门进行存款、证券交易等情况的调查等。二是出台家庭经济状况调查的实施细则。从收入核查和消费支出两个方面，结合个人收入、家庭财产、消费支出来界定低保对象。要完善收入申报与监控体系，确保家庭收入核算的规范化。同时，对于各地采用的其他变通标准如家庭财产、高消费倾向等也应逐步统一规范。

（二）建立与促进就业相关联的动态调整机制

我国现行的最低生活保障制度有一个重要原则就是动态管理原则，即当家庭收入低于当地最低生活保障标准的时候，将其纳入低保群体，提供相应的低保待遇；当家庭收入变化时，相应地调整收入补贴额；当家庭收入高于当地最低生活保障标准时，让其退出低保群体。从实际情况来看，前者尚能保证，但收入增加后，不符低保标准的对象退出低保制度却很难实现。特别是对于隐性就业者来说，由于现在的就业形式极为灵活，上班时间也很有弹性，民政部门无法获取有力证据证明其隐性收入，甚至当低保工作人员到低保对象的工作单位查证时，用人单位还帮助其应付低保工作人员，否认低保对象的就业事实；有的低保对象在家里炒股或者进行其他投资行为，也无法认定。另外，对于达到退休年龄后开始领取退休金的人，由于目前低保户、劳动保障部门、民政部门之间信息不对称，只要低保户不如实上报家庭收入的变化情况，低保部门就很难真实掌握对方的收入情况。当低保工作无法有效实现动态调整的时候，整个制度的公平与效率也会大大降低。

有关调查发现，大多数低保对象都是愿意积极就业的，但是由于身体原因或者年龄原因使得就业机会十分渺茫，这一方面与我国整体就业难的状况有关，另一方面也揭示了我国困难群体非正规就业歧视的严重性。[①] 政府应该

① 韩克庆，刘喜堂．城市低保制度的研究现状、问题与对策［J］．社会科学，2008（11）

努力促进低保户的再就业，尤其是那些身体健康的人员，这不仅可以减少国家的低保金支出，还可以促进社会财富的增长。政府应当限制企业在招收员工时的就业歧视，尤其是年龄方面。同时还要努力提供更多的公益岗位，把低保制度和社会福利安排等结合起来，如低保户可以到福利院做护理员等。同时，在促进就业方面，制度上我们也应该有一些激励措施，如一旦家庭平均收入超过标准继续保留几个月的待遇，超过低保标准但是在一定标准以下可以保留低保相关的配套福利措施等。

（三）强化以惩戒为基础的法制规范

我国低保制度的立法层次较低，《城市居民最低生活保障条例》还存在着某些法律上的漏洞。所以，应尽快出台专门的《社会救助法》，并制定相应的行政法规、实施细则以及部门规章。对于从法律上规范低保制度，应当完善惩罚机制。目前，条例中的监督条款形同虚设，低保工作人员弄虚作假、低保对象瞒报收入、骗保后受不到应有的惩戒，不仅损害了低保对象的合法权益，也造成国家和社会资源的浪费。法律法规中罚则要明确化、可操作化，对以各种手段欺骗社会、违规操作、造成低保金损失的居民、低保管理人员及相关单位的有关人员，其处罚手段都要做出详细而明确的规定，从法律上杜绝此类行为的发生。另外，银行、税务、工商、劳动保障机构等部门间应有明确的配合调查的责任，对不履行责任的行为应当追究法律责任。

（四）构建以社会救助体系为目标的配套制度

现在的问题是，低保制度正在演变成一种综合性的救助制度，承载了过多救助功能。我们认为，要在低保制度之外健全配套制度，如住房救助、教育救助、医疗救助、就业促进等，都要向低收入群体延伸，不能仅仅关注低保对象。最低生活保障制度的基本目标是解除贫困家庭的生活困境，不可能指望所有的社会救助问题都靠一个低保制度一揽子解决，其他的问题要靠整个社会救助制度安排，或其他经济政策、社会政策来解决。社会救助制度要形成真正的“安全网络”，靠单一的制度设计不仅不能实现，还会带来一些负面作用，例如，形成贫困陷阱，固化社会阶层，妨碍个体自由和社会流动，等等。因此，构建完善的、有中国特色的社会救助体系，使低保制度、各专项救助制度各尽职责，共同保障好困难群体的基本生活，是包括低保在内的社会救助制度今后的发展方向。

▶第三节　廉租住房制度

一、廉租住房制度的发展过程

廉租住房，是指政府向最低收入家庭和其他需保障的特殊家庭，提供租金补贴或以低廉租金配租的具有社会救助性质的普通住房。城镇廉租住房政策，一方面作为住房供应体系的重要组成部分，它是深化城镇住房制度改革的重要内容，是建立住房新体制的重要环节；另一方面，作为具有社会保障性质的住房供应，它又是一种重要的社会救助制度，是城镇反贫困的重要内容和目标。

1998年7月，国务院发布《关于进一步深化城镇住房制度改革加快住房建设的通知》，其中指出，深化城镇住房制度改革工作的目标是停止住房实物分配，逐步实行住房分配货币化以及建立和完善以经济适用住房为主的多层次城镇住房供应体系，即高收入家庭购买、租赁市场价商品房，中低收入家庭购买微利价的经济适用房，最低收入家庭租赁政府或单位提供的廉价房。1999年建设部颁布《城镇廉租住房管理办法》，对廉租房制度作了具体的规定。2003年，国务院颁布了《关于促进房地产市场持续健康发展的通知》，调整了整个住房体系的框架思路，明确提出应建立起市场化供应为主的住房供应体系，即中高收入的大部分居民购置、租赁商品房，中低收入群体享受具有住房社会保障性质的经济适用房和廉租房。2004年建设部、财政部等部门进一步发布《城镇最低收入家庭廉租住房管理办法》，对1999年《城镇廉租住房管理办法》进行修订，进一步明确了保障标准、保障方式和保障对象。

2007年8月《国务院关于解决城市低收入家庭住房困难的若干意见》提出，逐步扩大廉租住房制度的保障范围，合理确定廉租住房保障对象和保障标准，健全廉租住房保障方式，城市廉租住房保障实行货币补贴和实物配租等方式相结合，多渠道增加廉租住房房源，采取政府新建、收购、改建以及鼓励社会捐赠等方式增加廉租住房供应，确保廉租住房保障资金来源。①

截至2005年年底，291个地级以上城市中，已经有221个城市实施了廉租住房制度，占地级以上城市的75.9%。其中，河北、浙江、山西、湖南、

---

① 《国务院关于解决城市低收入家庭住房困难的若干意见》，2007年8月13日，中华人民共和国住房和城乡建设部网站，http：//www.cin.gov.cn/zcfg/gwywj/200708/t20070813_155517.htm，上网时间：2009年5月15日。

广东、江西、山东、四川、贵州、青海、新疆等11个省（区），地级以上城市全部实施了廉租住房制度；江苏、安徽等2个省，超过80%的城市实施了廉租住房制度；福建、河南、云南、吉林、甘肃、内蒙古等6个省（区），实施廉租住房制度的城市不足50%。全国累计用于最低收入家庭住房保障的资金为47.4亿元，已有32.9万户最低收入家庭被纳入廉租住房保障范围。其中，租赁补贴9.5万户，占保障总户数的28.9%；实物配租4.7万户，占保障总户数的14.3%；租金核减18.2万户，占保障总户数的55.3%；其他方式保障4 796户，占保障总户数的1.5%。北京、上海、河北等省（市）基本实现了对符合条件的最低收入家庭应保尽保。①

二、廉租住房制度的基本内容

目前，我国各地的城镇廉租住房制度虽然在具体的做法上有所侧重，存在一些差别，但基本内容大同小异，主要包括救助对象、救助方式、救助原则、资金渠道、房源、申请登记、手续办理、退出机制等方面。

（一）救助对象

目前，对廉租住房救助对象的确定，绝大多数地方实行“双困”标准：第一，领取城市最低生活保障金的家庭（简称为低保对象）；第二，人均居住面积在当地住房困难标准以下的家庭；第三，有的地方，再加上一些特殊对象，如重点优抚对象家庭。

（二）救助方式

一般来说，采取租金补贴、实物配租和租金减免三种方式。第一，租金补贴，是指政府对符合条件的救助对象按市场平均租金水平与廉租住房租金标准的差额发放房租补贴，由救助对象家庭到市场上自行租赁房屋，廉租住房管理部门也可提供部分合适的房源供其选择租赁；第二，实物配租，是指政府对符合条件的救助对象按廉租住房标准直接提供普通住房；第三，租金减免，是指对符合条件的救助对象现已承租的公有住房，按廉租住房租金标准给予租金核减，并且把企事业单位向最低生活保障家庭提供的租金减免纳入廉租住房范围，逐步过渡到政府保障。

---

① 《关于城镇廉租住房制度建设和实施情况的通报》，2006年4月3日，中华人民共和国住房和城乡建设部网站，http://www.cin.gov.cn/zcfg/jswj/fdcy/200611/t20061101_157766.htm，上网时间：2009年5月15日。

（三）救助原则

救助水平应与当地经济和社会发展水平及居住水平相适应，满足救助对象基本生活需要。与此相关的住房困难标准、租金补贴的面积标准、补贴标准和廉租住房租金标准以及租金减免的具体方式，由当地人民政府结合实际情况制定。

（四）资金渠道

以各级政府财政监督安排的资金为主，其他来源为补充，多渠道筹措。主要包括：第一，政府财政拨付的专项资金；住房公积金增值收益中提取的廉租住房补充资金；公房售房款中按一定比例提取的资金。第二，将廉租住房纳入社会保障体系，从社会福利奖券的筹集款中适当提取一定比例，专项用于廉租住房。第三，接受社会捐赠的资金。第四，通过其他渠道筹集的资金。廉租住房的资金必须纳入住房保障基金，由廉租住房行政管理部门委托银行管理，用于廉租住房的筹集、补贴的发放及廉租住房维修、管理费用的补贴。

（五）住房来源

廉租住房的主要来源包括：腾退的并符合当地人民政府规定的廉租住房标准的原有公有住房；救助对象承租的符合当地政府规定的廉租住房标准的现公有住房；政府发放租金补贴由廉租对象承租的住房；政府出资兴建的用于廉租的住房；政府出资购置的用于廉租的住房；社会捐赠的符合廉租住房标准的住房；向社会筹集的符合廉租住房标准的住房；采用其他渠道筹集的符合廉租住房标准的住房。并且，国家对廉租住房在计划、土地、规划、建设、税费贷款等方面给予政策扶持。

（六）申请登记

廉租住房有严格、规范的准入制度。申请人持最低家庭收入证明、住房情况证明以及省、自治区、直辖市人民政府或其建设行政主管部门、房地产行政主管部门规定的其他证明文件，向市、县人民政府房地产行政主管部门提出申请；市、县人民政府房地产行政主管部门对申请人的证明文件进行审核，并在适当的范围内公告，无异议的，予以登记；已登记者按照住房困难程度和登记顺序等条件，经综合平衡后轮候配租。

（七）手续办理

廉租住房行政管理部门对已登记备案的家庭采取摇号方式配租廉租住房，做到公开、公平、公正。接受实物配租家庭，在报经主管部门审查同意后，应与廉租住房行政管理部门签订《廉租住房租赁合同》，办理入住手续；领取租金补贴家庭，与房屋出租人（单位）签订《廉租住房租赁合同》，并到廉租住房管理部门备案后，由房屋出租人到指定地点领取补贴的租金；按原住房面积与规定补贴面积标准差领取租金补贴的，原租房可以出租，用于支付新承租住房的租金差额。

（八）退出机制

廉租住房行政管理部门会同民政、公安以及街道等部门，定期对已配租廉租住房家庭的收入、人口、住房状况等基本情况进行复核，廉租对象收入提高后或人口、住房等情况发生变化超过规定标准后，不符合廉租住房救助条件的家庭，应退出廉租住房、停发租金补贴、停止租金减免。①

三、城镇廉租住房制度的问题和走向

我国的住房救助政策实施以来，仍有很多城市没有实施这项制度或者徒有虚名，廉租房的救助标准较低，覆盖面较窄，没有起到应有的救助作用。廉租房制度作为一项社会政策，要充分体现社会政策的特性。

首先，要加强政策信息反馈。作为政策的制定者和管理者，要注意加强与各地政策执行机构的信息沟通。对廉租住房的制定标准、经费来源、房源情况，以及政策执行过程中出现的一些问题，应及时进行信息反馈，保证这项政策真正落到实处。

其次，要加强对受益主体的分析。政策制定出来以后是针对特定人群的，政策具体的受益者对这项政策有什么意见和建议，应该是政府相关部门最关心的问题。所以，要对符合廉租房入住标准的人员和已经入住的房主，通过走访或委托研究机构进行调查研究，倾听他们的意见。特别是针对申请者的入住标准问题、有没有被社会歧视的“标签问题”等，做出科学的判断，并为下一步的决策提供依据。

再次，要加强政策的配套化与协调性。住房救助要与最低生活保障制度、经济适用房制度等项政策配套管理、协调发展。从配套化上来说，要尽量避

① 时正新．中国社会救助体系研究［M］．北京：中国社会科学出版社，2002：112-114

免机构和人员的重复，避免互相扯皮，使有限的资源得到有效使用；从协调性上来说，要尽量避免政策间的冲突，使资源得到有效配置，扩大政策的受益面。这就要求相关部门在制定政策时要有前瞻性，对于政策实施以后出现的不协调问题要及时解决。

最后，要充分体现社会政策的特性。一项社会政策往往具有以下几个特性：一是能够改善贫困群体的生存和生活条件；二是要公正、公平；三是社会政策往往是社会安全机制的重要保证；四是应体现对人的尊严的保障。作为政策主体，要尽量使廉租房制度在上述几个方面得到贯彻落实。[①]

▶第四节　城镇医疗救助制度

一、城镇医疗救助制度的发展

医疗救助作为城市最低生活保障的配套措施，主要是针对城市贫困家庭的医疗健康和疾病诊治进行救助。2005 年 3 月国务院办公厅转发了民政部、卫生部、劳动和社会保障部、财政部《关于建立城市医疗救助制度试点工作意见》(国办发［2005］10 号)。该意见提出了符合实际的当前和今后一段时间的总体规划。从 2005 年开始，用 2 年时间在各省、自治区、直辖市的部分县（市、区）进行试点，之后要用 2～3 年时间在全国建立起管理制度化、操作规范化的城市医疗救助制度。该意见要求各地根据中央城乡医疗救助的文件精神，在实事求是，因地制宜；先行试点，稳步推进；多方筹资，量力而行的原则指导下，考虑自身经济社会发展水平和财政支付能力开展了大量医疗救助的实践。

该意见规定，各省、自治区、直辖市选择不少于 1/5 的县（市、区）进行试点，重点探索城市医疗救助的管理体制、运行机制和资金筹措机制。同时，可从试点地区中选择 2～3 个县（市、区）作为示范点，通过示范指导推进城市医疗救助试点工作。参加试点的县（市、区）及示范点，由省、自治区、直辖市人民政府民政部门会同卫生、劳动保障、财政等部门，根据地方政府重视程度、工作基础、经济发展水平等因素确定，要重点考虑已开展城市医疗救助工作的县（市、区）。国务院有关部门将选择 3～4 个不同类型省

① 韩克庆. 对廉租住房政策制定者的几点建议［J］. 城乡建设，2004（4）

份给予重点指导。[①]

截至2007年6月底，全国2 862个县（市、区）中，建立城市医疗救助制度的有2 396个，约占全国县（市、区）总数的83.7%，其中北京、辽宁、上海、浙江、山东、河北、江西、河南、湖南、湖北、安徽、吉林、重庆、青海、宁夏、四川、甘肃、新疆、西藏19个省（市、自治区）的城市医疗救助工作已在所有县（市、区）全面推行。从地区分布上看，中部开展城市医疗救助工作的县（市、区）所占的比例最高，达93.6%；东部次之，为79%；西部最低，为74.4%。[②]

二、城镇医疗救助试点的主要内容

（一）救助基金

通过财政预算拨款、专项彩票公益金、社会捐助等渠道建立基金。地方财政每年安排城市医疗救助资金并列入同级财政预算，中央和省级财政对困难地区给予适当补助。城市医疗救助基金纳入社会保障基金财政专户，专项管理、专款专用，不得提取管理费或列支其他任何费用。民政、财政、监察、审计等部门要加强对基金使用情况的监督检查，发现问题及时纠正，并及时向当地政府和有关部门报告。要定期向社会公布医疗救助基金的筹集和使用情况，接受有关部门和社会监督。对虚报冒领、挤占挪用、贪污浪费等违法违纪行为，按照有关法律法规严肃处理。

（二）救助对象

主要是城市居民最低生活保障对象中未参加城镇职工基本医疗保险人员、已参加城镇职工基本医疗保险但个人负担仍然较重的人员和其他特殊困难群众。具体条件由地方政府民政部门会同卫生、劳动保障、财政等部门制定并报同级人民政府批准。

（三）救助标准

对救助对象在扣除各项医疗保险可支付部分、单位应报销部分及社会互

---

① 《国务院办公厅转发民政部等部门关于建立城市医疗救助制度试点工作意见的通知》，2005年3月14日，中华人民共和国中央人民政府网站，http://www.gov.cn/zwgk/2005-08/15/content_21817.htm，上网时间：2009年5月15日。

② 数据来自民政部《2007年上半年城市医疗救助工作情况分析报告》，2007年8月15日，中华人民共和国民政部网站，http://dbs.mca.gov.cn/article/csyljz/gzdt/200712/20071200005893.shtml，上网时间：2009年5月15日。

助帮困等后，个人负担超过一定金额的医疗费用或特殊病种医疗费用给予一定比例或一定数量的补助。具体补助标准由地方政府民政部门会同卫生、劳动保障、财政等部门制定。对于特别困难的人员，可适当提高补助标准。

县级以上地方政府民政部门、卫生部门共同协商，确定为当地救助对象提供医疗救助服务的医疗卫生机构，原则上参照当地城镇职工基本医疗保险甲类用药目录、诊疗项目目录和医疗服务设施目录制定医疗救助对象医疗服务标准。

（四）审批程序

救助对象本人向社区居民委员会提出申请城市医疗救助的书面材料并提供有关证明材料；街道办事处（乡镇人民政府）对上报的申请表和有关证明材料进行审核；县级政府民政部门对街道办事处（乡镇人民政府）上报的有关材料进行审批。救助金由街道办事处（乡镇人民政府）发放，也可以由县级政府民政部门直接发放，有条件的地方要实行社会化发放。[①]

三、城镇医疗救助的主要问题和不足

（一）制度不健全，地区发展不平衡

目前部分城市虽已制定医疗救助方面的政策，并采取了救助措施，但大多没有形成完整的医疗救助体系。在 2005 年前国务院全国开展试点以前，国家对城市贫困人口医疗救助没有统一的要求，缺乏统一的政策和指导性、可操作性的规范，特别是医疗救助资金的筹集，各地财政力度不一，制度实施效果难以得到有效保证。总体说来，各城市在医疗救助方面随意性强，一些城市或者具有较好的经济基础，或者在基本医疗保险改革中取得了成功，而为医疗救助的开展奠定了较好的基础，但一些经济欠发达的地区却不具有这些有利条件。

（二）医疗救助与医疗保险等其他制度衔接不够

首先，大病补充保险并不能替代医疗救助。1998 年的《关于建立城镇职工基本医疗保险制度的决定》标志着一项全新的社会保险制度的建立，其目的是试图解决城市居民的医疗问题。但是该决定中的覆盖对象却是所有用人

① 《国务院办公厅转发民政部等部门关于建立城市医疗救助制度试点工作意见的通知》，2005 年 3 月 14 日，中华人民共和国中央人民政府网站，http：//www.gov.cn/zwgk/2005-08/15/content_21817.html，上网时间：2009 年 5 月 15 日。

单位及职工，并未将下岗失业人员、灵活就业人员覆盖在内，而农民工由于自身权益得不到保障，缴费也无从谈起。同时，各地在推行社会医疗保险项目时都规定，必须先参加基本医疗保险，才能参加补充医疗保险，为大额医疗费用的互助设定了“门槛”。因此，尽管补充医疗保险的缴费很低，但难以通过这种形式对贫困人口的医疗需求予以保障。其次，医疗保险和医疗救助应形成一个有机的整体，为弱势人群提供医疗保障。由于两者很大程度上的同质性，所以任何把两者分设、分立单独运作的做法，不仅会增加管理成本，而且运行效果也不好，医疗救助必须借助于医疗保险管理的很多平台，如医疗机构、社区服务平台等。最后，医疗救助离不开社会公益机构的支持。近年来，各地政府为解决城市贫困人口就医问题进行了积极探索，确定一部分为城市贫困人口就医提供服务的带有慈善性质的定点医疗机构，为城市贫困人口提供低费医疗服务，如近年来出现的“平民医院”“助困病房”等。这些措施在一定范围内和一定程度上缓解了城市贫困人口就医难的问题，但缺乏统一协调的实施机构或组织，其他社会公益机构参与不够。

（三）救助对象的确定方法还需完善

首先，依照常规的贫困人口医疗救助程序，个人申报有可能排除部分救助对象，部分家庭可能碍于颜面，部分家庭可能由于不了解政策，或救助对象重病缠身无法申请，对他们如果没有特殊的照顾和做法，将不会享受到医疗救助。其次，在是否符合救助标准的核定上，无论是按照民政部门或其他部门已核定的对象，如低保、特困、残疾，还是重新进行家计调查，都有很大的不可靠性，一些边缘群体或是隐性困难群体将被忽略。最后，在救助水平的确定上，容易产生新的不公平。城市贫困人口的情况不一，救助金额如拘泥于政策规定，而不结合救助对象的多样性，很容易产生不公平。同时在救助基金有限的前提下，考虑扩大救助面和提高救助水平是个两难的选择。

（四）救助方式比较单一

一是经济救助为主，服务救助欠缺。目前我国基本上采取的是经济救助，服务救助对我们来说还很遥远，或者说即使个别地区有所考虑，也并未纳入医疗救助制度中去。一般来说，主流的采取现金救助能解决绝大多数问题，但对一些老弱病残的“三无”老人，或是长期患慢性病无法自理的人员，需要定期的上门诊疗或护理，开设家庭病床比报销医药费更为重要。二是事后救助较多，事前、事中救助不够。大部分城市是救助对象自身先支付医疗费用以后，根据其支付的金额来进行相应比例的补贴。这种救助方式一方面没有考虑到很多贫困人口其实缺乏支付医疗费用的基本存款，“启动”资金的缺乏让他们面对疾病退避三舍。更重要的一面，这种被动事后的补救方式缺乏有效的激励机制，不能让贫困人口尽早摆脱疾病，恢复劳动能力后寻找新的工作。

（五）救助水平总体偏低

当前，许多城市医疗救助的水平都是以基金供给水平为标准确定的。在试点初期，“量入为出”成了政策设置和服务提供的首要任务，为确保基金的平衡，人为将救助水平定得过低，设置过多的申请障碍和过高的门槛线、过低的封顶线，很多情形下，特别是一些大重病的特困对象，认为现有的医疗救助水平与他们的实际需求还有很大差距，有的只是杯水车薪，解决不了实际问题。这对患大病的贫困救助对象来说，并没有真正解决他们的看病贵问题，也不能够通过这一政策来防止他们因病致贫。

本章小结

最低生活保障，是指以政府为责任主体，对收入低于贫困线或最低生活保障线的城乡居民依照法定标准提供援助，以维持其最低生活为目标的一种社会保障制度。最低生活保障的根本目标，就是运用国家财力帮助那些低于当地最低生活保障线的贫困人口摆脱生活困境，使其达到最基本的生活水平。最低生活保障的原则包括：保障最低生活需求的原则、普遍性原则、和当地实际生活水平相一致的原则、维护个人尊严的原则。我国最低生活保障制度是随着城市新贫困问题的出现而建立的，建立城镇最低生活保障制度，符合建立和完善社会主义市场经济的需要，符合建立和完善社会保障制度的需要，符合维护社会稳定的需要，符合社会发展和社会公平的需要。当前，最低生活保障制度存在如下突出问题：一是最低生活保障制度没有完全实现城乡统筹；二是最低生活保障制度项目比较单一；三是家计调查方法落后。今后，最低生活保障标准将更加规范合理，低保制度将全面覆盖有需要的困难群体，并逐步由单一物质保障走向综合多元保障。

廉租住房是政府向最低收入家庭和其他需保障的特殊家庭，提供租金补贴或以低廉租金配租具有社会救助性质的普通住房。城镇廉租住房政策，作为住房供应体系的重要组成部分，是深化城镇住房制度改革的重要内容，是建立住房新体制的重要环节；作为具有社会保障性质的住房供应，它又是一种重要的社会救助制度，是城镇反贫困的重要内容和目标。目前，我国上海、北京等地先后制定了城镇廉租住房政策，此项政策仍在进一步规范和完善之中。

复习思考题

1. 最低生活保障的概念和特征是什么?
2. 试述我国城镇最低生活保障制度创建的背景和过程。
3. 最低生活保障制度的主要内容有哪些?
4. 试述我国城镇最低生活保障制度中存在的问题及走向。
5. 试述廉租住房政策的主要内容。

案例讨论

追索最低生活保障金

北京的黄女士与其夫蔡先生生育两女,均为在校学生。黄女士无劳动收入,其夫每月从单位领取劳保工资。

1996年12月12日,黄女士全家向其户籍所在地居委会申请城镇居民最低生活保障金。经当地居委会审核,报当地区街道办事处核查同意,当地区民政局于1997年1月在“城镇居民最低生活保障金申请审批表”民政局审批意见一栏中作出审批决定,同意给其两个女儿发放全额最低生活保证金340元。黄女士的两个女儿自1997年1—5月每月从街道办事处领取340元。1998年5月6日,当地民政局根据其夫的工资把黄女士作为差额发放对象,批准给黄女士一家增加74元。自1999年10月起,当地区民政局将黄女士作为全额发放对象,为黄女士一家发放了3口人的最低生活保障金。

黄女士自1999年10月领取了全额最低生活保障金后,认为当地区民政局未依法为其发放从1997年1月至1999年9月的最低生活保障金,向当地区政府申请行政复议。区政府作出行政复议决定,维持当地区民政局的具体行政行为。黄女士不服,于2000年1月26日向法院起诉,要求法院判决当地区民政局为其补足1997年1月至1999年9月的最低生活保障金。

北京市第一中级人民法院终审认为,黄女士一家4口人只有其丈夫有固定的劳动收入,该收入的人均值低于当地市政府确定的最低生活保障线,符合国务院《关于在全国建立城市居民最低生活保障制度的通知》中确定的发放对象。当地区民政局在受理申请后,首先应当按照该通知的规定,区分保障对象的类型,对于无生活来源、无劳动能力、无法定赡养人或抚养人的居民之外的人员,应当依法在审查该家庭收入后,把家庭人均收入低于当地最低生活保障标准的非农业人口确定为发放对象,并按照实际情况,对此类人员进行差额发放。当地区民政局割裂黄女士一家属于有劳动收入的实际情况,将黄女士独立对待,要求黄女士在提供丧失劳动能力的医院证明的情况下,才能将其作为全额发放对象的诉讼主张缺乏法律依据。因此，北京市第一中级人民法院终审责令区民政局对黄女士作出是否补足1997年1月至1999年9月期间的社会最低生活保障金，以及补足标准的行政决定。

评析：

最低生活保障制度属于民政行政范畴。在这种法律关系中，当事人的地位在大多数情况下是不平等的，民政局作为行政主体往往处于主导地位，而民政行政行为的相对人则处于被动的管理地位。本案涉及的社会救济制度，是国家通过发放最低生活保障金，给予城市生活困难的贫困人口的一种行政保护的法律措施。社会救济是国家为了在保障社会救济对象生活的同时，帮助他们从根本上摆脱贫困的积极制度。社会救济是对鳏寡孤独和生活困难户等社会救济对象的衣食住行病等方面的物质接济。

根据国务院《关于在全国建立城市居民最低生活保障制度的通知》中确定的发放对象有三类人员属于最低生活保障金的发放对象：

第一类：无生活来源、无劳动能力、无法定赡养人或抚养人的居民；

第二类：领取失业救济金或失业救济期满仍未能重新就业，家庭人均收入低于最低生活保障标准的居民；

第三类：在职人员和下岗人员在领取工资或最低工资、基本生活费后，以及退休人员领取退休金后，其家庭人均收入仍低于最低生活保障标准的居民。

根据该通知的规定，说明最低生活保障金的发放是根据家庭和人员构成全面考虑，对不同的家庭，按照实际情况进行发放。该通知规定，对于第一类人员按照最低生活保障标准全额发放。对其他保障对象均按其家庭人均收入与最低生活保障标准的差额发放。

黄女士一家4口人只有其丈夫有固定的劳动收入，该收入的人均值低于北京市确定的最低生活保障线，符合第二类人员，属于差额发放的对象。

当地区民政局接到黄女士的要求补发1997年1月至1999年9月期间的差额保障金申请后，理应向黄女士作出直接明确的答复。但当地区民政局割裂黄女士一家属于有劳动收入的实际情况，将黄女士独立对待，要求黄女士在提供丧失劳动能力的医院证明的情况下，才能将黄女士作为全额发放对象的诉讼主张缺乏法律依据。而当地区民政局提出其向黄女士发放的费用，体现了政府对生活困难户的体贴与关怀，为其发放的部分生活费用并不属于城镇居民最低生活保障金范围的诉讼主张无法可依。

（作者饶亚东，载《法制日报》2002年10月23日）

第七章

灾害救助

■ **学习要点**

通过本章学习，把握灾害救助的特点和原则，熟悉灾害救助的项目和内容，了解我国现行灾害救助制度的方针、内容、特点、管理体制以及发展方向。

■ **关键概念**

灾害　灾害的要素　自然灾害　人为灾害　生态环境灾害　灾害救助　灾害救助法律制度　灾害救助分级管理体制　灾害救助方针

▶第一节　概述

自从有了人类社会，人们就面临着各种各样的灾害，一部人类社会的发展史，其实就是一部人与各种灾害抗争的历史。社会救助是历史最悠久的社会保障形式，灾害救助又是最古老的社会救助内容。在制度化的社会保障形成之前，各种救助制度的实施多是以灾害事故所带来的饥馑和灾荒为背景的，而在日渐完善的现代社会保障制度中，灾害救助仍然占据着举足轻重的地位。

在人类社会发展的早期和中期，洪水、地震、干旱、蝗灾等种类繁多的自然灾害是威胁人类生存与发展最危险的因素。人类社会进入工业文明以后，面临的灾害不但没有减少，反而在某种程度上更加严峻和多样化、复杂化。如震惊世界的9·11恐怖袭击事件、2002年10月发生在印度尼西亚巴厘岛的爆炸案、2003年3月11日发生在西班牙首都马德里的连环爆炸案、海湾战争、巴以冲突、各种矿难海难、交通意外等不仅造成巨大的经济损失，更造成严重的人员伤亡。因此，在某种意义上，由人类自身的活动导致的灾难甚至比自然灾害破坏性更强，后果更加严重、更可怕。

灾害作为人类社会发展的破坏性因素，一直伴随着人类社会的发展而发展，并迫使人类社会不得不考虑建立灾害救助机制来应付其后果。在这种情况下，灾害救助制度便应运而生。所谓灾害救助，是指国家和社会对在遭遇各种灾害事故袭击并因此而陷入生活困难的社会成员给予一定的现金和实物或服务援助，以帮助其渡过特殊困难的一种救助制度，它是社会救助体系不可缺少的重要组成部分，也是整个社会保障体系中的特殊保障制度安排。[①] 灾害救助的目的是通过对受灾群体的救护和援助，帮助其尽快恢复正常的生活，减少灾害的破坏性后果，使灾区恢复社会正常并实现重建。

灾害后果的严重性不仅在于其造成社会财富的损毁，更在于造成社会成员的人身伤亡并危及人们的基本生存，导致生活条件恶化。在大的灾害事故发生后，如果国家和社会缺乏有效的救助措施，灾民又难以自救，那么很容易造成灾区社会混乱，严重的会危及整个社会，使政治经济生活陷入瘫痪。中国历史上由于灾荒和统治者救灾不力引发的农民起义及其带来的改朝换代便证明了这一点。因此，在中国以及世界各国历史上，开明的统治者都实施了积极的灾害救助措施。一方面为灾民生活提供了一定的保障，另一方面对

① 郑功成. 社会保障学［M］. 北京：中国劳动社会保障出版社，2005：283

稳定灾区社会进而稳定社会经济的发展发挥了重要作用。前已述及，灾害救助是一种最古老的社会救助措施，古今中外各国政府都采取多种形式实施灾民救助。我国赈灾救灾历史源远流长，最早可上溯到氏族公社时期，这一时期的“大禹治水”是广为流传的佳话；随后，在漫长的封建社会中，各代封建君主均采取了多种形式的抗灾救灾措施，形成了以灾前防灾、灾时抗灾和灾后救灾为主要内容的灾害救助制度。防灾措施如兴修水利、仓储备灾，抗灾救灾措施如赈济（包括赈谷、赈银、工赈等）、调粟（包括移粟就民、移民就粟、平调等）、养恤、放贷、薄征、安辑等。这些措施对于救助灾民、减轻灾民痛苦以及缓和阶级矛盾起到了一定的作用。但是，由于历史的局限性，统治阶级采取的灾害救助措施不可能从根本上解决灾荒问题，每每遇到大的自然灾害，便会造成“赤地千里”“十室九空”，甚至“人相食”的局面。到民国时期，同样采取了一系列的灾害救助措施。1912 年，国民政府设立了内务部，作为专门的救灾机构，并颁布了如《全国防灾委员会章程》《赈务处暂行条例》等一些救灾法规，初步建立起了灾害救助机构与体系，但由于当时国家内忧外患、战乱频仍，社会动荡不安，当时的国民政府根本没有能力顾及灾民救助问题，救灾效果当然也就无从谈起。新中国成立以后，人民政府把救灾工作当做关心人民疾苦、保障经济发展和维护社会稳定的大事来抓，政府统一领导，分工管理，分级负责，才真正把救灾工作落到了实处，为有效保障灾民基本生活、促进国民经济发展和维护社会稳定发挥了重要作用。特别是社会主义市场经济体制确立和社会保障制度改革以来，打破了以往单纯依靠政府救助的封闭局面，民间团体和社会力量在灾害救助中得到充分发挥和挖掘，不但提高了灾害救助制度的有效性，而且对于促进我国社会保障制度的完善和社会化发展起到了非常重要的作用。

中国传统和现代的灾害救助思想和实践丰富多彩，具有很高的理论价值和实践意义，对于全世界范围内的灾害救助理论和实践的发展作出了重要贡献。如果放眼世界，从世界各国的灾害救助理论和实践考察，更能理解和了解灾害救助在全球社会安全中的重要性和必要性。当今世界各国都有一套自己独立独特的灾害救助制度。如日本政府在 1891 年浓尾地震之后成立了防灾委员会，1961 年 11 月又通过了《防灾对策基本法》，列出了颁布灾害警报的步骤，规定了政府官员在防灾、救急和恢复重建中的职责；由于日本是一个地震多发的国家，日本政府于 1978 年通过了《大地震对策法》，并一直致力于资助地震研究，改善灾害预报系统，将防灾和救灾放到了同等重要的位置。美国 1946 年的《联邦民事侵权索赔法》甚至给予当事人控告某个减轻自然灾害规划失败的权利；后来又根据 1957 年的《灾害救助法》和总统 1214 号行政令，在总统办公厅设立了联邦紧急事务管理局，负责应付处理各种重大自然灾害和事故，1976年美国又制定了《紧急状态法》，联邦政府还设立了综合减灾协调联络机构——重大灾害反应小组，协同联邦政府和其他机构共同防御突发性自然灾害。德国政府于2004年5月成立了居民保护与灾害救助局，专门负责重大灾害的协调管理职能，将公民保护和灾害预防结合起来，从组织机构上把公民保护提升为国家安全系统的支柱之一。韩国设有专门的防灾赈灾机构——“中央灾害对策本部”，以提出各种防灾对策，并审议和制订国家防灾基本计划，当出现大的灾情时，“中央灾害对策本部”负责协调政府各部门投入人力和物力进行救灾抢险，协调各地的防灾救灾计划。

由此可见，灾害防范与救助不是某一个国家、某几个国家的事情，而是全世界共同面临的课题与挑战。进入21世纪以后，灾害事故发生的形式更加多样化，发生的原因更加复杂化，各国政府更是积极建立灾害救助制度，利用公共资源和社会力量，通过防灾、抗灾、救灾等措施，不但努力防患于未然，而且为遭受灾害袭击的社会成员提供衣、食、住、行、医疗等基本生活资料，帮助其脱离灾难和危险。随着灾害救助的发展，民间和社会力量，如各种慈善组织、商业保险等在灾害救助中发挥着越来越重要的作用。

第二节　灾害和灾害救助的特征

灾害事故的发生，有其自身固有的规律和特征；灾害救助作为一项专门的社会救助项目和人类应对灾害损失的主要措施，有其不同于其他社会救助项目的特点。灾害救助制度的特点和运行规律是与灾害事故的特点和规律相联系的。

一、灾害及其特征

灾害伴随着人类社会产生发展的全过程，对人类经济社会发展产生重大影响，人类在征服自然的过程中，同时又被自然征服着。人类在与自然抗争的过程中，又受到大自然制约，各种灾害事故便是这一制约因素的表现。灾害事故的发生是有规律的，人们可以把握和利用这一规律，有的放矢地采取有效的灾害救助和防控措施，降低灾害损失程度。

（一）灾害及其构成

灾害是指由自然变异、人为因素或自然变异与人为因素相结合原因所引发的对人类生命财产和生存条件造成的危害。[①] 概言之，灾害是对人类社会造成物质财富损失和人身伤亡的各种自然现象和意外事故的总称。按致灾原因分，灾害分为自然灾害、人为灾害和由人地关系不协调引起的生态环境灾害。灾害的构成包括灾因即灾害发生的原因、灾发即灾害的发生、灾时即灾害发生的时间、灾强即灾害的强度、灾域即灾害发生的区域、灾民即遭受灾害危害的民众、灾果即灾害的后果、灾种即灾害的种类等因素。

（二）灾害的特征

灾害，无论是自然灾害、人为灾害还是生态环境灾害，都有其自身固有的特征。自然灾害和生态环境灾害，其发生发展表面上看似乎并不以人的意志为转移，与人类社会活动关系不大，但从长期来看，它们的发展变化无不和人的活动有关。人为灾害则是人类行为的直接后果。灾害与人类社会相克相生，了解灾害及其发生特征，对于人类社会防灾、抗灾和救灾具有重要意义。概括起来，灾害的特征主要表现在以下几方面：

第一，危害性和破坏性。灾害，《现代汉语规范词典》中将其解释为“自然的或人为的祸害”，任何灾害事故的发生都会给人类社会带来生命或财产损失，大的灾害，尤其是巨灾，会带来严重的财产损失和人员伤亡，有时甚至是灭顶之灾。如 1976 年的唐山大地震，就造成了 24 万多人死亡、66 万多人受伤，一座百万人的工业城市瞬间变成一片废墟；1998 年发生在江淮流域的洪灾，造成直接经济损失 2 551 亿元；2003 年发生在中国的非典型性肺炎成为当年中国影响最大的灾难性事件；2001 年发生在美国的 9·11 恐怖袭击事件造成数千人死亡，直接经济损失 100 多亿美元，成为人类史上的人为因素造成的重大灾难；2004 年 12 月发生的印度洋海啸更是人类经历的一场大浩劫，造成近 30 万人死亡和失踪；公元前 21 世纪发生在两河流域的洪灾则把古老的苏美尔文明基本摧毁。2007 年全国各类自然灾害共造成约 4 亿人（次）不同程度受灾，因灾死亡 2 325 人，紧急转移安置 1 499 万人（次）；农作物受灾面积 7.3 亿亩，其中绝收面积 8 620 万亩；倒塌房屋 146 万间，因灾直接经济损失 2 363 亿元。2008 年 5 月 12 日发生在中国四川的里氏 8.0 级地震，更是使 8.6 万多人在瞬间丧失生命，同时造成 37 万多人受伤，数百万人无家可归。由此，危害性和破坏性是灾害最突出最显著的特征。

第二，突发性或迟缓性。随着科学技术水平的提高，人们可以对灾害事故的发生给予预测，有效减少灾害事故的危害性，但是任何灾害都不可能完

① 郭强，陈兴民，张立汉．灾害大百科［G］．太原：山西人民出版社，1996：1045

全预知，如台风、暴雨、地震、泥石流以及爆炸、意外事故等灾害通常在非常短的时间内发生，使人们猝不及防，带来惨重的后果。而另一些灾害事故如环境污染、土地沙化等生态环境灾害又使人们在短期内意识不到灾害后果，而是在相当长的一段时间之后才显现其损害性的后果，具有迟缓性。

第三，地域性。灾害事故的发生总是与一定的地理环境、气候条件、社会背景等因素相联系，任何灾害事故都是发生在一定的区域范围内，其影响和危害也是在既定的发生地区。如沿海地区容易遭受台风暴雨的袭击，内陆地区很少遇到台风危害的情况；暴雨冲刷而导致的泥石流、山体滑坡等是山区经常面临的自然灾害，平原地区则没有这样的风险；土地沙化一般发生在植被遭破坏、水土流失严重的地区等。

第四，不可抗或不完全可抗性。虽然科学技术的发展使人们能更多地对诸如地震、暴雨、台风等自然灾害的发生及其危害性提前获知，并采取措施最大限度地降低损失程度，但是人类不能完全抵御或阻止灾害事故的到来，尤其是自然灾害，具有更强的不可抗性。一些由人为因素直接导致的灾害事故表面上看起来似乎是完全偶然的，是可以通过采取措施避免的，但这些事故的背后也往往与一定的政治、经济、文化和社会背景相联系，具有其发生的深层原因，在偶然性的背后隐藏着必然性。

第五，可识可防性。灾害的发生虽然具有一定的随机性和突发性，其发生的时间、地点、范围、强度及影响结果很难在事前准确地预知，但这并不意味着灾害事故的发生是完全没有规律的。人们可以借助科学技术的力量和长期观察积累的结果，对灾害事故进行总结和分析，把握其发生发展规律，大体预知其发生的时间、范围、影响等，并据以采取相对的措施，防范灾害性后果的发生或将其降到最低。所以，人类在灾害事故面前不是束手无策的，而是可以对其进行认知和防范的。

二、灾害救助的特征

与一般的社会保障项目不同，灾害救助面对的是具有自身发生发展的规律的灾害事故，救助对象是在灾害事故中遭受生命财产损失和被危及生存条件的民众。而且大多数的灾害事故（如自然灾害）受自然因素影响明显，超出了人们控制的社会风险范围，因此，应对灾害风险的灾害救助制度也有其自身的特点。

（一）应急性

由于大多数灾害的发生都具有突发性的特点，在短时间内造成严重的财产损失和人员伤亡，遭受灾害袭击的社会成员也随之陷入生活困境。并且大灾之后由于生存条件恶化和卫生条件不能保障，往往会发生大的流行病疫情，这更加剧了灾害救助需求的急迫性。如果没有相应的紧急救助措施，其后果不仅会危及遭遇灾害的社会成员，而且有可能造成更大范围的损失和社会混乱。灾害救助制度便是为满足社会成员在遭灾时期的生存、健康保障的需求而设立的特殊救助制度。救助需求的迫切性要求各种救灾物资和服务资源必须准确及时到位，为灾民提供各种生存保障和医疗服务，将灾害后果降低到最轻程度。

（二）临时性

灾害救助是针对灾害事故发生后遭受灾害袭击的社会群体的一种生存保障制度。虽然现代社会灾害的频繁发生和人们生活质量要求的提高以及生存保障权益的凸显使每个国家都设有一套完整的灾害预警、防范和应对系统，但是由于灾害发生的不定期、不定时性，对某一次某一起灾害事故的发生只能根据本次灾害损失的特点采取相应的措施，对灾民进行的包括衣、食、住、医疗卫生服务以及灾后重建等方面的救助，目的是为了帮助其渡过目前的难关，有条件重新开始正常的生活，因此，灾害救助是对灾民临时而非长期性的救助措施。

（三）无偿性

无偿性是社会救助制度的突出特征，灾害救助作为社会救助制度中的一个重要方面，当然也不例外。灾害救助制度的无偿性不但表现在国家和政府对遭受灾害侵袭的社会成员有无偿救助的义务，而且灾害救助的无偿性还包括社会和国际援助的无偿性。灾害是全人类共同面对的挑战，全球化程度的提高和人道主义的发展使各种社会化的和国际化的援助成为抗灾赈灾的重要力量。如 1980 年我国在全国性的旱灾发生、全国粮食减产 120 亿斤的情况下，得到了 20 多个国家和国际组织提供的价值 2 000 多万美元的奶粉、粮食等物资援助；1987 年的大兴安岭特大森林火灾发生后，几个月内就接到了来自 20 多个国家、地区和国际组织的 600 多万美元的捐赠①；1998 年夏季我国江淮流域的洪灾，社会各界和国际捐赠援助达 10 亿美元；2004 年 12 月印度洋海啸发生后，受灾各国得到了全世界 50 多个国家的政府和民间捐助高达 110 多亿美元。这些无偿捐助对于受灾地区的赈灾救灾发挥了重要作用。

① 孙绍骋．中国救灾制度研究［M］．北京：商务印书馆，2004：139-140

（四）多样性[①]

灾害救助的多样性包括救助方式和救助内容以及救助主体的多样性。灾害的形式多种多样，其造成的损失后果也是多方面的，既包括人员伤亡，又包括财产损失，既有基础设施的毁损，又有疫情爆发的危险和可能，因此，灾害救助应根据灾害损失的实际情况，为受灾地区和民众提供相应的现金、实物、医疗服务甚至技术等方面的救助，在特定条件下还可以采取以工代赈的方式进行救助。随着社会救助制度的社会化发展，民间团体和慈善组织渐渐成为灾害救助中一支不可或缺的力量，成为灾害救助工作的重要主体之一，所以，灾害救助的主体不仅仅包括国家和政府，而且有大批的民间组织、非营利组织、企业甚至个人参与其中。

（五）不确定性[②]

由于灾害事故的形式、发生的时间、地点以及影响范围、损失程度都具有不确定性，灾害救助也具有不确定性，不能像其他社会保障制度那样，可以事先计划并按照确定的方案执行。首先，灾害救助无法事先准确确定救助的时间与地区；其次，灾害救助所需的财力不能事先确定，其具体情况是由灾害事故及其损失程度决定的；最后，救助的形式具有不确定性，需根据灾害事故造成的具体损害情况选择不同的形式进行救助。因此，灾害救助是一项要求根据具体情况随时变动的社会保障制度安排，具有较强的灵活性和不确定性，在实践中需要根据每一次灾害事故的具体损失程度和损失对象采取有针对性的救助方式、救助形式和救助内容。

▶第三节　灾害救助的原则方针与内容

灾害救助作为一项特殊的社会救助制度安排，除遵循一般的社会救助原则、为社会成员提供一般的生存保障之外，还应根据其自身特有的规律与性质，遵循其不同于一般社会救助制度的原则，提供更加具体化、有针对性的救助项目。

一、灾害救助的原则与方针

作为一项应对自然灾害或突发性灾害事故的救助制度，灾害救助有其自

①② 郑功成. 社会保障学［M］. 北京：中国劳动社会保障出版社，2005：285，286

身的特点，其救助原则和救助方针与其他社会保障制度安排亦有较显著的不同。

（一）灾害救助的原则

灾害救助作为一项社会救助制度安排，除遵循一般社会救助的原则外，还有其自身的原则，这是灾害救助制度所应对的风险的特殊性决定的。

1. 迅速及时原则

一般社会救助制度如最低生活保障制度、农村五保供养制度等克服的社会风险具有持续性或长期性特点，在短期内一般不会造成大的灾难性后果。而灾害事故尤其是大的突发性灾害事故，影响范围广泛、破坏强度大，在极短的时间内迅速使社会成员丧失基本的生存生活资料、流离失所，陷入极端困难的境地，这就要求灾害救助工作及时快速地为受灾社会成员提供衣、食、住、医以及学生就学等救助。迅速及时原则是灾害救助制度不同于其他社会救助原则最突出的表现。鉴于此，世界各国一般都建有一整套灾害事故预报预警、灾害应急机制和救灾后备基金，以保证灾害救助的及时到位。

2. 生命保障和生存保障并重的原则

当社会成员遇到诸如失业、疾病等社会风险的时候，生活和健康保障是他们的需要，保障其基本生活和医疗保健是这些社会救助项目的基本任务。而灾害救助却不同，大灾害事故发生时，受灾地区社会成员的生命安全会受到严重威胁，伴随着巨大的经济财产损失的常是大批的人员伤亡，因此，生命救助、保障受灾群体的生命安全成为灾害救助的第一要务，应在救助生命的同时为受灾群体提供基本的生活保障。

3. 全面救助的原则

灾害救助不同于一般的社会救助，后者通常是对社会成员某一方面或几方面的救助，如最低生活保障制度是对受保障者基本生活的救助，医疗救助是为了满足被救助者基本的医疗需求、恢复其身体健康，住房救助是政府向低收入家庭或其他需要保障的特殊家庭提供的房租补贴或廉租房以解决这部分社会成员的住房问题。而灾害救助则不同，灾害救助应遵循全面救助的原则。既包括灾害发生前和发生时的防灾抗灾，又包括灾害发生后的施救和补救；既包括物资、救灾款项等经济物质方面的援助，又包括对灾民精神状态、心理情绪方面的调节和安抚；既包括灾害发生时和发生后的短期内迅速及时的救助，又包括灾害发生后相当长一段时期内的生产、生活设施的恢复和重建。在实践中，其他社会救助项目一般是由一个或几个部门管理和实施，而灾害救助常比其他社会救助项目要求更多环节和部门的协调和配合，如财政、建设、交通、水利、农业、教育、电力、通信，甚至国土资源、军队等都是灾害救助的组织、实施、参与、协调部门和机构。

4. 全面动员、官民救助相结合的原则

一般来讲，社会救助是国家和政府的责任，国家有责任为陷入生活困境的社会成员提供基本的生活保障，灾害救助也是如此。但随着民间组织的发展，社会化力量在灾害救助中发挥着越来越重要的作用。由于民间（非营利）组织多由社会志愿者组成和参与，他们在资金和物资募集、技术和人员支持等灾害救助方面有着自己独特的优势。如 2005 年 7 月台风“海棠”在我国台湾地区登陆后，造成了 20 人死亡、5 人失踪和 36 人受伤的灾难性后果，而在第一时间抵达灾害救助现场进行伤员救治的即是由台湾著名的证严法师创办的慈济基金会的志愿者们；再如 2004 年 12 月的印度洋海啸中，受灾各国收到各界的 110 多亿美元的救灾捐款中，来自民间组织和社会的捐款达 54 亿之多；2008 年初我国南方十五省的严重雪灾，短短 2 个月之内，社会各界捐赠款物即达数十亿元人民币；2008 年 5 月 12 日汶川地震发生之后，短短半年之内即收到来自海内外的各界款物捐赠 760 多亿元。由此可见，在受到灾害的威胁时，受灾者往往能够得到广泛的同情和援助，有利于调动社会力量参与救灾。因此，充分发挥民间力量，遵循官民结合的灾害救助原则，应当是当今世界各国在灾害救助中的明智选择。

（二）灾害救助的方针

灾害救助并不总是对灾害事故的被动应付，防患于未然、采取主动措施排除灾害事故发生的隐患，降低灾害事故发生的频率，应该是更高层次上的灾害救助内容。在灾害事故发生之时，应主动积极同灾害事故展开搏斗，将灾害损失降到最低程度，坐观只能待毙。因此，灾害救助应当遵循防灾、抗灾、救灾相结合的方针，同时发动群众开展生产自救。在灾害发生前、发生中和发生后，应做到如下几点：首先采取有力的预防措施，降低灾害事故隐患，尽可能避免或减少灾害的发生，如建筑防洪坝和农田水利设施以防止洪水灾害，种植防沙林以防流沙袭击等；其次，在灾情出现时应尽最大努力将损害后果降到最低程度，如紧急抢险、疏散转移受灾人口等；最后，当灾害事故发生后，应迅速开展灾害救助，组织力量抢救人们的生命财产，妥善安排灾民生活，尽快恢复正常的生活和社会秩序。因此，人类社会在对付灾害袭击时，防灾、抗灾和救灾三者是相辅相成的。

中国政府奉行的是“依靠群众、依靠集体、生产自救、互助互济，辅之以国家必要的救济和扶持”的灾害救助一般方针，其核心是充分发挥集体和群众的积极性，自力更生，在政府给予必要帮助的基础上搞好生产自救，通过积极恢复和发展生产克服灾害带来的损失和困难。这一方针与国际人道主义组织所公认的救助方针是一致的，如人道主义宪章中有这样的规定“灾区或战区灾民首先要通过自身的努力来满足自己的基本需要……当灾民的努力不能满足自身的基本需要时，当事国负有向灾民提供救助的第一责任和义务”。这既规定了国家和政府在灾害救助中不可推卸的责任，又表明了依靠灾民、自力更生实现生产自救的力量源泉。

二、灾害救助的项目

灾害事故的形式多种多样，其造成的损失也是多方面的。在实践中，灾害救助的内容比较复杂，总体来看，主要包括以下几项内容。

1. 救助灾民生命[①]

灾害尤其是突发性重大灾害事故，常常会造成大量的人员伤亡。而人的生命是无价的，是不能以经济指标来衡量的，因此，应尽最大努力保障遭受灾害侵袭的社会群体的生命和人身安全。最大限度地减少和抢救灾区伤亡人员是灾害救助的最直接目的和基本内容，也是保障人生存权最基本的体现。

2. 抢救受灾财产并提供款物等援助，保障灾民基本生活

灾害发生后，在保障灾民生命和人身安全的基础上，应采取有力措施减少财产损失，将处于危险中的国家、集体和人民财产迅速转移，减轻损失程度。灾害发生后，受灾民众往往会因灾丧失基本的生存条件，这要求在抢救灾民生命的同时，还必须迅速解决好灾民基本生活问题，为灾民提供衣、食、住、医等最基本的生活保障，如食物的发放、饮水供给、帐篷搭建或临时住所安置以及学生就学等。

3. 医疗卫生救助

由于灾害事故的发生会导致灾区环境污染、生存条件恶化，加之医疗卫生设施和防疫系统在灾害事故中受到损害，各种流行病、瘟疫等常常成为一连串的次生灾害。“大灾之后必有大疫”是历史上对灾后形势的总结，如据史载，1668 年 7 月山东郯城发生 8.5 级地震，震后“疟疾继发，号哭之声彻于四境，触目伤心”；1931 年安徽省发生特大水灾，因灾死亡的 11 万人之中，8 万人死于疫病和饥饿；相反，2008 年汶川地震发生 2 天后的 5 月 14 日，我国卫生部即组织了 1 672 人的医疗救助队赶赴灾区，在随后的救援中，前后有几十万人投入灾区的伤员救助和卫生防疫工作，不但较好地为因地震直接受伤

---

① 郑功成．社会保障学［M］．北京：中国劳动社会保障出版社，2005：287

的人员提供了较好的救助，而且防止了灾后疫情等次生灾害的发生。因此，大灾之后防大疫，及时迅速地为灾民提供必要的医药、医疗和卫生保健救助是灾害救助的重要内容。

4. 对灾民实施精神救助，安抚灾民情绪[①]

大灾的发生不仅严重破坏灾民的生存条件，还冲击着灾民的精神和心理，严重的甚至会引起社会骚乱，既不利于眼前的灾害救助工作，也不利于帮助和组织灾民灾后重建家园。实施精神救灾，安抚灾民情绪，重新建立灾民对未来生活的信心和安全感，日益成为各国灾害救助的重要内容。

5. 灾后重建

灾害事故尤其是大的自然灾害不但威胁人的生命安全，而且会对一些生活和基础设施造成巨大的破坏，建筑倒塌，庄稼毁坏，交通、通信以及水电等设施遭到严重破坏。如《三国志·吴书·孙休传》中描述灾后情景“良田渐废，米谷减少”，《广治平略》中记载明朝永乐年间“河南饥……民所收有十及五者，有十不及一者，亦有荡然无收”；再如 2005 年夏季我国南方地区的水灾中广西自治区受灾人口 526.9 万人，死亡失踪 50 多人，损坏水库 91 座，房屋倒塌 3.5 万间，农作物受灾 265 千公顷，直接经济损失 38.8 亿元；广东省农作物受灾面积 128 千公顷，受灾人口 306.04 万人，因灾死亡 48 人，倒塌房屋 2.01 万间，因灾直接经济损失超过 19.8 亿元；福建省因灾死亡 19 人、6 人失踪，159 万人受灾，房屋倒塌 2.1 万间，全省农作物受灾面积 85.12 千公顷，直接经济损失 27.5 亿元；据测算，在 5·12 汶川特大地震发生后，灾区的重建工作需要历时三年、投入超过 5 000 亿元人民币。由此可见，从短期看，对灾民实施生活医疗等救助是最迫切的救灾工作，而帮助和扶持灾区实现灾后重建，则是最为艰巨、最为长期的灾害救助任务。

三、灾害救助标准

一般来讲，由于世界各国各地区经济发展水平不同，救助财力各异，实践中不同的国家和地区灾害救助的标准是不同的，但基本原则都是要保障受灾社会成员基本的生存、健康需要。《人道主义宪章》根据国际人道主义法、国际人权法、难民法、《国际红十字会、红新月会和非政府组织赈灾行动准则》，强调灾民享有正常生活的权利、武装人员与非武装人员区别对待以及禁止驱逐原则的同时，在总结国际灾害救助实践经验的基础上，对灾害救助标

① 郑功成. 社会保障学 [M]. 北京：中国劳动社会保障出版社，2005：287

准进行了一般性和原则性的规定，现将主要标准简单介绍如下①：

（一）水及卫生救助最低标准

1. 供水救助

供水救助包括供水点和供水量、水质、储水用具等方面。

（1）供水量和供水点。所有灾民都应能得到安全足够的饮用水，每人每天至少 15 升，供水点距居所不应超过 500 米，以使所有灾民都能获得最低的需水量。

（2）水质。适口，质量足可用于饮用及个人和家庭的卫生使用，水源不携带病原、化学或放射性等对人体健康造成危害的污染物。如所供水在未消毒前大肠杆菌的数量不能超过 10 个/100 毫升，无粪便污染，可溶性固形物总量低于 1 000 毫克/升等。

（3）储水用具。适当的用具以获得和储存安全用水，每户有两个 10～20 升采水容器和一个 20 升储水容器，每人每月拥有肥皂 250 克，修建必要的公共浴室和洗衣房等。

2. 卫生救助

主要包括粪便处理、固体垃圾处理、排水等。

（1）粪便处理。有足够数量的厕所供人们使用，距住所不能远于 50 米或步行不超过一分钟，保证所有灾民在白天或晚上都能方便地使用；厕所在设计、结构及维护上应体现舒适、卫生和安全。

（2）固体垃圾处理。灾民所处的环境要没有固体垃圾的污染，固体垃圾的处理方式和场所要以不危害健康和环境为前提，保证灾民能方便有效地处理生活垃圾。

（3）排水。灾民要有排水工具，能方便地处理各种污水，保证其所处的环境不受雨水、洪水、生活污水和医用污水的浸淹。

（二）营养救助最低标准

灾害发生时，获取食物和适当的营养是人们维持生存的关键。

1. 一般营养救助

所有灾民都能获得所提供的合格且可以安全食用以保证满足灾民一般营养需要的食品，确保食品储存、制备和食用安全。如保证灾民能够获得各种食物（包括主食、豆制品、脂肪类食品等），提供富含维生素的食品或适当补

① 李祥州，黄卫，冯志杰译. 人道主义宪章与赈灾救助标准［S］. 北京：中国对外翻译出版公司，2001

充维生素，在碘缺乏病流行的地区为90%以上的家庭提供加碘盐；六个月以下的婴儿尽可能母乳喂养或提供适当的代用品，为六个月以上的婴儿供应高能食品等。

2. 对营养不良者的营养救助

通过建立营养不良趋势的监控系统，了解造成营养不良的原因并制订救助计划，减少中等营养不良对公众健康造成的危害，减少因严重营养不良造成的死亡、发病和痛苦，矫正微量营养缺乏症。如保证严重营养不良者均能得到营养和医疗救助，食疗救助计划完成后死亡人数比率小于10%，康复比率大于75%，没有坏血病、糙皮病或脚气病等，保证孕妇和哺乳妇女的营养补充。表7—1为灾害发生初期营养救助需要量。

表7—1　　灾害发生初期营养救助需要量

营养成分	人体平均需求
能量	2 100千卡
蛋白质	占总能量的10%～12%（52～63克），但小于15%
脂肪	占总能量的17%（40克）
维生素A	1 666国际单位（或0.5毫克维生素A当量）
维生素B_1	0.9毫克（或每吸收1 000千卡含0.4毫克）
维生素B_2	1.4毫克（或每吸收1 000千卡含0.6毫克）
烟碱酸	12毫克（或每吸收1 000千卡含6.6毫克）
维生素C	28.0毫克
维生素D	3.2～3.8微克维生素D_2
铁	22.0毫克（低生物有效性，即5%～9%）
碘	150微克

（三）食品救助最低标准

食品救助实施前应了解和明确食品救助需求的基本情况，所提供的食品应能够弥补灾民自有食品的不足，并加强管理和监督，安全有效地采购、运输、储存食品，并保证分发公平。世界卫生组织规划评估的灾民食品需求标准为：每人每天2 100千卡能量，且10%～12%的能量应由蛋白质提供，17%的能量应由脂肪提供，并保证灾民能通过新鲜或强化的食品摄入足量的微量营养。

（四）居所和居住地救助最低标准

居所救助和供水、卫生、营养、食品以及医疗救助一样，是保证灾民生存和生活的重要因素。

1. 居所救助

居住地应有足够的空间容纳灾民家庭以及灾民的安全和正常生活，要确保灾民的个人自由行动和安全，减小对环境的危害，并能提供有效的救助服务。灾民应有足够的温暖、清新和安全的居所生活空间，防止不良气候的侵袭，每人平均有效居住面积要达到 3.5～4.5 平方米。

2. 衣物和家庭用品救助

灾民应有足够的毯子、衣服来避体、御寒、维持尊严和安全正常的生活；两岁以下的幼儿、妇女、少女、男人和男童至少要有一套适合于当地文化习俗、季节气候条件的衣服。灾民家庭要能够获得足够的个人卫生用品和其他日常生活工具：灾民家庭应有一个带盖的烹调锅、一个盆、一把餐刀、两个勺、两个 1～20 升的水容器等；每人应有一个餐盘、一把金属匙子和一个大杯子，并备有足够的耐用品供替换。

（五）医疗救助

向灾民提供医疗救助的目的在于防止超常死亡和超常发病，包括麻疹控制、传染病控制、医疗救护等。

应将日死亡率降低到 1/10 000 以下，5 岁以下儿童日死亡率低于 2/20 000；6 月龄至 12 岁的儿童麻疹疫苗接种率达到 95%，并注射适量的维生素 A；控制痢疾、疟疾、艾滋病等传染病的发生，必要时要遵从一级救护原则，即提供家庭水平的救护，并保证提供充足的食物、饮水和卫生条件。

第四节　我国灾害救助制度

我国的灾害救助制度有一个从不健全、不完善到逐步规范化、健全化的过程，它是在中国政府和人民与灾害作斗争的过程中逐步发展起来的，它对于降低灾害损失、救助灾民和推动我国经济社会发展发挥了并且仍将发挥十分重要的作用，随着社会形势的变化和我国社会保障制度的改革和完善，灾害救助制度也将逐步走向完善和成熟。

一、我国现行灾害救助制度

据国家防汛抗旱总指挥部办公室初步统计：2005 年度截至 6 月 23 日 16 时，我国有 22 个省（自治区、直辖市）发生不同程度的洪涝灾害，农作物受灾面积3 100.30千公顷，成灾1 266.86千公顷，受灾人口4 437.61万人，死亡536人，失踪137人，直接经济损失203.52亿元。2009年年初，民政部会同国土资源部、水利部、农业部、统计局、地震局、气象局和海洋局等部门对2008年全国自然灾害损失情况进行了全面会商和核定，结果表明，2008年我国全国各类自然灾害共造成约4.7亿人（次）受灾，死亡和失踪88 928人，紧急转移安置2 682.2万人（次），农作物受灾面积3 999万公顷，绝收面积403.2万公顷；倒塌房屋1 097.7万间，因灾直接经济损失13 547.5亿元。这足见我国灾情之重，灾害损失之重。作为一个发展中国家，经济增长方式的粗放型和农业在国民经济中的地位决定了我国经济生活对自然环境的依赖性强，对灾害承受能力弱，防灾救灾任务十分艰巨。

（一）我国应对灾害的总方针

灾害救助不仅包含灾害补救，而且包含了灾前防范和灾时施救，因此，我国应对灾害事故采取的是“以防为主、防救结合”的总方针。这一方针主要表现在：首先，兴建防灾设施、加强安全生产监督检查等，避免和减少自然灾害或人为因素导致的灾害事故的发生；其次，坚决抗灾，一旦出现灾害事故隐患或灾情，积极采取措施，控制其危害程度；最后，大力救灾，即灾害形成后，尽最大努力对遭受灾害侵袭的地区进行救助，安顿解决灾民生活，并鼓励和帮助其生产自救。我国在灾害救助的实践中，逐步形成了一套灾害统计、报告、调查政策，对灾害的种类、发生的时间、地点、受灾人口、成灾人口、因灾陷入困境需要救助的人口以及耕地损毁、房屋倒塌等经济损失进行统计，并采用普遍调查、重点调查、典型调查、专项调查和抽样调查的方法对灾情进行实地调查，做到有灾必报、报灾准确及时。同时加强管理和监督，防止为了向上级多申请救灾资金而夸大灾情和为了逃避责任刻意缩小灾情或隐瞒不报的情况（如2001年7月17日发生广西南丹矿难，死亡81人，矿主为逃避责任隐瞒不报，造成了极为恶劣的影响；再如2002年5月的山西富源煤矿发生矿难，21名矿工被埋在井下身亡，同样发生了隐瞒不报的恶劣行为）。对于救灾款项遵循专项使用、重点使用原则，提高救灾款的利用效率，并形成了以地方政府为主、中央补助差额为辅的灾害救助机制，对特大自然灾害所需的抗灾、救灾资金、物资主要由省、自治区、直辖市政府负责解决。自然灾害发生后，先安排使用地方资金和物资，地方资金和物资不够的，再向中央政府申请援助。

（二）救灾款物的管理和发放

从某种意义上讲，救灾款物是灾民遭受灾害袭击从而陷入生活困境时的救命钱，是灾害救助计划从规划到实施的物质载体，它的使用效果如何，直接影响到灾害救助制度的实施效果，直接关系到灾民生活和生命安全与灾区社会秩序的稳定和恢复。救灾款物的使用范围主要是用来解决灾民无法或无力解决的衣、食、住、医等生活困难和紧急抢救、转移和安置灾民，帮助灾民灾后重建以及加工和储运救灾物资等。救灾款物的发放统一由各级民政部门管理，设专人负责，并设立专门的账目，做到每一笔救灾款项的使用都手续齐全，有据可查，确保工作透明、规范。对于紧急救灾款物的发放，应根据具体情况急事急办，强调时效性，但要以保证工作质量为前提，准确及时地将救灾款物发放到真正有需要的灾民手中。救灾款物的管理和发放应严格遵循专款（物）专用的原则，应根据灾情发生的具体情况，有针对性地使用救济款物，不能挪作他用，严禁将救灾款项顶替其他费用支出。我国《刑法》第 126 条规定："挪用国家救灾、抢险、防汛、优抚、救济款物，情节严重，致使国家和人民群众利益遭受重大损失的，对直接责任人员，处 3 年以下有期徒刑或拘役；情节特别严重的，处 3 年以上 7 年以下有期徒刑。"对救灾款物的严格规范使用进行了规定。

二、我国灾害救助法制与管理

（一）我国灾害救助法律制度

任何一项制度，立法是保证，没有完善健全的立法，就难以实现其健康、有序、良性运行和发展，也难以达到预期的实施效果。灾害救助制度也不例外。所谓灾害救助法律制度，是指国家制定或认可的有关灾害救助工作的法律、条例、规章等规范性文件的统称，是灾害救助及其管理工作的法律准绳和保障。为了规范和健全灾害救助制度，世界各国都制定了一部或多部相关法律。如美国于 1950 年通过了第一部与灾害有关的法律，后经数次修改并于 1970 年颁布了《灾害救助法》，后又经修改形成了《1974 年灾害救助法》；1977 年美国政府又制定实施了《1977 年地震灾害减轻法》，它与 1980 年的《地震灾害减轻和火灾预防监督计划》以及 1990 年的《重新审定国家地震灾害减轻计划法》构成了美国完整的减轻地震灾害的法规。再如，日本先后于 1947 年和 1961 年制定了《灾害救助法》和《灾害对策基本法》，到目前，日本全国已经制定了百余部与灾害有关的法规。

同世界其他各国一样，我国政府也颁布了一系列相关法律法规，规范和保障灾害救助工作的顺利开展。1949 年 12 月 19 日，中华人民共和国政务院发出了《关于生产救灾的指示》，这是新中国成立以来我国政府颁布的第一部关于灾害救助的规范性文件。随后，又颁布了一系列的法律法规，如 1952 年 5 月内务部发出的《关于加强救灾工作的指示》、1957 年 9 月国务院发出的《关于进一步做好救灾工作的决定》、1963 年国务院发出的《关于生产救灾工作的决定》等，奠定了我国灾害救助工作的法律基础，初步确立了"生产救灾"的灾害救助方针和原则。十一届三中全会以后，我国经济社会发展进入了新的时期，灾害救助及其立法工作经历了"文革"的停滞时期，重新走向恢复和发展。1987 年以后，我国灾害救助法律制度建设进入一个新的时期，一些灾害救助立法开始起草工作。随后又颁布了诸如《关于加强抗灾救灾工作的通知》(1997)、《关于切实做好当前救灾工作的通知》(2000)、《关于进一步加强救灾款使用管理工作的通知》(1999)、《民政部关于进一步开展经常性社会捐助活动的意见》(2001)、《关于规范特大自然灾害救济补助费分配管理有关问题的通知》(2002)、《国家自然灾害救助应急预案》(2007)、《救灾捐赠管理办法》(2008) 等多部与灾害救助有关的指导性文件和法规。这些法律法规以防灾和救灾相结合的思想为指导，对灾害救助政策工作和措施进行了规范，对于保证灾害救助工作的顺利展开，保障灾民的基本生存权利，发挥集体和人民群众的力量自力更生、生产自救以及维护社会稳定等发挥了重要的作用，成为我国灾害救助工作及其制度建设的法律依据。

但是，同其他社会保障项目立法滞后于制度改革本身一样，我国灾害救助立法同样滞后于灾害救助工作的发展和需要。随着灾害形式和内容的发展和多样化，灾害救助工作也应该随着新形势的发展而加强，这就更需要完善、健全的立法与之相配套，并为其提供可供制度运行的依据。我国灾害救助的一些骨干法律制度的起草工作早在 1987 年已经开始，但时至今日仍然没有一部成形的灾害救助法律。立法层次低、立法滞后，对于规范灾害救助工作十分不利，使这一关系国民经济和社会稳定发展的大事更具有不确定性和随意性，加大了工作难度。因此，有必要加快我国灾害救助工作立法进程，尽快制定诸如《灾害救助法》等这样的专门性的规范性的法律，对灾害救助工作中各方权利义务关系、工作程序与环节、工作目标与要求等相关事务进行规范，保证我国灾害救助工作沿着健康、顺利的轨道发展。

（二）我国灾害救助的管理

1993 年，民政部门在福建南平召开会议，提出了救灾工作分级管理、救灾款项分级承担的思路，确立了我国"政府统一领导、上下分级管理、部门分工负责"的灾害救助管理体制，明确了地方各级政府的救灾责任。在中央政府的统一领导下，对重大的防灾、抗灾、救灾决策统一部署，各部门根据中央部署和自身职能分工负责，密切配合，组织实施。政府作为救助的当然责任主体，有责任为灾民提供基本的生存、生活和生产条件和保障。因此，在灾害救助工作中，各级政府负有不可推卸的领导、组织和协调的责任，尤其在重大的巨灾风险面前，各级政府更是当然的决策者、领导者。灾害事故造成的损失和社会问题是多方面的，灾害救助工作形式和内容复杂多样，这就需要各部门相互配合、协调沟通、各司其职，共同完成灾害救助工作。随着市场经济的完善和我国社会保障制度改革的发展，灾害救助工作也日益社会化，充分发挥和调动社会力量参与救灾，也是我国灾害救助工作中的重要方面。

新中国成立伊始，党和政府就面临着带领全国人民战胜遍及16省区的洪水的严峻挑战，为了迅速战胜灾荒、稳定社会和人民生活，中央及各级政府采取了一系列措施，并于1949年11月成立了内务部，在政务院的领导下，其内设立的社会司主管了救灾救济工作。1950年，政务院政治法律委员会召集内务部、财政经济委员会、财政部、农业部、水利部、铁道部等单位负责人开会，正式成立了中央救灾委员会，并提出了救灾工作方针，随后在政务院的指示下，各地相继成立了救灾委员会，并吸收各部门领导和社会各界人士参加。1978年，中华人民共和国民政部正式成立，并原则上规定由民政部的农村社会救济司主管全国的灾害救助工作，但由于当时民政部刚刚成立，并没有接管“文革”中由中央农业委员会负责的全国灾害救助的组织协调工作。1989年我国政府为响应联合国大会确定1990—2000年为国际减轻自然灾害十年的决议，成立了由多部委参与协调的中国国际减灾十年委员会，并确立了中国国际减灾十年活动的方针、政策和行动计划。2003年，十届全国人大通过的国务院机构改革方案明确了由民政部承担全国灾害救助的组织、协调、规划、实施、管理等工作，至此，我国的灾害救助管理工作职责更加明确化，组织更加完善化。由此可见，我国的灾害救助管理工作经历了由机构初建到责任调整，再到进一步理顺、稳定的过程。

三、我国灾害救助制度的发展和完善

如前所述，我国是一个灾害频发的国家，经济社会发展对自然环境又具有相当强的依赖性，因此，灾害救助在我国不但任务繁重，而且对制度实施效果也具有较高的要求，否则会影响我国经济社会的发展，严重的甚至会造成社会动荡与骚乱。灾害救助作为社会保障系统的一个重要方面，是任何其他救助制度安排无法替代的，灾害救助制度的完善与健全，理所应当是我国社会保障制度改革和健全非常重要的方面。

（一）实现灾害救助制度的法制化、完备化

灾害事故的突发性和不确定性决定了灾害救助作为人们应对灾害事故危害性后果的措施同样具有很强的应急性、临时性、非经常性和不确定性，但这并不是说灾害救助可以随心所欲地发展，制度可以随意安排。灾害救助作为政府的当然职责，要求政府和国家不但能够在灾害事故发生当时为因灾陷入生活困境的社会成员提供基本的生存保障，而且要求建立常备的灾害预警、防御、应对机制，要建立起完备而强大的后备基金和物资力量，以应急需。灾害救助是涉及多部门多方面的工作，不但要对具体的工作任务进行有效的分工，而且要实现各部门各环节的及时沟通和协调，在此基础上调动全社会的力量，有难同当。因此，灾害救助制度又具有必然性和常设性。灾害救助的法制化和完备化不但可以明确划分中央和各级地方政府在灾害救助中的职责权限，明确各部门的任务分工，为灾害救助制度的实施、救灾款物的使用提供规范的法律依据，加强监督，确保灾害救助效果，而且可以对参与灾害救助的社会力量、非政府组织等进行引导和管理，使他们的工作范围和工作方式更加规范化、合理合法化，保证其沿着健康的轨道发展。同时，得到政府和社会救助是每一位社会成员的天然权利，完备的法制建设和制度化的救助措施可以保证灾害救助的公平性，保障每一位社会成员获得社会救助的权利。因此，和其他社会保障制度安排一样，法制化、完备化应当是当前和今后一个时期我国灾害救助制度发展的方向。

（二）救灾主体的多元化，救助方式的多样化

政府是灾害救助的当然主体，但政府并不是救助的唯一主体，社会保障制度的社会化使社会救助也必然朝着社会化的方向发展。灾害救助的社会化不仅表现为筹资方式、实施主体的社会化，而且表现为管理、监督的社会化。首先，在灾害救助主体方面，不但包括政府部门，而且包括社会组织、民间社团、法人单位以及个人等，应避免政府包揽一切，要充分调动社会力量在资金财力、人员、技术等方面的优势，参与灾害救助，这不仅是制度本身发展的需要，同时也是增进社会文明、培养社会成员社会责任感的需要。其次，要充分鼓励救灾保险以及商业巨灾保险的发展。我国和世界各国的灾害救助实践已经证明，社会救灾保险和商业巨灾保险在灾害防范和灾后救助、恢复中发挥了重要作用。前者是灾害保险机构根据相关的救灾保险政策对灾民给予一定的保险金给付或补偿，使灾民在政府灾害救助的基础上能够获得相对较多一些的救助；后者是采用自愿或强制的方式，由商业保险公司根据保险

精算原理，为社会成员或法人单位提供以洪水、地震等大的灾害事故为保险风险的商业保险形式，商业保险公司可以充分利用国际国内再保险市场，将所承保的风险分给其他保险公司，实现分散风险的目的。最后，在救灾方式上，应不仅仅局限于款物救助，更可以采取其他灵活多样的救助方式，如以工代赈等，这一点，我国历史上丰富多彩的救灾实践仍然可以成为现代灾害救助借鉴的依据。

（三）灾害救助责任分工明晰化

我国的灾害救助分级管理体制是适合我国国情的管理体制，但由于这种分级管理体制在实践中并没有明确划分各级政府的责任，实施效果不甚理想。各级政府在灾害救助中都负有一定的责任，但每一级政府却都不认真地承担全部责任，而总是试图将责任推给上级政府，一级一级向上，最终的结果是中央政府在灾害救助中承担了主要责任，包揽了绝大部分的灾害救助任务，一方面加重了中央财政的负担，另一方面也不利于地方灾害救助积极性的发挥。因此，应完善分级负责的管理体制，明确各级政府的责任，促使地方政府在灾害救助中加大投入，承担更多的责任。可在科学测算的基础上，根据一定标准如损害程度将灾害事故分为几个等级，明确某一等级的灾害事故由某一级政府负主要救助责任，上一级或中央政府给予适当支持或补助，这样可以形成分工合理、责任明确的灾害救助分级管理体制，提高救灾工作的效率。

（四）灾害救助手段科学化

在科学技术飞速发展的今天，科技的影响无处不在。灾害救助作为一项涉及面广、内容庞杂、时效性和协调性要求又相当高的系统工程，应充分利用科技的力量，走科学化、高效化之路。首先可以利用信息、卫星等先进的科学技术对灾害信息进行搜集、整理和分析，把握灾害事故的发生规律，并对其进行预测，使人们有针对性地采取措施，灾前防灾、灾后施救。其次，在灾害救助过程中应当利用科技的力量，合理使用和调配各种救灾资源，提高救灾工作效率。最后，应当建立科学可靠的评级和评估系统。一是对灾害事故造成的后果进行评估，以迅速制订和实施有效的救助计划，使灾害救助计划更接近和符合实际情况；二是建立灾害救助效果评估机制，划定一系列的指标（如灾民受保障程度、心理状况、社会状态健康度等）对灾害救助的实施效果进行评估，有利于灾害救助工作经验的总结和工作方式、形式的进一步改进，从而推动整个灾害救助事业的发展。

（五）实现灾害救助体系开放化

灾害问题的深化和发展使灾害事故已经不是一个区域、一个国家面临的威胁，而是全世界人民共同面临的风险和挑战。灾害问题使人们在灾害救助中的合作加强，交流也越来越密切，灾害救助已不是一国之内的事情，而是全世界人民共同的责任和义务。因此，灾害救助体系的开放化不仅仅是在一国之内开放和对国内社会化力量的调动，更是对国外的开放和对国际力量的利用。世界各国在应对灾害事故的过程中，除相互提供资金、人员的支持外，越来越多地将会在技术领域展开合作与交流，对受灾国提供物力、人力和科技的援助已经成为全世界的共识。如 2004 年 12 月的印度洋海啸中，世界各国不仅提供了巨额的经济捐助，而且提供了大量的医疗救护、海上搜救等技术设备支持，为受灾各国人民战胜灾害提供了巨大的物质支持和精神动力。因此，在我国灾害救助体系的完善过程中，应当积极加强国际交流与合作，充分利用国际资源，提高我国的抗灾救灾能力。当然，我国在利用国际资源尤其是接受国际捐赠用于灾害救助中曾有过不恰当的认识与定位，经历了对国外援助由不接受到接受、由排斥到为我所用的过程，这是与我国新中国成立时和新中国成立后特殊的国际国内政治、经济和社会背景相联系的。但随着我国对外开放和交流步伐的加快以及更加理性的发展思路和方式，更积极地利用和加强国际合作，最终建立一个充分利用国内国际两种资源的更加开放的灾害救助体系应该是完善我国灾害救助体系的选择。

本章小结

灾害是由自然变异、人为因素或自然变异与人为因素相结合原因所引发的对人类生命财产和生存条件造成的危害，是对人类社会造成物质财富损失和人身伤亡的各种自然现象和意外事故的总称。灾害分为自然灾害、人为灾害和由人地关系不协调引起的生态环境灾害。灾害救助是人们应对灾害及其损害性后果的措施，是指国家和社会对遭遇各种灾害事故袭击并因此而陷入生活困难的社会成员给予一定的现金、实物或服务援助，以帮助其渡过特殊困难时期的一种社会救助，它是社会救助体系不可缺少的重要组成部分，也是整个社会保障体系中的特殊保障制度安排。灾害具有多样性、突发性等特征，这决定了灾害救助具有不同于其他社会救助项目的固有特征，这些特征包括应急性、临时性、无偿性、多样性和不确定性。灾害救助不同于一般社会救助制度的特征决定了其必须遵循迅速及时、生命保障和生存保障并重、全面救助和官民救助结合的原则，救助的内容也包含了衣、食、住、医、教等全面的救助。

国际《人道主义宪章》根据国际人权法、难民法等国际法律，并在参与国际灾害救助经验的基础上，给出了灾害救助的一般标准，但实践中，各国国力和经济发展水平的差异决定了各自的灾害救助标准并不统一。

中国政府应对灾害事故的总方针是“以防为主、防救结合”，奉行的灾害救助一般方针是“依靠群众、依靠集体、生产自救、互助互济，辅之以国家必要的救济和扶持”。中国的社会救助立法经过了从无到有、由残缺不全到健全完善的过程。但总体上看，社会救助立法工作的滞后仍然不能满足新时代灾害救助工作的需要。中国社会救助实行的是政府统一领导、上下分级管理、部门分工负责的灾害救助管理体制，各级政府和部门在灾害救助工作中的职责和任务有了较为明确的分工，有利于提高灾害救助工作的效率。随着社会保障制度的社会化和社会救助制度的发展，我国灾害救助制度必将走向法制化、规范化和社会化。

复习思考题

1. 什么是灾害？灾害由哪些方面构成？灾害有何特征？

2. 如何理解灾害救助不同于其他社会救助项目的特征？

3. 灾害救助的原则和内容是什么？

4. 如何理解我国灾害救助的完善及其发展方向？

5. 试述灾害救助在国民经济和社会发展以及在整个社会保障体系中的特殊地位。

6. 试从人权保障的角度分析国际《人道主义宪章》所规定的灾害救助标准。

案例讨论 1

自救重于他救

20 世纪 90 年代初，武汉市连续发生了两起火灾，火灾的情况非常类似，但是火灾的后果迥然不同，在市民中引起了轰动。这两起火灾都发生在建筑时间超过 30 年的居民楼中，发生火灾的时候，两座居民楼内都有很多居民。结果一座楼内的居民因火灾而伤亡惨重，造成了很大的损失，而另一座楼中的居民无一伤亡，包括一位 80 多岁的老妪都自行逃生。事后，有关部门究其原因，发现第二座居民楼无人伤亡的原因很简单：该楼所属小区的居委会在一周前刚刚进行了防灾教育和演习。

同样也是在20世纪90年代初，长春市一栋高层建筑突然起火。该建筑的八层是一家饭店的客房部。结果除了两位日本客人外，其他的旅客全部遇难。记者事后采访得知，这两个日本人住进酒店后的第一件事情就是查看了紧急出口和安全梯的位置，并能在混乱的现场保持冷静，依靠自救保全了性命。

唐山地震中，被埋压在废墟里的人有60多万，有20余万人是由当时从废墟中自行脱险出来的人救出来的。未遇险的家庭成员扒救埋压较浅的家属，这种方式一般在震后半小时内进行，成活率可达99%。而在唐山地震后第一批到达灾区最早开展营救工作的外地救援队伍——北京部队坦克某师，也是在地震发生8小时后才进入已经是一片废墟的城市，其他大部分救灾队伍是在29日和30日即地震发生24小时之后才陆续到达。尽管这部分救灾队伍进入灾区之后的首要任务是抢救存活人员，而实际上，多达十几万人的救灾队伍，也只从废墟中抢救出来约1.6万人。

（资料来源：孙绍骋. 中国救灾制度研究［M］. 北京：商务印书馆，2004：209-210）

案例讨论2

新中国几次重大抗灾救灾活动

中国是一个自然灾害多发的国家，自古有“无灾不成年”的说法。以下是新中国成立以来几次重大的救灾抢险活动：

1.1953年冬至1954年春，内蒙古自治区锡林郭勒盟连降大雪17次，18万平方公里的牧场被冰雪覆盖，运输中断，粮食、饲草匮乏，数万牧民和80万头牲畜被困，情况危急。中共内蒙古分局和自治区人民政府号召全区干部群众全力以赴确保人畜生命安全，并向锡盟紧急调去粮食、饲草66万多公斤。中央对受灾群众极为关切，在恶劣天气下派出飞机向牧区空投饲料14万多公斤。在中央和地方的共同努力下，被困的人畜安全得救。

2.1954年，安徽、湖北、湖南、江西、江苏、河南、河北等省遭受严重的洪涝灾害，在党和政府的领导下，各界力量对溃堤、破坝、渍水地区的受灾群众和牲畜进行了有计划、有组织的大规模转移工作。据统计，转移到非灾地区的灾民1 300多万人，牲畜129万多头。

3.1976年7月28日，河北唐山发生7.8级强烈地震，顷刻之间，一座百万人口的城市成为瓦砾，城乡建筑破坏率分别达到96%和91%，市区约有57万人被埋，占城区人口的86%，震后采取了自救、军队抢救、民兵抢救、家庭互救、邻里互救、岗位互救等多种紧急救援措施。

4.1981年四川省发生特大水灾，上百万群众被洪水围困。当地党、政、军把人民生命放在第一位，动员组织了大批人力、物力，出动了灾区所有船只和汽车，动用了飞机，在很短的时间内使被困群众安全脱险。合川县在一天之内就将县城的6万多群众转移到安全地带。

5.1991年安徽、江苏、湖北、河南、湖南、四川、浙江、贵州等省发生特大洪涝灾害。安徽和江苏两省受灾人口占两省总人口的70%，农作物受灾面积占60%以上。在党中央、国务院的统一领导下，各重灾省成立了领导小组，指挥抗洪救灾工作，有关县市也都强化了救灾组织，经过通力协作，互相支援，团结奋战，当年全国转移安置灾民1 300多万人，仅安徽和江苏两省就占700多万人。

6.1998年长江流域发生了继1954年以来的又一次全流域性的洪水，嫩江、松花江流域发生了超历史纪录的特大洪水，全国共有29个省受到洪涝灾害的影响，1.8亿人次受灾，1.2亿人次成灾，紧急转移安置1 839.3万人。长江干堤九江大堤决口，但沿江城市和交通干线没有受淹。长江中下游干流和洞庭湖、鄱阳湖共溃坝1 075个，淹没总面积32.1万公顷，因灾死亡1 500人，且大部分死于山洪和泥石流灾害，远远低于1931年14.5万人和1954年3.3万人的死亡人数，充分显示了进入20世纪90年代以后我国抗灾救灾整体实力的提高。

（资料来源：李本公．救灾救济［M］．北京：中国社会出版社，1996：36-37；孙绍骋．中国救灾制度研究［M］．北京：商务印书馆，2004：166-167）

案例讨论3

世界各国防灾抗灾并举

俄罗斯：提前预报积极应对

莫斯科四通八达的地下和地上铁路与地面公路构成了全城发达的交通网络，而遇到恶劣天气时，城市交通面临很大压力。莫斯科气象局预测监测到强降雪等紧急情况时，会向本市各政府机构及其他单位通报，同时将气象信息提供给广播、电视、报纸等大众传媒。各媒体特别是电台会及时将有关信息传达给大众。气象局还开设了专门的咨询电话，回答公众希望了解的有关天气、灾害等问题。此外，气象局还与专门的电信部门合作，便于手机用户直接咨询当日及近期的天气情况。莫斯科的交通管理机关、紧急情况事务部门也将视情况采取相应措施。2001年，俄罗斯紧急情况事务部成立了抗灾中心，对暴雨、强降雪等自然灾害及其他紧急情况进行预测和监测。在预测或监测到紧急情况时，该中心通过下属6个分部迅速将有关信息通报给地方政府部门，以便及时采取有效措施应对紧急情况。

德国：保护预防相结合

在德国，自然灾害与工业事故、传染病疫情等同属灾害范畴。成立于2004年5月的联邦内政部下属的居民保护与灾害救助局专门负责重大灾害的协调管理职能，目的是将公民保护和灾害预防结合起来，从组织机构上把公民保护提升为国家安全系统的支柱之一。居民保护与灾害救助局，下设危机管理中心，包括联邦和州“共同报告和形势中心”、德国危机预防信息系统、居民信息服务等多个机构。联邦和州“共同报告和形势中心”是危机管理中心的中枢，负责优化跨州和跨组织的信息资源管理，改善联邦各部门之间、联邦与各州之间以及德国与各国际组织间在灾害预防领域的合作。德国“危机预防信息系统”（DENIS）集中向人们提供各种危急情况下如何采取防护措施的信息和得到有关救援系统保护。另外，受联邦内政部委托，居民保护与灾害救助局还出版了《居民保护》季刊，介绍有关自我保护和灾害预防方面的信息。人们还可以通过因特网登陆居民保护与灾害救助局网站以及DENIS，查找有关信息。2001年10月，德国开始运行一套新型卫星通信系统，官方的警告通知只需几秒就能通过电台、电视台传播出去，使公民在灾害临近前尽快得到预警。

韩国：预防灾害步步为营

韩国在防灾方面的专门常设机构是“中央灾害对策本部”，隶属于韩国行政自治部，其职责是提出各种防灾对策，并审议和制定国家防灾基本计划，协调各地的防灾计划。当出现大的灾情时，“中央灾害对策本部”还负责发布灾害情况，协调政府各部门投入人力和物力进行救灾抢险。“中央灾害对策本部”汇集韩国全国的各种气象、水文和其他灾情资料，把每年6月15日至10月15日作为夏季灾害对策期，12月1日至次年3月15日作为冬季灾害对策期，将对策期的工作机制分为三个阶段，第一阶段是准备机制，即24小时监控、追踪灾害苗头；第二阶段是警戒机制，即发布灾害警报；第三阶段是非常机制，即在发生全国范围的灾害时介入的部门增加，相关人员也增加。中央灾害对策本部负责全国范围内的灾害信息和灾害警报的发布工作，并注意对全民进行防灾和抗灾的相关知识普及和培训。

资料来源：新华社2003年7月21日电。

案例讨论4

一方有难，八方支援

连日来，全国各地各部门纷纷向受灾地区伸出援助之手，捐款捐物，支援灾区抗洪抢险工作。

8月7日12时10分，北京市防汛抗旱指挥部紧急调动100万条编织袋用于长江防汛第一线，8月7日21时30分，满载着100万条防汛编织袋的19辆军车和10辆集装箱运输车队连夜从首都向湖北长江防汛一线驶去。在河北省委、省政府的协调和部署下，一批批防汛救灾物资迅速运往长江及内蒙古、吉林等地抗洪一线，至8日，全省共调运防汛救生衣近5万件，救生圈3 184个，橡皮船、冲锋舟和指挥艇近200艘，编织袋450万条，布匹7万平方米。8月8日下午，山西省紧急调动150万条编织袋运往长江灾区，晚9时，首批向湖南省灾区调运的物资已驶离太原火车站。辽宁省近日紧急调动价值 142 万多元的防汛救灾物资支援灾区。广东省踊跃开展向灾区募捐活动，到目前为止，全省共捐助现金 1 200 多万元，捐助救灾物资折合人民币 600 多万元。

……

昨天是民政部接收救灾捐赠热线电话公布后的第一天，截至昨天下午 3 点，已经收到捐赠价值约 2 000 万元的物品。

上午 8 点，设在民政部大门外的捐赠站刚开始工作，便有人前来捐赠。捐赠者多以个人的名义来的，其中屡见爷孙、夫妇、姐妹同来的现象。下午 14 时许，花三小时专程从唐山借车赶来的唐山市公安局的郑文江先生捐出了 3 万元；66 岁的天津蓟县卜光老先生捐了 1 000 元，这位老战士当年从东北到江南，又到朝鲜，如今心中对抗洪前线的战士们充满了牵挂……

（资料来源：孙绍骋. 中国救灾制度研究［M］. 北京：商务印书馆，2004：212-227）

第八章

老年人福利

■**学习要点**

通过本章的学习，了解人口老龄化与老年人社会福利的关系，掌握社会福利的内涵、特征及结构，熟悉老年人福利制度的主要内容。

■**关键概念**

人口老龄化　老年人经济保障　老年人服务保障　精神慰藉　社区照顾　老龄产业

▶第一节　概述

一、老年人福利

老年人福利是指国家和社会建立的专门面向老年人提供现金或服务的福利。从广义的角度理解，老年人福利制度的设计通常要考虑到老年人身体方面、心理方面、社会方面和精神方面的因素，不仅要保持老年人健康的身体状况，还强调老年人过好正常的生活并融入自己的家庭和社区。政策制定者面临的挑战是在考虑老年人多种需要的同时，从制定政策、培植理念和完善服务体系的视角理解老年人以及老龄化，并运用公共资源和社会资源实现人们常说的“老有所养、老有所医、老有所为、老有所乐、老有所居”的生活境界。

狭义的老年人福利主要包括两大部分：一是现金资助，二是福利服务。为老年人或其家属提供现金补贴是一种较为直接的福利形式，但实行现金资助的国家或地区目前在世界上属少数，多数是有关日常生活和医疗方面的费用资助。各种福利服务则包括：建立养老院和老年公寓、开展老人保健咨询和康复指导、提供护理、提供日常生活照料服务等普遍性的生活服务，还有饮食的配送及促进余暇生活的服务、医疗服务、住宅服务、设施服务等。

从发达国家的实践来看，老年人福利事业是伴随着人口老龄化的到来而迅速发展起来的。在第二次世界大战前，各工业化国家的注意力通常集中在包括养老保险等社会保险制度及社会救助方面，第二次世界大战后，随着人口数量的不断增加，全球人均预期寿命也从1950年的20岁上升到20世纪末的66岁，这种发展使全球绝大多数国家的人口结构都趋于老化。根据联合国确定的评价指标，一个国家65岁以上的老年人在总人口中所占比例超过7%，或60岁以上的人口超过10%，便被称为老年型国家。所有发达国家均属于老年型国家，包括中国在内的一些发展中国家也已经进入了老年型国家。世界人口老龄化趋势的加剧，使老年人的生活问题对经济和社会发展提出极为严峻的挑战，因此，各国都把老年人福利作为福利制度乃至整个社会保障制度中的重要内容来加以考虑。

人口老龄化的加剧，不仅直接决定着老年人福利的需求，而且也决定着老年人福利的结构。老年人数的大幅度增加，其经济来源成为社会问题，寿命越长负担越重，而伴随着人口老龄化到来的往往还有家庭规模的日益小型化，家庭结构明显趋向核心化。在这种背景下，按照普遍性原则为老年人提供直接的现金津贴就构成了老年人福利的必要内容。例如，福利国家有普惠式的国民年金制度，实际上是养老保险制度的普及化；美国对所有65岁以上高龄者和残疾者中低所得者，把福利性现金资助作为一种补充性所得保障措施来推行，内容包括福利性的日常生活费资助及提供相当于现金资助的食品券；日本对70岁以上老人和65～70岁的患病老人，实行特别医疗费支付制度；德国等少数国家还对在家护理老人的家属，提供护理津贴。在中国香港地区，亦有一种被香港人称为“生果金”的高龄福利津贴，它面向全港所有70岁以上的老年人，人人有份。由于老人平均寿命的延长和家庭保障功能的不断削弱，老人的医疗和日常生活照料服务需求也迅速增加，所以说护理服务与生活照料服务就很自然地构成了当今世界老年人福利中的重要内容，也是衡量各国老年人福利水准的一个重要标志。

二、老年人的福利需求

老年人福利是建立在老年人特殊的社会需要和生理变化上的。一般而言，人进入老年会离开劳动岗位，体力也会持续减退，经济来源丧失或者大幅度减少，这种变化不仅使老年人成为受抚养者，而且也使他们的社会地位发生重要变化。这就特别需要家庭、亲人、社区、志愿部门和政府予以特别关注和帮助，而老年人福利正是基于对老年人的关注和帮助而成为各国社会政策非常重要的内容的。简而言之，老年人福利应当力图填补由于老年人处境变化所导致的差距，并提供必要的手段来支持、帮助处于自然环境中的老年人。所以，这些服务应以社区为基础并应在老年人的一切福利方面为他们提供预防性的、补救性的和发展方面的服务。

从老年人的生活保障出发，老年人的福利需求包括身体方面、社会心理方面、经济方面、住房和环境方面、教育方面、文娱和参与社会生活以及就业等几方面，将其归纳为老年人的经济保障需求、健康保障需求、情感保障需求和服务保障需求。

▶第二节　中国的人口老龄化与老年保障

一、中国的人口老龄化

1999年是国际老年人年，这不仅标志着世界已经进入人口老龄化时代，也标志着世界对老年群体特殊地位的正式承认。目前，全世界60岁以上的老年人口已接近5.5亿人，预计到2000年将达到6亿人左右，人口结构大规模地迅速老龄化，在人类历史上是前所未有的。我国也不例外，截至1998年年底，我国60岁以上的老年人口已达1.2亿人，占总人口的9.7%，且每年以3.2%的速度增长。到2000年，中国老年人口已达1.32亿人，超过总人口的10%，开始跨入老年型国家行列。2005年，中国老年人口达到2.8亿人，占总人口的18.46%。

国家统计局人口司于1999年10月1日国际老人节公布的数据表明，1999年我国60岁以上的人口占总人口的比重已达到10%，2000年65岁以上的人口占总人口的比重达到7%，这表明我国已经进入老龄化社会。这不仅是人口类型转变的一种标志，也是社会、经济、科技、医疗卫生事业的发展和人民生活水平提高的体现。①

中国人口老龄化的发展过程除了具有一般规律外，还具有自身的特殊性。

(1) 老年人口绝对数量大。2004年年底，中国60岁及以上老年人口为1.43亿人，2014年将达到2亿人，2026年将达到3亿人，2037年将超过4亿人，2051年达到最大值，之后一直维持在3亿～4亿人的规模。② 根据联合国预测，21世纪上半叶，中国一直是世界上老年人口最多的国家，占世界老年人口总量的1/5。21世纪下半叶，中国也还是仅次于印度的第二老年人口大国。

(2) 人口老龄化的速度快，年递增速高达3.2%。65岁以上老年人占总人口的比例从7%提升到14%，发达国家大多用了45年以上的时间。中国只用27年就可以完成这个历程，并且将长时期保持较高的递增速度，属于老龄化速度较快国家之一。由于我国人口政策的作用，改变了世界老龄人口的发展格局，即人口老龄化不仅成为发达国家的问题，而且也已经开始成为发展中国家的问题。

(3) 人口的老龄化是在经济不发达的条件下到来的，目前我国人均GNP仅700多美元，国家的工业化、现代化尚未实现，数以亿计的中国人未富先老。而发达国家人口老龄化伴随着城市化和工业化，呈渐进的步伐。当它们的65岁以上老龄人口达到7%时，人均GNP一般在1万美元以上。而我国进入老龄化国家时，人均GNP仅为800美元，发达国家的人口是先富后老，我国是未富先老，人口老龄化对经济的压力很大。

(4) 地区发展不平衡。中国人口老龄化发展具有明显的由东向西的区域

---

① 肖雨. 我国进入老龄社会［N］. 人民日报，1999-10-12

② 全国老龄办. 中国人口老龄化发展趋势预测研究报告［R］. 2006-4-21

梯次特征，东部沿海经济发达地区明显快于西部经济欠发达地区。在东部经济发达地区和大中城市，人口已经进入老龄化阶段。如上海市老年人口2000年已达238万人，占总人口的18.5%，到2025年将达到最高峰468.8万人，占总人口的32.7%；北京2000年老年人口为188万人，占总人口的14.6%，到2025年将会猛增到416万人，老年人口的比例接近30%，大大超过现在发达国家人口老龄化的程度。而在中西部地区，人口老龄化的程度低于东部。从进程看，最早进入人口老年型行列的上海（1979年）和最迟进入人口老年型行列的宁夏（2012年）比较，时间跨度长达33年。

（5）城乡倒置显著。目前，中国农村的老龄化水平高于城镇1.24个百分点，这种城乡倒置的状况将一直持续到2040年。到21世纪后半叶，城镇的老龄化水平才将超过农村，并逐渐拉开差距。这是中国人口老龄化不同于发达国家的重要特征之一。

（6）老年保障、老年福利刚刚起步，家庭功能趋于弱化，社会保障制度还不完善，有些项目甚至空白，现有的老年人福利和服务设施严重不足。目前，中国公共养老保障体系的覆盖面只占人口总数的15%，低于世界劳工组织确定的20%的国际最低标准。面对人口老龄化的冲击，中国养老保障制度正面临严峻的挑战。[①] 表8—1为11个老龄化水平超过全国平均值的省（市）。

表8—1　　11个老龄化水平超过全国平均值的省（市）

序号	省（市）	老年人口比例（%）
1	上海	18.48
2	天津	13.75
3	江苏	13.75
4	北京	13.66
5	浙江	13.18
6	重庆	12.84
7	辽宁	12.59
8	山东	12.31
9	四川	11.59
10	湖南	11.51
11	安徽	11.18

资料来源：全国老龄办．中国人口老龄化发展趋势预测研究报告．2006-04-21

① 大众日报．2005-11-10

影响老龄化的因素有两个：一是生育率下降，少儿减少，老年人口相对增加；二是死亡率降低，人口寿命增长，老年人的绝对数量增加。计划生育政策在前期有一定影响，而随着社会进步，医疗、饮食条件优越，我国人口寿命在增长，计划生育对老龄化的影响逐渐在减少。

人口老龄化的到来及加剧，给社会经济的发展必然带来前所未有的影响，这种影响势必波及政治、经济、社会乃至道德文化等方面。例如，老年人口作为一个日益壮大的社会群体，他们通过投票能够在很大程度上对政治产生影响；老年人口作为一个特定的消费群体，必然要求有相应的经济部门为其生产各种物质产品或提供服务，从而促使老年产业成为日益壮大的行业或部门。

二、中国的老年保障

人口老龄化给社会保障制度带来的最大影响，就是使老年保障成为整个社会保障体系中最为重要的系统。一方面，老年人口将成为现代社会保障制度覆盖的日益庞大的对象群体，国家和社会为老年人口提供的保障资金成为整个社会保障制度最庞大的开支项目；另一方面，越是发达社会，人口老龄化趋势就越快，老年人口对社会保障的要求就越多，从经济保障到服务保障，再到精神慰藉，从而促使着社会保障体系进一步健全与完善。

我国现行的老年保障，包括社会保障（含社会保险与社会救助）、家庭养老、机构照顾与社区照顾等四个主要部分，属于结构性老年保障。这是社会经济发展到一定历史阶段的产物，是适合目前我国的基本国情的。社会保障主要满足老年人在经济收入方面的需求，家庭养老、机构照顾与社区照顾则主要适应老年人保健服务和生活照料方面的需求。

（一）老年人的经济保障

人进入老年后，自然退出劳动领域，其收入来源便会由此中断或减少，而生活仍需要继续。因此，老年人面临的最突出的问题还是收入中断或减少所带来的经济问题，从而使经济保障成为老年人安度晚年的必要保障。在各国，老年人的经济保障除了来源于家庭或自己的积蓄外，社会化的保障主要来源于养老保险、老年救济和老年津贴等。老年人社会保障，是指家庭对老年人履行不了赡养义务的或对老年人的某些权益难以保障的，需要依靠全社会各方面力量的共同努力，来弥补家庭养老的不足，实现对老年人合法权益的保障。目前现阶段我国老年人的社会保障涵盖城镇职工的社会基本养老保险，以及面向城市贫困老龄人口的最低生活保障制度、面向部分农村地区的农村基本养老保险制度和面向农村“五保户”提供的社会救助制度。其中，面向城镇退休职工的社会基本养老保险制度是我国目前主要的老年人生活保障制度。在西方发达国家，老年人在退休后主要享受退休金，同时对包括未参加工作的老年人都发放各种形式的老年津贴。这些都从经济上为老年人提供了较为可靠的收入保障。

关于老年人经济保障的主要任务，一方面，要初步建立政府、社会、家庭和个人相结合的经济供养体系，保障老年人基本生活；另一方面，则是确保老年人生活水平随社会经济发展逐步提高。为此，首先，在城镇要加快建立统一、规范、完善的养老保险体系，确保企业离退休人员基本养老金的按时足额发放，全面实行基本养老金的社会化发放。同时依法扩大基本养老保险覆盖面，鼓励发展个人储蓄性养老保险。进一步完善基本养老金的正常调整机制，随着经济发展和职工工资水平的提高，合理增加基本养老金，使离退休人员共享经济和社会发展成果。多渠道筹集社会保障基金，为应对人口老龄化高峰做好准备。

其次，在农村要逐步建立和完善土地保障、家庭赡养和社会扶持相结合的农民养老保障体系。农民养老以家庭赡养为主，倡导赡养人之间签订“家庭赡养协议”；鼓励低龄健康老人提高自养能力；对无劳动能力、无生活来源、无赡养人和扶养人，或者赡养人和扶养人确无赡养能力或者扶养能力的老人继续完善以保吃、保穿、保住、保医、保葬为内容的“五保”供养制度，逐步提高供养水平；有条件的地方可实行对老年人的集体福利制度；根据情况逐步建立独生子女户和两女户的计划生育养老保障制度；注意探索和解决城镇化过程中老年人的养老保障问题。

最后，按照政府救济和社会互助相结合的原则，构建多层次、多元化、多项目的贫困老人救助体系。确保城市居民最低生活保障制度在城市老年人中的贯彻落实，并随社会经济发展相应提高最低生活保障标准。通过政府救济和社会互助，多渠道筹集资金，对特殊困难的老人实行临时性救助，大力倡导多种形式的扶老助困送温暖活动。

（二）老年人的服务保障

1. 老年人的机构养老

由于生理机能的衰退，老年人随着年龄的增长，其生活自我照料能力也会持续下降，从而特别需要有相应的生活照料服务等。特别是当体力衰退、疾病（某些疾病是慢性的）和伤残可能妨碍老年人参与社会生活并逐渐降低他们的行动能力或独立生活能力时，他们需要社会化的各种服务。尤其是子女不在身边时，这种需求会表现得更加突出。社会福利服务主要是满足老年人这方面的需求，它主要可以分为两种类型的服务内容：一种是机构照顾（或称院舍服务，residential care），另一种是社区照顾（community care）。

机构照顾是在一定的专门社会服务机构内为老年人提供护理、食宿、生活服务的照顾，是一种以入住方式提供给老年人的综合服务。它通常分为三个层次：一是老年公寓，主要面对生活能自理的人，公寓主要提供一些辅助性服务，日常生活由老年人自行料理；二是老年福利院，主要面对能够自理或半自理的老年人，护理院提供完全的生活照顾和护理；三是护理院主要面对生活不能自理，要借助器材、依靠护理才能实现基本生活的老年人。在实际工作中，这三个层次并不十分清晰，大多数福利院都是综合性的。

在西方国家，进行老年人照顾的机构可以根据其收住对象和所提供的相对不同的服务分为以下几种：

(1) 安老院（residential homes）。主要是针对那些没有亲属并且也没有了工作能力的老年人，所提供的服务主要是住宿与饮食，以及一些像协助穿衣等非医疗性的服务。

(2) 疗养院（nursing-homes）或称护理中心（nursing care centers）。提供全天候的专业护理以及医疗服务。住在疗养院的费用会随着所提供的医疗服务的专业性和密集性的不同而有所不同。

(3) 日间照顾中心（day care centers）。有些老年人虽然住在家中，但由于自己家人忙于工作难以对老年人照顾周全，因此，也需要机构提供的某些服务。日间照顾中心就是针对这类老年人，在白天为老年人提供保护性的环境以及情绪上的关护。老年人在这里可以享受到生活上、医疗上的帮助以及精神上的支持。

(4) 身心障碍中心。针对具有身心障碍老人的需要，除了特别的医疗照顾外，还需要一些医疗设备。在丹麦，每一郡都设有残障中心，来帮助有此需要的老年人。服务的项目包括提供外科的整形、假肢、绷带、特别椅、床垫、浴室设备、助听器和室内外的轮椅等，购买和修复假肢的费用也可以申请政府帮助。值得指出的是，具有家庭生活气氛的老年公寓在许多国家颇受欢迎。

2. 老年人的医疗服务

老年人身体素质的下降和生理的自然老化，决定了人口老龄化对老年医疗保健会提出更高的要求。根据目前我国的生产力发展水平，老年医疗保障体系应该由基本医疗保险、退休职工大病医疗保险、互助医疗基金、老年人口社会医疗救助和老人医疗专项基金等五个层次组成。这五个层次构筑了多道的防线：其中基本医疗保险的个人账户构成退休职工医疗保险的第一道防线，退休职工平时有一些小病痛可通过个人账户解决；个人账户用完时，医疗费用达到了统筹基金支付起点但低于最高限额时，则由社会统筹基金承担大部分医疗费用，社会统筹基金构成了第二道防线；当退休职工得了重病，医疗费用超出了"封顶线"，则大病保险成了第三道防线。此外对于那些无经济来源的老人，应通过社会医疗救助来帮助他们，这是老年人医疗保险的一条底线。社会互助基金和老人专项医疗基金则主要作为患重病、长期患病和高龄老人的医疗补充资金。这样，便形成了以基本医疗保险为基本保证，社会医疗救助为托底，大病保险、互助医疗基金、老人专项医疗基金为补充的"五位一体"的老年人口医疗保险体系。

在人口老龄化过程中，老年人医疗保健问题是影响这一群体晚年生活质量的重要问题。生理方面的变化往往导致老年人患上各种慢性疾病，如风湿病、眼病及心血管疾病等。因此，针对带有这些问题人口的保健不但要强调治愈，还要强调通过治疗和护理使患者能够调整自己以适应在某些症状长期存在的情况下生活。人们对社会养老服务保障需求的不断增长成为一种必然现象。然而，我国的现实却是现有的老年人福利和服务设施严重不足，社会福利机构的床位数仅占老年人总数的0.8%，与发达国家的3%～5%的比例相比差距很大，[①] 社区老年人的福利和服务设施以及家务服务组织更是匮乏。因此，人口老龄化带来的另一种变化，就是老年社会服务可能成为一个庞大的社会服务部门。发达国家或地区的老年服务项目甚至多达数十种，从家居照顾到保健服务，从日常护理到情感慰藉，老年人口在完善的社会服务网络中能够享受到令人满意的服务。

3. 老年人的社区照顾

社区照顾是指一种在社区范围内提供的非机构形式的服务，是指在社区中由社区各类人士合作去为有需要的人士提供照顾，以求在社区环境中改善居民生活质量的综合服务体系。非机构形式是相对于各种机构福利设施而言的。老年人口的迅速增长和社会福利需求的不断增加，使得单靠社会保险所提供的经济收入保障和各种机构福利设施的福利供给难以满足老年人的福利需求，于是社区照顾服务应运而生了。它以社区为依托，开展的服务有家政助理服务、老年人日间护理以及老年人活动中心等。

随着市场经济的发展，人们价值取向和道德观念的改变，家庭子女养老功能呈弱化趋势；依靠老年个人劳动自养，又受到年龄和健康状况的限制。

① 中国社会报. 1999-05-05

因此，未来养老保障体系的构建，必须大力发展社会养老，这是已为发达国家的实践所证明了的。从目前和未来相当长时期我国“未富先老”的实际出发，积极发展社会养老保障，应做好以下工作：首先，扩大养老保障覆盖面，逐步拆除城乡“二元养老保障”的体制屏障，建立把广大农民包括在内的社会养老保障制度体系；其次，提高养老保障水平，随着经济的发展和人均收入的增加，适当提高养老金，防止老年贫困化；最后，完善法律保障，建立养老金个人账户制度，保证养老金按时足额发放。社会养老保障同其他社会保障一样，是带有强制性的保障，要在政府主持和监督下实施。但同时也应发挥市场机制的作用，资金筹措渠道、管理方式和养老金发放等都要尽可能地借助市场机制。

（三）老年人的精神慰藉

老年人退出工作岗位所导致的减少或失去实际的或潜在的收入、减少参与社会和经济领域、社会地位降低到无足轻重的地步，都可能导致感情空虚、孤独和感到自己是多余的，从而需要有相应的精神慰藉与精神保障。

老人身体机能自然老化，加上年轻时候工作艰苦，往往积累了很多潜伏的长期疾患。进入老年期，人的各项脏器功能开始衰退，老人们面临着各种疾病的侵袭，这使他们产生深重的危机感。从心理学角度，丧失与抑郁直接相关，对空巢老人而言，这意味着子女陪伴的丧失、个人价值的丧失、健康的丧失，部分老人因为腿脚不方便，还丧失了与社会、与周围人的交流。“空巢家庭”老人，最需要全面的照顾与关心。而现实状况是，只有一小部分的老人感受到了精神慰藉，而大多数老人享受不到居家照顾护理、家务服务（含雇用保姆）、社区日间服务、访问看护等服务。他们找不到适应老年人的活动设施和场所，更谈不上享受文体娱乐服务。一方面，他们需要并渴望他人的关心和照顾，另一方面，他们又不想给子女造成负担，缺乏自信心寻求协助，往往受困在自己有限的生活空间，这种心态使他们变得更脆弱、更敏感。

老年人作为社会的成员，同样具有强烈的自尊心，虽然年老使他们丧失了部分生活能力，但他们仍希望能够独立、体面、有尊严地生活，不愿意自己变成子女的拖累。他们需要的不是同情和怜悯，而是社会各个方面为他们提供的支持和帮助，他们将从这个动力系统中获取能量，树立生活的自信，充实完整自己的老年生活，即使年老，仍然可以有尊严地生活。

在一个和谐、进步、以人为本的社会中，老年人不管是否有残疾或其他状况，都应得到公平、有尊严的对待，并且不管他们的经济贡献如何，都应受到敬重并且有获得基本保障的权益。

综上所述，在“未富先老”和家庭保障功能持续弱化的背景下，人口加速老龄化时代的到来，意味着老年人的生活保障（包括经济来源及生活照料服务）正在由家庭问题转变成为重大社会问题。有专家提出，能否化解人口老龄化所带来的压力，直接取决于相关的老年保障制度安排与政策措施。从国际上看，发挥各方面积极性并共同分担老年保障的责任，已经成为老年保障制度发展的必由之路。因此，我国应当用大保障的思路来应对人口老龄化，构建一个多元化、多层次化的混合型老年保障体系，即打破传统型家庭养老保障与现代型社会养老保障的两极思维定式，在政府的主导及引导下，将经济保障与服务保障结合起来，通过多元化、多层次化的制度安排，将人口老龄化带来的老年保障经济压力与社会服务压力化解在一个责任共担、纵横交错的安全网络之中。[①]

第三节 老年人福利的相关分析

一、政府、市场、家庭与社会在老年人福利中的作用

（一）家庭养老或老年人个人自我保障应是目前老年人养老方式的基础层次

家庭养老，是指对老年人物质生活的需要、日常生活的照料和精神生活的慰藉，完全依靠家庭来满足。家庭或个人自我保障构成老年人福利保障体系的基础层次或第一支柱，是国民（或者通过家庭）对自己的养老问题直接负责的方式，其经费来源于家庭或个人的积累，其服务方式是相互提供和相互满足。1996 年 10 月 1 日开始实施的《中华人民共和国老年人权益保障法》第 10 条规定：“老年人养老主要依靠家庭，家庭成员应当关心和照料老年人。”[②] 家庭或自我保障不仅符合我国历史文化传统，而且是我国社会的现实格局及法制规范形成的一种老年保障机制。

在我国，由于传统的孝道和敬老精神仍然存在，加上经济发展水平的制约，绝大多数老人都是在家养老。在家养老的老人中，又因家务劳动、照看

① 郑功成. 用大保障体系应对人口老龄化. 参见“未富先老”——人均收入水平较低条件下进入老龄化社会意味着什么［N］. 人民日报，2004-11-16

② 中华人民共和国老年人权益保障法. 1996-10

孙辈、经济上靠子女供养、精神上享受天伦之乐的需要以及已婚子女无住房等原因，半数以上的老人又是与已婚子女生活在一起，所以，老年人和已婚子女之间在经济上相互依赖的程度远远高于发达国家。居家养老既可以减轻社会养老的负担，又有利于老人在家庭中愉快地安度晚年。为此，政府应从政策上积极鼓励居家养老，鼓励子女赡养老人。

居家养老的老年人数虽然占了老年人的绝大多数，但还有一部分老年人由于无子女、无亲人、生活贫困等原因，需要由社会老年福利机构来供养。另外，随着市场经济的发展，人口流动性增大和家庭小型化、家庭结构核心化的发展趋势，有经济收入的退休孤寡老人和子女不在身边的老年人逐渐增加，社会对无收入孤寡老人只能在敬老院对他们提供无偿服务和照顾，对有经济收入但子女不在身边的老人则需要通过敬老院、老年公寓等多种设施提供有偿服务。而在与子女同住的老人中，有的因子女白天忙工作，老人一人在家得不到照顾，并且感到寂寞孤单，因此，许多老人及子女都对“托老”服务有迫切的需求。

（二）政府应提供普享型国民养老保险和向贫困老年人提供社会救助，满足老年人的经济需求

普享型的国民养老保险与覆盖老年贫困人口的社会救助制度构成多元化老年人福利保障体系的第二支柱，政府是这一层次的直接责任主体。这一层次制度的出发点是面向所有老年人提供最基本的收入保障，经费来源于税收，待遇标准与工资脱钩但与物价水平挂钩，并随着整个社会平均收入的提高而提高。它体现着老年人分享经济社会发展成果的权益，是具有公平性的养老保险制度安排。与此同时，政府负责的贫困救济制度（我国现阶段是最低生活保障制度）也覆盖着老年贫困人口。

政府一方面要根据人口、社会和经济情况的变动，为老人提供合适的养老金、医疗保险、最低生活保障、长期照顾等社会福利；另一方面，政府还应利用本身的地位优势和资源优势，通过制定好政策，建立好体制，从宏观上引导市场向老人服务倾斜，同时在微观上重视给养老产业的经营者以援助，如免费培训职员等，激励他们为老人提供服务。向老年人提供社会保护、保障方面的顾问和咨询服务。

另外，政府还是老年人福利的规划者。政府的各项政策措施不仅满足当代老年人的需要，也要通过长远的规划，使现在的劳动人口和未成年人在年老时获得足够的保障。

在构建多元化老年人福利体系过程中，政府作为社会福利事业的主导者，

应做好以下工作[①]：

第一，补充和完善市场的不足。根据老人这一特殊群体具体的情况做出相应的对策，对已经出现的问题，采取应对措施，解决老人燃眉之急的同时，尊重老人这一群体的权利和利益，做出长期规划使老人能得到长期稳定的适当关怀和照顾。

第二，建立健全的养老和医疗保障体系，保障老人最基本的生活和健康需求。同时为非正规经济部门工作的人员设计具有创新性的社会保障方案，以备他们年老之需。

第三，在对待养老机构尤其是私人养老机构上，政府一方面要通过立法加强管制养老机构的水准，以保障老年人的权益。另一方面应给予协助，提供低息贷款，加强有关照顾老人的培训等，帮助养老机构提高服务水平。

第四，培育非营利的养老服务组织的发展，适当给予政策优惠和资金支持。

第五，着力培养高素质的养护员、护理工，通过正规培训，为上岗人员提供资格认证；对各项服务进行评估，保证服务数量更要保证服务环境、内容和质量。

第六，鼓励媒体宣传，让全社会认识到老年人对社会发展的贡献，并因此而尊重和感谢老年人，形成互助、融合的社会风尚。

第七，将对老年人的关怀和照顾渗透于各项政策的制定中，如在城市规划和建设中，努力使各项基本设施无进出障碍，以使老年人能够使用各种公共场所、交通和其他服务。

（三）单位提供的补充养老保险成为老年人福利的必要补充

作为职业福利的重要组成部分，构成老年人福利保障体系的重要组成部分，或称其为第四根支柱。在这一层次，政府应鼓励单位提供补充养老保险，但不应干预企业及其他单位建立补充养老保险的自主权，其经费既可以全部由雇主提供，也可以由雇主与劳动者分担。它服从单位的发展战略和劳动力市场的竞争需要，从而应当属于单位负责的保障层次。此外，单位提供的其他职业福利（如住房福利等）也可以对老年人的生活保障起到一定的作用。

（四）市场提供的商业性人寿保险和社区内提供的有偿服务是老年人福利的重要组成部分

它由市场提供，通过市场的自由交易来完成，从而在实质上仍然属于个

① 刘晓梅，张敏. 构建多元化老龄生活援助体系［J］. 社会保障制度，2005（4）

人自我负责，只不过与家庭或自我保障相比，市场提供的方式具有了市场化和社会化的意义。

（五）其他层次

如邻里互助、社区互助、亲友互助，以及诸如老年人协会等社会团体组织的互助活动，也可以为老年人提供补充性的保障或服务。

二、老年人福利与老年人权益保障

老年人权益保障法是我国第一部全面、系统保障老年人权益的重要法律。这一法律规定了老年人福利的主要内容，以及国家、社会、市场与家庭的相关职责，并规定了社会保障与家庭养老在老年人福利保障制度中的地位与作用。老年人权益保障法中对老年人福利的主要内容做了相关规定。

首先，国家建立养老保险制度，保障老年人的基本经济需要。老年人依法享有的养老金和其他待遇应当得到保障。有关组织必须按时足额支付养老金，不得无故拖欠和挪用。根据经济的发展、人民生活水平的提高和职工工资增长的情况，国家要不断增加老年人的养老金。

其次，国家建立多种形式的医疗保障制度，保障老年人的基本医疗需要。如果老年人患病，本人和赡养人确实无力支付医疗费的，除医疗部门依法应给予照顾外，当地人民政府可根据情况给予适当帮助，并提供社会救助。医疗机构应当为老年人提供方便，对70岁以上的老年人就医应予以优先。国家采取措施加强老年医学的研究和人才的培养，提高老年病的预防、治疗和科研水平。

最后，保护和优待老年人的居住条件。老年人的所在单位分配、调整或者出售住房，应当根据实际情况和有关标准照顾老年人的需要，配置适合老年人生活和活动的配套设施。国家鼓励、扶持社会组织或个人兴办老年人福利院、敬老院、老年公寓、老年医疗康复中心和老年文化体育活动场所等。

《老年人权益保障法》本质地规定了社会保障与家庭养老在老年人福利保障制度中所发挥的作用，并强调家庭养老和社会保障相结合，这是《老年人权益保障法》与我国几千年来的家庭养老传统和西方资本主义养老制度的显著区别。我们不搞纯家庭养老和纯社会养老的单一形式，而是将这两者有机地结合起来，形成有中国特色的养老形式。《老年人权益保障法》在规定“老年人养老主要依靠家庭”的同时，还规定了“社会保障”的养老内容，依靠全社会的力量，保障老年人的合法权益，弥补其家庭养老职能的不足，逐步改善保障老年人生活、健康以及参与社会发展的条件。

三、老年人福利与老龄产业[①]

老龄产业是为老年人提供商品和服务的产业。它的发展首先取决于经济发展，老年人收入的提高和赡养老年人子女和亲属的收入水平的提高；其次，取决于老年人的特殊需要，如果老年人没有特殊需要就不会有老龄产业；最后，取决于国家经济转轨到社会主义市场经济后是否鼓励和支持发展老龄产业等。

老龄产业在我国长期以来是很薄弱的，几乎是一片空白，由于经济落后，老年人及其供养者收入低微，不大可能对市场提出很大的老年人的需要，达到形成一个产业部门的要求。目前所有老年人的需要几乎都由家庭来承担，生活的经济需要来自家庭和社会保障自不待言，而日常生活照料、健康的照料护理也主要由家庭成员负担，只是在需要时求助于社会医疗机构，至于精神慰藉由家庭成员负主要责任自不待言而且是不可替代的。

但是随着我国人口老龄化的加速，家庭的小型化、核心化，老龄产业在我国发展已具备一定的客观条件，但还必须有国力增强、人民收入增加作为充分条件。我国现在进入建设小康社会的新时期，这就为我国老龄产业发展创造了条件。在老龄产业中行业很多，有众多老年人需要的商品和服务行业，因为老年人与生俱来就是千差万别的，因此，需求也是多种多样的，因而老龄产业既要有“锦上添花”的产业也要有“雪中送炭”的产业。但是从我国处于社会主义初级阶段，现在还在建设小康社会的时期，老年产业的重点应该发展老年服务业和护理业。

我国人口老龄化、高龄化正在加速，在21世纪中叶以前，我国老年人将超过4亿，80岁以上老年人预计1亿左右，我国将成为世界上最大的老年服务业和护理业潜在的市场。撇开经济因素暂时不谈，老年服务业和护理业的发展很大程度还取决于高龄老人的健康状况。根据北京大学出版社新近出版的《中国高龄老人健康长寿数据集》提供的资料，80岁以上老年人完全自理的不到2/3（65.4%），而完全依赖、相对依赖、相对自理的占1/3以上。因为相对自理的也是常常需要人照料的。至于长期照料护理的人数多少取决于生活质量的标准及自理和生活依赖程度的划分标准，见仁见智大有区别，因此，数据差别很大。国外有人估计，在发达国家，目前需要不同形式长期照护的已占老年人的1/4。

---

① 邬沧萍．长期照料护理是老龄产业重中之重．见：人口研究编辑部．发展老龄产业：应对人口老龄化的一项重要战略．人口研究．2001（02）28-40

四、产业化、市场化在老年人福利中扮演的角色

如前所述，老年人生活需要有：经济供养、生活照料、健康维护和精神慰藉四方面。所需的资源包括人力、物力、财力和医护科技等。而能提供资源者：一是通过国家、政府的社会保障系统、社会福利机构和各种国家的医疗、生活服务机构。二是通过市场化、产业化的保险业、医疗康复业、护理业和生活服务业、文娱体育健身业等。国家、政府和市场都具有法律依据和规范性，所以称为正式支持或规范支持，但对老年人长期照料护理来说，只能涉及很少一部分。对老年人长期照料护理的主要是家庭，包括配偶、子女和子女的配偶和一些亲友等，这构成第三种方式的支持。这些都是非规范或非正式的支持，但非规范支持目前在我国承担着最大、最多的老年人照护。

除了上述三根支柱支持外，近年来在全国广泛兴起的社区助老服务也是满足老年人长期照护需要的一根重要支柱，一是它缓解了家庭长期照料护理的困难；二是它就地、就近参与照料护理，减少了国家社会投资也方便了群众；三是老人仍可继续生活在他们熟悉的生活环境中，更容易得到亲情友情的关怀，因而能大大提高照护质量。我国社区有别于国外的社区，在很大程度上具有政府职能，但是从长远看，社区对老年人长期照护的服务，目前还没有条件，也不应走福利化的道路，因此，也只能走市场化、产业化的道路，由社区、家庭和老年人自己各承担长期照护的一部分责任，也只有这样对老年人长期照料护理才是可持续的。

对老年人长期照护要投入很大的人力、物力和财力，在市场经济下，除了对老年人的亲情慰藉外，服务老人的人力、物力和医护服务，在很大程度上都能从市场取得，所以长期照护的一个重要问题是要有经济保障。经济保障只有家庭、社会保障系统和老年人自己（过去的储蓄）能提供。长期照护的支出是庞大的，只由一方面承担常常是有困难的，只能多方面共同负担。看来未雨绸缪建立一个长期照护保险的新险种，不失为一种有效的办法。

老年人长期照护需要的风险人人都存在，所以每个人在年轻时开始投保，把风险在更大范围内分担是可行的，一旦发生长期照料护理的需要时，由承保的保险公司支付费用或采取其他方式如入住养老院、护理院或上门服务、家庭病床方式来解决或补偿。长期照护保险需要一整套规范的标准，必须事先在合同中约定。德国、日本近年来就有这一险种，英国、荷兰、丹麦也有类似的保险。长期照护保险采取社会保险也是可能的，因为在我国实践中，对一些特殊老年群体的医疗保险中实际上也包括日常生活照料和医疗护理、康复护理等内容。

长期照护保险在社区的小范围内也是可以建立的，一些有一定规模的老年公寓、养老院、护理院甚至医院也可以在政府或社区领导下建立长期照护保险或类似保险办法。在前一个时期，我国几个大城市如南京、上海、北京等在社区提出的“劳动储蓄”“时间储蓄”“年轻老人照顾高龄老人”或志愿服务等其实质也是为解决老年人长期照护问题。这个问题必须提上议事日程，采取规范的市场化、产业化办法使这一老年服务业和护理业能可持续发展。

第四节 老年人福利的现状及发展趋向

一、老年人福利的现状

《中华人民共和国老年人权益保障法》规定，国家和社会采取措施，改善老年人生活、健康以及参与社会发展的条件。各级政府将老年事业纳入国民经济和社会发展计划，逐步增加对老年事业的投入，并鼓励社会各方面投入，使老年事业与经济、社会协调发展。近年来，通过推进社会福利社会化，逐步形成以国家、集体举办的老年社会福利机构为骨干，以社会力量举办的老年社会福利机构为新的增长点，以社区老年人福利服务为依托，以居家养老为基础的老年人社会服务体系。2004 年，中国共有各类老年人社会福利机构 3.8 万个，床位数 112.9 万张，平均每千名 60 岁以上的老年人拥有床位 8.4 张。

由于人口老龄化趋势的加强，老年人福利客观上成为现代社会保障体系中日益重要的内容，完备的老年人福利不仅能够解决老年人自身的诸多问题，而且能够减轻老年人家庭的负担，是有利于社会发展的重要制度安排。针对我国国情，在养老模式的选择上应大力推进社会福利社会化，探索建立以居家养老为基础、以社区老年人福利和社会服务体系为依托、以老年社会福利机构为补充的具有中国特色的养老安老模式。

（一）我国老年人福利事业存在的问题

在我国经济转轨、社会转型、人口老龄化加速发展的历史条件下，我国现阶段的老年人福利事业无论从量的规模还是从质的结构上，都不能适应经济和社会发展的需要。目前，我国的老年人社会福利事业覆盖面小、整体水平较低的特点已经越来越不适应形势发展的需要，面临着严峻的挑战。我国老年人福利事业主要面临以下几个问题。

1. 发展严重不平衡，城乡差距、地区差距较大

经济发达与欠发达地区在社会福利机构的资金投入、人员素质和管理水平、服务质量等方面相差甚远。中国有80%的老年人生活在农村，仍未有一所全面的福利机构。因为制度化的社会服务本来就不多，农村的民政工作大致只局限于救灾、扶贫，其形式仍脱离不了紧急救济，能够为老年人提供的福利也极为有限。

2. 覆盖面小，供需矛盾突出

随着经济发展和社会进步，特别是人口老龄化、家庭小型化、农村城市化进程的加快，使人民群众对老年人福利需求急剧增加。而目前我国的福利供给严重不足，据测算，我国现有的社会福利服务只能满足5%的社会需求。目前我国老年人福利事业单位整体数量少，且设施、设备普遍比较陈旧落后，服务水平低。国家对福利保障和福利服务的资源投入增加少，比重低，福利服务的增加远赶不上社会需求的增长。

同时，现有的养老机构普遍存在着房屋狭小、设施简陋的情况，不少地方连老人如厕的问题都难以解决。而新建的、改建的条件较好的机构却放弃了最应该坚持的原则而搞成了宾馆饭店的“标准间”形式，收费价格相对家庭或老年人的实际经济水平显得普遍较高。诸多原因的汇集导致了一方面大量老年人求助于养老机构，另一方面又有大量的床位空闲而无人入住（入住率为75%左右），从而产生了一方面总量供给不足，另一方面有效需求不旺的尴尬局面。

3. 社会化程度较低，尚未完全摆脱计划经济下的管理机制

我国的老年人社会福利机构多由国家、集体包办，真正社会兴办的福利机构的比例少、规模小。一方面，导致老年人社会福利资金不足，致使其发展缓慢；另一方面，由于占主导地位的国家和集体办的福利单位与政府依然保持领导与被领导的关系，形成了一种端铁饭碗、吃大锅饭的体制，福利事业单位不在适应市场、改善经营和努力提高服务方面下工夫，使得本来就有限的资源未能充分发挥和利用。

4. 服务队伍的专业化水平较低

从社会福利服务工作的岗位职责和专业技能要求来看，现有的服务队伍还远不能适应老年人社会福利发展的客观需要，专业水平较低，专门技术人员、专业社会工作者和管理人员严重缺乏。2005年年底全国民政系统实际从事社会工作的人员大约有45.3万人，而要提供服务的城市低保对象为2 200多万人，农村绝对贫困和低收入人口为6 500多万人，残疾人口为8 200多万人，重点优抚对象为460多万人，孤儿为57.3万人，还有老年人口1.43亿

人，常年受灾人口1个多亿。① 社区服务工作也存在类似的问题，这已严重影响了社会福利服务内容、项目的扩展和服务质量的提高。

5. 政府对老年人社会福利资金投入少

中国发展研究基金会2009年发布一份名为《构建全民共享的发展型福利体系》的报告，报告指出要实现"老有所养"的目标，到2012年，预计养老保障的财政投入预计需要8 300亿元，到2020年，预计养老保障的财政投入要13 700亿元左右；2009年，中国政府在社会福利上的投入为GDP的6%，按照这个数字，届时会出现巨大的资金缺口。② 由于我国财政支出结构的限制，政府对于社会福利的投入较少，导致当前的社会福利机构，尤其是老年人社会福利机构的资金严重不足。近年来，许多社会福利机构为增加自身的发展能力，开展多种经营活动，走以副养院的道路，但由于缺乏相应的扶持保护政策，特别是经济包干政策和税收优惠政策在许多地方还未落实，因而影响了社会福利机构自我发展的能力。

目前在应对人口老龄化问题方面，我国存在着众多不足和滞后因素，其中尤以制度缺失最为突出。应对人口老龄化压力，必须从完善的制度安排入手。只有完善相应的制度安排，才能对可能出现的问题进行前瞻性的规划，对已经出现的问题进行针对性的解决。

事实上，由于缺乏相应的制度约束和安排，目前，一些地方的社会保障工作面临非常大的压力，甚至出现了社会保障基金入不敷出的问题；由于没有制度支撑，导致直接服务于老龄社会的各种社会服务组织迟迟没有建立，与老龄社会相配套的各种服务措施也是严重滞后，老年服务机构和设施奇缺，有些地方老年人正当权益缺乏必要的保护；由于没有制度支撑，全国现有的各级老龄机构设置不统一，级别、性质不规范。涉及老年人福利的有关机构没有独立的办事环境，各地的老龄机构设立不统一，分别隶属于民政部门、组织部门或劳动部门，没有一个统一的管理体系。同时各种机构名称杂乱，有的称"老龄委员会""老龄工作委员会""老龄问题委员会""老龄协会""老龄工作处""老龄办公室"。这不仅直接影响到老年人的生活，使老年人的生活质量难有保障，而且还影响到其他人群，这使得年轻人不得不付出巨大的财力和精力组织安排老年人赡养事务。有专家指出，在"星光计划"实施过程中，各级政府不同程度地存在着"重建设、轻管理"的倾向，制度安排

① 管恒川. 对民政系统社会工作人才队伍建设的思考. http：//hnmz.gov.cn/articlite/data/1232358123.html，2009

② 凤凰网. 中国发展型社会福利体系50问. http：//finance.ifeng.com/news/hgjj/20090403/508611.shtml，2009

滞后于“星光老年之家”的发展速度，由此带来项目运营机制的差别和服务项目设置的不同导致“星光计划”项目的“空壳”化现象。[①]

应该说，制度安排的滞后，与我国社会对老龄化问题的认识不到位直接相关。与人口问题比起来，在一些地方，一些人似乎更重视经济增长数字等硬性的发展指标，而不能从经济社会协调发展的全局出发，关注更深层次、更广泛层面的社会问题。实际上，人口问题从来就不是单一的，它关系到就业、经济结构、教育、社会保障、婚姻家庭以及社会安定等方方面面，所以，必须予以足够的重视。对人口老龄化问题的忽视暴露出相关部门对现代化建设的复杂性、艰巨性认识不足，统筹经济社会协调发展能力有所欠缺。

制度是解决问题的基础，解决人口老龄化带来的社会问题同样离不开制度保障。必须从有效的制度安排入手，积极应对老龄化趋势给社会保障带来的压力，建立起满足老年人群需求的各项社会服务体系，最终将老龄化问题控制在一个尽可能小的程度之内，保障现代化建设的顺利推进。

（二）发展有中国特色的老年人福利事业

第一，国家应当加大对老年人福利事业的投入，把满足老年人需求放到国计民生的高度来考虑，公共财政要成为公共福利的重要支撑，而老年人福利居于其中重要地位。同时，重点发展一批老年社会福利机构，为生活不能自理而家庭又无力照顾的老年人服务。国家办的福利院仍要作为窗口发挥示范辐射作用，从各方面大胆革新，进一步适应市场经济规律，在竞争中生存、发展、壮大。福利院应继续开展自费代养业务，以院养院，促进良性循环。

第二，充分调动民间力量，走官民结合的社会化道路。毫无疑问，政府在可能情况下提供社会服务的不可或缺的作用，并且应当予以强调。但由于老年人群体规模越来越大，仅靠政府的力量，无论从财力还是从人力上，是不可能满足老年人的福利需求的，因此，必须充分调动社会各界或民间的积极性，重视非政府组织尤其是社会公益团体在老年人福利事业中的作用，走官民结合的道路。如扶持民间力量兴办养老院、老年公寓，发动社会捐献以促进社区福利事业的发展。在中国，尤其应当继续重视并巩固家庭的老年保障功能和社区邻里互助，用相应的政策来引导家庭成员之间、社区成员之间的互助服务。通过政府和社会、社区、家庭的有机结合和政策协调，便可扩大和提高满足老年人需要的范围和能力，官民之间的协作也将有助于扩大可供老年人及其家庭选择的社会服务的范围。而各种社会服务机构亦应鼓励老

① 高灵芝，杨洪斌，胡旭昌．“星光计划”项目“空壳”现象分析［J］．社会福利．2003（4）

年人参加志愿组织，以便利用他们的知识，并增进他们的归属感，以及认为自己仍有用武之地。

第三，老年人福利应当立足社区，政府的公共资源有必要向社区倾斜。老年人一般都离不开熟悉的环境，在社区内提供老年人福利不仅能够节约成本，而且可以更好地满足老年人的需求，环境的熟悉和人与人之间的熟悉，使老年人能够更好地享受晚年生活。对有困难的孤寡老人的供养，除享受规定的生活补助和最低生活保障救助外，要依托区、街道、居委会，大力兴办社区服务设施，设立老年人服务项目，或开展包户、入户服务与“托老”等形式，为老年人提供各种福利服务。社区可以根据大多数老年人都生活在固定的社区环境中这一事实来提供各项服务。社区办托老所的优越性是就地就近，办在家门口，与家庭、子女分而不离，便于家庭成员往来照顾。而且，社区办托老所投资少、经济实用，便于管理，适合我国老年人口众多、老龄化速度快和经济尚不发达的国情。社区办托老所给老年人自主地安排晚年生活提供了一个新途径，它使有退休金的老人改变了过去只有经济保障而缺乏服务保障的状况。

第四，统筹发展老年人福利事业，积极走社会福利社会化的道路。在大力发展老年人福利服务设施的同时，有必要将家庭照顾、社区照顾、机构照顾和志愿组织的照顾有机地结合起来。从国家和民政部门来讲，福利事业的资金要逐步增大，但仅靠这些投入是远远不够的，还需要全社会对这项工作的重视和投入，多渠道筹措资金，充分发挥社会团体、民间慈善机构，以及私营、个体经济的作用，鼓励社会力量投资于老年福利事业，兴办老年公寓、敬老院等老年福利设施。在发达地区如广东，养老正逐渐成为一种产业，人们的投资侧重风险小的项目，投资兴办社会福利服务机构的积极性很高，不少企业也把兴办托老服务机构作为转轨经营、安置下岗职工的一种选择。

第五，充分发挥广播、电视、报刊等大众传播媒体的宣传教育和引导作用，采取多种形式，加强老龄宣传工作，增强全社会的老龄意识；要把弘扬敬老、养老、助老美德作为社会主义精神文明建设的重要内容，将敬老教育内容列入中小学教材；地方各级人民政府和有关部门要对老龄事业中涌现出的先进单位、家庭和个人给予表彰和奖励。同时，加强老年活动设施建设以及老年文化建设。广播电台、电视台要办好老年文化专题节目；建立老年教育网络。开展适合老年人特点的教育活动，帮助老年人增长知识，陶冶情操，倡导科学、文明、健康的生活方式。鼓励老年人继续参与社会发展。根据社会需要和自愿量力的原则，创造条件，积极发挥老年人在两个文明建设中的作用。在城镇，要重视老年人才资源的开发和利用，引导老年人从事教育、科研、咨询以及维护社会治安、社区服务等社会公益活动；在农村，鼓励健康老人从事种植、养殖和加工业。

第六，应当培养一支老年人福利工作队伍。为老年人提供服务需要一定的专业技能，包括心理学知识、医学知识等，在发达国家乃至中国香港地区，都是由专业的社会工作者承担这类工作；在日本，更是大量培养老年福利护理人才，以满足人口老龄化时代的老年人福利事业发展的需要。社会福利服务人才的培训应重点放在老年医学、老年病学及老年心理学等方面，还应对非专业护理人员如家庭成员进行培训，以使他们能更好地了解老人，并为老年人服务。我国民政部门可重点扶持和发展社会工作专业，以利于老年社会服务队伍及社会福利队伍自身水平的提高；建立不同层次的职业培训系统，为社会力量兴办社会福利事业提供专业的管理人员和服务人员。民政与劳动就业部门应积极协作配合，将经过培训的下岗职工分流一部分到社区服务领域中来，这样，既可以满足社区服务发展的需求，又可以缓解就业压力。同时，由社区服务中心牵头，在社区范围内建立志愿者队伍，并与老年人服务机构签订长期服务协议，以保证志愿者队伍的长期稳定。

尤其值得指出的是，在老年人福利方面，最重要的是使老年人与社会结合。老年人福利政策及服务方案的设计与执行，应当做到将使老年人尽最大可能留在家庭和社区中，并将为老年人提供参与社会生活和继续为社会做出贡献的机会。不应当忽视许多老年人在接受社会服务的同时，其本身也能够参与提供社会服务并为之做出贡献。因此，应特别重视那些将使社会福利服务更易为老年人及其家庭享受的措施，尤其是在这类服务比较差或者可能完全没有的农村地区。为此，应把服务提供系统的分散和协调放在高度优先地位。政府的或志愿的组织，尤其在地方一级，可以做许多工作来加强老年人社会服务的提供，其办法是在规划、协调和执行这些服务方面分担责任。

二、老年人福利的发展趋向

首先，在西方发达国家，健康老龄化问题日益被人们所认识和重视，这成为提升老年福利保障层次的主要内容。所谓“健康老龄化”（healthy aging），是指在老龄化社会中，绝大多数老年人处于生理、心理和社会功能的健康状态，使社会发展不受过度人口老龄化的影响。具体内容主要包括老年人个体的健康（指身心健康和良好的社会适应能力）、老年群体的整体健康（指健康预期寿命的延长以及与社会整体相协调）、老年人家庭健康（指有老年人的家庭代际和谐、老年人婚姻自由、家庭幸福）、老年人经济健康（指老有所养，不为养老发愁）、社会环境健康（指发展健康的生活方式和健康的社会经济机制）。

概而言之，健康老龄化重点强调：其一，老年人的健康受到各种社会因素的影响，社会生活的完善对老年人的整个生命过程具有重要意义；其二，健康老年化关注老年人口中大多数人的健康长寿，强调总人口中健康老年人比重的不断提高和寿命质量，因而它是一项社会发展对策；其三，健康老龄化是老龄化时代社会良性运行的标志，也是人类对付过度人口老龄化的一项有效、乐观的对策。

其次，在西方发达国家，老龄产业的长足发展，促进了老年人福利保障水平的提高。其中，老年人长期照料护理（Long Term Care，简称 LTC）逐渐成为老龄产业的重中之重。

老年人长期照料护理是指老年人由于生理、心理受损生活不能自理，因而在一个较长时期内甚至无限期都需要别人在日常生活中给予广泛帮助，包括日常生活照料和医疗护理（包括在医院临床护理，愈后的医疗护理和康复护理及训练等）。长期护理旨在提高由于病理性衰老，甚至由于正常衰老的老年人的生活质量和生命质量，它也是预防新的疾病发生的重要措施。

在已经率先进入老龄社会的国家和地区，由于人口趋向高龄化，老年人个体生理、心理受损，影响日常生活自理能力而求助于社会，LTC 是一种普遍现象。由于 LTC，需要家庭、社会、国家投入几倍甚至几十倍于老年人一般需求的人力、物力、财力。所以发达国家对 LTC 都“谈虎色变”，发达国家特别担心由于高龄化后出现的卧床不起的老年痴呆症等造成家庭、社会、国家的负担。20 世纪 90 年代初，荷兰各种照料护理支出 50 亿美元[①]，占其国内生产总值 1.2%左右。根据美国 1995 年一项统计，全国人住养老院的费用高达 780 亿美元，[②] 相当于美国 GDP 的 1 %左右。需要 LTC 的高龄老人常因家里没有必要的护理条件入住养老院。此外，医院的资源也不可能长期接受这类病人，这就为老年服务业和护理业发展提供了很大的机遇。

本章小结

解决人口老龄化问题的核心是要解决老年人的物质供养、生活照料和精神慰藉问题。老年人生活需要有：经济供养、生活照料、健康维护和精神慰藉四方面。

我国现行的养老方式，包括国家和社会养老、家庭子女养老和老年人个

① 中国老年学学会. 实现健康老龄化. 北京：中国劳动出版社，1995：300

② 美·肯迪. 购买人口健康. 27

人养老三部分，是结构性养老。

由于我国经济发展水平还不高，家务劳动社会化的程度还较低，老年福利事业不发达，居民住房条件尚不尽如人意，所以，老年人和已婚子女之间在经济上相互依赖的程度远远高于发达国家。

复习思考题

1. 什么是老年人社会福利？老年人社会福利是在怎样的背景下产生的？

2. 老年人社会福利的主要内容有哪些？

3. 如何理解人口老龄化与老年人保障之间的关系？

4. 当前我国老年人社会福利制度存在哪些问题？如何完善我国老年人社会福利制度？

案例讨论

夕阳无忧计划①

上海市杨浦区 2008 年推出“夕阳无忧计划”。这项计划由助餐、助医、助急、助洁、助行、助乐等服务内容组成，受益面覆盖全区 22 万名 60 周岁以上的老人，开创了一种依托社会的居家养老模式。

为解决高龄、特困和独居老人的吃饭难，江浦路街道开办了全市第一个社区老年人助餐服务点，至今，全区 12 个街道（镇）均已开展了为老助餐服务，目前已有 1 800 名老年人享受助餐服务。就餐地点环境整洁，还配备专职的营养师和助老服务员。老人们既可前去就餐，也可得到送餐上门的服务。经济困难的老人还能得到每餐 0.5 元的政府补贴。

今年，区卫生医疗系统开始为全区 60 周岁以上老人建立健康档案。各社区卫生服务中心还建立了老年人随访制度，对 80 周岁以上老年人每季度送医上门一次，每月至少电话随访一次。民政部门还向 1 300 多位经济困难的老人发放了慈善助医卡，有 9 000 多人次老人得到免费上门医疗服务。目前，社区医疗机构普遍设立了老年人家庭病床，常年上门为老年病人服务。

如今在杨浦区，老年人如有急难，有两条信息化的求助途径：一是通过家里安装的紧急呼叫服务器，二是拨打区老龄委开设的老年服务热线。为了完善对老年人的应急服务，该区建立了一支由几十人组成的“能工巧匠志愿助老队”，服务项目有修锁开锁、水管防漏，以及家电、煤气、热水器维修

---

① 资料来源：搜狐网（2008）《夕阳无忧计划，保障老人生活》http：//business. sohu. com/20080904/n259368815. shtml

等。还组成了专职助老关爱员队伍，照应全区1 200多名体弱多病、孤寡高龄及特困老人，他们每天问候老人的情况，为老人提供购物、陪医、配药等各种服务。

全区20家大众理发店、20个便民浴室，以及社区洗衣房也进入助老的行列。老人们可通过预约的方式，得到上门理发服务，每次只需5元，经济困难的可得到政府补助；对沐浴困难的老年人，政府出资委托浴室开设老人助浴专场，实行一对一陪护助浴。各社区开办的居家养老服务社设置了洗衣房，对行动不便的老人实行上门收、送衣被，这项由政府补贴的助老服务，使经济困难的老人也能干干净净过日子。

总体来说，夕阳无忧计划在老年人福利与服务的设计上考虑了老年人多方面的需要，包括身体方面、心理方面、社会方面、精神方面和物质方面，是一项综合性的老年人社会福利服务项目。这项计划不仅满足了老年人的福利需要，体现出老年服务的特点，同时也说明了一个良好的社区照顾计划可以在应对中国当前条件下日益增多的老龄人口的需要方面起到非常积极的作用。但是这个计划也不是完全没有缺陷的，老年人福利不仅要保持老年人健康的身体状况，还强调老年人过好正常的生活并融入自己的家庭和社区，即老年人福利通常要求能够发挥与发展老年人的能力与潜力。但在这项计划当中，做得比较好的主要在帮助老年人的困难方面，而对于如何提升老年人的能力，令他们更好的融入社会与家庭却有所不足。

第九章

残疾人福利

学习要点

通过本章学习，了解残疾人事业的发展概况、定位及其意义，树立现代文明社会的残疾人观，认识中国残疾人社会福利的基本内容及其体系建构。

关键概念

残疾人　残疾人观　残疾人福利　残疾人服务体系

第一节　概述

一、残疾人定义

《中华人民共和国残疾人保障法》规定，“残疾人是指在心理、生理、人体结构上，某种组织、功能丧失或者不正常，全部或者部分丧失以正常方式从事某种活动能力的人”。这是依据联合国《残疾人权利公约》对残疾人的界定所作出的一个科学的定义。它突破了过去单纯从肢体上去定义的局限，从身体功能障碍及精神、心理、智力等方面的残疾，全面揭示了残疾人的基本属性。

残疾人的类别，包括视力残疾、听力残疾、言语残疾、肢体残疾、智力残疾、精神残疾、多重残疾等七种。残疾人标准由国务院规定，其评定标准及方法，是以 2006 年国务院批准的《第二次全国残疾人抽样调查残疾标准》及相关评定方法为依据的。

二、残疾人群体的定性

残疾人是一个数量众多、特性突出、特别需要帮助的社会群体。根据第二次全国残疾人抽样调查结果，截至 2006 年 4 月，全国共有各类残疾人 8 296 万人，占全国总人口的比例为 6.34%，涉及 2.6 亿家庭人口，平均每 16 人中就有一个残疾人，约 1/5 的家庭中有残疾人。各类残疾人的人数及各占残疾人总数的比重分别是：视力残疾 1 233 万人，占 14.86%；听力残疾 2 004 万人，占 24.16%；言语残疾 127 万人，占 1.5%；肢体残疾 2 412 万人，占 29.07%；智力残疾 554 万人，占 6.68%；精神残疾 614 万人，占 7.40%；多重残疾 1 352 万人，占 16.30%。

与 1987 年第一次全国残疾抽样调查比较，我国残疾人口的规模有所扩大，占总人口的比例上升。由于人口老龄化加速，慢性疾病和意外伤害，包括工伤事故、交通事故致残比例的成倍增长，及环境污染等因素，我国残疾人口呈增加趋势。资料表明，我国残疾人每年增加约 100 万人，每天增加数超过 2 000 人，平均每 40 秒新出现 1 人。

在众多残疾人中，60 岁以上的占 1/2 以上；3/4 居住在农村；残疾等级以中轻度为主。

除数量众多外，残疾人群体的特性也很突出。如在认知和交往中要辅以盲文、手语，生产和生活中使用拐杖、假肢、助听器等辅助工具等。这就形成了特殊点字、特殊手语、特殊教育、特殊艺术、特殊体育、特殊设施等。这种特殊性使他们不能像其他公民一样平等地参加社会生活，而成为一个特别需要帮助的社会群体，也是困难群体中最弱势的群体。

三、残疾人事业的定位、意义及成就

残疾人事业是中国特色社会主义事业的重要组成部分，是全面建设小康社会和构建社会主义和谐社会的重要内容。关心帮助残疾人，是现行社会文明进步的重要标志。这是观察和处理残疾人事业的着眼点和制高点，是一个很高的定位。

促进残疾人事业发展的重要意义，可以概括为“三个有利于”，即“有利于维护残疾人合法权益，促进社会公平正义，实现全体人民共享改革发展成果；有利于调动残疾人的积极性、主动性和创造性，发挥残疾人在改革发展稳定中的重要作用，实现经济社会又好又快发展；有利于促进我国人权事业全面发展，体现社会主义制度的优越性，树立我国良好的国际形象”。①

改革开放以来，残疾人事业取得了历史性进步和举世瞩目的成就。1 300多万名残疾人得到不同程度的康复；残疾儿童义务教育入学率大幅度提高，就业状况得到一定程度改善，就业人数不断增加；1 300 多万名农村贫困残疾人摆脱贫困，1 100 多万名城乡特困残疾人基本生活得到保障；残疾人权益维护得到重视，无障碍环境建设不断加强，残疾人艺术和残疾人体育硕果累累。残疾人法律法规体系初步建立，1990 年颁布了《中华人民共和国残疾人保障法》，2008 年对该法进行了修订。国内 60 多部法律中有保障残疾人权利的具体规定。1994 年，国务院颁布《残疾人教育条例》，2007 年又发布了《残疾人就业条例》。国家正将残疾人事业纳入经济社会发展总体规划，1988 年国务院批准实施了《中国残疾人事业五年工作纲要（1988—1992 年）》，1991 年以来国家相继颁布实施了中国残疾人事业“八五”“九五”“十五”“十一五”发展纲要，全面开展了残疾人各项事业，其中的重要方面是残疾人福利事业。建立了党委领导、政府负责、社会参与、协调运作的工作机制，残疾人工作形成了比较完整的组织体系。残疾人事业已经由过去以救济为主的社会福利工作，逐步发展成为包括康复、教育、劳动就业、扶贫、社会保障、文化体育、无障碍环境建设、残疾预防工作等在内的领域广阔的综合性社会事业。残疾人福利事业从救助补缺型逐步走向“适度普惠加特惠”型，是一个历史

① 中共中央国务院关于促进残疾人事业发展的意见. 北京：华夏出版社，2008：2-3

性的转变。二十多年来，我国残疾人事业（含福利事业）从一个较低的起点，走上一条适合国情、具有特色、系统发展的道路。社会对残疾人的观念发生了较大变化，残疾人参与社会生活的环境明显改善，生活水平和质量不断提高，我国残疾人事业的发展在国际上赢得了广泛赞誉。

四、我国残疾人事业面临的困难和问题

残疾人事业虽取得了令人瞩目的成就，但是，必须清醒地看到，我国残疾人事业基础还比较薄弱，残疾人社会保障政策措施还不够完善，缺乏制度性的重点保障和特殊扶助，残疾人在基本生活、医疗卫生、康复、教育、就业、社会参与等方面还存在许多困难，总体生活状况与社会平均水平存在较大差距。据 2006 年第二次全国残疾人抽样调查表明，城乡残疾人人均家庭收入不到社会平均水平的一半，农村残疾人家庭户 12.95%（约 684 万户）年人均全部收入低于 683 元绝对贫困线，7.96%（约 420 万户）年人均全部收入在 683～944 元温饱线之间。随着国家贫困标准提高，残疾人贫困面还将扩大。15 岁及以上残疾人文盲率高达 43.29%，而全国文盲率为 6.72%。具有大学程度的残疾人为 94 万人，占全部残疾人口的 1.13%，而全国人口中具有大学程度的有 6 764 万人，占全国人口的 5.18%。在 6—14 岁的 246 万学龄残疾儿童少年中，正在普通学校或特殊教育学校接受义务教育的占 63.19%，大大低于全国适龄儿童接受义务教育 97%以上的比例。残疾人就业困难，已就业的工作不稳定，职业层次低。残疾人的基本需求与已经为他们提供的服务之间存在较大差距，接受医疗服务与医疗救助、特困救助与扶持、康复训练与服务以及辅助器具配备服务的残疾人分别占残疾人总人数的 35.61%、12.53%、8.45%和 7.31%，而上述 9 项有需求的残疾人比例分别达到 72.78%、67.78%、27.69%和 35.56%。一些地方和部门对发展残疾人事业重视不够，一些人的扶残助残意识不强，歧视及侵害残疾人权益的现象时有发生。随着人口老龄化和工业化、城镇化加快，老年残疾人、生产和交通事故等因素致残将有所增加，社会面临的残疾风险和压力将不断加大，这是一个严峻的挑战。

党和政府十分关心残疾人，高度重视发展残疾人事业。2008 年 3 月 28 日，胡锦涛总书记主持中共中央政治局会议，对促进残疾人事业发展作出重大部署，坚信中国残疾人事业必将进入一个黄金发展期。

▶第二节　残疾人福利

残疾人福利是指国家和社会为残疾人提供的福利服务、福利设施及举办的各种社会福利事业，目的是为改善残疾人的生活状况，提高其生活质量。残疾人福利的范围很广，主要包括康复、教育、劳动就业、文化生活及环境等方面。

一、康复工作

康复是指采用医学的、工程的、心理的、社会的和教育的多种手段，尽可能使残疾人的功能得到恢复或补偿，提高生活自理和社会适应功能，实现回归社会的目的。康复是残疾人工作的永恒主题。康复概念有广义和狭义之分，广义的康复是“全面康复”，包括医学康复、教育康复、职业康复、社会康复；狭义的康复仅指医学康复。

残疾人康复工作的指导方针是，从实际出发，将现代康复技术与我国传统康复技术相结合，以康复机构为骨干，社区康复为基础，残疾人家庭康复为依托，以实用、易行、受益广的康复内容为重点，并开展康复新技术的研究、开发和应用，为残疾人提供有效的服务。

（一）组织实施白内障复明手术

我国有视力残疾人 900 多万人，白内障是首要致盲因素。在“十五”期间，全国完成白内障复明手术 271.9 万例，其中为贫困患者免费手术 20 多万例。“十一五”发展纲要规定完成白内障复明手术 300 万例，免费复明手术 35 万例。

在各级残疾人工作协调委员会及残疾人康复办公室的统一协调下，卫生及残联等有关部门分工协作，组织动员眼科医务界和社会力量，实施白内障复明手术。在城市，重点组织好无医疗保险的白内障患者以及自费而又贫困患者就地、就近接受复明手术。在农村，摸清白内障患者底数，有计划地组织白内障患者实施复明手术。对边远、贫困、高发、技术力量薄弱地区，组织选派医疗队巡回手术。对贫困患者适当补助或减免手术费用。费用由中央和地方财政给予补贴，接受社会捐赠，多渠道筹集经费。推广建立白内障无障碍区，形成白内障防治工作长效机制。

（二）开展低视力康复工作

我国有低视力者约 500 万人，超过视力残疾总人数的一半，其中 60 岁以上的老年人约占67%。低视力康复的主要方法是，配用适合的助视器，进行视功能训练。

低视力康复工作是一项社会工程，涉及从中央到地方的各级残联、卫生部门、特教部门、眼镜行业及众多医疗机构和家庭等。卫生部门将低视力康复工作纳入医院眼科工作范畴。教育部门积极开展低视力学生分类教学和家长培训工作。国家有关部门将助视器验配工作纳入眼镜行业工作范围，在大中城市设立定点眼镜店，为低视力者提供验光、配镜和助视器使用训练服务。各地残联协调有关部门做好低视力康复网络建设，落实配套经费，宣传普及知识，组织技术培训工作。

（三）聋儿康复工作

我国现有7岁以下聋儿约80万人，每年新生聋儿3万余人。多数聋儿尚有残余听力，通过听力语言训练可以得到康复，开口说话。聋儿康复指通过医学、教育等康复手段，发挥助听、学语设备作用和康复训练，以减轻耳聋造成的听觉及言语障碍，使聋儿能听会说，与人进行正常的语言交往，以达到回归主流社会的目的。“十五”期间，全国对9.5万名聋儿进行听力语言训练；为10.6万名贫困聋儿免费佩戴助听器，基本形成了以聋儿康复中心为技术资源、语训部为依据、语训班为基础的中国聋儿康复工作体系。

聋儿康复工作的主要措施是，加强组织管理，完善各级聋儿康复机构，培训聋儿家长及开展家庭训练，培养专业人员，开展新生儿听力筛查及早期干预，资助贫困聋儿佩戴助听器，普及耳聋预防知识及开展后续教育等。

（四）精神病防治康复工作

精神病是指在社会、心理、生物等因素的不利影响下，导致大脑功能紊乱，表现为知觉、思维、情感、智能和行为等的失常，出现错觉、幻觉、焦虑、妄想、自制力障碍，常见的有精神分裂症。精神残疾是指精神病人病情持续一年以上未痊愈，从而影响其社交能力和在家庭、社会应尽职能上出现不同程度的紊乱和障碍。

我国精神病患病率呈上升趋势，目前我国有重症精神病患者约1 600万人。“十五”期间，卫生部、公安部、民政部、中残联共同在覆盖4亿人口的500多个市县，对274万名重症精神病患者进行综合防治康复，成效显著。“十一五”拟在覆盖8亿人口的县（市、区）对480万重症精神病患者进行防治康复训练，为10万名贫困患者提供医疗救助。

精神病防治康复的主要措施是，大力推广“社会化、综合性、开放式”

的工作模式，加强政府为主导、有关部门协作、社会各界广泛参与的组织管理体系；充分利用社会资源，完善技术指导网络和治疗康复系统，充分发挥其作用。遵循尽可能使精神病患者就近接受治疗、康复的原则，采取药物治疗、心理疏导、工疗、农疗、娱疗、体疗和生活自理、职业技能、社会适应能力训练、社会服务与综合防治康复措施。对精神病患者实行开放式管理，解除关锁与禁锢，不采取非治疗性约束，促进精神病患者的康复，减少精神残疾的发生，帮助其回归社会并能正常生活。

其他诸如小儿脑瘫、偏瘫、截瘫、截肢者康复，智力残疾儿童康复训练、麻风畸残康复等，不再细述。

（五）残疾人用品用具供应服务

残疾人普遍需要借助各类用品用具补偿功能，辅助生活，参与社会活动。残疾人用品用具供应服务是残疾人康复工作的重要组成部分。按照《中国残疾人事业“十一五”计划纲要》，组织研制开发、生产、供应各类残疾人急需的质优价廉的实用型辅助器具，推广、使用康复服务新技术、新产品；对贫困残疾人装配普及型下肢假肢、矫形器等实施救助。完善供应服务机构，加强用品质量监督与管理。

（六）减少和控制残疾发生，提高人口素质

开展降低出生缺陷的健康教育，建立健全出生缺陷干预体系。有关资料显示，我国每年实际发生的出生缺陷儿至少有 80 万人，即每 30～40 秒就有一个新生缺陷儿降生，人口出生缺陷率全球范围内中国最高。新的《婚姻登记条例》公布实施以来，强制婚检被取消，而代之以自愿婚检，婚检率大大降低，有的甚至降跌到零。人口出生缺陷干预工作遭遇到危机。应该向全社会宣传婚检的必要性，婚前医学检查是提高人口素质、降低出生缺陷和残疾的一道重要防线。它对保护当事人和后代健康起着非常重要的作用。可以考虑采取婚检福利化措施以提高婚检率。因为新生儿的健康不仅是一个家庭的事情，更关系到国家未来的民族素质。

推行食用盐加碘，为新婚育龄妇女、孕妇、儿童补碘，预防因缺碘导致智力残疾。加强劳动保护、交通安全工作，努力减少各类致残事故的发生。广泛开展“爱耳日”“爱眼日”“精神卫生日”“防治碘缺乏病日”等活动。广泛宣传、普及残疾预防知识，提高科学与安全知识。① 倡导早期干预和早期康

① 郭建模. 残疾人工作基础知识读本 [M]. 北京：华夏出版社，2002：86

复训练，有效减轻和控制残疾程度。

二、残疾人教育

教育是促进残疾人全面发展的前提，是残疾人平等参与社会生活的基础。党的十七大报告明确提出“关心特殊教育”。残疾人教育是对视力、听力言语、智力、肢体有残疾的人实施的教育。它包括学前教育、基础教育、高等教育、职业技术教育和成人教育。特殊教育是对有特殊需求的人实施的教育，在教育过程中，需要有特殊的教具、学具和特殊的教学方式。根据有关教育法规，残疾人教育已纳入国家教育改革和发展的总体规划。残疾人教育已成为我国教育事业的一个必要组成部分。

1994 年国务院颁布实施的《残疾人教育条例》规定，发展残疾人教育的方针是，“实行普及与提高相结合，以普及为重点的方针，着重发展义务教育和职业教育，积极开展学前教育，逐步发展高级中等以上教育。”

中国残疾人事业“十一五”发展纲要对残疾人教育制订的任务目标：

——基本普及残疾儿童少年义务教育，适应接受普通教育的残疾儿童少年入学率达到与当地健全儿童少年同等水平，接受特殊教育的视力、听力、语言和智力残疾儿童少年义务教育入学率达到国家要求，大力发展残疾儿童学前教育。

——符合条件的残疾人普遍得到职业教育或培训。

——保障符合国家录取标准的残疾考生接受高级中等以上教育。

——加快高级中等特殊教育发展，积极发展高等特殊教育。

主要措施包括：

1. 继续将残疾儿童少年教育全面纳入国家和各地区义务教育体系，统一规划，统筹安排，同步实施。

2. 继续完善以随班就读和特教班为主体、特殊教育学校为骨干的残疾儿童少年义务教育体系……

3. 将残疾儿童少年入学指标列入义务教育评估验收指标体系，统计义务教育对象必须包括适龄残疾儿童少年。

4. 统筹规划高中阶段特殊教育学校建设，市（地）级以上城市要建立特殊教育高中，设立特殊教育高中班；倡导、鼓励兴办残疾人高等教育，有计划地扶持有条件的普通高等学校开设特殊教育专业和创办特殊教育学院……

5. 继续将残疾人教育纳入国民教育体系，建立健全助学金制度，将残疾儿童少年接受义务教育切实列入政府优惠政策范围，在同等条件下，接受高级中等以上教育的贫困残疾学生优先享受国家资助政策。

6. 以社会普通职业教育机构为主，充分发挥具有特殊教育手段的残疾人职业教育机构的作用，普遍开展适应劳动力市场需求的残疾人职业教育与培训；城镇与就业相结合，农村与生产和扶贫相结合，开展多层次的职业技能教育和中短期实用技术培训。

7. 加强特殊教育师资人才队伍建设……

8. 采取多种形式，扫除残疾青壮年文盲；鼓励自学成才。

三、残疾人劳动就业

就业是民生之本，对残疾人来讲，就业是安身立命之本，也是一种最为综合性的福利。它不仅可以提供生活收入，还可以实际参与社会生活，对提高生活质量有着重要意义，是实现其人生价值的主要途径。残疾人劳动就业是指在法定劳动年龄内，有劳动能力的残疾人，依法参与劳动并取得报酬或收入。目前，城市残疾人就业有三个主要渠道：一是在福利企业中集中就业；二是在机关、团体、企事业单位、城乡经济组织中按比例就业；三是因地制宜、因人而异、机动灵活地自愿组织起来就业、个体就业及社区就业。在农村，残疾人根据自身特点，参加种植业、养殖业或家庭手工业等多种形式的生产劳动，实现就业。残疾人就业的方针是，集中与分散相结合，争取优惠和扶持保护措施，通过多渠道、多层次、多种形式，使残疾人劳动就业逐步普及、稳定、合理。

在市场经济条件下，由于残疾人这一最困难的弱势群体在起点上就处于事实上不平等的地位，国家有责任提供特别的扶持与保护，把竞争就业与保护就业相补充和配套，以体现社会公平。经过多方面努力，残疾人就业率逐步提高。

目前，我国有 2 500 万残疾人处于就业年龄段，其中城镇 500 万，农村 2 000 万。截至“十五”末，全国有 463.6 万城镇残疾人实现就业，农村约 1 803 万人就业。“十一五”城镇新增残疾人就业 75 万人，农村残疾人稳定就业 1 800 万人。

依法全面推行残疾人按比例就业，是解决残疾人就业的重点。按比例就业以市为基本实施单位，省、自治区、直辖市人民政府可根据实际情况规定具体比例。未达到比例的，按财政部发布的《残疾人就业保障金管理暂行规定》缴纳残疾人就业保障金。其额度按照年度差额人数和上年度本地区职工平均工资计算缴纳，以用于残疾人就业的专项资金。加大行政执法和监督检查力度，推动按比例就业的健康发展。要避免出现各单位分散按比例把残疾人养起来宁肯交保障金而不安排就业的倾向，也要避免只收费而不安置残疾人就业等情况发生。

集中就业是指残疾人在各类福利企业、工疗机构和盲人按摩医院等单位劳动就业。福利企业是集中安排残疾人就业的具有福利性质的特殊生产单位。由于福利企业在设备、技术、管理诸方面处于劣势，在市场竞争中面临严峻挑战。要加快福利企业改革、改组和改造的步伐，完善并落实扶持保护政策，保障残疾职工的合法权益。

扶持残疾人个体就业和自愿组织起来就业，完善扶持优惠政策，在核发营业执照、办理有关手续、减免税费和落实营业场地等方面给予优先和照顾。

健全完善残疾人就业服务机构，为残疾人就业提供全面服务。建立全国残疾人就业信息网，并与劳动力市场信息网连接，实现资源共享。开展规范的职业培训、职业指导、职业介绍等工作，为残疾人提供有效的就业服务。逐步建立以就业市场预测、职业培训、职业技能鉴定、职业资格证书制度、职业人才成长激励机制为主要内容的残疾人职业培训体系。

四、开展文化体育活动，丰富残疾人精神生活

活跃残疾人群众文化、体育活动，科学健身，愉悦身心，满足残疾人的精神文化需求，是其社会福利的一项高层次的内容。

全国建立了市级以上残疾人文化场所 1 036 个，公共文化机构为残疾人提供服务，场所向残疾人开放，并提供了特别的优惠和照顾。公共图书馆设立了盲文和盲人有声读物馆（室）。公共文化出版事业面向残疾人，创办发行了《中国残疾人》《盲人月刊》《华夏时报》《挚友》《三月风》等大批残疾人报刊及《启明星》等影视作品。许多城市和地区在广播电视中开辟了“残疾人专栏”，逐步满足残疾人日益增长的精神文化需求。残疾人文化艺术团体足迹遍及五大洲的五十多个国家，展示了中国残疾艺术的风采，增进了友谊和理解。被誉为“美与人性的使者”。许多优秀的残疾人文学艺术家创作出大批音乐、舞蹈、美术、摄影作品、小说、诗歌、剧本，以他们不屈的生命向人们展示出对生活的热爱及对未来的美好追求。

残疾人群众体育活动蓬勃开展，全国残疾人参加锻炼的人次超过 1 000 万。至 2007 年 5 月已举办七届残疾人运动会，在北京 2008 年残奥会上，中国体育代表团获得 89 枚金牌、211 枚奖牌，名列金牌榜和奖牌榜首位，为祖国赢得了荣誉。这也从一个侧面反映出政府和社会对残疾人福利事业的关注与投入。

五、营造有益于残疾人的社会环境

残疾人由于自身的功能障碍，大大增加了他们参与社会生活的难度。营

造有利于残疾人的社会环境是残疾人工作的一项重要内容，也体现出社会福利的性质。

改善社会环境主要包括两方面的工作：一是创造无障碍环境；二是消除对残疾人的歧视与偏见，形成文明进步的社会风尚及人文环境。无障碍环境是残疾人参与社会生活的基本条件，也是方便老年人、妇女、儿童和其他社会成员的重要措施。其主要内容是城市道路和公共建筑设施避免物理性障碍，如路牙、台阶、旋转式门、狭窄路径等。在新建和改建城市道路、交通设施、重要公共建筑物、居住区以及住宅时，认真执行《城市道路和建筑物无障碍设施规范》和有关方便残疾人使用的强制性标准。推动民用机场航站楼、火车站、码头和城市地铁、轻轨等公共交通设施的无障碍建设，如设立方便残疾人的坡道、盲道、扶手等。发展信息和交流无障碍。电视新闻、电影、电视剧逐步加配字幕；服务行业人员学习掌握基本手语；研制、推广适合盲人、聋人使用的通信设备。

大力宣传人道主义思想和现代文明社会的残疾人观，在全社会倡导理解、尊重、关心、帮助残疾人的人文环境，开展扶残助残活动，营造有利于残疾人事业发展的舆论氛围。

除上述五方面的残疾人福利外，还应改善社区残疾人工作，为残疾人提供切实服务。继续发挥残疾人居家供养福利服务功能。社会福利机构服务及社区和家庭福利服务，将另有专章论述，这里不再赘叙。

改革和发展残疾人福利事业，要着力于制度和体制创新，建立与我国国情相适应，与经济发展水平相适应的以政府为主导、资金来源多元化、福利方式多样化、服务队伍专业化、管理服务社会化的残疾人社会福利体系。

残疾人是弱势群体，但他们是社会平等的公民。残疾人不仅是受助者，也是自助者；不仅是福利接受者，也是社会参与者；不仅是财富的创造者，也是发展成果的享受者。

我们应为残疾人事业注入福利和正义，使他们回归主流社会，共创美好未来。

第三节　促进残疾人事业加快发展

2008年4月5日，《中共中央国务院关于促进残疾人事业发展的意见》（以下简称《意见》，中发［2008］7号）正式印发。这是党中央国务院从立党为公、执政为民和落实科学发展观的高度，从全局出发作出的促进残疾人事业发展的重大部署，是指导当前和今后一个时期残疾人事业发展的纲领性文件。《意见》体现了党中央、国务院对8 300万残疾人的特殊关爱及对残疾人事业的高度重视，为在新的起点上加快发展指明了方向，具有重大战略意义。

一、发展残疾人事业的任务目标

《意见》提出了促进残疾人事业发展的七项任务目标：完善法律法规和政策措施；健全残疾人社会保障制度；加强残疾人服务体系建设；营造残疾人平等参与的社会环境；缩小残疾人生活状况与社会平均水平的差距；实现残疾人事业与经济社会协调发展；努力使残疾人同全国人民一道向着更高水平的小康社会迈步，这七项任务目标内容丰富、内涵深刻，重点突出、目标明确，以解决好残疾人最关心、最直接、最现实的问题为切入点或突破口，以健全残疾人社会保障制度和加强残疾人服务体系建设为重心，或以保障残疾人生命健康权、生存权、发展权为主线，以实现更高水平的小康社会为目标，以促进残疾人共建共享和全面发展为方向，全面描绘出残疾人事业发展的新蓝图。

二、健全残疾人福利的制度性保障

现阶段我国的社会福利以“扶老、助残、救孤、济困”为重点，是一种补缺型、供养型和救济型的福利。今后，国家将拓展社会福利保障范围，积极推进由补缺型社会福利向适度普惠型社会福利转变，进一步健全家庭、社区和福利机构相结合的社会福利体系。对残疾人的福利事业必须采取“普惠”加“特惠”政策、一般性制度安排加特殊专项制度安排相结合，对残疾人予以重点保障和特殊福利服务。这是因为造成残疾人问题的根本原因不是残疾本身，而是外界环境的障碍，解决残疾人问题，保障残疾人的平等权利有赖于国家和社会的特别扶助，减轻和消除外界障碍的影响，使残疾人无障碍地出行、使用公共设施、享受社会服务、接受教育、从事劳动、参加文体活动、进行信息交流等，以保障残疾人权利的实现。还由于残疾人家庭人均收入不足全国人均水平的一半，而他们的医疗保健及康复的支出却高于一般人许多。2007年，城镇残疾人家庭人均医疗保健支出是城镇居民家庭人均支出的1.82倍，农村残疾人家庭人均医疗保健支出是农村居民家庭人均水平的2.43倍，城乡残疾人家庭医疗保健支出占全部消费支出的比重是城乡居民家庭人均水平的3倍左右。而残疾人接受医疗服务和救助的不足有需求的一半，康复训练与服务不足1/3。残疾人救助需求中，比例最高的是医疗救助，城市为

57.8%，农村为69.1%；康复救助占第三位，城市为30.1%，农村为37.9%。截至2007年年底，全国8 300万名残疾人中只有1 300余万人得到医疗康复服务，占残疾人的15.7%，康复服务的覆盖面十分有限。农村和边远地区因病致残、因残致贫、返贫的问题仍较突出，残疾人的医疗康复服务保障十分薄弱。2002年8月，国务院办公厅转发卫生部、民政部、财政部、公安部、教育部、中残联《关于进一步加强残疾人康复工作的意见》，提出到2015年实现残疾人"人人享有康复服务"的目标，必须采取重点"特惠"福利保障。其他诸如教育、就业、文化、环境等均需制定完善的优惠福利政策，出台残疾人福利发展规划和服务规范；加大财政投入，增加资金支持；扩大残疾人福利范围，增加福利产品供给，提高福利水平；推进残疾人居家服务，开展社区照料服务，重点加强残疾老人和残疾儿童的福利服务，鼓励社会力量捐赠和兴办残疾人福利机构和设施；启动针对残疾人特殊需要的社会福利服务项目；加快社会的福利人才建设，抓紧开发福利机构和服务机构的社工岗位，引入社会工作的理念和方法，提升残疾人福利服务的专业化水平。

加快推进残疾人社会保障和服务体系建设。针对残疾人的特殊性、多样性、类别化的服务需求，建立健全以专业机构为骨干、社区为基础、家庭邻里为依托，以生活照料、医疗卫生、康复、社会保障、教育、就业、文化体育、维权为主要内容的残疾人服务体系。按照中央《意见》和中残联要求，到2015年，要建立起残疾人社会保障和服务体系的基本制度框架，基本实现残疾人人人享有基本生活保障、人人享有安全的住房、人人享有康复服务、残疾儿童少年人人享有义务教育；到2020年，残疾人社会保障和服务体系更加完备，服务能力和保障水平得到大幅度提高，残疾人都能得到基本公共服务，实现"学有所教、劳有所得、病有所医、老有所养、住有所居"。残疾人康复的覆盖率、义务教育的普及率、充分的就业率、文化、环境及对服务的满意率都将大幅度提高，普遍达到小康水平。

残疾人全面实现小康社会的任务艰巨。从现在起到2020年还有不到12年，8 300万残疾人与全国人民一道迈入小康社会任重道远。由中国残联、国家统计局、卫生部、民政部联合开展的2007年全国残疾人状况监测表明，在反映残疾人奔小康的生存状况、发展状况和环境状况三方面的17项指标中，9项指标实现程度不到50%，其中收入为34.69%，康复为21.11%，社会保障为24.10%，教育为49.37%，社会参与为27.59%，社区服务为15.93%。综合起来看，残疾人奔小康的实现程度为46.5%，而国家统计局公布的2006年全国小康的实现程度为69.1%。2008年全国全面小康实现程度为72.9%，而残疾人全面小康实现程度为50.5%，相差22.4个百分点。要加快奔小康的步伐，必须加强残疾人社会保障包括社会福利和服务体系建设，从制度安排、资源配置、实现途径、工作平台等多方面采取配套的特殊政策措施，从制度保障上解决问题，努力使残疾人同全国人民一道向着全面实现小康社会的目标迈进。

三、弘扬人道主义精神，倡导现代文明社会残疾人观

人道主义是将人的权利、价值和尊严放在首位的思想体系。人道主义的基础和核心是以人为本，追求社会公平，倡导和谐、友爱、互助的社会关系，倡导人人怀有一份爱心，尊老爱幼、扶弱济困，为社会上需要帮助的人提供服务。人道主义是人类优秀的思想体系和道德准则，是社会的基础思想之一，它承载着道义与价值，凝结着社会的爱心与良知，是普世价值观。人道主义是残疾人事业的一面旗帜，残疾人事业是人道主义事业，如果人道主义不能深入人心，要根本解决残疾人问题是不可能的。《中华人民共和国残疾人保障法》规定："全社会应当发扬人道主义精神，理解、尊重、关心、帮助残疾人，支持残疾人事业。"党的十七大报告指出要"发扬人道主义精神，发展残疾人事业"。

经过近二十年的实践和研究，基本形成了系列的现代文明社会残疾人观。什么是现代文明社会残疾人观？就是用现代文明社会的文明、进步、科学的观念，正确认识残疾人和残疾人问题，从而建立一整套关于残疾人和残疾人问题的价值观念和根本观点，其核心是"平等·参与·共享"。其中"平等"是核心和基础，"参与"是手段，"共享"是结果。现代文明社会残疾人观的建立是社会进步和残疾人事业发展到一定阶段的产物，是对把残疾人看成"废人"，把残疾看成是"天意"、是"前世作孽"的因果报应，视残疾人为单纯的施舍和怜悯对象的旧残疾人观的否定。其主要内容有：

1. 自有人类就有残疾人，残疾人是人类发展进程中不可避免要付出的社会代价。

2. 残疾人有人的尊严和权利，有参与社会生活的愿望和能力，同样是社会财富的创造者。

3. 造成残疾人问题的根本原因不是残疾本身，而是外界的障碍。外界障碍的存在，使残疾人在社会生活中处于某种不利地位，权利的实现和能力的发挥受到限制。政府和社会有责任消除障碍，对残疾人给予特别扶助。

4. 残疾人是一个社会弱势群体，尊重、关心他们并给予帮助，是社会文明进步的标志；共产党人以人类解放为最高宗旨，社会主义国家以实现全体人民的富裕幸福为建设的根本目的，更应尊重残疾人的公民权利和人格尊严，

保护其不受侵害。

5. 残疾人事业是高尚的事业，是社会主义事业的重要组成部分，残疾人事业的发展对社会稳定和兴旺进步有积极的推动作用；发展残疾人事业是政府和全社会义不容辞的责任，要通过发展残疾人事业，使残疾人的权利得到更好的实现，使他们以平等的地位和均等的机会，参与社会生活和国家建设，共享社会物质文化成果。

6. 扶残助残体现了中华民族助人为乐的传统美德，是社会主义精神文明建设的重要内容，应在全社会大力倡导，健全人在帮助残疾人中，也可使自己的人生价值得到升华。

7. 残疾人要自尊、自信、自强、自立，努力实现为人民服务、为社会服务的人生价值，履行应尽的义务。

8. 残疾人的解放，是人类文明发展和社会进步的一个重要标志。

现代文明社会的残疾人观是人类先进思想文化的一个组成部分，为我国残疾人事业的发展奠定了理论基础，是我们认识和解决残疾人问题的指南，对推动社会文明进步也具有重要的意义。①

四、健全领导体制和工作机制

我国残疾人事业采取党委领导、政府负责、社会各界广泛参与、残疾人组织积极发挥作用、协调运作的工作机制。完善党委领导、政府负责的残疾人工作领导体制，是做好残疾人工作的关键。各级党委加强对残疾人事业的领导，主要体现在：把残疾人工作列入议事日程，认真研究部署；指导残疾人组织贯彻落实党的方针政策；选好配强各级残疾人联合会领导班子；加强各级残联组织队伍建设。

政府负责，就是各级政府要在残疾人事业发展中发挥主导作用，主要体现在：将残疾人事业纳入国民经济和社会发展的总体规划和年度计划，统筹安排，同步实施；将残疾人事业经费列入各级财政预算，逐步增加，稳定保障；制定落实发展残疾人事业的政策措施；为残疾人提供切实有效的公共服务。

各级政府残疾人工作委员会发挥综合协调作用。为适应残疾人事业多领域、跨部门、综合性强的特点，各级政府设立了残疾人工作委员会，它是政府议事协调机构，是政府做好残疾人工作的重要抓手，发挥着重要作用。

社会参与，就是要坚持走社会化的道路，广泛动员社会力量，有效整合

① 中国残疾人联合会．中共中央国务院关于促进残疾人事业发展的意见学习辅导读本［M］．北京：华夏出版社，2008：174-175

社会资源，支持残疾人事业发展，形成发展的合力。工会、共青团、妇联等人民团体和老龄协会等社会组织要发挥各自优势，维护残疾职工、残疾青年、残疾妇女、残疾儿童和残疾老人的合法权益。红十字会、慈善协会、残疾人福利基金会等慈善团体要积极为残疾人事业筹集善款，开展爱心捐助活动。

发挥残疾人组织作用。各级残疾人联合会是党和政府联合广大残疾人的桥梁和纽带。具有"代表·服务·管理"三种职能：代表残疾人共同利益，维护残疾人合法权益；团结教育广大残疾人，开展各项业务与活动，直接为残疾人服务；履行法律赋予的职责，承担政府委托的部分行政职能，发展和管理残疾人事业。

《意见》提出了促进残疾人事业发展的四个指导原则："坚持政府主导、社会参与，国家扶持、市场推动，统筹兼顾、分类指导，立足基层、面向群众。"这四个"坚持"，既是我国二十多年残疾人事业发展的经验总结，也是今后做好各项残疾人工作必须长期遵循的指导方针。

中国的残疾人事业走过了不平凡的光辉历程，在新的历史时期，党中央发出了"促进残疾人事业在新的起点上加快发展"的号召，残疾人的福利事业必将迎来更加美好的明天。

本章小结

残疾人是一个数量众多、特性突出、特别需要帮助的社会群体。改革开放以来，残疾人事业取得了举世瞩目的成就，从一个较低的起点，走上了一条适合国情、具有特色、系统发展的道路。残疾人福利工作已经由过去的救济为主逐步发展成为包括康复、教育、就业、文化体育、无障碍环境建设等在内的领域广阔的社会福利事业。也可以说残疾人福利正在从"救助补缺型"向"适度普惠加特惠型"转变。

2008 年 4 月 5 日，《中共中央国务院关于促进残疾人事业发展的意见》正式印发，阐明了发展残疾人事业的重大意义、指导思想、工作原则和目标任务，是指导新时期我国残疾人事业发展的纲领性文件。

残疾人事业就其实质而言是一项广义的社会福利事业。发展残疾人事业，根本在制度建设，基础是加大财政投入，灵魂是树立现代文明社会残疾人观，关键在于加强党政领导。

复习思考题

1. 怎样理解残疾人事业的定位及其意义？

2. 改革开放以来，中国残疾人福利事业发生了什么样的历史性转变？发展残疾人福利为何要采取“普惠”加“特惠”政策及一般性制度安排和专项制度安排相结合？

3. 现代文明社会的残疾人观是什么？为什么说人道主义是残疾人事业的一面旗帜？

4. 你对健全残疾人福利体系和服务体系有何看法？

案例讨论

以一个精神病医院与社区康复和家庭训练相结合，对实行“社会化、综合性、开放式”的精神病防治康复模式进行应用分析。并以此为典型案例论证残疾人福利社会化的必要性。

第十章

妇女福利与儿童福利

■学习要点

通过本章的学习，要求读者能深入和全面地理解当代世界和中国妇女发展和儿童发展所面临的各种问题，建立和发展妇女福利和儿童福利的意义，当代妇女福利与儿童福利的基本内容体系以及围绕着实践而开展的理论讨论。

■关键概念

妇女福利　教育福利　劳动权利保护　卫生福利　生育福利

儿童福利　贫困问题　生存环境变化

▶第一节 妇女福利

当代各国普遍建立了妇女福利体系。从妇女个人的层次来看，专门设立面向妇女的社会福利制度和相关的社会政策主要基于两方面的原因：一是妇女因各种因素的影响在许多方面都处于相对不利的地位，因此，需要政府和社会为其提供更多的社会保护措施；二是由于妇女自身生理等方面的原因而需要专门的社会保护和社会服务。从社会层面上看，社会福利主要是为了解决妇女的生活和发展中所面临的各种问题，以促进妇女发展和整个社会的发展。因此，要理解各国的妇女福利体系，首先要理解当代妇女问题的实质和表现。

一、当代妇女问题

（一）妇女问题的实质

所谓妇女问题，是由于社会制度和文化等方面的因素而导致妇女在政治的、经济的、文化的、社会的和家庭的生活等方面没有享有与男子平等的权利或机会，并因此在各个方面与男性相比处于不利的地位。妇女问题的实质是两性之间的不平等，其主要表现是妇女因其性别而在经济、政治、社会生活中遇到的各种特殊障碍，并因此而导致她们在个人和家庭生活质量以及在教育、就业、收入和社会政治参与等方面普遍低于男性。

（二）妇女问题的历史发展

妇女地位低下的问题有很长的历史。在史前公社化的原始社会中，人们共同劳动（采集和狩猎），共同享用劳动成果。尽管当时已经有了两性之间的劳动分工，但由于当时人类自身生产（生育）对种群繁衍的重要性甚至大于物质生活资料的生产，并且由于生殖崇拜等因素，在原始公社中妇女的地位并不低于男性。但大约 1 万多年以前出现农业以后，人们从游牧逐渐转到定居，土地的作用逐渐增强，并逐渐出现了对生产资料（土地）和劳动产品（粮食等）的私人占有，原始社会中的共同消费、共同抚养和赡养制度逐渐消亡。与此同时，社会开始分化，出现了不平等。随着生产方式的变化，私有制的确立，以及物质生活资料生产相对于人类自身生产的重要性提高，女性相对于男性的地位也随之而降低。在长期的封建社会历史中，妇女地位相对低下是一个全世界普遍存在的现象。在东方和西方大多数社会的历史上，妇女一直处于比男子低的地位，她们不仅无法获得与男子相同的社会和政治地位，而且在家庭中也受男性的支配，在一些社会中还曾发生要求寡妇陪葬和殉夫自焚等现象。

工业化社会以后，随着女性大量参与就业，她们在经济地位方面有了很大的提高。同时，随着社会民主化的发展，妇女在政治方面也逐渐获得了与男子一样的基本政治权利。在各国妇女的共同争取下，以及在国际社会和各国政府与人民的共同努力下，当代各国妇女的经济和社会地位有了很大的提高。但是由于在社会制度和文化中的一些根深蒂固的因素，在全世界范围内，仍然存在着严重的男女不平等，各国妇女的地位低下的问题仍未能完全消除，妇女在经济与社会生活中获得平等权利的目标尚未完全达到。要实现真正的男女平等，推进妇女事业的全面发展，还需要国际社会和各国政府做出长期艰苦的努力。

（三）当代妇女问题的主要表现

当代妇女问题最集中地表现在妇女在家庭、就业、教育和政治与社会参与等方面与男子地位不平等的问题，它们分别构成妇女的家庭婚姻问题、妇女就业问题、妇女受教育问题，以及妇女的政治和社会参与问题。[①]

1. 妇女的家庭婚姻问题主要是指家庭中的男女地位不平等，以及由此而带来的家庭婚姻中的各种问题，其中主要包括在一些家庭中妇女不能获得与男性平等的决策权、处理自己事务（包括婚姻事务）的自主权、生命健康权（尤其是女婴）、受教育权和财产继承权。此外，一些妇女还常常是家庭暴力的受害者。

2. 妇女的就业问题是指就业领域中的男女不平等。其具体的表现是妇女不能获得与男性平等的劳动权利。她们在求职、工资待遇、晋升机会、福利水平以及辞退等方面常常因其性别而受到歧视。一些妇女还常常被迫在不利于其健康的环境中工作，并且缺乏必要的劳动保护。

3. 妇女的受教育问题指在受教育机会方面的男女不平等，即妇女不能获得与男性平等的受教育的权利。具体表现在妇女的平均受教育时间少于男性，女童的辍学率高于男童等方面，这种现象在贫困地区及农村尤为严重，当由于贫困等原因而导致教育机会不足时，首先牺牲的是女童的受教育机会。

4. 妇女的政治和社会参与问题是指在政治和社会参与中的男女不平等。

① 国务院. 中国妇女发展纲要（2001—2010 年）. （2001-5-22）. http://women9da.people.com.cn/GB/29137/2010316.html（2004-3-1）

其具体的表现是妇女没有获得与男性平等的管理国家事务、管理经济和文化事业、管理社会事务的权利和机会。尽管在当代民主社会中妇女已经获得与男子同等的基本政治权利（如选举权和被选举权等），但由于文化、经济地位以及其他各种复杂的社会原因，导致妇女在平均职业地位和在各级领导岗位中的比例仍明显低于男性。

二、促进妇女发展的行动体系

（一）促进妇女发展行动概述

女性人口占总人口的一半，女性的生活和发展对整个人类的社会生活和社会发展具有关键性的意义。因此，妇女问题是当今世界关注的焦点问题之一，妇女发展作为全球经济和社会发展的重要组成部分，受到国际社会的普遍重视。将妇女问题与全球政治、经济发展紧密相连成为国际社会的共识。在过去的几十年里，国际社会为解决妇女问题，促进妇女发展与进步达成了多项协议，各国正在制定保护妇女权益的强有力的社会政策，以消除社会中对妇女的各种不利影响。①

从广义上看，促进妇女发展的行动包括在经济、政治和社会生活的各个方面促进男女平等的参与权利，消除在各个领域中对妇女的性别歧视，促进妇女能力的提高，充分发挥妇女在经济和社会发展中的作用以及保护妇女的合法权益和为妇女提供必要的社会服务等各个方面。从根本上看，妇女的完全解放和全面发展需要各国通过长期的努力从政治、经济和社会制度中，以及从社会文化中彻底消除导致性别不平等和妨碍妇女发展的根源。而妇女福利是从社会政策方面采取的行动，是促进妇女发展总体行动体系中的一个重要组成部分。

（二）各国促进妇女发展的主要行动领域

为促进妇女发展，保护妇女在政治的、经济的、文化的、社会的和家庭的生活等方面享有与男子平等的权利以及妇女依法享有的特殊权益，逐步消除对妇女的性别歧视，国际社会和世界各国重点在以下一些领域中采取保护妇女的行动。在经济领域中重点是保障妇女获得平等的就业机会和分享经济资源的权利，提高妇女的经济地位；在政治领域中的重点是保障妇女的各项政治权利，提高妇女参与国家和社会事务管理及决策的水平；在法律领域中

---

① 全国妇联. 联合国推进妇女发展的进程. 2004. http://www.women.org.cn/womenorg/guojijiaoliu/guojijiaoliu.htm.（2004-3-1）

要保障妇女获得平等的法律保护，维护妇女的合法权益；在社会文化领域要优化妇女发展的社会环境，提高妇女生活质量，促进妇女事业的持续发展；最后，在社会政策领域中的行动包括从社会保障、就业、教育和医疗卫生等方面向妇女提供必要的社会保护和专门的社会服务，以保障妇女基本的生活条件和缓解女性贫困，并提高妇女的健康水平和文化知识及技术水平，从而提高妇女的生活质量和她们参与经济、政治和社会活动的能力。

（三）现阶段我国促进妇女发展行动的主要领域

长期以来，我国政府始终把维护妇女权益、促进妇女发展放在重要的位置。早在计划经济时期就制定了多项保护妇女和促进妇女发展的重要文件，并且在两性平等和妇女发展方面取得了重要的成就。但在改革开放以后的一段时间里，传统的性别歧视有所抬头，女性在就业、教育等领域中出现了一些问题。针对这些问题，我国政府加大了保护妇女和促进妇女发展的行动。我国在 1992 年颁布了《中华人民共和国妇女权益保障法》；国务院还分别于 1995 年和 2001 年制定和发布了《中国妇女发展纲要（1995—2000 年）》和《中国妇女发展纲要（2001—2010 年）》两个重要的纲领性文件。这两个纲要的实施在很大程度上改善了我国妇女生存与发展的社会环境，维护了妇女的合法权益，加速了男女平等的进程，妇女在政治、经济、教育、健康等各个领域取得了全面进步。为了保障法律的贯彻，国家还逐步建立起保障妇女权益的维权工作机制；建立了 19 个部委组成的妇女儿童权益协调组；开展保障妇女权益的法律援助和宣传活动。2005 年 8 月，通过了《中华人民共和国妇女权益保障法修正案》，特别突出了反对性别歧视的立法理念。[①]

根据我国妇女发展迫切需要解决的实际问题和 2001—2010 年的可持续发展，《中国妇女发展纲要（2001—2010 年）》中把促进妇女发展的主题贯穿始终，并在此基础上确定了 6 个优先发展领域，即妇女与经济、妇女参与决策和管理、妇女与教育、妇女与健康、妇女与法律、妇女与环境。其总体的目标是："贯彻男女平等的基本国策，推动妇女充分参与经济和社会发展，使男女平等在政治、经济、文化、社会和家庭生活等领域进一步得到实现。保障妇女获得平等的就业机会和分享经济资源的权利，提高妇女的经济地位；保障妇女的各项政治权利，提高妇女参与国家和社会事务管理及决策的水平；保障妇女获得平等的受教育机会，普遍提高妇女受教育程度和终身教育水平；保障妇女享有基本的卫生保健服务，提高妇女的健康水平和预期寿命；保障

① 谭琳. 1995—2005 年：中国性别平等与妇女发展报告［M］. 北京：社会科学文献出版社，2005

妇女获得平等的法律保护，维护妇女的合法权益；优化妇女发展的社会环境和生态环境，提高妇女生活质量，促进妇女事业的持续发展。”[①] 同时，《中国妇女发展纲要（2001—2010 年）》还对上述每一个行动领域的具体目标、国家宏观政策、法律及部门政策以及社会保障和服务等方面都做出了具体安排。

三、妇女福利概述

（一）妇女福利的基本含义

所谓妇女福利，有广义和狭义不同层次的理解。从广义上看，是指政府或其他组织为保护妇女的基本权利和满足妇女的基本需要而制定的各种政策法规和向妇女提供的各种社会服务的总和，而狭义的妇女福利只是指向妇女提供的各种特殊的福利待遇和社会服务。广义的妇女福利包括了两个基本的方面：一是保护妇女的经济与社会权益，即对妇女在教育、就业、收入等方面享有与男子平等权利的政策规定和相应的保护性措施；二是向妇女提供专门的福利服务，即根据妇女的特殊需要而在医疗卫生、社会保障、劳动保护等方面为妇女提供的特殊待遇和专门化服务。而狭义的妇女福利只是包括向妇女提供专门的社会服务。

上述两方面的社会政策行动分别针对妇女所面临的不同问题。保护妇女基本社会权的政策法规主要针对由于社会制度和文化中的因素而导致妇女面临性别不平等问题，而为妇女提供特殊社会服务的行动则更多的是为了满足妇女由其生理的特点而产生的各种特殊需要。由于在当代社会中妇女遇到的社会歧视和社会不平等是导致妇女问题的主要因素，因此，保护妇女基本社会权具有更基本和更重要的意义。从这个角度看，当代妇女福利的研究者和政策制定者越来越多地从广义上理解妇女福利。为此，本书也从广义的角度讨论妇女福利。

（二）关于妇女福利的理论讨论

20 世纪 60 年代以后，从两性社会差异的角度来审视社会福利理论越来越受到注意。这种视角被称为“女性主义”（feminist）或“社会性别差异”（gender）的社会福利理论。性别视角的社会福利理论包含了各种各样具体的理论观点和视角，其共同点是他们都从性别差异的角度看社会福利，并且主要是持批判的眼光。概括起来看，性别视角的社会福利理论的基本观点是：

---

① 国务院，2001，《中国妇女发展纲要（2001—2010 年）》（国务院 2001 年 5 月 22 日发布），http：//women9da. people. com. cn/GB/29137/2010316. html.（2004-3-1）

当代社会中女性受到男性的剥削，而现存的社会福利制度是有利于男性的。除此以外，性别视角的社会政策研究中各个流派之间存在着很大的理论差异。其分歧点主要在于如何解释女性地位低下的原因，以及如何解决这一问题。性别视角的社会政策理论的主要派别有民主社会主义的性别视角理论、新自由主义的性别视角理论，以及马克思主义的性别视角理论。

民主社会主义女性主义的社会福利理论的基本观点是认为社会福利对女性有好处，因此，支持以促进社会福利发展的方式来改变妇女的地位。认为妇女争取更多的社会福利将不仅有利于自身地位的提高和社会参与的增多，而且妇女所享有的福利水平的提高将带动整个社会福利水平的提高，从而使资本主义更快、更稳地转化到社会主义。

新自由主义的女性主义的基本观点则是强调社会福利制度对女性的负面影响，认为由国家向妇女提供专门的社会福利是一种“社会的父权”（Social Patriarchy）。这种观点认为，在国家福利制度的保护下，妇女会变得越来越弱，她们将不仅依赖男人，还将越来越依赖国家。因此，这一派的观点是反对给妇女提供特殊的保护和特殊的福利项目，主张在福利项目上两性之间的平等，即平等地对待妇女，他们反对过度地保护妇女，而主张在机会均等的前提下促进妇女更多地参与市场竞争。同时他们反对妇女依赖国家，也反对通过国家的力量去提高妇女的地位。

当代激进的马克思主义的女性主义的基本观点认为国家是阶级统治的工具，因此，也反对妇女依赖国家，依赖福利。他们认为社会福利是资本主义国家实施社会控制的手段，会强化“资本主义父权制”，对妇女解放毫无帮助，而且还会进一步伤害妇女。因此，主张彻底改造资本主义与父权制相结合的制度。

尽管对向妇女提供专门的社会福利有各种不同理论观点，但从 20 世纪 90 年代以来各国社会福利理论研究者和政府社会政策的制定者逐步趋向于一种比较综合的理论视角。即强调在包括妇女福利在内的整个社会福利和社会政策发展中，既要看到国家社会政策和社会福利体系阶级性的一面，也要看到其普遍的社会性一面。在为妇女和其他群体提供社会保护和社会服务的方面，既应该推动妇女与其他人一样通过积极参与市场竞争而改善自身的经济与社会状况，同时也应该看到市场在社会保护方面所具有的缺陷，以及通过国家干预的方法来弥补市场缺陷的必要性。在这种综合性理论视角的指导下，各国的妇女福利更加注重根据实际需要而采用适度的福利供给，并防止对福利的依赖。同时更加注重发展积极的社会福利行动，即更加重视通过妇女权利保护和向妇女提供更多的教育、医疗卫生和其他各个方面的服务，以便使妇女群体能够平等地参与市场和社会竞争，并且能更快地提升自身的各种能力。

（三）当代妇女福利的基本目标

从当代各国和一些国际组织的政策主张和政策实践上看，当代保护妇女的社会政策具有以下几方面的意义。首先，两性之间的平等是当代社会追求的基本价值目标之一，而政府保护妇女的社会政策行动是达到这一目标的重要手段之一。其次，由于性别的不平等和妇女在经济与社会生活中遇到的特殊障碍是源于社会制度和文化中的一些深层次的因素，要克服这些不利因素仅靠个人的努力和市场的力量都是不够的，因此，需要通过政府干预和公共行动的方式来抑制或消除这些社会性的因素。再次，由于妇女本身生理方面的原因导致她们在就业、健康、社会保障等方面比男性需要更多的保护和服务，因此，要求政府在社会福利计划中包含专门针对妇女的社会服务项目。最后，政府向妇女提供的社会保护和各种福利性服务的基本目标是促进妇女发展。因此，政府在此方面的社会政策不应该只是简单地向妇女提供福利帮助，而应该注重采取积极的社会保护行动，即通过公共行动来消除限制妇女发展的不利因素，促进妇女的自强自立，并增强妇女在各个方面的能力。对广大妇女本身来说，应该积极地利用政府和社会提供的各种机会和帮助提升自己的能力，而不应该只是消极地依赖政府的福利待遇。

（四）妇女福利的基本内容

从内容上看，当代各国妇女福利一般包括保护妇女的经济与社会权益的政策法规和向妇女提供专门的福利服务项目。具体看一般有以下一些内容：第一，妇女教育福利，包括保护妇女平等受教育的权利，促进女性教育等方面的内容；第二，妇女就业保护，包括男女平等就业权利保护，提高妇女就业机会，男女同工同酬等内容；第三，妇女职业福利，包括女工劳动保护等方面的内容；第四，妇女卫生福利，包括妇幼保健和妇女病的防治工作；第五，妇女生育福利，包括生育医疗保险、带薪产假、托幼服务等；第六，妇女社会保障，包括女性退休养老制度，对贫困妇女和特殊困难的妇女提供社会救济等方面的内容。

四、我国妇女福利的基本情况

（一）我国妇女福利的历史发展概述

自新中国成立以来，我国政府在政治、经济和社会生活各个领域中实行男女平等的基本政策。早在1949年9月通过的《中国人民政治协商会议共同纲领》中就指出："中华人民共和国废除束缚妇女的封建制度。妇女在政治的、经济的、文化教育的、社会生活的各方面，均有与男子平等的权利。实行男女婚姻自由。"在新中国第一部法律——1950年的《中华人民共和国婚姻法》和1953年的《中华人民共和国选举法》及1954年的第一部《中华人民共和国宪法》中都有关于男女平等的内容。从新中国成立之初到改革开放前，我国政府在教育、就业、劳动保护、妇幼保健和医疗卫生，以及在婚姻家庭等方面制定了一系列的政策法规，其中包括大量保护妇女权益和为妇女提供必要的福利服务的具体规定。

1978年以后，随着我国的改革开放，中国妇女福利事业也进入了一个新时期。1979年至今，中国先后颁布了《中华人民共和国婚姻法》（1980年9月通过，2001年重新修订）、新的《中华人民共和国宪法》（1982）、《中华人民共和国继承法》（1985）、《中华人民共和国义务教育法》（1986）、《中华人民共和国未成年人保护法》（1991）、《中华人民共和国妇女权益保障法》（1992）、《中华人民共和国母婴保健法》（1994）、《中华人民共和国劳动法》（1994）等十几部法律，其中包括了大量保护妇女权益的具体规定。迄今为止，我国已经形成了以《中华人民共和国宪法》为基础，以《中华人民共和国妇女权益保障法》为主体，包括国家各种基本法律、单行法律法规、地方性法规和政府各部门行政法规在内的一整套保护妇女权益和促进男女平等的法律体系。除此之外，国务院及所属部委颁布的有关保护妇女权益的主要行政法规有《婚姻登记管理条例》《全国城乡孕期保健质量标准和要求》《妇幼卫生工作条例》《女职工劳动保护规定》《关于女职工生育待遇若干问题的通知》《关于禁忌劳动范围的规定》等。地方人大和政府也制定了一批关于婚姻家庭、计划生育等方面的地方性法规和规章。这些法律法规的颁布实施，成为了保障妇女在政治的、经济的、文化的、社会的和家庭的生活等各方面与男子平等权利的有力武器。① 此外，新中国成立以后，特别是改革开放以来，中国广泛参与国际妇女维权行动，先后签署了联合国《消除对妇女一切形式歧视公约》和国际劳工组织的《男女工人同工同酬公约》等一系列重要国际公约和国际文件。

除了基本的法制建设外，我国在妇女权利保护和妇女福利等方面还采取了其他许多实质性的行动。我国于1995年9月在北京成功举办了第四次世界妇女大会。国务院还先后制定了《中国妇女发展纲要（1995—2000年）》和

① 杜厚琪等. 保护妇女权益的国际法体系和中国的实施成效［J］. 思想战线，1995（5）：1-7

《中国妇女发展纲要（2001—2010 年）》，这两个文件集中体现了我国保护妇女基本权利和妇女福利等方面的政策行动计划。通过这两个重要的文件，将妇女权利保护和妇女福利等行动纳入国家的整体规划，有力地促进了中国妇女事业的发展。总而言之，我国政府几十年来在保护妇女的社会行动中取得了很大的成就，中国妇女在经济和社会各个方面都真正获得了平等的法律地位，歧视妇女的传统力量得到了有效的抑制。与其他发展中国家相比，中国妇女的实际地位比较高[①]。进入 21 世纪，政策制定与执行过程中对性别平等的关注日益增强。如“让妇女回家”的阶段性就业政策在设计阶段被阻止；扶贫政策与扶贫计划向女性倾斜，提出了性别敏感扶贫指标；农村土地承包政策调整性别利益。国家所采取的各种政策从观念上和实践上都进一步提高了妇女的地位。[②]

（二）妇女教育福利

所谓妇女教育福利，是指政府为保护妇女受教育的基本权利，促进妇女教育方面所采取的各种行动的总和。提高妇女的教育水平是促进妇女参与经济、政治和社会活动的基本条件。因此，保护妇女平等的受教育的权利是维护妇女享受平等的政治、经济、社会参与权利和平等的家庭地位的关键。新中国成立以来，尤其是改革开放以来，中国政府采取各种措施大力发展教育，普及九年制义务教育，坚持男女性具有平等的受教育权利的政策，有力地保护了妇女和女童的受教育权利。我国涉及保护妇女及女童受教育权利的法规有《教育法》《义务教育法》《高等教育法》《职业教育法》和《中华人民共和国妇女权益保障法》，内容主要涉及以下几方面。第一，国家保障妇女享有与男子平等的文化教育权利。学校和有关部门应当执行国家有关规定，保障妇女在入学、升学、毕业分配、授予学位、派出留学等方面享有与男子平等的权利。第二，各级各类学校应当根据女性青少年的特点，在教育、管理、设施等方面采取措施，保障女性青少年身心健康发展。第三，父母或者其他监护人必须履行保障适龄女性儿童少年接受义务教育的义务。第四，政府、社会、学校应针对适龄女性儿童少年就学存在的实际困难，采取有效措施，保证适龄女性儿童少年受完当地规定年限的义务教育。第五，各级人民政府必须依照规定把扫除妇女中的文盲、半文盲工作，纳入扫盲和扫盲后继续教育规划，采取符合妇女特点的组织形式和工作方法，组织、监督有关部门具体

① 国务院新闻办公室，2000

② 谭琳. 1995—2005 年：中国性别平等与妇女发展报告［M］. 北京：社会科学文献出版社，2005

实施。第六，各级人民政府和有关部门应当采取措施，组织妇女接受职业教育和技术培训。第七，教育部门应改革女童教育内容，编写适合女童的教育读本和教育资料。第八，鼓励社会力量帮助妇女扫盲和女童入学。例如，全国妇联开展了以妇女扫盲为目标的“巾帼扫盲行动”，设立“巾帼扫盲奖”，协助政府做好妇女脱盲工作，并在此基础上建立了妇女教育培训中心，形成了全国性的妇女教育网络。全国妇联儿童少年基金会 1989 年开展了以救助失学女童为目的的“春蕾计划”。①

以上各个方面的政策法规和具体行动在保障女性受教育权利和促进女性教育发展方面收到了较好的效果，从总体上看，我国儿童和青少年在教育方面的男女平等化程度不断提高，目前已经达到较高的水平。中国适龄儿童入学率性别差异由 1995 年的 0.7 缩小到 2004 年的 0.04，同期女童小学辍学率由 1.52%下降到 0.04%。而到 2006 年，男女童入学率发生根本性变化，男女童净入学率分别达到 99.25%和 99.29%，女童反超男童 0.04 个百分点。② 2004 年，小学辍学率为 0.59%，其中女童为 0.6%，与男童大体持平。初中阶段辍学率为 2.49%，其中女生为 2.19%，低于男童的辍学率。③ 2004 年，全国女性粗文盲率为 12.2%，男性粗文盲率为 4.6%，文盲率的性别差异从 1990 年的 19 个百分点下降到 7.6 个百分点；男女人均受教育年限减少到 1 年。④ 再有，贫困地区和少数民族地区女性受教育状况得到极大的改善。教育部和财政部组织实施了“国家贫困地区义务教育工程”，到 2007 年年底，中国西部地区“两基”攻坚计划如期完成，西部地区基本普及九年义务教育和基本扫除青壮年文盲（“两基”）的覆盖率达 98%。西部地区的 410 个县中，368 个实现了“两基”目标，其余 42 个达到了“普六”标准。⑤ 此外，我国女性的受教育等级也逐步提高，2000 年高校在校女生的比重超过了 40%，2004 年每 10 万人中就有 1 296 名女大学生。⑥

目前在局部地区和部分群体中女性的教育仍然存在严重问题，主要是女性教育的城乡差距较大，老、少、边、穷地区是女性教育的薄弱环节。部分

① 国务院，2001，《中国妇女发展纲要（2001—2010 年）》（国务院 2001 年 5 月 22 日发布），http：//women9da. people. com. cn/GB/29137/2010316. html.（2004-3-1）

② 新华社，2008，《教育部专家：中国女童净入学率已超过男童》，http：//edu. people. com. cn/GB/7278865. html

③ 黄兴胜，2006，《教育部：不断提高妇女儿童受教育质量》，原载于《人民日报》2006-10-08

④ 段成荣，2008，《中国人口受教育状况分析》，http：//www. tecn. cn/data/23085. html

⑤ 新华社，2007，《年底中国西部普及九年义务教育覆盖率将达 98%》，http：//edu. qq. com/a/20071127/000001. html

⑥ 段成荣，2008，《中国人口受教育状况分析》，http：//www. tecn. cn/data/23085. html

经济比较落后的地区中许多农户子女入学仍然很困难，而女童的受教育机会更容易受到影响。再有，在流动人口中女性受教育程度偏低。这些情况都说明，两性之间在受教育机会方面还没有达到完全的平等，保护女性受教育权利，促进女性教育的发展，尤其是贫困地区女童教育的发展仍是我们面临的重要任务。[①]

（三）妇女就业机会与劳动条件保护

妇女享有与男子平等的劳动权利和就业机会，男女同工同酬，以及向女职工提供特殊劳动保护和福利待遇是新中国成立以来我国政府一直坚持的一项基本社会政策。在保护妇女劳动者就业机会方面，早在 1952 年政务院发布的《关于劳动就业问题的决定》中就指出，对于在旧社会受到歧视而找不到工作的妇女，需要根据需要尽可能地吸收她们工作。1963 年劳动部发出的《关于城市中需要就业的劳动力的安置意见》中明确规定："从城市需要就业的劳动力的实际情况出发，凡是既可以由男的，也可以由妇女承担的工作，都应尽量录用妇女"。并且对录用妇女较多的单位给予一定的政策优惠。1988 年国务院发布了我国第一部综合性的女职工劳动保护法规：《女工劳动保护的规定》。其中规定："凡适合妇女从事劳动的单位，不得拒绝招收女职工"；"不得在女工怀孕期、产期、哺乳期降低其基本工资，或者解除劳动合同"。

改革开放以来，随着我国逐渐由计划经济转向市场经济，原来对妇女的社会保护出现了一些漏洞，我国妇女在就业方面的问题日益凸现并严重起来，表现为妇女就业难、下岗失业多、再就业难，在收入、晋升、福利上的受歧视等。[②] 为此，政府在妇女就业领域中加强了相应的行动。1992 年《中华人民共和国妇女权益保障法》规定："不得以性别为由拒绝录用妇女或提高对妇女的录用标准"；"不得以结婚、怀孕、产假、哺乳等为由，辞退女职工或者单方面解除劳动合同"。在此之前，劳动部办公厅在 1990 年还发布了一个《劳动部办公厅对〈关于外商投资企业女职工在怀孕、产期、哺乳期间内结束、终止劳动合同问题的请示〉的复函》。1994 年颁布的《中华人民共和国劳动法》规定："劳动者就业，不因……性别……不同而受歧视。妇女享有与男子平等的就业权利。在录用职工时，除国家规定的不适合妇女的工种或者岗

---

① 国务院妇女儿童工作委员. 2001.《中国妇女发展纲要（1995—2000 年）》终期监测评估报告(2001 年 9 月发布). http://www.nwccw.gov.cn/show/ggjjshownews.jsp?belong=国家&alias=jcpg_fvetfzbg_gj&news_id=33699.(2004-3-1)

② 全国妇联，国家统计局. 2001. 第二期中国妇女社会地位抽样调查主要数据报告（2001 年 9 月 4 日发布). http://www.women.org.cn/womenorg/funvyanjiu/shujv.htm.(2004-3-1)

位外，不得以性别为由拒绝录用妇女或者提高对妇女的录用标准。”“女职工在孕期、产期、哺乳期内的”用人单位不得单方面与其解除劳动合同。此外，近年来针对妇女劳动者的下岗失业和再就业问题，各地都制定了相应的保护政策。

在保护妇女劳动条件方面，在新中国成立初期就开始制定《中华人民共和国女工保护条例》。尽管这一重要的政策文件直到 1979 年才发布，但在此之前的许多文件中都有对女职工劳动保护的规定。1988 年国务院颁布的《女职工劳动保护规定》中对女职工的劳动条件作了系统的规定，其内容涉及禁止安排女职工从事各种不适合女性的劳动，以及关于女职工在“四期”的休假和劳动保护等各方面。其第 11 条还明确规定“女职工比较多的单位应当按照国家有关规定，以自办或者联办的形式，逐步建立女职工卫生室、孕妇休息室、哺乳室、托儿所、幼儿园等设施，并妥善解决女职工在生理卫生、哺乳、照料婴儿方面的困难”。

《中华人民共和国妇女权益保障法》（1992）重申了妇女劳动保护的内容，规定“任何单位均应根据妇女的特点，依法保护妇女在工作和劳动时的安全和健康，不得安排不适合妇女从事的工作和劳动。妇女在经期、孕期、产期、哺乳期受特殊保护。”1994 年颁布的《中华人民共和国劳动法》中专门有一章的内容规定女职工和未成年工特殊保护事宜，具体规定了不适合妇女从事的工作，以及在妇女“四期”中不得安排的工作。2001 年发布的《中国妇女发展纲要（2001—2010 年）》中又再次强调要“进一步落实女职工劳动保护政策，为女职工提供必要的工作和劳动条件，解决女职工在劳动和工作中因生理特点造成的特殊困难”。

在男女同工同酬政策方面，我国自新中国成立以来一贯执行男女同工同酬政策。在计划经济时代，城镇职工中和农村集体经济中都普遍实行男女同工同酬。在市场经济时代，各类城镇企事业单位中也要求实施男女同工同酬。1992 年《中华人民共和国妇女权益保障法》规定：“实行男女同工同酬。在分配住房和享受福利待遇方面男女平等。”1994 年《中华人民共和国妇女权益保障法》再一次确认了男女同工同酬的原则。并且《中国妇女发展纲要（2001—2010 年）》中将同工同酬的原则进一步细化，提出了“保障妇女享有与男子平等参与资本、技术等生产要素的分配权。保障多元化分配形式中的男女同工同酬，同工种、同类别从业人员中女性工资与男性工资相同。缩小男女收入差距。”将同工同酬原则延伸到了在资本和技术收益方面的男女平等权利。

在对妇女的就业保护方面除了建立法规体系以外，还形成了有效的妇女保护组织体系和具有中国特色的妇女就业保护机制。国务院妇女儿童工作委员会负责妇女权益的总体规划和协调工作，各级劳动和社会保障部门具体负责妇女就业权利的保护工作。在城镇，国家机关和各企事业单位已形成工会、女工委员会、劳动仲裁委员会等监督女职工劳动保护和权益维护的基层组织和网络，负责监督各类组织的运行，能及时发现侵犯妇女就业权益的现象，切实维护妇女就业权益。在农村，主要靠落实家庭联产承包责任制，维护妇女就业权益。此外，全国妇女联合会及其遍布全国的组织体系在维护妇女就业权利方面发挥着重要的作用。

尽管在保护妇女就业的政策法规建设、组织体系与保护机制建设方面取得了很大的成就，但是迄今为止在对妇女就业保护行动方面仍然存在不少问题，主要表现在以下方面[①]：首先，有些政策普及面不够，只适合国家机关、部队和企事业单位的女职工，而没有包括个体、农村中的妇女劳动力，而这部分妇女超过妇女总数的一半。其次，在市场经济条件下妇女劳动力的就业出现了一些新的问题。例如一些企业招工中存在着性别歧视，随意提高女性就业标准等，尤其是不愿意录用育龄妇女；一些非国有企业中对妇女的劳动条件、工资待遇以及其他权利的保护不够；对流入城市的农村女性劳动力的职业保护不够；一些企业的下岗女职工更容易下岗，并且下岗女性再就业率偏低，再就业压力大于男性。再次，随着社会发展，《劳动法》和《中华人民共和国妇女权益保障法》中关于保护妇女就业的一些规定以及《女职工劳动保护规定》在执行中都出现了一些与市场经济环境不相适应的问题，需要重新修订。并且《劳动法》等法律的执法检查力度仍需加强。最后，有些农村村民自治组织违反男女平等原则和国家有关政策，侵害妇女平等土地承包权益，并且在一些经济比较发达的农村地区，本地妇女的就业率下降。

现阶段妇女就业保护政策中的问题的主要原因有几项：一是传统文化中男女不平等意识仍然起着作用，难以在短期内能完全消除；二是在市场经济中追求生产效率和商业利润的目标冲击了男女平等的社会目标；三是由于有些法规条款不够详细，并且存在执法不严的情况；四是一些妇女的平等就业权利意识和运用法律武器进行自我保护的意识还不够。

（四）妇女卫生福利

自新中国成立以来我国政府根据妇女对医疗卫生服务的需要，在多方面

① 国务院妇女儿童工作委员．2001．《中国妇女发展纲要（1995—2000年）》终期监测评估报告（2001年9月发布）．http：//www. nwccw. gov. cn/ show/ ggjjshownews. jsp? belong＝国家&alias＝jcpg _ fvetfzbg _ gj&news _ id＝33699．（2004-3-1）

采取行动以提高妇女的健康水平。在解放初期，通过改造旧产房，推广新法接生等行动，在较短时期内使母婴死亡率明显下降，并且封闭了所有妓院，免费为妓女们查病、治病。政府还组织医务人员到农村、牧区、少数民族和边远地区为妇女病和性病等患者免费治疗，大大缓解了一些疾病对妇女身体健康的严重影响。20 世纪 50 年代中期起，国有企业中设立了针对女工的卫生设施，向女职工提供专门的卫生服务。在农村地区开始合作医疗制度，并积极推广新法接生和妇幼保健等方面的知识。从 20 世纪 70 年代开始，中国在全国大中城市先后开展了对女职工和市民的妇女病普查普治工作，使过去严重困扰妇女的疾病发病率逐年下降；改革开放以来，我国推行少生优生和一对夫妇只生一个孩子的人口政策并大力推广以避孕为主的计划生育政策，给妇女保健提供了良好的条件。[①]

1986 年以前，我国对妇女卫生保健的法规主要针对国有企事业单位和机关团体的女职工。1986 年卫生部发布《妇幼卫生工作条例》第一次对妇女保健做出了系统的规划。条例提出了妇女保健的任务：一是推广科学接生，实行孕产妇系统管理，做好围产期保健工作，提高住院分娩率，提高产科质量，防治妊娠并发症，降低孕产妇和围产儿死亡率，并在边远地区和少数民族地区继续普及新法接生；二是积极防治妇女常见病、多发病，调查分析发病因素，制定防治措施，降低发病率，提高治愈率；三是做好妇女经、孕、产、哺乳、更年期的卫生保健。该条例还对妇女保健机构的建设、基层组织和队伍建设提出了明确的规定。

我国于 1994 年 10 月颁布并于 1995 年 6 月 1 日开始实施了《中华人民共和国母婴保健法》，2001 年 6 月 20 日国务院又颁布实施《中华人民共和国母婴保健法实施办法》。该项法律对妇女婚前保健和孕产期保健和母婴保健的行政管理与法律责任做出了明确的规定，将妇女保健工作推向了法制化的轨道，促进了妇女保健水平的提高。

总的说来，经过几十年的发展，尤其是改革开放以来 30 年的发展，中国已经形成了比较完备的妇女卫生保健的政策法规体系。其基本内容包括：国家发展母婴保健事业，为母亲和婴儿提供必要的医疗保健服务，尤其是对边远贫困地区的母婴保健事业给予扶持；通过改革促进生育保险制度的完善和发展；在全国城乡建立妇幼卫生保健网络，增强为妇女儿童提供健康保健服务的能力；为妇女提供生殖保健服务，保护妇女生育安全；通过改水、改厕等行动改善农村妇女生存环境；通过加强对外合作，有效利用外部资金，从

---

① 严仁英. 中国妇女保健工作的回顾与前瞻 [J]. 中华预防医学杂志，1995 (9)：262-263

而更进一步地支持妇幼卫生事业发展；加大宣传教育力度，提高妇女健康教育覆盖面，向广大妇女宣传妇幼卫生保健知识，提高妇女自我保健意识；同时鼓励非政府组织积极参与妇幼保健活动，协助政府做好妇幼卫生保健工作。[①]

经过多年的努力，我国的妇女卫生福利方面已取得很大的成绩，但现阶段妇女卫生保健服务方面仍然存在一些问题[②]。近年来，由于医疗体制的变化、医疗费用的上涨以及医疗保险覆盖面的不足，导致城市中部分中下层居民看病难的问题比较突出，进而影响了相当一部分妇女对医疗服务的利用。在许多农村地区，特别是农村贫困地区卫生设施和医务人员不足，尤其是基础设施方面的投入需求量相当大，在短时期内很难根本改变。在山区、边远地区和较贫困的农村地区，由于人们缺乏足够的卫生保健知识，孕产妇住院分娩率仍偏低（45%～65%），造成孕产妇死亡率和婴儿死亡率较高。再有，随着流动人口不断增多，流动人口中的孕产妇保健、儿童保健、计划免疫等，成为面临的新问题。同时，一些经济不发达的地区，由于贫困造成妇女、儿童营养不良和疾病。目前社会中出现的嫖娼、卖淫现象致使长期灭绝的性病和国外传来的艾滋病在一定范围内传播，对一些高危妇女的健康造成新的威胁。这些情况都说明我国在妇女卫生福利方面还需要进一步改进。

（五）妇女生育福利

妇女生育服务是指政府、企业和社会对妇女生育提供的各种服务。其中主要内容包括生殖健康服务、生育保险和产后哺育婴幼儿等方面的服务。妇女生殖健康服务同时也属于妇幼卫生保健服务的范畴，其主要内容包括：婚前卫生指导和医学检查服务，孕产期保健服务，生殖健康教育服务，以及在卫生条件较差的农村地区培训基层卫生人员和推广新法接生技术。

我国城市企事业单位过去一直实施生育保险制度，包括由单位负担女职工生育的费用，并提供带薪产假等。城市经济体制改革以后，这套制度有所松懈，一些非国有企业和困难的国有企业没有向职工提供足够的生育保险，或难以保证女职工生育的费用。1994 年劳动部发布了《企业职工生育保险试行办法》，规定城镇企业应该向生育保险基金缴纳职工生育保险费，生育保险

---

① 国务院. 2001. 中国妇女发展纲要（2001—2010 年）（国务院 2001 年 5 月 22 日发布）. http://women9da.people.com.cn/GB/29137/2010316.html。(2004-3-1)

② 国务院妇女儿童工作委员. 2001.《中国妇女发展纲要（1995—2000 年）》终期监测评估报告（2001 年 9 月发布）. http://www.nwccw.gov.cn/ show/ ggjjshownews.jsp? belong=国家&alias=jcpg_fvetfzbg_gj&news_id=33699.（2004-3-1）

基金向女职工提供产假期间的生育津贴，以及女职工生育的检查费、接生费、手术费、住院费和药费。近年来在建立了养老、医疗、失业和工伤社会保险以后，这套试行的生育保险办法正在逐步完善，并即将建立正式的生育保险制度。

除了生殖健康服务和生育保险外，政府、单位和社区等组织还为生育的妇女在哺乳和婴幼儿照料等方面提供各种服务。例如，在计划经济时代企事业单位就建有妇女哺乳室、托儿所、幼儿园等服务设施。改革开放以来，通过社会福利社会化和大力开展社区服务、托幼服务和科学育儿知识教育等方面的服务进一步发展。

（六）为妇女提供的社会保险和社会救助

虽然从基本原则上讲社会保险和社会救助项目一般是不加性别划分的，但由于妇女在就业、家庭和社会生活中面临一些特殊情况，因此，各国的社会保险和社会救助制度都有一些对妇女利益的特殊考虑。在社会保险方面，除了生育保险是面向妇女的之外，许多国家在养老保险中也有对妇女的退休年龄、领取养老金条件等方面做出特殊规定的。我国从 20 世纪 50 年代起就规定妇女的退休年龄早于男性，并且这项规定一直延续到现在。对妇女退休年龄早于男性的规定最初是基于妇女生理特点的不同，在当初以体力劳动为主的情况下，让妇女早一些退休有利于保护女性的身体健康。但后来随着各种条件的变化，原来是为了保护妇女利益的早退休规定对妇女的实际利益产生了更复杂的影响。一方面，随着人们寿命的延长，健康水平的普遍提高，以及生产劳动中体力劳动的减少，妇女早退休在保护妇女健康方面的意义也随之降低。另一方面，由于我国实行强制性退休制度，因此，妇女提前退休的规定在后果上使妇女的就业权利受到不利影响。再一方面，由于我国现行的养老金水平与交费年限挂钩，因此，妇女早退休还会使其退休后的养老金水平受到影响。鉴于早退休规定对妇女利益的这些复杂影响，一些研究者认为妇女早退休的规定对妇女利益的负面影响更大，因此，提出了推迟妇女退休年龄的建议。但是由于这项规定涉及到全社会的就业形势、企业劳动用工制度、养老保险制度、妇女生理、心理和文化技术特点，以及妇女的家庭角色和人们的观念等方面的复杂因素，因此，政府对是否取消妇女早退休的规定迄今为止仍持比较审慎的态度。

除了养老保险以外，在一些国家还实行遗属保险，并且对劳动者的家属也提供保险福利，其中大部分受益者也是妇女。例如在我国计划经济时代的劳动保险制度规定职工家属（主要是妻子、老年父母和未成年子女）可以享受半费的医疗保险，因工死亡者的遗属也可以享受抚恤待遇，对非因工死亡职工的遗属一般也会由单位安排其就业和基本生活保障。我国社会保障制度改革以后，在新的社会保险制度中没有安排对家属和遗属的保险待遇，企业一般也不再向家属提供保险福利。这种做法的基本考虑是基于妇女就业率的提高，大量的妇女不再以家属或遗属的身份获得社会保险，而是以就业者的身份加入社会保险。但事实上目前妇女的就业率仍低于男性，因而不就业妇女的医疗和养老仍是一个尚待解决的问题。

再有，社会救助制度也有向妇女提供社会保障的意义。虽然社会救助一般是面向以家庭为单位的贫困者，但在许多国家中由于以下两方面的原因而使妇女更容易陷入贫困：其一是老年妇女的贫困率较高。由于妇女的平均寿命比较长，因此，老年人中，尤其是高龄老人中妇女居多，而老年人中的贫困率一般较高。尤其是在妇女就业率和社会保险的参与率低于男性的情况下，她们在进入老年阶段后，尤其是在丧偶以后陷入贫困的可能性大大增加。其二是单亲家庭中的贫困问题。由于单亲家庭在收入和抚养子女方面的特殊困难，导致一部分单亲家庭，尤其是一部分单亲母亲家庭更容易陷入贫困。在一些离婚率较高和单亲家庭较多的国家里，贫困的女性化特点比较明显。由于妇女陷入贫困的可能性更大，因此，建立和健全社会救助制度对女性的帮助也就更大。并且，除了一般性的社会救助以外，一些国家还建立了主要针对困难单亲家庭和老年妇女的特殊救助项目。我国现阶段老年妇女中的贫困问题已比较明显，一些单亲家庭的就业和生活困难问题也正在显现。目前我国通过城市居民最低生活保障制度和农村五保户制度等社会救助制度向她们提供着基本的社会救助。将来随着我国人口老龄化的发展和家庭的变化，老年妇女和单亲家庭中的贫困问题还可能进一步严重。因此，如何向她们提供更加有效的救助是一个需要进一步研究解决的问题。

▶第二节　儿童福利

儿童问题是一个既古老又现实的问题。在当代社会中，通过经济发展和各国政府及国际组织的努力，世界各国的儿童事业已经取得了很大的进展。但是由于当代社会中经济、政治、文化与社会等各个方面的影响，在许多国家和地区中，当代儿童的生存和发展仍然面临着严峻的挑战。为了应付这些挑战，有效地解决儿童问题，各国政府都实施了较大规模的儿童发展和儿童福利计划。了解当代各国（尤其是中国的）儿童福利体系，将不仅能够进一步地了解当前社会政策和社会福利体制的发展过程，同时也是全面把握社会福利理论与实践的必要环节。

一、儿童问题

（一）各国的儿童问题

在我国，人们日常生活中所用的“儿童”概念一般指比较年幼的小孩。现代汉语词典中的定义是：“儿童，指较幼小的未成年人（年纪比少年小）。”辞海上则将“儿童”划为几个年龄阶段：“（1）新生儿期：从出生到满月；（2）婴儿（乳儿）期：1足岁以下；（3）幼儿期：一岁到六七岁；（4）小学儿童期：六七岁到十二三岁。以后便进入少年、青年阶段”①。一些研究者认为，“随着人类生存环境的变化和生活水平的提高，青春期不断提前，儿童期的终止年龄也不断前移。因此，我们可以将0岁至十一二岁的未成年人称为儿童”②。

但目前国际上许多重要的文献中是把18岁以下的未成年人统一称为儿童。1989年11月20日在第44届联合国大会上通过的《儿童权利公约》在第1条中就明确指出：“儿童系指18岁以下的任何人，除非对其适用之法律规定成年年龄低于18岁”。我国的许多针对儿童的法规政策也常常是以18岁为界，如《未成年人保护法》与《预防未成年人犯罪法》。因此，以下在讨论儿童问题的时候，将依照目前的国际惯例，把18岁以下的未成年人全部看做儿童。按照这一定义，截至2006年，全世界有22.12亿儿童，占全球人口的1/3还多。③

在当代社会，随着经济与社会的发展，儿童的生存环境和发展的条件已有很大的改善，并且世界各国和联合国等国际组织为改善儿童健康状况和保护儿童生存权利做出了不懈的努力。但是迄今为止，经济落后、战争、饥饿、失学、疾病和虐待依然威胁着许多儿童的生存和发展。在世界各国仍然在不同程度上存在着儿童的贫困、疾病、居住环境恶化、教育剥夺、非法童工、虐待儿童等问题。在全球范围内儿童问题主要表现在以下几方面。④

1. 儿童贫困问题

---

① 辞海. 上海：上海辞书出版社，1979：768

② 陆士桢. 简论中国儿童福利［N］. 武汉：华中师范大学学报（哲学社会科学版），1997（11）

③ UNICEF（2008）The State of World's Children. UNICEF 网站

④ 郑德金. 世界儿童问题面面观［J］. 记者观察·REPORTERS' NOTE，2003（6）：11-17；李肇东. 国际社会要关注世界儿童事业——写在“联合国儿童特别大会”召开之际［N］. 光明日报，2002-5-8

由于人口出生率与经济发展水平呈负相关，越是贫困的地区和家庭中出生的孩子越多，因此，导致儿童中的贫困率在总体上高于成年人。目前全球有大量的儿童生活在平均每天生活费不到 1 美元的绝对贫困之中。这些儿童严重缺乏基本的生活条件保障，他们当中每天都有大量的人因严重的营养不良和缺乏基本的生存条件而患病、残疾和死亡。

2. 儿童生存环境恶化问题

儿童在环境危险面前特别脆弱。他们比成年人更容易受到食品、空气和水等方面污染的危害，并且各种污染对他们的影响比对成人的影响更大。另外，由于其父母的不良嗜好和不良健康状况，有些儿童在出生之前就面临危险。据世界卫生组织和联合国儿童基金会等机构的调查，目前全世界有大量的儿童得不到清洁饮水供应，每天都有许多儿童因被污染的水或食物，或因污染造成的呼吸道疾病而死亡。因此，让儿童有一个健康卫生的环境是国际社会和各国政府亟待解决的重要问题。

3. 儿童受教育机会被剥夺的问题

在当代社会中，受教育被看成是一项基本的人权。教育对于减少贫困和童工，以及促进民主、和平、平等和发展至关重要。然而由于贫困和缺乏教育服务，有大量的儿童得不到基本的教育。据估计目前全世界有 1 亿多适龄儿童不能上学，其中女孩失学的可能性更大。另外还有相当数量的儿童所接受的教育质量低下，所有儿童中有 1/3 没有受完获得基本读写能力所需的最低限度的五年学校教育。在 30 个最不发达国家里，15 岁以上的少年有一半是文盲。

4. 虐待儿童与侵害儿童的犯罪问题

全世界各地有许多儿童生活在各种特别困难的处境之中：在国内流离失所或者在国外成为难民；遭受种种自然灾害与人为灾害的影响；受到种族主义、种族歧视、仇外心理和其他各种歧视的危害等。此外，在全世界各地都在不同程度上存在着贩卖和走私儿童、对儿童的人身和性剥削、绑架以及其他恶劣形式的对儿童的经济剥削，同时，对妇女和儿童的家庭暴力和性暴力也是严重的社会问题。

5. 非法童工问题

童工问题是当今文明社会最严重的儿童问题之一。据国际劳工组织最新估计，目前全球约有 2.18 亿童工，其中 5～14 岁的童工至少 1.65 亿人。[①] 他们为生存而从事危险和损害身心健康的繁重劳动，有的遭到奴役和严重的剥

① 中国教育网，2009，《世界无童工日》，http：//www. jyb. cn/world/gjzl/200906/t20090611281972. html

削，有的女童甚至沦为童妓。全球每 8 名儿童中就有 1 人承担着与他们的年龄和体力不相称的、可能对他们的身体和智力造成伤害的繁重劳动。

6. 战争和各种冲突对儿童的损害

战争和地区冲突是造成儿童死亡的重要原因。联合国估计全世界范围内有 250 000 名儿童卷入各种冲突与战争。2002—2006 年，42 个国家的 15 亿儿童受到暴力与严重冲突的影响。另外来自 2004 年的一份报告发现，世界上至少有 65 个国家，政府军队通过合法的义务兵或者通过非法的胁迫与绑架的方式招募了男童与女童。[①] 在战争中，儿童一方面受到军事暴力的威胁，另一方面一些国家和地区的军事组织还招募儿童，将儿童训练为相互残杀的工具，从而进一步对儿童的心理和成长造成长期性的损害。

7. 艾滋病等问题对儿童的损害

根据联合国 2007 年的《儿童与艾滋病评估报告》，目前全球 15 岁以下的儿童中有 230 万人感染了艾滋病病毒；18 岁以下的儿童中，1 500 多万人被艾滋病夺走了父母或其中的一位亲人。[②]

除了上述问题之外，还有其他一些环境和社会的因素也对儿童基本权益和儿童身心健康造成损害。如何消除影响儿童发展的各种不利条件，帮助儿童健康成长，是当代各国政府和社会所面临的重要任务之一。

（二）我国儿童问题的状况

我国是一个人口大国，有众多的儿童。在过去长期的历史中，由于生育率高、经济落后、贫困、自然灾害频繁，以及教育和卫生等社会服务发展缓慢等原因，导致大批的儿童长期生活在贫困之中，他们不仅缺乏基本的教育和医疗卫生服务，而且许多贫困家庭中的儿童难以维持基本的营养水平，而营养不良又导致大批儿童生理发育不良、健康状况不佳，儿童死亡率很高。尤其是在大规模自然灾害和战乱的年代里，儿童更是首先受害。许多儿童流离失所，成为孤儿，饱尝生活的艰辛。

新中国成立以后，中国政府一贯注重改善儿童的基本生活和医疗卫生条件。随着经济和社会的发展，中国儿童生存与发展的状况有了极大的改善。但是受经济社会发展水平制约，中国的儿童问题还没有得到彻底的解决，儿童发展还面临许多困难和问题。2006 年，中国 18 岁以下的儿童有 3.48 亿人，5 岁以下的儿童有 8 439 万人。他们当中还有许多人在生存和发展中面临着各

---

① UNICEF，2009，联合国网站 http：//www. unicef. org/media/media _ 45451. html

② 搜狐网站，http：//health. sohu. com/20070119/n247707010. shtml.

种各样的问题。[①]

1. 我国的儿童贫困问题

目前，我国还有相当多儿童的基本生活条件缺乏保障。目前我国有 3 000 万人左右生活在贫困的农村地区，另有 2 000 多万人生活在城市贫困家庭中，他们当中许多家庭的儿童从小就承受着生活贫困之苦。2000—2006 年，由于营养不良，5 岁以下有 7%的儿童体重不足，11%的发育迟缓；有 10%的家庭不能够食用加碘的盐；2006 年，中国仍有 6%～9%的儿童得不到各种免疫注射；有 41.5 万名 5 岁以下幼儿因各种原因而夭折，死亡率为 2.4‰。[②]

2. 儿童生存环境不良问题

缺乏干净的饮用水和充足的公共卫生设施严重影响了中国儿童的健康成长。到 2006 年，仍有 23%的人口不能饮用经过改进的干净饮用水，这个比例在城市地区为 7%，在农村地区为 33%；高达 56%的人口不能享用充足的公共卫生设施，这个比例在城市为 31%，在农村为 72%。[③]

3. 儿童的教育剥夺问题

从总体上看，我国小学适龄儿童净入学率很高，2000—2006 年平均达到 99%，但仍有许多儿童不能上到五年级，初级中学的入学率不到 75%。[④]

4. 城市外来人口中的儿童问题

在过去十几年里，大量的农村人口转移到城市中就业和生活，他们当中许多家庭的儿童在教育、医疗卫生等方面常常难以享有与城市儿童一样的服务。城市外来人口子女上学难、就医难等问题一直是人们比较关注的问题。

5. 儿童中的艾滋病蔓延问题

艾滋病病毒携带者和艾滋病患者中的儿童数量呈上升趋势。与其他国家的情况一样，艾滋病对中国儿童也有严重的影响。一方面，艾滋病严重损害着儿童的健康和生命；另一方面，成年人患艾滋病也会给儿童带来严重的后果：因父母患艾滋病而使包括其儿童在内的整个家庭陷入贫困，或者因父母的去世而使家庭中的儿童成为孤儿；再一方面，艾滋病儿童和艾滋病家庭中的儿童在社会中还常常受到歧视。

6. 侵害儿童权益问题

尽管中国在维护儿童各项权益方面已经取得了明显的进展，但现实生活中侵害儿童权益的违法犯罪行为时有发生，主要表现为：溺弃、虐待儿童，

① World Bank (2007) World Development Report 2007. 世行网站

② UNICEF (2008), The State of the World's Children. UNICEF.

③ UNICEF (2008), The State of the World's Children. UNICEF.

④ UNICEF (2008), The State of the World's Children. UNICEF.

其中溺弃和虐待女婴和残疾儿童更为严重；女孩不能享受与男孩平等的受教育的权利，受教育权利被严重剥夺；拐卖儿童；对儿童的性侵害；剥削儿童等。

7. 我国儿童问题的不平衡性特点

受经济、社会发展不平衡，城乡二元结构以及传统文化和生育观念的影响，我国的儿童问题表现出以下一些特点：首先，各地区之间儿童生存状况存在明显的差异。与沿海发达地区相比，中部和西部地区的儿童问题更为严重，处在贫困中的儿童数量多，比例大，营养不良程度高，生存环境、医疗卫生条件差，5岁以下儿童死亡率高，受教育机会不足等。其次，城乡之间儿童生存状况存在明显差异。与城市相比，农村地区的儿童问题更为严重。农村中处在贫困中的儿童数量多，比例大，营养不良程度高，生存环境、医疗卫生条件差，5岁以下儿童死亡率高，受教育机会不足等。最后，不同性别儿童的生存状况存在一定的差异。女孩比男孩更多地遭到溺弃、家庭暴力、性侵犯。同时，在贫困地区的农村中，女孩常常不能享受与男孩平等的受教育的权利。[①]

二、儿童福利概述

（一）儿童社会政策的基本含义

儿童福利有广义和狭义的理解。广义的儿童福利包括国家针对儿童的社会政策的所有内容。所谓儿童社会政策，是指政府或其他社会组织为所有的儿童提供健康的生存环境，保护儿童的身心健康，保障儿童接受教育的机会，保护儿童的各种合法权益，促进儿童全面发展和充分参与社会文化活动，以及向他们提供个人成长所必需的各种福利待遇和社会服务的总和。而狭义的儿童福利是指国家和社会为保护儿童的健康成长，避免儿童陷入贫困而向处于困难境况的儿童及其家庭提供的各种福利待遇和社会服务的总和。此处从广义的角度介绍儿童福利的基本内容。

（二）儿童福利的基本内容

从内容上看，广义的儿童福利大体包括两方面：一方面是国家为保护儿童的身心健康和合法权益所制定的各种法规，其内容主要包括国家保护儿童合法权益的各项法规，其目的在于依法保障儿童生存权、发展权、受教育权

① 国务院. 2001. 中华人民共和国九十年代儿童发展状况报告——世界儿童问题首脑会议后续行动国家报告. (2004-2-23)

利、受保护权和参与权，依法打击侵害儿童合法权益的违法犯罪行为，并且预防和控制未成年人犯罪。在司法程序中依法维护未成年人的合法权益等。儿童福利的第二个方面是国家和社会为儿童提供的福利待遇和社会服务，其内容包括国家和社会向儿童提供的各种福利待遇和社会服务。其中重点的内容有：国家通过儿童福利津贴来保障儿童基本的营养和生存环境；通过为儿童提供医疗卫生服务而提高儿童的健康水平；通过发展教育事业为困难家庭的儿童提供教育补助进而保障儿童受教育的权利，并提高儿童受教育的水平；以及通过建立儿童福利院所和儿童收养、寄养等制度而为特殊困难的儿童提供必要的生存和发展条件等。

三、我国儿童基本权益保护的法规及社会行动

（一）儿童基本权益保护的法规体系

为了有效地保护儿童的各项基本权益，我国已经制定了一系列的相关法规，其中包括《中华人民共和国未成年人保护法》《中华人民共和国预防未成年人犯罪法》《禁止使用童工规定》《未成年人特殊保护规定》等专门保护未成年人的法规。并且在《婚姻法》《劳动法》《继承法》《刑法》《义务教育法》《中华人民共和国母婴保健法》等法律中也对儿童保护做出了相关规定。

（二）儿童权益保护政策体系的基本内容

我国儿童保护政策的体系内容比较广泛，可以概括为以下若干方面。

1. 家庭保护

根据我国法律规定，父母和其他监护人对儿童负有监护职责和抚养义务，不得虐待、遗弃未成年人，不得歧视女童或残疾儿童，禁止弃婴。同时，家长和监护人应尊重儿童接受教育的权利，必须使适龄儿童按照规定接受义务教育，不得使在校接受义务教育的儿童辍学。家长和其他监护人应引导儿童进行有益身心健康的活动，并预防和制止儿童吸烟、酗酒、流浪以及聚赌、吸毒和卖淫。家长和其他监护人还不得允许或者迫使未成年人结婚，不得为儿童订立婚约。

2. 学校保护

各级各类学校对儿童保护负有责任。首先，学校要关心、爱护学生，不得歧视任何学生。其次，学校要尊重学生的受教育权，不得随意开除未成年学生。再次，学校要尊重儿童的人格尊严，不得对学生实施体罚、变相体罚或者其他侮辱人格尊严的行为。最后，学校应保护儿童的人身安全，不得使

学生在危及人身安全和健康的教育教学设施中活动。

3. 社会保护

按照法律规定，各类机构和个人不得允许未成年人进入不适宜儿童活动的场所；不得向儿童出售、出租或者以其他方式传播淫秽、暴力、凶杀、恐怖等的图书、报刊和音像制品；供儿童使用的食品、玩具、用具和游乐设施，不得有害于儿童的安全和健康；不得在儿童集中活动的室内吸烟；不得招用未满 16 周岁的儿童就业（国家另有规定的除外），并对 16～18 岁未成年人的就业实行特殊保护；对流浪乞讨或者离家出走的儿童，有关部门应当负责交送其父母或者其他监护人，暂时无法查明其父母或者其他监护人的，由政府的儿童福利机构收容抚养；保护未成年人的隐私权和通信自由权；政府和社会应为儿童提供必要的卫生保健条件，做好预防疾病工作；对儿童实行预防接种证制度，积极防治儿童常见病、多发病，加强对传染病防治工作的监督管理；保护未成年人的智力成果和荣誉权不受侵犯。

4. 司法保护

按照有关法律规定，执法机关对违法犯罪的儿童实行教育、感化、挽救的方针，依法坚持教育为主、惩罚为辅的原则。儿童犯罪案件的审理、量刑、关押、社会报道以及刑满释放后的复学、升学和就业等主要环节上都对儿童做出了特殊的规定。同时法律还规定了司法活动中要依法保护儿童的继承权和其他合法权益，并对引诱和教唆未成年人违法犯罪的要依法从重处罚。

四、向儿童提供的福利待遇和社会服务

（一）儿童福利事业的基本内容

在我国，政府和社会向儿童提供的福利待遇和社会服务包括专门针对儿童的福利待遇和社会服务，以及在其他各类社会保障、社会福利和其他社会服务中对儿童特殊需要的考虑和照顾。前一类一般被称为“儿童福利事业”。概括起来看，儿童福利事业是由国家或社会为儿童普遍提供的旨在保证正常生活和全面健康发展的资金与服务的社会政策和社会事业。我国儿童福利事业的主要内容包括：第一，儿童健康服务，例如母婴保健计划和行动、儿童计划免疫、设立儿童医院等。第二，儿童照料和学前教育，如托儿所、幼儿园等。第三，儿童文化娱乐设施，如儿童公园、儿童阅览室、儿童剧场、儿童娱乐中心以及社区中的儿童娱乐场所等。第四，对特殊儿童提供的特殊保护和特殊服务，其中包括对孤儿、弃婴（包括残疾儿童）的收养制度，包括家庭收养、家庭寄养以及社会收养（儿童福利院和儿童村等）。第五，针对残

疾儿童的特殊教育。此外政府和社会各界还在社会保障、社会福利和其他社会服务方面针对儿童的实际需要提供各种特殊照顾，其内容主要包括对儿童的社会优惠和专项服务，例如儿童免费或低费使用公共设施等；政府和社会对贫困者和低收入者家庭中的儿童在教育、医疗等方面提供特殊帮助等。

（二）我国儿童福利事业的发展

我国政府多年来一直重视保护儿童的合法权益，并积极发展儿童福利事业。从总体上看我国的儿童福利已经纳入社会发展总体布局中，并逐渐走向法制化和社会化。并且随着经济和社会发展水平的提高，我国的儿童福利事业将会有更大的发展。

从全世界范围看，儿童福利事业起源于西方儿童救助事业，20 世纪以来儿童福利事业逐渐发展到促进一切儿童全面发展的积极性的社会事业。新中国成立以来，中国儿童福利事业也经历了一个从以特殊儿童的救济和收养为主，到促进所有儿童全面发展的发展历程（参见国务院，1996）。1990 年 8 月 29 日，中国政府签署了联合国《儿童权利公约》。1991 年 12 月 29 日全国人民代表大会常务委员会决定批准中国加入《儿童权利公约》，该公约于 1992 年 4 月 2 日对中国生效（国务院妇女儿童工作委员会，2004）。为履行承诺，中国分别在 1992 年和 2001 年制定了《九十年代中国儿童发展纲要》和《中国儿童发展纲要（2001—2010）》两个关于儿童福利的纲领性文件，分别制定了中国 20 世纪 90 年代和 21 世纪头 10 年的儿童事业发展目标和策略措施，有力地促进了中国儿童福利事业的发展。在相应政策框架的基础上，中国政府出台了相关的儿童状况报告书，包括《中国儿童发展状况国家报告》（2001—2003）（2003—2004）与《中国儿童发展纲要（2001—2010 年）》[①②③]，以及呈递给联合国的关于儿童权利实施情况的主要报告：《1997 年缔约国二期报告（Second periodic report of States parties due in 1997）》[④]，《2005 年缔约国初次

---

① 国务院妇女儿童工作委员会，2004，《中国儿童发展状况报告（2001—2003）》，引自中国儿童信息中心 www. cinfol. org. cn/subject/shownews

② 国务院妇女儿童工作委员会，2005，《中国儿童发展状况国家报告（2003—2004）》，中国政府新闻网，http：//gov. people. com. cn/BIG5/46728/51627/51707/3611819. html

③ 国务院妇女儿童工作委员会，2001，《中国儿童发展纲要（2001—2010 年）》，上海学前教育网 http：//www. edu. cn/20011009/3004216. shtml

④ Chinese Government. （2003）. *Second periodic report of States parties due in* 1997. State Party Report. CRC/C/83/Add. 9.

http：//www. unhchr. ch/tbs/doc. nsf（Symbol）/dee0df902365733fc125707a003878el? Opendocument.

报告（Initial reports of States parties due in 2005）》[1]。这些报告分别对中国在提升儿童福利、实现儿童权利等方面所取得的进展与问题给予了说明与总结。

《中国儿童发展纲要（2001—2010）》将我国儿童福利政策的基本内容概括如下（国务院，2001a）：首先，国家坚持“儿童优先”的基本原则，在制定相关法律法规和政策时要体现这一原则。其次，政府和社会建立和健全儿童福利的组织机构和工作机制：在国务院和各级地方政府中都设立了妇女儿童工作委员会，分别负责全国和各地儿童福利的规划和组织实施。中央和地方政府的有关部门和社会团体根据规划制订相应的儿童福利方案；中央和地方各有关部门和社会团体每年要向中央和地方的妇女儿童工作委员会报告儿童福利规划的实施工作情况。再次，我国在保障儿童的基本生活、医疗保健、义务教育、基本权益保护，以及在改善儿童生存与发展环境、发展特殊儿童福利事业、促进困境儿童的生存与发展等方面都订立了相应的法规，并采取了成系列的具体行动。最后，我国还致力于建立政府与民间相结合的儿童福利发展机制，鼓励民间性儿童福利活动，要求全社会都来关心和帮助儿童健康成长，并在此基础上形成政府与民间相结合的儿童福利发展机制。

总而言之，在新中国成立以来的半个多世纪里，我国各级政府在儿童福利事业方面已经做了较大的努力，取得了显著的成就，并为未来儿童福利事业的发展奠定了较好的基础。我国对未来儿童福利事业的发展已经制定了比较完整的纲领性计划，并且正在逐步实施。但是，鉴于我国人口众多，城乡之间和地区之间的差异很大，儿童福利事业的发展也很不平衡。在一些经济相对落后的农村地区儿童福利事业还很落后，儿童发展所面临的问题和困难还很多，需要通过长期的努力去解决。儿童的健康成长关系到整个社会的未来。我国应该随着经济的持续发展和我国社会福利总体水平的不断提高而不断地提高儿童福利事业的发展水平。同时，随着政府进一步重视儿童福利事业，以及公众对儿童福利事业更多的支持和参与，我国的儿童和儿童福利事业将会有更加美好的未来。

本章小结

本章主要介绍妇女福利和儿童福利。在妇女福利方面，本章首先简要介绍了当代世界与中国妇女问题的实质、历史发展和主要表现，介绍和分析了

---

① Chinese Government. (2005). *Initial reports of States parties due in* 2005. State Party Report. CRC/C/OPSA/CHN/1, http://www. unhchr. ch/tbs/doc. nsf/(Symbol)/9518cedfba608a49c125707c0057e117? Opendocument

各国促进妇女发展的行动体系，并在此基础上介绍和分析了妇女福利的基本概念、关于妇女福利的各种理论观点、当代妇女福利的基本目标、妇女福利的主要内容，以及我国妇女福利的基本情况，包括我国妇女福利的历史发展情况，现阶段我国妇女的教育福利、就业机会和劳动权利保护、卫生福利、生育福利以及为妇女提供的社会保险和社会救助。在儿童福利方面，本章首先介绍了当代世界和中国的儿童问题，包括儿童的贫困问题、生存环境恶化问题、受教育机会被剥夺的问题、虐待儿童与侵害儿童的犯罪问题、非法童工问题、城市中外来人口的儿童问题、战争和各种冲突对儿童的损害、侵害儿童权益问题以及艾滋病对儿童的影响等问题。在此基础上，本章介绍和分析了当代儿童福利的基本含义和基本内容、我国儿童基本权益保护的法规及社会行动，包括家庭保护、学校保护和社会保护体系。最后介绍了我国向儿童提供的福利待遇和社会服务，包括我国儿童福利的基本内容和历史发展情况。

复习思考题

1. 当代社会中妇女面临哪些不利条件？
2. 我国妇女福利有哪些基本内容？
3. 当代社会中有哪些主要的儿童问题？
4. 当前我国儿童问题主要表现在哪些方面？
5. 我国儿童福利有哪些基本内容？

案例讨论

广西“3·17”特大贩卖婴儿案

案情概要

2003年10月15日，震惊全国的特大贩卖婴儿案在广西玉林市开庭审理。52名犯罪嫌疑人被提起公诉，玉林市人民检察院指控他们在近两年内贩卖婴儿118名。他们所贩婴儿除1名男婴外，其余全部为女婴。

2003年3月17日、30日，广西警方连续破获两起特大贩卖婴儿案，分别解救出28名和13名婴儿。案件引起中央及广西壮族自治区党委、政府的高度重视，警方投入100多名警力，顺藤摸瓜，一个横跨广西、河南、安徽、湖北等省（区），涉案上百人的贩婴团伙浮出水面。

接到举报

2003年3月17日20时许，广西宾阳县110值班室，突然响起一阵急促的电话铃声，一位不明身份的男子称：一辆从玉林市开出的安徽牌照大客车上，有多名被贩卖的婴儿。气氛骤然紧张起来，在各方紧密配合下，一张伏击网迅速铺开。21时，沿线警力均部署到位。22时许，一辆与匿名电话描述所差无几的安徽大客车驶进高速公路宾阳县收费站，但从车窗往里看，除了堆满行李外，车内并没有太多的疑点。当车门一打开，一股强烈的腥臊味扑面而来。伏击人员在车上发现了28名女婴，民警们紧急将婴儿送至宾阳县城南宁地区卫校附属医院。经检查，28名婴儿都被喂服了安眠药，1名婴儿已死亡，另有1名婴儿病情严重。

初战告捷

一次贩运婴儿达28名，警方感到了事态的严重性。这么多的婴儿是从哪儿来的？如果是从医院偷的，不可能一次性偷出这么多婴儿，也没接到相应的报案。警方分析，这些婴儿有可能是人贩子从各地收集，然后集中到玉林转卖。如果是这样，此案的背后则隐藏着一个不小的贩婴团伙，被贩卖的婴儿也不止这28个。由此，民警加紧了公路巡查。随后，42名司乘人员被带回公安机关审查。18日凌晨2时，广西壮族自治区领导立即亲临现场指挥，要求27名女婴“一个都不能死，一个都不能少”，迅速侦破此案。随后，广西交警总队高速公路支队开始搜查、清理贩运婴儿的卧铺客车，客车旁边散乱地摆着十几个防雨小型旅行包。这起贩婴案经记者报道后，引起各方高度重视。公安部立即派出工作组督促查办，河南、安徽两省警方也赶赴广西协助侦查。19日，工作组立即赶赴玉林市督查。3月26日，检察机关批捕犯罪嫌疑人23名。

又显端倪

正当警方集中精力，紧锣密鼓侦破“3·17”特大贩婴案之际，另一贩婴案又显端倪。

3月27日，河南省永城市郸阳县刘玉杰、杨五妮夫妇以到广西拉药材为名，在河南商丘市租用张书华的出租车，于3月29日晚到达广西横县百合镇，带回13名女婴。当晚10时许，刘玉杰叫张书华开车回去。3月30日凌晨4时许，出租车在高速公路永福综合服务区附近抛锚，刘玉杰夫妇将放在后座的4名婴儿抱到草丛中，然后与张书华到修理厂修车。30日13：20，当地群众发现草丛中的婴儿并报警，刘玉杰夫妇看到有救护车开到放置婴儿处，遂借故逃跑，张书华于15：20许报警，13名婴儿随后被解救。在公安机关对广西横县百合镇的排查中，又解救出2名被贩卖女婴。

案件层层上报到中央，震惊了国家领导层。有领导在有关文件上批示：一定要追查到底，追究涉案人员责任。为尽快侦破此案，广西警方组织庞大的警力展开调查。很快，一个以谢德明等人为首的大贩婴团伙浮出水面。这是已侦破的全国最大的贩婴团伙案。

贩婴之家

谢德明是玉林市福绵镇一个只有小学文化的60岁的老太婆，她在当地有“好心婆婆”的“美称”。只要哪家生了女婴，她知道后就会跑上门去热心地询问："你们愿不愿意养呀，不愿意养我可以帮你们找人收养。"

其实她哪是帮忙找人收养，她是将婴儿贩卖给从安徽、河南、湖北等地来的人贩子。

2001 年年初，在福绵镇上，她认识了一个向她"问路"的外省人，这个外省人告诉她，有人托她在福绵抱养一个女婴，只要能弄到，她肯出大价钱。"好心"的谢德明四处打听，抱来了一个，就这样，谢德明赚了贩婴的"第一桶金"。从此，尝到了甜头的她乐此不疲，每日奔走于乡间农家、医院、诊所，四处联系购买女婴，"事业"越做越大。她的家简直就成了贩婴中转站和联络中心。在她的四处奔走各方联络下，一条贩卖婴儿链形成了。只要哪家生了女婴，不论是在家生的，还是在医院生的，父母不愿养，就会有人向她报信。然后她前去将婴儿买回家中。另一头，来自数省的人贩子不断地与她保持联络。

除了谢德明本人，她的家人也参与进来，充当耳目，四处探听、收买女婴。在接受法庭审判的此案 52 名被告中，谢德明及其家人就占了 7 名。从 2001 年以来，这个"贩婴之家"贩卖了 64 名婴儿。被告辛丽芳、陈善才夫妇自 2002 年下半年起，先后窜到福绵区的沙田镇等地，购买、骗取女婴 31 名。2002 年 9 月，一位产妇在玉林市福绵医院产下一名女婴，辛丽芳、陈善才以给其妹收养为名，骗得婴儿，后以 400 元价钱出手。

三道人贩

第一道人贩以广西玉林市福绵区谢德明、辛丽芳两家组成的家庭窝点为主。他们负责在玉林市、钦州市等地"收集"女婴。

第二道人贩是河南省永城市人崔文献、赵洪亮、葛法申，湖北省监利县人蔡立平、李秋梅等人，在玉林市从第一道人贩手中购得婴儿后，将婴儿贩运到安徽、河南两省，转卖他人。

在运送婴儿的过程中，人贩为掩人耳目，一般由女性成员或者男女配对运送婴儿，或搭乘火车，或包租长途卧铺班车直接运送，后因多次被查处，他们便化整为零、多地点分散上车。

为不让婴儿哭闹，出发前，他们给婴儿喂食安眠药，并用布条捆绑婴儿的手脚，两个婴儿装在一个旅行袋里，多的三四个塞入一个包中。上车后把婴儿当行李放在身边或行李架上，途中隔一段时间打开包来透气和喂奶粉。

第三道人贩韩青松、张新方（另案处理），主要负责在河南永城、安徽亳州等地接受婴儿，再以高价卖给当地一些群众。婴儿价格依长相和健康状况而定。一些人贩从接生婆或介绍人处购得婴儿的价格最低仅 50 元。一般在玉林最后一手价格在 1 200 元以内，贩运到安徽、河南后"交货"的价格则多是 2 000～3 000 元不等。

医生"参与"

在 52 名被告人名单中，11 名医护人员"榜"上有名：玉林市福绵区妇幼保健院医生李琼；福绵区医院妇产科护士长黎活、医生吴进娣、护士陈敏莲、护士谢伟红；玉林市兴业县石南镇南街街道卫生所医生陈皎；兴业县龙安镇卫生院妇产科医生刘伟新；福绵区樟木镇卫生院妇产科医生王惠英以及个体医生黎桂英、李绍春、黎永兰。谢德明、辛丽芳从他们处购买女婴时付给手续费大多在100～200元。

2001年年初，被告人谢德明多次找到黎活和时任福绵区医院妇产科主任的李琼，要求为其提供婴儿。李琼、黎活与妇产科医护人员商定：不论是谁上班，发现有产妇产下女婴不愿养的，就打电话给谢德明，让谢来抱走婴儿，向谢收取“红包钱”，并统一交由黎活管理，到月底再分发给科里的医护人员。并要求产妇夫妇写下内容为“同意给人抱养，不准要回”的字据。案件发生后，被告人黎活将保管在其处的4张字据撕毁。

2002年8月16日，产妇杨运玲在福绵区医院产下一名女婴，不愿养，被告人陈敏莲打电话给谢德明后，谢派人到妇产科抱走婴儿，并将200元交给黎活。几天后，产妇杨运玲家人找到陈敏莲要求找回婴儿。陈敏莲与黎活等人到谢德明家交涉，但因婴儿已卖出，无法要回。为防止杨运玲家人举报，黎活组织妇产科10多名医护人员每人出钱140多元，凑足2 000元给杨运玲夫妇作为赔偿。作为妇产科主任的李琼，看到时不时有人来到她的科里，“捡”走女婴卖给谢德明，她眼红了，除同意科里集体卖婴外，还私下与自己的母亲商量，如听到有产妇生下女婴不愿养，她就告诉母亲，由母亲来医院抱走婴儿。2001年10月至2003年1月，李琼的母亲到该妇产科抱走3名婴儿卖给谢德明。

从2001年到案发的两年多时间里，谢德明在福绵管理区发展了众多的收婴儿“下线”。“下线”们以极低的价钱或免费将产妇生下的女婴抱走，以50～700元不等的价钱卖给谢德明，谢再以800～1 200元不等的价钱卖给来自安徽、湖北、河南的蔡立平、李秋梅、崔文献、葛法申等人。他们带回本地后，又以每名婴儿2 000～2 700元不等的价钱卖给人家收养。

检察机关指控

玉林市人民检察院在起诉书中称，这个贩婴团伙以广西玉林市福绵区谢德明、辛丽芳两家组成的家庭窝点为主。57岁的谢德明，全家7人参与作案。自2001年以来，谢德明伙同家庭成员先后窜到玉林市福绵区附近一些地方，向当地人贩子、医护人员、农村接生人员购买女婴64名，卖给河南永城市人崔文献、安徽亳州市人张小高等17名被告人。崔、张等将婴儿带到安徽、河南等地后，再卖给其他人贩。案发后被公安机关解救的28名婴儿中有23名是被告人崔、张等从谢德明处购买的。

被告人辛丽芳与其丈夫陈善才，自2002年下半年以来，先后窜到玉林市福绵区附近的一些乡镇，向当地医护人员、接生员购买、骗取女婴31名，其中转卖给湖北省监利县人蔡立平、李秋梅10名，卖给河南省永城市人赵洪亮等16名。

另外，玉林市福绵区妇幼保健院医生李琼；福绵区医院妇产科医生吴进娣、护士长黎活、陈敏莲和谢伟红、临时工唐英；玉林市兴业县石南镇南街街道卫生所医生陈皎；兴业县龙安镇卫生院妇产科医生刘伟新；福绵区樟木镇卫生院妇产科医生王惠英以及个体医生黎桂英、李绍春、黎永兰等12人参与了这一案件。谢德明、辛丽芳从他们处购买女婴时付给手续费大多在100～200元。

法院经审理查明

57岁的玉林市福绵区农民谢德明，全家7人参与作案。自2001年以来，谢德明伙同家庭成员先后窜到玉林市福绵区附近一些地方，向当地人贩子、医护人员、农村接生人员购买女婴，其中谢德明一人贩卖婴儿46名。得到婴儿后，谢德明再卖给河南永城市人崔文献、安徽亳州市人张小高等17名被告人。崔文献、张小高等将婴儿带到安徽、河南等地后，再卖给其他人贩。"3·17"案发当天被公安机关解救的28名婴儿中有23名是被告人崔文献、张小高等从谢德明处购买的。

玉林市福绵区农民辛丽芳与其丈夫陈善才，自2002年下半年以来，先后窜到玉林市福绵区附近的一些乡镇，向当地医护人员、接生员购买、骗取女婴。其中，被告人辛丽芳贩卖婴儿27名；被告人陈善才贩卖婴儿23名。

12名医护人员参与这一案件：玉林市福绵区妇幼保健院医生李琼、福绵区医院妇产科医生吴进娣、护士长黎活、护士陈敏莲和谢伟红、临时工唐英、玉林市兴业县石南镇南街街道卫生所医生陈皎、兴业县龙安镇卫生院妇产科医生刘伟新、福绵区樟木镇卫生院妇产科医生王惠英以及个体医生黎桂英、李绍春、黎永兰。谢德明、辛丽芳购买女婴时付给他们的手续费大多在100～200元。

法院同时审理查明，被告人崔文献贩卖婴儿16名，且在运输婴儿途中，为防止婴儿哭泣，将婴儿装入旅行袋，并给婴儿喂食安眠药，致死婴儿1名；被告人蔡立平贩卖婴儿19名；被告人李秋梅贩卖婴儿16名；被告人赵洪亮贩卖婴儿16名；被告人胡冬梅贩卖婴儿15名等。

法院审判

2003年11月30日上午，震惊全国的特大贩卖婴儿案在广西玉林市中级人民法院进行了一审宣判。主犯谢德明、崔文献被判处死刑，剥夺政治权利终身；主犯辛丽芳、陈善才、李秋梅、胡冬梅被判处死刑，缓期两年执行；主犯蔡立平、赵洪亮、李秋、葛法申、张桂云被判处无期徒刑。其余41名被告人，除1名免于刑事处罚外，分别被判处15年至1年6个月有期徒刑。

专家评语

在玉林市人民检察院指控52名犯罪嫌疑人贩卖的118名婴儿中，仅有1名残疾男婴。如何杜绝买卖女婴，让生命不再经受这样的苦难历程？如何避免类似案件再度发生？一些专家给记者开出了"药方"。

正本清源，对症下药。广西社科院社会学所副研究员傅慧明认为，目前我国男女比例失调，男多女少。在许多农村出现了适龄男青年娶不到老婆的问题，形成了拐卖妇女的市场需求。同时，市场经济带来一个新的社会问题，农村女孩进城打工相对男青年容易获取生存机会，成为家里的"摇钱树"，有人就花钱买女婴，形成恶性循环。她建议，应针对农村思想状况进行彻底调查，了解各种涌动的暗流，及时采取防范措施。广西社科院农村发展研究所所长梁积汉说，只有大力发展社会经济，提高群众素质，使之正确对待生育问题，这种贩卖婴儿的现象才会越来越少。

规范计生工作，持续监控育龄妇女生育状况。在许多农村，计划生育工作还远未达到消除人们重男轻女思想的程度，在工作方法及连续性方面还不理想，收费还未有一个统一的标准，基层计生管理力度不够。随着民工外出打工的增多，育龄妇女异地监控、持续监控显得尤为重要，而目前尚缺乏一个联动监控机制。

加大打击力度，充分发挥舆论监督作用。针对连续发生两起特大拐卖婴儿案，有关公安部门建议加大相关法律法规的宣传，严厉打击遗弃、残害、虐待、拐卖婴幼儿等违法犯罪活动，加强社会管理，强化综合治理。

广西壮族自治区卫生厅基层妇幼保健处处长陈荔丽说，贩卖婴儿是对儿童权益的严重侵害，必须严厉打击，而要真正达到杀一儆百的效果，还必须充分发挥舆论监督的作用，让人们了解贩卖人口的危害，自觉地与其斗争。

相关法律链接

我国刑法对拐卖妇女儿童的处罚规定如下：

第 240 条　拐卖妇女、儿童的，处五年以上十年以下有期徒刑，并处罚金；有下列情形之一的，处十年以上有期徒刑或者无期徒刑，并处罚金或者没收财产；情节特别严重的，处死刑，并处没收财产：

（一）拐卖妇女、儿童集团的首要分子；

（二）拐卖妇女、儿童三人以上的；

（三）奸淫被拐卖的妇女的；

（四）诱骗、强迫被拐卖的妇女卖淫或者将被拐卖的妇女卖给他人迫使其卖淫的；

（五）以出卖为目的，使用暴力、胁迫或者麻醉方法绑架妇女、儿童的；

（六）以出卖为目的，偷盗婴幼儿的；

（七）造成被拐卖的妇女、儿童或者其亲属重伤、死亡或者其他严重后果的；

（八）将妇女、儿童卖往境外的。

拐卖妇女、儿童是指以出卖为目的，有拐骗、绑架、收买、贩卖、接送、中转妇女、儿童的行为之一的。

第 241 条　收买被拐卖的妇女、儿童的，处三年以下有期徒刑、拘役或者管制。

收买被拐卖的妇女，强行与其发生性关系的，依照本法第 236 条的规定定罪处罚。

收买被拐卖的妇女、儿童，非法剥夺、限制其人身自由或者有伤害、侮辱等犯罪行为的，依照本法的有关规定定罪处罚。

收买被拐卖的妇女、儿童，并有第二款、第三款规定的犯罪行为的，依照数罪并罚的规定处罚。

收买被拐卖的妇女、儿童又出卖的，依照本法第240条的规定定罪处罚。

收买被拐卖的妇女、儿童，按照被买妇女的意愿，不阻碍其返回原居住地的，对被买儿童没有虐待行为，不阻碍对其进行解救的，可以不追究刑事责任。

（摘自新华网、检察日报，2004年）

第十一章

住房与教育福利

■学习要点

通过本章的学习，理解并掌握住房福利和教育福利的含义和内容，了解世界各国住房福利的做法和特点，熟悉中国住房福利的改革过程及特点。同时，了解当代各国的教育体系，熟悉我国教育福利的发展、内容、存在的问题及今后的发展。

■关键概念

住房福利　教育福利　公共房屋　住房补贴　住房金融政策
住房公积金制度　经济适用房制度　免费教育

▶第一节 概述

一、概念界定

（一）住房福利的含义

所谓住房福利，按西方国家惯用的界定方法，是指中央政府和地方政府解决全体国民住房问题的社会福利措施和手段。

在现代社会，随着经济的发展，人们的住房条件在总体上不断改善。但住房需求得不到满足的情况也大量存在，即使在经济最发达的国家中也有很多无家可归者和住房拥挤、贫民窟现象。这种情况说明，仅靠市场机制难以完全解决国民住房问题。为此，各国普遍采用政府干预的方式来弥补市场机制在满足住房需要方面的不足。西方国家自进入工业化社会以后，随着城市居民住房问题逐渐加剧，政府逐渐开始采取公共行动以解决城市居民的住房问题。到第二次世界大战结束以后，住房福利在许多国家成为社会福利制度中的重要内容。

（二）教育福利

所谓教育福利，是指国家和社会保障国民中适龄成员享受平等的教育机会，并为受教育者提供免费或低费教育成本的福利制度。

教育福利与教育救助的不同是，教育福利是面向全体社会成员的一种制度安排，而教育救助是国家和社会为保障适龄人口获得接受教育的公平机会而对贫困地区和贫困家庭子女提供物质援助的一种制度安排，因而带有明显的选择性。教育有助于推动国民经济和社会发展。事实上，世界上许多国家都因采取教育优先与发展教育福利的战略而获得了快速、持续的发展。

二、住房福利与教育福利的重要性

（一）住房福利的重要性

在现代社会中，社会成员在居住需求方面有以下基本特点：其一，住房需求是每个人都具有的基本物质需求；其二，住房需求是每个人及其家庭持续性的物质需求；其三，住房需求是一种发展性的物质需求。同时，住房不但是每个人的基本生活必需品，而且，也是一种高价值、高费用的耐用消费品。

迄今为止，世界各国住房困难的问题仍然严重存在。一方面，许多国家都在不同程度上存在着住房供应短缺的现象；另一方面，即使在住房供应总量并不短缺的国家和地区，也有许多人居住在潮湿寒冷、通风不好或取暖设施不好的住房里。在现代社会中，住房福利政策是政府必须要制定和执行的一项基本社会政策，政府通过住房福利政策来改善国民的住房状况，提高国民生活质量。

（二）教育福利的重要性

人类的教育活动已有久远的历史。在当代社会中，随着知识在经济和社会发展中重要性的提高，教育对社会和个人的重要性也不断增强。一方面，教育对个人的成长与发展具有重要性，能够改善穷人的困境，促进社会平等；另一方面，教育对国家与社会的发展非常重要，它不仅有利于社会文化的传递和主导价值观的灌输，具有文化整合的作用，而且有利于提高国民文化素质和社会人力资本，进而可以赋予人们各种进入不同职业的必要条件，跨越自己原有的阶层，实现向上流动。然而，在现代社会中，教育的花费也越来越大，以至于部分社会成员难以支付。如果纯粹以市场机制去分配教育资源，则会导致教育机会的不平等。因此，需要通过政府的教育福利去弥补市场的不足，实现教育机会的均等。

▶第二节 住房福利

住房是人类生存和发展的必要物质条件。当今世界各国都相应地采取了积极措施，如 1948 年瑞典创建了皇家住房局，新加坡于 1960 年成立了国家住房发展局等。此外，不少国家还设立了专门的住房金融机构来提供资金支持中低收入阶层的购房，这些举措有效地改善了各国的住房状况。在各国促进住房私有化的同时，也纷纷采取了针对社会弱势群体的保护政策，如国际知名的新加坡及中国香港政府的“廉租房”政策。

各国的实践证明，住房福利的发展，不仅需要市场机制的完善，而且需要政府的行政干预。政治稳定、社会公平的考虑，是建立住房福利的基本原因。由于各个国家的国情不同，住房福利的方式也多种多样。但是，无论是什么样的国情，经济的发展、市场的有效运行和政府的干预，都是决定各国住房社会保障制度的重要因素。

一、住房福利的主要内容

概括而言，住房福利一般包括如下内容。

（一）公共房屋

即由政府直接建造大量低租公共房屋供社会中下阶层居住。譬如，英国地方政府在1946—1976年的30年中，平均每年建造14.3万套公房，并从最初限于低收入困难户发展到向所有家庭开放。1945—1980年英国全国竣工住房1 000多万幢（套），半数是政府建的。又如，新加坡1965年独立后，为了保障社会稳定并通过发展建筑业吸纳更多的劳动力就业以带动国民经济全面发展，进行了大规模的住房建设，这种住房建设以市场机制为基础，但政府对房地产市场进行了有效的干预控制。在我国的香港地区，政府举办的公共房屋迄今仍然是许多香港居民解决住房问题的基本途径。

（二）住房财政补贴

这种方式通常有两种做法：一是用来补贴购买自住住房者的免税和减税。例如，英国的住房福利规定，买房可在贷款利息、保障金及住房维护等方面享受一定的优惠。管理部门对申请人的收入水平、存款、家庭成员和住房条件等进行全面审查，获得批准的公民可享受政府提供的优惠条件和住房补助。二是用来补贴租房者的现金补贴。例如，荷兰从1967年开始逐步减少政府对住房建设贴息的同时，为抵消以相等的比率提高房租对低收入家庭的冲击，政府引入房租补贴政策。瑞典在1968年将政府建房抵押贷款的利率提高到市场水平，同时扩大对各类困难人员的房租补贴。联邦德国于1956年就开始实行有限度的房租补贴，1970年通过立法扩大到所有家庭，补足每个家庭实际应付房租与家庭能够承受的房租支出之间的差距。

（三）住房金融政策

住房金融政策也是政府介入住房领域的一个重要手段。常见的住房金融政策如下。

1. 私营机构住房抵押贷款

这种模式以美国为代表。其基本特征是：首先，经办房地产金融业务的机构中私营金融机构占主体地位，大多数美国人能通过私人金融机构的住房抵押贷款来解决住房问题；其次，联邦政府的住房金融管理机构对住房金融市场进行有效的调控，包括成立初级市场的政府担保机构、建立联邦住房贷款银行系统、建立全国性的二级抵押市场、组建经营机构证券的政府机构等方式；最后，在政府实施有效调控的同时也重视发挥私人资本的作用，私人资本活动与政府调节高度融合。

2. 公私机构互为补充的购建房贷款

该模式以日本为代表。住房金融公司是日本政府为了向国民提供购建房贷款而成立的公营住房金融机构，它行使政府住房金融职能，融通长期低息资金，依照日本政府的住房福利对购建住房者提供优惠的长期低息贷款。

3. 住房公积金

该模式以新加坡最为典型。新加坡自 1965 年独立以来推行中央公积金制度，雇员可以用公积金购房。购房的款项，包括首期付款和从银行得到的贷款，都可以用公积金储蓄偿还，但不可用公积金支付房租。[①]

二、我国住房福利的发展

（一）改革以前的住房福利

由于长期以来的城乡二元结构性特征，我国的住房福利主要面向城镇企事业单位职工。我国改革前的城镇住房福利，是解放初期对消费资料实行供给制的结果，也是高度集中的计划经济体制的产物。公有住房分配带有浓厚的供给制和福利制的特点，完全排除了商品化因素。

我国改革以前城镇住房福利的特点如下：

1. 高福利性

新中国成立以后，我国城镇住房福利主要通过以下途径来实现：一是国家拨款，国家统建，归口分配。即由各级政府房地产管理部门统建统分，主要分配给没有建房资金来源的机关、团体、文教卫生行政、事业单位和商业、服务性行业的干部、职工。二是单位自建住宅，自行管理，自行分配。随着企业自主权的扩大，一些有资金、有土地的企业特别是大型企业，迫于职工住房需求的压力或为改善职工住房条件，大多采取这种办法自建住房，以解决职工的住房困难。三是自建公助或民建公助。这种办法早在 20 世纪 50 年代初期就已为少数企业所采用，80 年代以来又有了较大的发展。其做法是，由单位拨给建房用地，并在贷款、购买建房材料和人力上给予帮助，建筑费应由建房职工个人负担。总体上说，我国的城镇住房分配主要着眼于解决职

① 关信平. 社会政策概论 [M]. 北京：高等教育出版社，2004：284-285

工居住困难，它是一种高福利式的住房分配制度。

2. 供给性

改革以前，我国城镇大部分职工的住房是国家分配的。在城市，特别是大中城市，完全靠个人力量盖房的是极少数。我国长期以来不存在公房出售，一个家庭能住多少面积，完全取决于国家能分配给多少住房。因此，当时的住房分配方式具有供给制的特点。

3. 非商品性

改革以前，我国的建房投资主要来自国家财政拨款。1979 年以后，企业和行政事业单位也用大量自筹资金建房，单位自筹资金虽然不是直接来自财政拨款，但也属于国有资产范围。所以，我国城镇住房建设的特点是国家基本上包揽了全部建房投资。而且，我国城镇居民缴纳的房租极低，一般不够支付住房的维修费用，国家必须拿出大量的资金，用于补贴住房维修管理的开支。

4. 产权模糊性

改革以前，我国城镇住房几乎全部为国家所有。这种国家所有的公有住房有两种形式：一是由政府的一个部门——房管局直接管理的住房，称“直管公房”；二是由国有企业、事业单位建造、分配和管理的公房，称“自管公房”。从建房的资金来源看，都属财政拨款，属国家所有。但事实上，国家只有有名无实的所有权，而居民则享有有实无名的使用权。①

（二）我国城镇住房福利制度的改革

在市场化改革大潮下，城镇单位所有制的福利性实物分配式住房制度走到尽头。改革以来，我国政府确定了住房商品化的思路：第一，“提租补贴”，建立住房基金，促进居民个人买房、建房的模式；第二，以优惠价出售旧公房，建立住房基金，促进提租，发展个人建房模式；第三，从新增量的住房制度改革入手，通过推行新建公房，向个人出售和新房新租，带动现存量的住房制度改革；第四，小步提租，无补贴思路；第五，“以息抵租”模式，根据住房的价值和使用状况由住户向产权单位缴纳抵押金，用抵押金的利息冲抵房租；第六，“小补提租，双向负担，新建住房资金统筹”的思路；第七，现有住房的“小步渐进”式改革与新增住房的“大步就位”式改革相结合的思路，对旧、新住房分别对待。在实践中，试行城市公有住房补贴出售给个人的办法。1982 年，在常州、四平、郑州、沙市 4 个城市首先进行新建的公

① 孙光德，董克用. 社会保障概论［M］. 北京：中国人民大学出版社. 2000：317-318

有住房补贴出售试点，即“由国家、企业补贴 2/3，个人拿 1/3”。这种方式后又在北京、天津、上海和 23 个省、自治区 80 多个城市试点。[①]

总体来说，中国城镇住房福利改革大致经历了以下三个阶段：

1. 经济体制改革的配套阶段（1980—1994 年）

1980 年，在严重的城市住房短缺背景下，中国政府启动了城市住房改革。最初的住房改革举措是结合财政制度改革，将住房投资的决策权逐渐下放到地方政府、国营单位和城市集体企业。到 1988 年时，国家预算内资金在住房投资中所占比例从改革开始时的 90%下降到 16%，国营单位自有资金的比例上升到 52%，非国有投资也开始占到 20%。政府和国营单位下属的住房建设企业也通过企业改革成为经济上独立的房地产开发企业。在此期间，大批的新住房建设和旧住房改造项目得以上马，缓解了由于长期缺乏投资而造成的严重住房短缺现象。与此同时，小规模土地与住房改革试验也在深圳、烟台等城市展开。1988 年，在这些城市试验的基础上，新的《土地法》允许私人正式拥有土地使用权并可以通过市场进行转让。1994 年，国务院下发《关于深化城镇住房制度改革的决定》（国发［1994］43 号），强调了结合职工工资改革来筹集住房建设资金的重要性，并提出了四方面的举措：第一，发展由城市政府管理的住房公积金；第二，租金改革（实际是提高住房租金）；第三，将现有公房按成本价出售给职工；第四，加速“安居工程”建设。

2. 市场化住房改革阶段（1994—1998 年）

1998 年，在时任政府总理的朱镕基关于应该停止福利分房、实行住房分配商品化的讲话之后，国务院发布了《关于进一步深化住房制度改革及加快住房建设的通知》（23 号文件），明确了停止自 1949 年以来的福利住房分配制度，正式提出了新的以住房市场为基础的城市住房政策框架。市场化住房政策主要包括三方面：为高收入者提供的市场化住房（“商品住房”）；为中等收入者提供的“经济适用房”；为低收入家庭提供的“廉租房”。

3. 住房金融体制改革阶段（1998 年以后）

在住房政策和制度改革之外，住房改革的另一个重要任务是建立为住房开发与建设提供稳定的资金来源的市场融资机制。通过商业银行和专业住房储蓄银行提供的住房信贷，以及来源于个人强制储蓄的住房公积金，中国初步建立起自己的住房金融体制。1997 年，中国人民银行决定在 233 个城市开展试点，为家庭提供个人住房消费贷款。但这些最初的个人住房消费贷款条款定额规则很苛刻（如将贷款期限定为 20 年以下，而分期付款的首付款定为

---

① 李斌. 中国住房改革制度的分割性［J］. 社会学研究. 2002（2）

30%等)。同时，由于住房分配仍存在“双轨”制，只要消费者可以在工作单位享受低租金或非常廉价的住房，他们就没有动用个人存款购买商品房的积极性。这些因素在一定程度上限制了个人住房消费贷款的发展。1998 年，东南亚金融危机波及中国。为了刺激国内消费和投资，中央政府在住房金融政策方面采取了较大的改革举措。在 1998 年国务院发布第 23 号文件同时，中国人民银行降低了利率，放宽了货币政策，并将其抵押贷款权限由试点城市推广到全国。1999 年，中国人民银行发布《个人住房消费信贷指南》，将抵押期由 20 年延长为 30 年，将首期付款由 30%降到 20%，并进一步削减了个人家庭贷款的利率。到 2001 年，商业银行获批准提供两套抵押贷款方案：5.31%为 5 年以下贷款利率，5.58%为 5 年以上贷款利率，家庭贷款为 4.14%，低于 5 年期贷款利率也低于 5 年以上贷款利率为 4.59%。住房制度的深化以及住房金融的发展，刺激了住房需求。到 2000 年年底，四大国有商业银行个人住房贷款余额达到 3 680 亿元。个人住房贷款相当于银行贷款总额的 3.7%和国内生产总值的 4.1%。①

（三）我国当前的城镇住房福利

我国当前的城镇住房社会保障制度主要由住房公积金制度、经济适用房制度和廉租房制度三部分构成。其中，廉租房制度属于贫困救助的范畴，和住房福利相关的主要是经济适用房制度和住房公积金制度。

1. 经济适用房制度

1988 年 1 月，国务院颁布《关于在全国城镇分批推行住房改革实施方案》，确立住房改革的目标是按照社会主义有计划的商品经济的要求，实现住房商品化。1991 年 6 月，国务院发布《关于继续积极稳妥地进行城镇住房制度改革的通知》，提出住房改革的根本目的是要缓解居民的住房困难，不断改善居住条件，引导住房消费，逐步实现住房商品化，发展房地产业。1994 年，国务院颁布《关于深化城镇住房制度改革的决定》，指出要建立与社会主义市场经济体制相适应的新的城镇住房制度，实现住房商品化、社会化。同时，首次提出建立以中低收入家庭为对象的、具有社会保障性质的经济适用住房供应体系。同年，建设部、财政部等部门联合颁布《城镇经济适用住房建设管理办法》，对经济适用住房作了一个大体定义，“由相关部门向中低收入家庭的住房困难户提供按照国家住房建设标准而建设的价仅低于市场价的普通住房”，该项措施后来被称为“经济适用房制度”。2004 年 4 月，《经济适用住

① 方可．中国城市住房改革回顾与展望［J］．时代建筑．2004．5.

房管理办法》由建设部、国家发改委等部门颁布施行，对新形势下经济适用房政策加以规范，指导各地经济适用住房管理。

2. 住房公积金制度

1991 年，上海借鉴新加坡的做法，率先建立起住房公积金制度，迈出在实践上具有标志性意义的一步，是改革以后政府表明承担起居民住房福利责任的一个尝试。随后其他地方相继仿而效之。1996 年国务院住房制度改革领导小组根据各地公积金管理的实际状况制定了《关于加强住房公积金管理的意见》，规范和指导各地的住房公积金制度改革。1999 年国务院颁布施行《住房公积金管理条例》，提出“房委会决策、中心运作、银行专户、财政监督”的原则，要求各地住房公积金纳入规范化管理，2002 年，国务院对条例进行了修改，进一步完善住房公积金管理办法。

3. 相关配套政策

1995 年 2 月，国务院颁布《国家安居工程实施方案》，在土地划拨、财政信贷等方面推出相关的配套政策。1998 年将安居工程的配套政策推广到经济适用住房，财税和银行等相关部门出台和实施了相关的税费减免和信贷优惠配套政策，2003 年 6 月中国人民银行根据当时经济过热的情况发布《关于进一步加强房地产信贷的通知》，对房地产开发贷款、个人住房贷款作出了严格的规定，同年 8 月，国务院颁布了《关于促进房地产市场持续健康发展的通知》，但一般被解读为国务院力促房地产业发展。①

▶第三节　教育福利

一、教育福利的主要内容

现代教育体系从层次上看包括初级教育、中等教育和高等教育；从内容上看包括普通教育、职业教育、成人教育和特殊教育；从正规化程度上看，又包括正规教育和非正规教育。一般来说，教育福利的内容主要包括以下几方面。

（一）国家公办

由国家为主体负责建设教育机构，包括投入教育事业的基础设施、设备

① 焦建国，郎大鹏. 住房社会保障制度：由来、问题、借鉴与改进建议 [J]. 经济研究参考. 2005：76

和建设教育人员队伍，政府直接管理教育机构，或者指导教育机构的运行。各国都通过兴办教育基础设施，培训合格的教师员工队伍，并对教育机构进行管理和监督。

（二）免费或低费教育

建立不同层次的免费或低费教育体系，为低收入者提供教育补贴如助学金等。当今世界各国在巨大的公共教育体系的支撑下，基本上解决了义务教育阶段的教育需要，特别是在发达国家中，几乎所有青少年都能获得法律所规定的义务教育，并且在公共教育机构中的义务教育阶段一般都是由公共资金支持，而个人受教育是免费的。至1995年，已宣布12年义务教育的国家有德国、比利时等6个国家，宣布11年义务教育的国家有荷兰、英国、以色列、新西兰等11个国家。

（三）其他福利政策

例如国家奖学金、助学金制度、国家助学贷款政策，在农村地区、贫困地区、少数民族地区等实行对教育的特殊投入，通过政策干预保证社会各阶层平等享受优等教育等。

二、我国教育福利的发展历程

中华人民共和国成立以来，中国政府一向十分重视发展教育事业。国家制定了多种法律，从不同角度保障人人受教育的权利，其中特别强调少数民族、儿童、妇女和残疾人接受教育的权利，中国的教育事业取得了长足进步。大体来说，新中国成立以来中国的教育福利经历了计划经济体制和市场经济体制两个大的发展阶段。

（一）计划经济体制下的教育福利

中华人民共和国成立伊始，百废待兴，在教育方面，向苏联的学习借鉴则迅速形成“一边倒”的局面。新生的人民政权以苏联“老大哥”为榜样，非常重视人民群众各项社会福利项目的建立与建设，充分体现社会主义制度的优越性，体现了新政权的强大生命力。在计划经济体制之下，我国在教育福利方面的成绩是突出的，实行了几乎是全免费的教育政策。初等教育免交学费，只收少量杂费；高等教育不仅免交学费，而且免交杂费；师范生教育不仅免交学杂费，而且还有一定的生活补助。尽管因存在某些特权或地区差异而产生享受福利上的不平等与不平衡，但全体国民还是得到了较好的教育保障。

这一时期，中央政府对教育投入采取了统一财政、分级管理的方式。全国各类高等院校和普通中小学的经费开支都按照其行政隶属关系给予财政拨款。在我国经济发展水平十分落后、资金极为短缺的情况下，这种拨款体制是符合当时国情的。1953 年，我国开始执行发展国民经济计划，针对教育事业的财政拨款，主要是财政部按照定员定额的核算方法拨给地方，由各地方结合自己的财力、物力进行统筹安排，国家预算分为中央和地方两级，实行分级管理，即“条块结合、块块为主”的体制，这种体制一直维持到“文化大革命”结束。当时的情况是，中小学教育收费很低，上级政府负责教育经费，资金保障到位。总体来看，虽然那时的教育近乎免费，但是教学质量相对低下，主要是“扫盲运动式”的识字教育和基本的算术教育以及学习一些政治口号。到了“文化大革命”时期，中国的教育制度几近崩溃。

总体来看，计划经济体制下中国的教育福利主要具有以下特点：

1. 免费教育

在计划经济时代，城镇教育体系包括普通学历教育与职工技能培训，均属于国家公共福利范畴，即使是企业单位举办的学校，也因国有经济一统天下并与国家财政紧密关联而事实上属于国家福利教育；乡村教育体系则是在国家支持下由乡村集体举办的一项集体福利。在这种福利教育制度下，受教育者通常享受免费教育或者只付出极低的成本。长期以来，中国的义务教育学杂费通常在 1 美元以下，高中教育每学期的学杂费通常在 2 美元以下；即使是高等教育也是由政府完全负责，学生不需要缴纳任何费用，还能够享受水平不一的助学金补贴。①

2. 教育为工农服务

新中国成立初期，教育部的一项调查表明，工农出身的学生在被调查的学生中高等院校是 20.5%，普通高中是 31.3%，普通初中是 59%（金一鸣，2000）。因此扩大工农子弟在学生中的比例是新中国成立初期教育的一项重要任务。1949 年 12 月教育部召开第一次全国教育工作会议，会议确定新民主主义教育的目的是为人民服务，首先为工农服务，为当前的革命斗争与建设服务。为工农服务，为生产建设服务是新中国成立初期提出的教育方针，各级学校都把招收工农子弟作为重要任务，并采取了多种措施，例如，工农子弟兵可降分录取；设立减免费名额，保证贫困的工农子女入学；在原有学校中增设儿童晚班和夜班中学等班级，吸收白天需要劳动的工农子女以及失学的

① 郑功成. 从福利教育走向混合型的多元教育体系——中国的教育福利与人力资本投资 [J]. 清华大学教育研究. 2004 (10)

青少年。1950 年 12 月 14 日，政务院决定举办工农速成中学，以提高工农干部的文化水平，培养他们成为新的知识分子，适应建设事业的需要，入学对象是参加革命工作 3 年以上的工农干部或有 3 年以上工龄的产业工人。1955 年秋，工农速成中学因多种困难而停办。

3. 学习苏联模式

新中国的教育学习的经验主要集中于两方面：一是制定学制和各级各类学校的规程时参照了苏联的经验。按照苏联教育体制在综合性大学只保留文科和理科，其他都改为专门学院，使专门学院与大学处于同等地位，这主要体现在 1951 年开始的大规模院系调整中。二是聘请大批专家按照苏联的经验办了两所示范性学校，一所是中国人民大学，另一所是哈尔滨工业大学。两所大学均聘请大批苏联专家，在教材、教学方法、管理方式、理论体系等方面都受到苏联的深刻影响。

（二）市场经济体制下教育福利的市场化改革

改革开放以来尤其是 20 世纪 90 年代以来，中国单纯的福利教育制度日渐转向混合型的多元教育体系。一方面，市场经济改革促使国民对教育的需求持续快速增长，文化大革命时期的读书无用论迅速转向追求学历教育，而政府对教育的投资难以满足教育发展的需要，因此，不仅非义务教育逐步实行收费制，义务教育也需要向受教育者收取相应的学杂费，许多学校为弥补经费不足而创办企业及其他赢利性机构。另一方面，改革开放以后，国民对教育的需求也日益呈现出不同层次性，除正规普通学历教育外，非正规的学历教育与各种非学历教育也因需求高涨而获得前所未有的发展。

1985 年《中共中央关于教育体制改革的决定》中要求："把发展基础教育的责任交给地方"，中小学教育实施"地方负责，分级管理"。在农村，义务教育由县政府和乡政府分担。国务院规定，在城乡征收教育事业附加费来实施义务教育。20 世纪 80 年代中期以来，我国义务教育投资来源，从原来国家技资的单一体制逐步形成目前的以国家财政性教育经费为主，来源渠道多元化的投资体制。其来源渠道可概括为财、税、产、费、社五项，其中前三项分别指政府财政预算内拨款、教育税附加和中小学校办产业收入，属于国家财政性教育经费，即公共教育经费。其余两项为学生杂费收入和社会集资与捐资助学收入。

1986 年 4 月 12 日，第六届全国人大四次会议审议通过了《中华人民共和国义务教育法》。《中华人民共和国义务教育法》是中国历史上第一部普及基础教育的法律，它的颁布和实施成为中国教育史上前所未有的创举，这也是我国在教育福利制度安排中的一个重要里程碑。该法确认了儿童的教育权利，规定国家实行九年制义务教育制度。凡年满6周岁的儿童，不分性别、民族和种族，应当入学接受规定年限的义务教育。还规定，国家对接受义务教育的学生免收学费，国家设立助学金。但由于国家经济力量有限，只得在义务教育法实施细则中提出可以收取杂费，而这种杂费实际上就是学费。

1980年起，国务院实行财政管理体制改革，实行“划分收支、分级包干”的财政管理体制，改变了过去由中央和地方共同协商拨款的方式，由中央和地方各管一摊。2001年和2002年，国务院分别颁布了《国务院关于基础教育改革与发展的决定》和《关于完善农村义务教育管理体制的通知》，确立了由地方政府负责、分级管理、以县为主的教育管理体制，规定县级政府对本地义务教育负主要责任，将农村中小学教师的工资管理上归到了县一级。

在教育领域实行了市场化改革，改革的初衷是良好的，但在具体的实施过程中，产生了“教育产业化”问题。这一市场化倾向，使教育机构特别是高校成为市场赢利的机器，其结果是贫困家庭无钱上学，而普通家庭也要消费大量积蓄用于教育开支，成为一大生活重负。基础教育也受这一思潮的影响，出现了许多严重的社会问题，比较突出的有教育的乱收费、“择校费”等。

在市场化改革的背景下，从传统的政府教育投入、企业人力资本投资，到家庭、个人的教育投资、社会投入，以及学校自身创办赢利性机构创收，中国自20世纪90年代以后从原有的福利教育制度阶段进入到了一个混合型多元教育体系阶段。这一混合型多元教育体系主要有以下特点：

1. 投资主体多元化

包括政府投入、企业投入、家庭与个人投入、社会投入，以及教育机构通过兴办赢利性机构创收自我投入和依靠国内外贷款这种多元教育投资格局的形成，与过去单纯依靠国家公共投入相比，无疑使中国用于教育方面的人力资本投资大幅度增长，促进了国民教育事业的快速发展。

2. 机构多元化

市场化改革使得公立教育机构与私立教育机构并存、正规教育机构与非正规教育机构并存。就教育机构的性质而论，尽管仍是以公办教育为主体，但私立学校（包括私立小学、中学、大学）也在快速发展；就教育机构的形式而论，尽管正规学校仍然占据主体地位，但非正规的培训机构正在大发展。

3. 形式多样化

现阶段是学历教育与非学历教育（继续教育）并存、知识教育与技能教育并存、正规教育与非正规教育并存、国内教育与国际教育并存。教育形式的多元化格局，恰恰是中国国民教育需求多样化的直接反映，它同时也决定了中国不可能再用一种福利教育制度来满足国民的教育需求。[①]

（三）市场经济体制下教育福利的回归

通过对中国教育福利历史变迁的回顾，我们可以看到，自中华人民共和国成立以来，特别是改革开放以来，我国的教育福利事业取得了巨大的成绩，同时也走过了一段弯路。可喜的是，近几年教育福利又有了回归其公平性、福利性、公益性的良好发展态势。

从 2005 年起，国家免除扶贫重点县农村义务教育阶段贫困家庭学生的书本费、杂费，并补助寄宿生生活费，我国在教育福利问题上开始逐步回归本位。

2006 年 1 月 4 日，国务院常务会议讨论并原则通过了《中华人民共和国义务教育法（修订草案)》，新的义务教育法回归了义务教育免费的本质，进一步完善了义务教育的管理体制，强化了省级的统筹实施。新《义务教育法》一个很大的突破，就是在“以县为主”管理体制的基础上，进一步加大了省级政府的统筹和责任，实践着从“人民教育人民办”到“义务教育政府办”的转变，明确了义务教育经费的“三个增长”：建立农村义务教育经费的分担机制，分项目、按比例分担；义务教育经费预算单列；规范义务教育的专项转移支付；设立义务教育的专项资金。通过这样几个渠道，建立起义务教育比较完善的经费保障机制。

从 2006 年起，全国各地也陆续开始了对于免费义务教育的积极探索。2006 年 7—11 月，国务院总理温家宝在中南海先后主持召开 4 次教育工作座谈会，强调指出：有一流的教育，才能有一流的国家实力，才能真正成为世界上一流的国家。提高教育质量必须依靠教师。中国需要建设一支规模宏大、素质优良的教师队伍，造就一大批教育家。国家要进一步加大对师范教育的支持力度，吸引全社会最优秀的人来当老师。

教育部在 2007 年工作要点中明确提出：“加强教师教育改革和发展，开展师范生免费教育的试点，引导各地建立鼓励优秀人才当教师的新机制。”随后，教育部直属的六所师范院校重新推行师范生免费制度，[②] 以此吸引优秀的贫困大学生未来从事教育工作，为未来的骨干教师培养储备资源。免费教育

① 郑功成. 从福利教育走向混合型的多元教育体系——中国的教育福利与人力资本投资 [J]. 清华大学教育研究. 2004 (10)

② 这 6 所大学分别是北京师范大学、华东师范大学、华中师范大学、东北师范大学、陕西师范大学和西南师范大学。

师范生在校学习期间，免除学费、免缴住宿费，并补助生活费。

综合来看，近年来我国教育福利的回归主要表现在以下几方面：

1. 提高了对于教育公平性的认识

国家和政府高调提出了社会公平与教育公平对于建设社会主义和谐社会的积极作用，并采取了一系列行之有效的举措。为教育特别是基础教育投入大量资金，并制定了向经济欠发达地区适当倾斜的教育投入政策，促进教育事业的均衡发展。

2. 加强了我国教育福利的制度化建设

对《义务教育法》进行了完善和修订，增强了法律法规的严肃性和可操作性，进一步提高了国家和政府对于教育财政投入的责任意识。通过多次政策推动，充分发挥了社会教育机构的公益功能，为青少年乃至国民提供了良好的社会教育环境。回归免费师范教育制度，加强了师资力量的培养，将优秀的人才吸引到光荣的教育事业中来。

3. 逐步消除“教育产业化”等不良影响

主要纠正了基础教育阶段“乱收费”的不良现象，实行了“一费制”改革。对教育腐败问题进行了整肃，避免了教育经费和教育资金的浪费与流失。出台了一些针对贫困学生的社会救助政策，帮助贫困学生通过多方努力顺利完成学业。

三、当前我国教育福利的主要问题

我国目前的教育制度仍为新中国成立初期所建立的与计划经济体制相适应的管理体制，即集中统一的管理体制。这种与计划经济体制相适应的教育体制曾在我国历史上起过非常重要的作用，如保证了我国教育体系的迅速恢复以及社会主义教育体系的建立，满足了一定历史时期国家建设对人才的需要，摸索并积累了我国新时期教育体制建立的宝贵经验，但在市场经济条件下，这种集中统一的教育制度已显然不再适应时代发展的要求，已越来越与经济体制相冲突，表现出许多弊端，集中反映在以下几方面。

（一）教育投入不足，结构亦不合理

一是中国教育经费增长虽然较快，但实际上仍然不足。在中国，除少数国家重点高等院校和一些大中城市的重点中小学校外，其他各类学校普遍认为经费不足甚至严重不足。二是国家财政性教育经费的增长较缓慢，说明教育经费的增长主要是依靠非政府财政性投入带动增长，而作为国民教育投资最重要主体的政府，还有待加强对教育的投入。三是在非财政性经费投入中，

社会团体、家庭或个人的教育投入均有大幅度增长，其中家庭或个人的教育投资增长幅度最大。而作为教育投资又一重要主体的企业对教育投资却未有良好表现。四是教育投入结构不合理，基础教育未引起足够重视。一般而言，基础教育是应当依靠财政性拨款来支撑的，中国的法律更是明确规定实行九年制义务教育。五是在调动民间资源方面缺乏有效措施。尽管改革开放以来，社会团体及企业、个人热心教育公益投资的不少，但政府在调动民间资源方面仍然缺乏有效的激励措施。如向教育机构捐赠虽然按照中国的《捐赠法》可以享受有关免税优惠，但实际上这一规定因具体政策迟迟不能出台而得不到落实，从而事实上抑制了民间资源投向教育事业。

（二）教育领域的非公平性明显

由于中国正处于转型期，在福利教育走向多元教育体系的进程中，法律制度的欠缺、管理体制的不适应，以及相关配套机制的不完善，使得教育领域中存在着显著的不公平性，这种不公平性正在妨碍中国教育事业的健康与可持续发展，在某种程度上甚至直接扭曲着整个社会人力资本的投资行为，造成教育投资的失败与低效。一方面，公共教育资源的分配极不公平。这主要是指国家财政性教育经费的投入，长期以来都是城镇重于乡村、重点学校重于非重点学校、学历教育重于非学历教育、知识教育重于技能教育。公共教育资源分配的不公，已经造成了一些不良的后果。另一方面，国民受教育权（机会）亦存在着不公平现象。一是长期以来形成的城市人的受教育机会多于农村人的不公平现象。以 1982 年和 2000 年的全国人口普查资料为例，1982 年时农村劳动力（16～64 岁人口）的平均受教育年限为 5.01 年（仅相当于小学文化程度），城镇劳动力的同一指标为 7.93 年（相当于初中二年级文化程度）；到 2000 年，农村劳动力的平均受教育程度提高到 7.33 年（相当于初中一年级文化程度），城镇劳动力受教育程度则提高到 10.02 年（相当于高中一年级文化程度）；即使是在统一的高考制度和各类升学考试面前，城市青少年的升学机会也要远远多于农村青少年的升学机会；城市劳动者有接受继续教育与技能培训的机会，农村劳动者则没有这样的机会；等等。这些现象客观地反映了中国城乡之间客观存在的教育鸿沟和人力资本鸿沟。在中国教育领域事实上还存在着性别上的不公平，乡村居民对子女的教育投资通常有明显的男性偏好，女性受教育的机会要少于男性。此外，伴随着大规模的农民工群体的出现，流动人口与固定户籍人口之间亦存在着明显的教育不公平现象。全国因此而受影响的民工子女以百万计，流动状态的民工亦不能接受专门面向城市人的技能培训等。

（三）教育领域的过度市场化取向令人忧虑

市场经济改革带给中国教育界的一个直接效应，就是教育领域的市场化与效率取向因为缺乏相应的政策规范而发展到了令人忧虑的地步。一方面，几乎各级各类学校均存在着乱收费现象，教育乱收费已经成为中国的社会问题，教育系统甚至被人斥之为“暴利”行业；而本来应当由政府负责的义务教育，在许多地方仍然是收费教育，贫困家庭子女因交不起学费而失学的现象仍然不属罕见。另一方面，家庭和个人因教育投资日益昂贵而出现压力日益沉重的趋势，不仅如此，学费还在上涨。在市场化背景下，公立学校也创办着各种赢利机构，各种非学历教育或非正规教育成为中国高等院校办学经费和改善办学条件的重要经费来源，继续教育领域处于混乱状态。目前中国教育领域确实存在着计划管制与市场化或效率取向并行的现象。教育领域的过度市场化与效率取向，正在损害国民教育本应有的公平性、福利性与规范性，造成了部分国民的受教育权被剥夺，从而客观上损害着民生的基础。

四、我国教育福利的发展方向

教育不仅是民生之基，也是国家发展之基。因为教育程度客观上决定着每个国民的发展机会，教育水准则决定着一个国家的未来。因此，重视教育和发展教育，是一个国家走向繁荣富强的必要条件。而我们首先要确认的是，建立一个怎样的教育福利体系，用以保障国民基本的受教育权利，并通过教育福利的实施，努力提高国民整体素质，使国民的自身发展和国家的可持续发展结合起来，共同推进全社会的和谐发展。

目前，我国各种保障国民受教育权利的政策和措施还没有纳入教育福利这个大概念进行统筹思考。根据我国国情，目前我国教育福利应该按照这样一个思路发展。坚持基础教育和师范教育的免费性，保证高等教育的低费性，保持社会教育的开放性和公益性，重提教育的福利性，加大教育投入，努力提高全民族的科学文化素质，逐步实现惠及全民的教育福利制度。

（一）确立教育福利在社会发展和个人发展中的重要地位

教育涉及千家万户，惠及子孙后代，是体现发展为了人民、发展依靠人民、发展成果由人民共享的重要方面。保证人民享有接受教育的机会，是促进社会公平正义、构建社会主义和谐社会的客观要求。教育公平是重要的社会公平。

《联合国人权宣言》规定：“不论什么阶层，不论经济条件，也不论父母的居住地，一切儿童都有受教育的权利。”基本的受教育权利是受国际性公约认可保障的基本权利，更是我国《宪法》《教育法》赋予公民的基本权利，也是作为人之为民的基本人权，是人的发展的必要的最低的权利，是满足人民政治、经济、思想等方面的最低的基本需要的权利。

公平正义是社会主义和谐社会的主要内涵，构建和谐社会首先要推进社会公平。教育作为社会系统中的重要组成部分，涉及人民群众的切身利益和社会发展的各个方面，历来被看做是个人发展提高、缩小社会差别的重要手段，在社会系统中起着先导性、全局性、基础性的作用。因此，促进教育公平，坚持教育的公益性原则，保障人民享有接受良好教育的机会，对保障社会公平、构建社会主义和谐社会具有重要意义。

从个人发展的角度看，在将教育作为人力资本投资的同时，更应当维护教育的公平性与福利性。教育作为一种人力资本投资具有特殊性，其收益的滞后性决定了国家应当主导教育事业的发展，而确保每个国民能够平等地享有受教育的机会又是国家保护国民人权的重要体现。

（二）明确政府在教育福利中的主体责任

对于教育投入的加强，国家必须给予足够重视。对于公共教育投入的缺位，是一个国家最不明智的选择。众所周知，日本在明治维新后，迅速从险被瓜分的弱国成为与西方列强并肩的工业化国家，其主要原因之一就是重视教育。而与中国同样是发展中国家的印度，因在高等教育方面采取了福利化政策，使其迅速造就了一大批科技人才，有力地促进了信息产业的高速发展，在很大程度上推动了社会经济的发展。整体国民素质的提高，是科技进步、提高国力的必然要求。对国民教育的重视，是对国民最大的福利保障，这是不争的事实。

从公共财政理论的角度来看，政府的财力主要是用于社会公益事业的，而教育福利中的若干子项目是提高全体国民素质，具有广泛正向外溢效应的公共物品，是社会的重要公益事业。因此，实施教育福利是政府财政的主要职责之一。就我国而言，目前与社会主义市场经济要求相应的公共财政体制正在建立，财政资金的使用重点应逐步转移到满足社会公益事业的发展上来，并逐步实现教育本身所自有的公平性、福利性。

（三）积极拓宽教育福利筹资渠道

多渠道筹集教育经费，是我国改革开放以来发展教育事业的一条宝贵经验。在社会主义市场经济条件下，政府是发展教育事业最主要的投资主体，同时，随着多种所有制经济的发展，社会各界包括机关、企事业单位、民间团体和私营企业主，也包括外商外资等，都可以在法律规定的范围内，作为独立的法人，投资办学、兴学和助学。主要形式应该有鼓励社会力量办学，鼓励捐资、集资办学，还可以促进中外合资、合作办学，逐步实现我国教育经费来源的多元化。

国家应该在鼓励教育捐献上给予一定的优惠政策，营造教育慈善事业的良好社会氛围，将其作为教育经费的来源之一。在一些西方国家，例如在美国，不少高等学校，特别是那些著名的大学，社会捐赠是其经费来源的重要渠道。同时，在整个国际社会日益全球化、一体化的今天，中国的教育福利事业既要立足中国，又要放眼世界，应该密切关注国外动态，积极寻求国际社会的援助与支持，参与与教育福利有关的国际交流与合作，为中国的教育福利筹措资金，为中国的教育福利事业提供坚实的物质和经济保障。

本章小结

所谓住房福利，按西方国家惯用的界定方法，是指中央政府和地方政府解决全体国民住房问题的社会福利措施和手段。所谓教育福利，是指国家和社会保障国民中适龄成员享受平等的教育机会，并为受教育者提供免费或低费教育成本的福利制度。

住房福利在于满足人们的住房需求，在维持社会稳定方面具有举足轻重的作用。概括而言，住房福利一般包括低租公房、住房补贴、住房金融政策等内容。当今世界各国都相应地采取了积极的住房福利措施，如美国、英国、日本、新加坡、加拿大等，改善国民的住房状况。我国改革前的住房福利，是解放初期对消费资料实行供给制的结果，也是高度集中的计划经济体制的产物，公有住房分配带有浓厚的供给制和福利制的特点，完全排除了商品化因素。改革以来，我国政府确定了住房商品化的思路，我国当前的住房社会福利主要有住房公积金制度和经济适用房制度。

教育福利主要体现为国家公办的免费或低费教育。当前，在发达国家中，各个国家都建立起了公共教育体系。在巨大的公共教育体系的支撑下，发达国家基本上解决了义务教育阶段的教育需要，几乎所有青少年都能获得法律所规定的义务教育，并且在公共教育机构中的义务教育阶段一般都是由公共资金支持，而个人受教育是免费的。而且，发达国家根据本国情况建立了包括各类教育在内的多样化的教育体系，除了普通教育以外，还有大量的职业教育、成人教育和特殊教育等，以满足各类人员对教育的不同需要；在高等教育阶段，发达国家一般都实现了高等教育的大众化，即高等教育机会向所有人开放，并且接受高等教育是个人的权利。同时，近年来发达国家的非正规教育也蓬勃发展。改革开放前，中国的教育制度与当时的政治制度和经济制度相适应，主要具有免费福利教育、教育为工农服务、学习前苏联的教育模式、教育政治化等特点。改革开放以来尤其是20世纪90年代以来，中国单纯的福利教育制度日渐转向混合型的多元教育体系。它主要表现在教育投资主体多元化、教育机构多元化、教育形式多元化等方面。我国目前的教育制度仍为新中国成立初期所建立的与计划经济体制相适应的管理体制，即集中统一的管理体制。这种与计划经济体制相适应的教育体制也表现出许多弊端，集中反映在以下几方面：一是教育投入不足，结构亦不合理；二是教育领域的非公平性明显；三是教育领域的市场化取向令人忧虑。对此，中国教育福利事业应当突出以下几个目标取向：一是确立教育福利在社会发展和个人发展中的重要地位，二是明确政府在教育福利中的主体责任，三是积极拓宽教育福利筹资渠道。

复习思考题

1. 住房福利的含义和内容是什么？
2. 教育福利的含义和内容是什么？
3. 世界各国住房福利的特点有哪些？
4. 试述我国住房福利的主要过程及内容。
5. 我国教育福利的主要内容是什么？
6. 试述我国教育福利的特点。
7. 试述我国教育福利中存在的主要问题和今后的发展方向。

案例讨论

国家助学贷款助寒门学子

随着第二类高考分数线的公布，学生们进入大学的脚步紧密起来，但对于一些家境贫困的学生来说，学费成了阻挡他们进入高校的一道门槛。连日来，衢州日报陆续推出为寒门学子寻找暑期岗位、帮助联系相关申请助学金的慈善机构，但这些还远远不够。记者昨天从金融机构和教育部门了解到，助学贷款作为助学的另一个途径，贫困学生不妨一试。“对于家庭贫困的学生，国家出台了一系列资助政策，学生可以多途径申请获得帮助。”市教育局计财处有关工作人员介绍，比如全日制普通高校本专科二年级以上（含二年级）特别优秀的学生即可申请国家奖学金8 000元/人·年，品学兼优的家庭经济困难学生则可申请国家励志奖学金，5 000 元/人·年。贫困学生亦可向学校申请有关勤工俭学的岗位。

对于今年考上大学，但家庭困难的学生，可以进校后就申请校内资助，或通过学校的绿色通道，缓交学费，先办理入学手续后，酌情予以资助。

同时，国家还出台了高等学校毕业生学费和国家助学贷款代偿政策。凡中央部门所属普通高等学校中的全日制本专科生（含高职）、研究生、第二学士学位应届毕业生（定向、委培以及在校学习期间已享受免除学费政策的学生除外），毕业后自愿到中西部地区和艰苦边远地区基层单位就业、服务期在3年以上（含3年）的，其学费由国家实行代偿。在校学习期间获得国家助学贷款（含高校国家助学贷款和生源地信用助学贷款）的，代偿的学费优先用于偿还国家助学贷款本金及其全部偿还之前产生的利息。每个高校毕业生每学年代偿学费和国家助学贷款的金额最高不超过 6 000 元。

人民银行货币信贷科有关工作人员也为助学支招：目前浙江省金融系统主要推出了“就学地国家助学贷款、生源地助学贷款和一般性商业助学贷款”三种方式，这三种方式的借款人和借款条件是不同的，贫困新生及其家庭可以视情况作出选择。

我市的高等院校就衢州学院（筹）一所，对于报考这所学校，且家境贫困的学生可以通过学校申请就学地国家助学贷款，学生在校期间利息由财政全额补贴，贷款最高限额为每人每学年 6 000 元，还款期限从借款人毕业之日起，视就业情况，在 1～2 年后开始还款，最长不超过 6 年。

据了解，目前我市金融机构就学地助学贷款余额已达 858 万元。省外全日制普通高校也有类似政策。比如被全日制普通高校录取，前往北京上学的贫困学生，到学校后，可凭贫困证明向学校申请就学地国家助学贷款，这类贷款也是由财政全额贴息。

还有一种生源地助学贷款，但在利息方面，学生在大学就读期间的利息 50%由财政补贴，自己要承担 50%。一般由学生父母或金融机构认可的个人向户口所在地金融机构申办，贷款金额参照就学地国家助学贷款政策执行。

一般商业性助学贷款是对正在接受教育的学生或其直系亲属、法定监护人发放，不享受财政贴息政策。

据介绍，截至今年 6 月末，我市金融机构共发放助学贷款 1 844 万元。

同时提醒，学生一旦不按规定按时还款，则会产生不良信用记录，将对今后创业、就业带来直接影响。

资料来源：衢州新闻网 http：//news. qz828. com/system/2009/07/18/010139712. shtml

第十二章

职业福利

■学习要点

通过本章的学习，应该对职业福利的概念、性质和属性、目标和特征等基本知识，我国职业福利的基本现状和国际上职业福利的模式等有所认识，掌握职业福利的定义、特点和类型，职业福利与薪酬系统、社会福利的区别，国际上职业福利的发展过程，中国职业福利的演变过程，目前我国职业福利存在的问题，并能对实践中的企业的职业福利具体情况做出清楚的判断和全面的分析。

■关键概念

职业福利　员工福利　企业年金　弹性福利计划

员工持股计划

第一节 职业福利概述

在现代社会，社会保险作为工业社会的必然产物越来越成为社会正常运行所必不可少的重要制度、全面覆盖的趋势越发明显时，作为社会保险重要补充的养老保险（企业年金）和补充医疗保险也越来越成为政府干预的重要内容。因此，主要由企业和个人负责的、只存在于就业者、并与所属职业紧密相关的职业福利越来越具有社会化和全民化的特征；在我国社会主义市场经济体制下，职业福利本身就是社会福利的一个重要组成部分；况且在社会保障中政府责任适度化正在逐渐成为国际发展潮流的情况下，发展中国家因社会保障制度的不健全就更加需要企业与社会团体共同努力[①]，因此，职业福利是在阐述社会福利时不能忽略的一部分。

一、职业福利的定义

职业福利也称员工福利，相对于其他专用名词，职业福利无疑是一个相对复杂的概念，难以阐述得十分清楚，从已有的文献来看，关于职业福利（员工福利）的定义有很多种，其中一些如下文所列。

（一）国内一些学者给出的定义

1. 员工福利是企业为员工提供除金钱之外的一切物质待遇。[②]

2. 员工福利是组织向员工提供的非报酬性的物质待遇。[③]

3. 职业福利是来自用人单位所支付的一种非货币化的报酬，其目的在于最大限度地提高劳动生产率，同时也为用人单位的未来发展争取和储备人力资源。[④]

4. 职业福利又称雇员福利或劳动福利，是企业为满足劳动者的生活需要，在其工资收入以外，向员工本人及其家庭提供的货币、实物及一些服务形式。[⑤]

5. 员工福利是在相对稳定的货币工资以外，企业为改善企业员工及其家

① 郑功成. 社会保障学——理念、制度、实践与思辨［M］. 北京：商务印书馆，2000：24

② 胡君辰，郑绍濂. 人力资源开发与管理［M］. 上海：复旦大学出版社，1999

③ 商红日. 人力资源管理［M］. 上海：上海人民出版社，2001

④ 周弘. 福利的解析——来自欧美的启示［M］. 上海：上海远东出版社，1998

⑤ 李新建. 企业雇员薪酬福利［M］. 北京：经济管理出版社，1999：174-175

庭生活水平，增强员工对于企业的忠诚度、激发工作积极性等为目的而支付的辅助性货币、实物或服务等分配形式。①

6. 员工福利是企业基于雇佣关系，依据国家的强制性法令及相关规定，以企业自身支付能力为依托，向员工所提供的、用以改善其本人和家庭生活的各种以非货币化工资和延期支付形式为主的补充性报酬与服务。

7. 职业福利（亦称机构福利、员工福利）是以企业或社会团体为责任主体，并专门面向内部员工的一种福利待遇，它本质上属于职工激励机制范畴，是职工薪酬制度的重要补充。因此，从本源意义出发，职业福利是机构招揽人才和激励员工并借此赢得竞争胜利的一种重要手段。②

（二）国外专家给出的解释

美国商会（The Chamber of the United States）认为，员工福利是相对于直接津贴（Direct Wages）以外的任何形态而言的津贴。③

美国社会保障署（The Social Security Administration）认为，员工福利是由雇主和员工单方面或共同赞助创立的任何形态的给付措施，必须有雇佣关系，并且不是由政府直接承保和给付。④

美国学者 Lioyd. L. Byars 和 Leslie. W. Rue 在他们合著的《人力资源管理》中将员工福利定义为：员工作为组织的成员及其在组织中的职位而获得的报酬。福利与工资、奖金、薪金和奖励不同，福利与员工绩效无关。⑤

美国学者加里·德斯勒认为，员工福利包括健康和人寿保险、休假和保育设施，具体可以分为四类：一是补充性工资；二是保险福利；三是退休福利；四是员工服务福利。⑥

乔治 . T. 科尔科维奇在《薪酬管理》一书中说："员工福利是总报酬的一部分，它不是按工作时间给付的，是支付给全体或部分员工的报酬（如寿险、养老金、工伤保险、休假等)"。

（三）本书对职业福利的界定

本书认为职业福利有广义和狭义之分，这一点从上述中外学者对职业福利的不同界定中也反映了这一点，正是由于不同研究者立足的角度不同，因

① 刘昕. 福利是否需要全部货币化［J］. 中国人力资源开发，2001（1)：18
② 郑功成. 社会保障学——理念、制度、实践与思辨［M］. 北京：商务印书馆，2000：24
③ 仇雨临. 员工福利管理［M］. 北京：复旦大学出版社，2003：4
④ 仇雨临. 员工福利管理［M］. 北京：复旦大学出版社，2003：5
⑤ 乐章，陈璇，福利管理［M］，深圳：海天出版社，2003：7
⑥ 加里·德斯勒. 人力资源管理（第六版）［M］. 北京：中国人民大学出版社，1999：492

此，才产生了诸多不同的论述。

广义的职业福利是指员工普遍享有的由企业提供的所有福利性的待遇，具体包括除工资收入以外的所有货币、实物、服务和机会等。根据福利项目是否是国家强制建立或政府干预其中，可将广义的职业福利分为三个层次：一是强制型福利项目，即国家强制规定企业必须参加的保险，如企业必须依法为员工缴纳养老保险、医疗保险、失业保险、工伤保险和生育保险等社会保险费用；二是引导型福利项目，即国家并没有强制建立，但出具相关政策引导和支持企业建立的相关福利项目，如补充养老保险（企业年金）、补充医疗保险等；三是自设型福利项目，即企业自行设立的、完全脱离政府干预的福利项目，如旅游度假方案、教育津贴等，笼统地说，就是除强制福利项目和引导福利项目以外的其他所有福利项目。

狭义的职业福利是专指用人单位拥有一定自主决定权的福利项目，即除了国家强制参加的法定社会保险以外的福利项目，具体来说，包括两部分：一是引导型福利项目；二是自设型福利项目。

鉴于强制的法定福利项目，即社会保险是一项社会化的福利项目，不同用人单位遵循的是相同的政策，不论是缴费比例还是运作模式都基本一致；而且在本套教材中有其他书目会对社会保险做详细论述，因此，为了避免重复，在篇幅有限的情况下使论述更具针对性，本书采用狭义的职业福利概念，在下文中，如不特别说明，均是指狭义的职业福利概念。

二、员工福利的作用

在“以人为本”思想成为当今人力资源管理主流思想的现代社会，关注员工福利以改善员工福利和提升员工福利对企业而言就变得越加基础和必要。理论界对员工福利的讨论逐渐增加，企业对员工福利的物质和精神投入越来越大，这些都说明员工福利的重要性已逐渐被认识到。员工福利之所以重要，主要是因为其具有下列作用。

（一）增强员工心理满足感、激发员工工作积极性

20 世纪 30 年代，行为学派有别于传统的科学管理，开始强调人性管理，认为员工的心理因素会影响到组织的效率。管理上通过完善的员工福利体系、提升员工福利水平可以带给员工心理上的满足感，增强组织的凝聚力，能够激发员工的工作积极性，从而能够在整体上提高组织效率。

（二）有助于企业吸引、留住人才

伴随着人们的福利需求日益多样、需求层次越来越高，科学合理的员工

福利设计不仅能激发员工的潜能，提高员工的工作积极性，更是招贤纳士、留住人才的重要手段。现在人们觅职时，优厚的福利已被作为一项重要的选项；同时福利待遇也是影响员工离职意愿、最终影响员工离职决策的重要因素。

（三）提高企业成本运营效能

不同于工资所需缴纳个人所得税率递增，员工福利的成本优势是员工福利在相当比率内都是免税的；员工福利的另一个成本优势是许多集体福利说明具有成本优势，例如，寿险、健康保险等集体福利的费用比单个员工自己获取要低一些[①]；员工福利具有留人功能，能间接降低员工离职率，节约了新员工招聘、选拔、委派和岗前培训等费用，从而降低了企业的运营成本；企业通过员工福利计划向员工传达了关爱，有助于缓解劳资关系，可以避免或降低由于劳资关系紧张而发生的摩擦成本。[②] 可见，只要设计合理，员工福利不仅不是企业的负担，而且还可以提高企业成本的运营效能。

（四）传递企业的文化和价值观

现代企业越来越重视员工对企业文化和价值观的认同，企业积极的、得到员工普遍认同的文化氛围，将对企业的运营效率产生十分重要的影响。而福利恰恰是体现企业的管理特色，传递企业对员工的关怀，创造一个大家庭式的工作氛围和组织环境的重要手段。之前的经验也一再证明，成功企业无一不重视企业文化的塑造，无一不强调以员工为中心展开企业管理，也无一不向员工提供形式多样、富有吸引力的福利计划。[③]

三、员工福利的主要特征

（一）多层次性

员工福利不仅是物质层面，还有精神层面和心理层面；不仅有维持生存层面的，也有满足人发展方面的；不仅有安全需要层面的，也有实现自我价值的。比如既有免费午餐、班车、中秋节发的月饼等，也给员工提供法律咨询、心理诊疗咨询等。因此，员工福利具有多层次性。

---

① 乔治.T. 米尔科维奇等. 薪酬管理［M］. 北京：中国人民大学出版社，2002：367

②③ 彭剑锋. 人力资源管理概论［M］. 上海：复旦大学出版社，2003：419

（二）混合性

员工福利既具有福利性，也具有效率性。效率性是员工福利存在的基础，也是用人单位向员工提供福利想要达到的最终效果，福利性是员工福利的表现和存在形式，是其区别于工资、奖金等薪酬系统的根本特征。毫无疑问，员工福利既具有福利性，又具有效率性。

（三）普遍性

普遍性是指在一个用人单位内部，该单位会向所有员工提供福利，而不会像工资那样有高有低，像奖金那样一部分人有、一部分人没有，在享受员工福利方面，所有的员工机会均等。

（四）针对性

福利的项目设定应该是有针对性的，即针对员工的福利需求。如果忽视甚至无视员工对福利项目的客观需要，员工福利的激励性就会大打折扣，即使付出很大成本也难以取得预期效果。当然，根据企业发展的不同阶段和具体的经济实力，可以先设定一些项目，满足员工共性和普遍性的福利需求，等经济实力增强和积累一定的经验后，再满足员工个性化的需要。

四、职业福利与相关系统的关系

要想全面、清楚和准确地认识职业福利，除了了解上述职业福利的概念外，还需要了解职业福利的性质、属性和目标等。下面通过职业福利与相关系统的比较来更加全面地认识职业福利。经过比较，分别了解职业福利与社会福利、薪酬系统的区别。

（一）职业福利与社会福利的区别

从劳动者个人的角度看，在一定程度上，职业福利对社会福利是具有一定替代性的，它可以起到补充社会福利的作用，但一经比较，两者之间的区别还是相当明显的。

1. 性质不同

社会福利属于社会政策范畴，由国家通过相关的法律制度规范，并由公共机构或社会团体举办，是政府主导的公共事务；而职业福利却属于用人单位的人力资源管理范畴，是用人单位的内部事务。

2. 目标不同

社会福利的最终目标是保障社会成员的基本生活并不断改善、提高其生活质量，而机构提供的职业福利的最终目标则是参与市场竞争并促使利润最大化。因此，社会福利的评价指标主要是公众的满意度和社会效益，职业福利的评价指标则是员工的满意度和企业的经济效益（福利成本的多少和工作效率提高的幅度）。

3. 调节机制不同

社会福利的发展，必须借助政府干预和公共资源的分配，并服从于社会需要；职业福利则只能遵守市场规则，是举办者对内部资源的一种调配，其投入产出必须遵循成本核算原则，并服从于市场竞争规律。

4. 系统性能不同

社会福利是一个开放、稳定的系统，它面向所有有需要的社会成员；而职业福利则是一个自我封闭的系统，它只面向该用人单位的员工，是否继续保持与发展下去要取决于该单位的效益状况和利益需要，并非表现为稳定状态。

5. 内容不同

社会福利通过采用提供社会服务的方式来满足社会成员对福利的需求，也包括一定的现金津贴等；职业福利则包括休假、疗养、免费工作餐、旅游等多种方式。因此，社会福利重在满足大众化的需求，职业福利则可以考虑员工的个别需求。

此外，无论在资金来源、实施规模、实施方式还是在福利水平、功能作用等方面，社会福利与职业福利均存在着很大的差异。①

（二）职业福利与薪酬系统的区别

薪酬是指员工由于工作而获得的经济性报酬（“financial” rewards)。员工由于为单位工作而获得所有有价值的东西都可以称为报酬。员工福利与薪酬都是员工报酬的一部分，员工福利与薪酬的获得都是以具有员工身份和参加企业生产劳动力为前提的，都是对员工贡献的回报，对其劳动的一种补偿。但两者也存在区别。

1. 分配机制不同

虽然都是对员工所做贡献的回报，但员工福利与薪酬系统的分配机制是不同的，薪酬系统的分配严格按照按劳分配的原则，薪酬的分配与员工自身的工作努力程度和工作能力高低有很大关系，因此，不同员工之间的薪酬水

① 郑功成. 社会保障学——理念、制度、实践与思辨［M］. 北京：商务印书馆，2000：24-27

平往往也存在较大差别。随着自助式福利、菜单式福利的出现，虽然员工福利在不同员工之间的分配差别越来越明显，但这种差别只是表现形式的差别、存在载体的差别，但在实质的“量”上差别并不大，员工福利的分配遵循的是普遍性原则。

2. 存在的必要性不同

薪酬是补偿员工劳动的法定系统，每个参加就业的劳动者，其必要劳动都应该得到及时和合理的补偿，这是劳动者的一项合法权益，侵害了劳动者这一正当权益，用人单位就是违法，就应该承担法律责任，薪酬是用人单位必须支付给员工的一项报酬；而用人单位对员工福利的设定是有完全的自主权的，用人单位可以根据本单位的经济效益、发展阶段等自身情况决定是否给予员工福利，以及给予多少福利等，因此，员工福利并不是必须要设立的一项报酬系统。在人才竞争日益激烈、竞争手段日益人性化、知识化和多变化的今天，任何可能影响企业引才、用才、留才的因素都应得到用人单位足够的重视，完全不考虑员工任何福利需求只是极其个别和暂时的现象。

3. 激励效果不同

虽然两者对员工都具有激励作用，但由于员工福利与薪酬系统存在的价值不同，因此，激励效果也不同。如前所述，薪酬系统是用人单位对员工必要劳动的补偿，遵循的是多劳多得、少劳少得的原则，而员工福利的主要目的是增强组织的凝聚力，让员工感受到组织的温暖，员工福利的分配遵循的是普遍性原则。因此，相对而言，薪酬管理的激励性更强，也更加明显。

五、员工福利的内容

员工福利有很多种，按照不同的划分标准有不同的分类：按福利的存在形式，可分为经济性福利、工时性福利、服务性福利等；按享受员工的数量可分为集体性福利和个体性福利；按满足员工的不同需求层次可分为保障性福利、机会性福利和价值实现性福利等。员工福利规划的一个重要依据就是员工对福利的需求，这是规划福利项目的出发点，也是规划福利项目要达到的根本目的。因此，根据福利项目满足的需求层级不同，将员工福利规划如下。

（一）生存性福利

指维持员工自身生存的最基本生理需求的福利项目，以满足员工衣、食、住、行方面最基本的生存条件。具体福利项目包括向员工提供服装、提供宿舍、食堂和必要的设施，还有向员工提供经济补助和津贴，间接帮助员工维持生存需求。

（二）安全保障性福利

指保障员工自身安全，增强员工防御失业、疾病、工伤、养老等社会风险能力的福利项目。具体福利项目有住房公积金、企业年金和补充医疗保险等。

（三）社会交往性福利

满足员工内心的交往需求、对友谊的渴望、有归属感的福利属于社会性福利。一般企业提供集体交往性福利和工时性福利能够满足员工社会交往的需求。集体交往性福利包括集体旅行、文娱活动、体育锻炼等，提供给员工与其他人接触和交往的机会；工时性福利包括带薪休假、休息日、节假日等，提供给员工参与社会交往的时间。

（四）体现尊重的福利

尊重是指一个人希望有地位、有威信、受到别人的尊重、信赖和高度评价。

一般来讲，服务性福利、个性化福利和荣誉性福利更直接的体现对员工的尊重。服务性福利包括为员工提供心理咨询服务、家政服务、接送子女上学服务、选购大件物品的服务等；个性化福利就是满足个别员工的特性需求的福利项目，比如对有汽车需求的员工提供购车补贴，对希望有别墅的员工提供帮助，对有度假需求的员工安排旅行行程等。荣誉福利指企业根据员工的优秀表现给其颁发证书或授予特定的称号，如“先进工作者”荣誉证书等，以表明对员工工作业绩的肯定，让员工感觉得到肯定和认可、受到尊重。在管理方式上下工夫，管理的过程也是一种福利，能带给员工心理上的满足感和受到尊重的感觉，如企业与员工的充分沟通、管理过程中员工的主动参与。

（五）自我实现性福利

指这样一类福利项目，能帮助员工实现个人的理想抱负、最大限度地发挥个人潜能，最大限度地实现自身价值。

机会福利和荣誉福利、文化福利属于自我实现性福利内容。机会福利是指企业提供给员工的各种培训机会、脱产学习机会和职务晋升机会；文化福利是指企业的核心价值观、企业的宗旨、企业的目标战略和企业的管理理念等，企业员工对企业文化、价值观的认同，会增强员工对企业的忠诚度，与其形成心理契约，以使其努力工作在企业实现个人价值。许多优秀企业案例表明，文化的作用不可小视。

六、员工福利的规划

近年来企业对员工福利的物质和精神投入越来越大，这些都说明员工福利的重要性已逐渐被认识到。可主观的愿望并不能必然转化为客观的现实，没有科学的规划与管理，单纯的增加物质上的投入很难取得预期的效果。由于员工福利受益对象的个性差异、福利种类项目的复杂多样、福利成本的刚性特征和福利效果的难以评估和无从考察、福利管理缺乏制度规范所带来的随意性等原因，企业即使"不惜重金"也难以做好员工福利、取得良好的实施效果。况且作为一个追求利润最大化的经济组织，任何一个理性的企业都不会这样做，在"大鱼吃小鱼、快鱼吃慢鱼"、竞争无处不在、环境复杂多变的社会里，一个实力再强的企业也不可能这么做。因此，企业在考虑改善员工福利、提升员工福利水平时，在加大员工福利投入的基础上，必须给员工福利的规划与管理以足够的重视。只有在这两方面下足工夫，才有可能使员工福利发挥实效、体现出应有的价值，实现企业激励员工，进而更好地使用和留住员工的初衷和根本目的。①

（一）应遵循的原则②

福利规划是对员工福利未来的发展进行规范和计划，指导员工福利的具体实践活动，科学合理的规划是员工福利管理活动成功的"一半"，科学性、合理性蕴涵着可行性、可操作性和有效性、竞争性和动态性等特征。要想实现这些目标，制定福利规划时至少应遵循以下原则。

1. 激励性原则

所谓激励性原则，就是指规划的福利方案切实能够激发与调动员工的工作积极性、主动性和创造性。图 12—1 所示为行为科学研究者提出的人类行为模式图。

根据激励理论，有效的激励一定要遵循人类的心理及生理活动的规律，不断设置新的与组织目标相一致的诱因，是有效激励的基本原则。复杂性假设认为，因历史和现实多种因素的影响，使人的个性心理、思维方式和行为表现等呈现多重性和复杂性，因此，人不只是单纯的经济人，也不可能是完全的社会人或纯粹的自我实现人，而是因时、因地、因各种情况不同，采取

---

① 仇雨临．员工福利管理［M］．上海：复旦大学出版社，2003：165

② 杨方方．员工发展计划中的福利规划［J］．经济管理，2004（9）：41-42

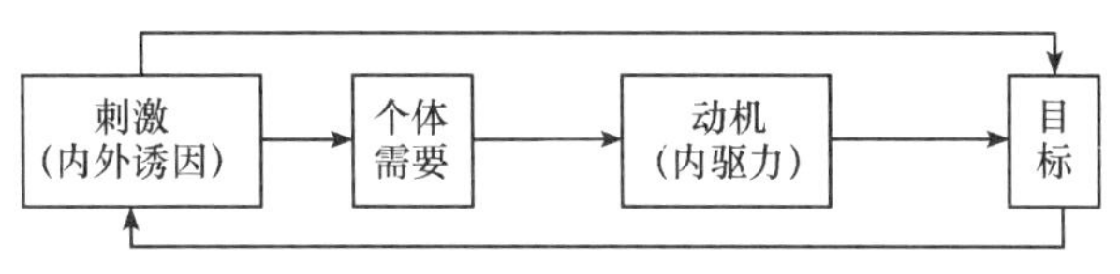

图 12—1 人类行为模式图

适当反应的复杂人。马克思曾经指出："人的本质并不是单个人所固有的抽象物。在其现实上，它是一切社会关系的总和。"① 一方面，人的价值取向是多种多样的，没有统一的追求；另一方面，同一个人也会因环境和条件的变化而变化，今天是经济人，明天可能是追求良好人际关系的社会人。人的需要具有多重性、周期性、层次性和无限性等特点。因此，激励的方法应具有权变性，应根据特定的对象、特定的环境、特定的条件、特定的目标，有针对性地设置诱因和目标。员工福利能够激励员工，但这种激励并不是天然获得的，是通过合理的设计来实现的。

2. 效益相关原则

这里所言的效益不单单是指经济效益，还有文化精神效益。规划员工福利，为了促进员工的发展，提高人才竞争力，需要大量的实际投入，但如果超过企业的发展水平和阶段，则反而会损害企业的竞争力，规划必须与企业的经济效益相关。这意味着在进行员工福利规划时要结合企业的经济实力、预测企业未来经济效益的好坏，据此来规划员工福利的未来发展。必须遵守的一项重要原则就是员工能够分享到企业的成功，员工福利水平应根据企业的发展而发展。相对于经济效益，企业还有文化效益和精神效益，如企业因参与社会公益事业，社会形象大大提升就给企业带来精神效益，企业文化的强化和价值观的提升就是企业获得的精神、文化效益。目前，文化福利是一项新生福利形式，对高学历、高职称的高素质员工具有很强的激励作用，因此，精神文化效益也应该在员工福利上有所体现。

3. 统筹原则

是指员工福利的规划应从长远考虑、从多角度考虑、深入分析、整体考虑、全盘规划，遵循全面性、系统性、开放性和动态性原则，将福利规划放入企业整体的发展规划中考虑，甚至放到整个国家经济和社会发展的大系统中考虑，既考虑企业目标战略、市场环境（如劳动力供求状况），又要考虑竞争对手提供的福利情况，还要结合企业的现有福利水平和管理状况，着重考虑员工的个性特征。

① 马克思恩格斯选集第 1 卷［G］. 北京：人民出版社，1972：18

4. 个性化原则

有两层含义，一层是指从整个企业来讲，相对于竞争对手要具有外部竞争力，外部竞争力的获得不能仅仅凭借福利成本的高支出，应该是有个性的，符合本企业员工的特点，针对本企业员工需求的，而不是人云亦云“一窝蜂”似的模仿。企业应该通过需求调查、员工特性分析等，整体把握员工的共性特质和普遍需求。另一层是指企业在规划内部的福利方案或计划时，要考虑员工个体之间的巨大差异，通过深入调查，掌握员工的特别需求。不容置否，满足员工的个性化需求是员工福利较高层次的目标。

5. 福利效益最大化原则

员工福利带给企业的效益是多方面的。在短期内可以提高劳动生产力、激发员工的工作积极性；在长期内可以建立员工和企业的心理契约，降低员工流动率。员工福利通过提高员工的忠诚度、组织的凝聚力，降低了人才流动率，增加企业成本运营效能，可以给企业带来经济效益；通过不断向员工传递和强化企业的文化和价值观也给企业带来文化和精神的效用。作为一个以追求利润最大化为根本目标的经济组织，用有限的资源实现最大的收益是企业作为一个经济组织的内在要求，也是企业在管理上达到的最高目标，因此，员工福利效益最大化应是企业进行员工福利规划时应该遵守的重要原则。实现福利效益最大化，也就是在员工福利支出成本与福利效益所得之间找到最佳结合点，如在员工福利项目设计上应注意：不求大而全应追求精确，不要华而不实要切实有用等都是促进福利效益最大化的重要原则。

（二）规划方法①

20世纪，雪恩提出了复杂人假设，认为人的需要是多种多样的，同一个人在同一时间会有多种需要，并且会随着工作、生活条件的变化不断产生新的需要。现实中没有一套适用于任何时代、任何组织和个人的普遍有效的激励方法。② 由此，现实中也没有一套员工福利方案可以适用所有的企业或贯穿企业初创、成长和成熟的各个阶段。但可以找到适用于所有员工福利的科学的规划方法。

1. 渐进式规划方法

科学规划员工福利，需要的不仅仅是考虑员工的需求，而且必须遵循员工需求变化的一般规律。根据马洛斯需求理论，人的需求是按照从低到高、从物质到精神的顺序逐级上升的，与此相匹配、相适应的福利项目如图12—2

---

① 杨方方. 员工发展计划中的福利规划［J］. 经济管理，2004（9）：42-43

② 卢正惠. 论激励与约束［J］. 经济问题探索，2002（2）

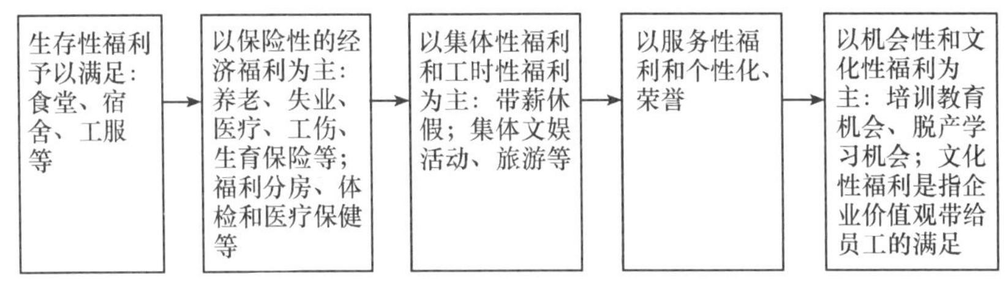

图 12—2　与马洛斯需求理论相匹配、相适应的福利项目

所示。

“需要层次论”的应用价值在于管理者可以根据五种基本需要对职工的多种需要加以归类和确认，然后针对未满足的或正在追求的需要提供诱因，进行激励，同时注重更高层次需要的激励作用。

与上述需要层级变化相对应，在管理实践中，企业可以将整个员工福利的发展从低到高依次规划为几个阶段，从低水平的、相对不太完善的员工福利逐渐向完善的高级福利阶段发展，在规划中应注意把握以下几点：

（1）合法性是基础，激励性是关键。员工福利的重要特征是具有激励性，福利性是员工福利追求的效果。但员工福利首先应该是合法的，用一句话来概括合法性和激励性的关系，那就是合法性是激励性的前提和基础，激励性是合法性的价值和目标。只考虑员工福利的合法性，不顾员工福利的激励性，会影响企业的竞争力；而片面的追求激励性，忽视甚至不考虑合法性，不仅会严重影响企业的社会形象，更为严重的是使企业陷入法律纠纷。因此，激励性是关键，但要以合法性为基础。

（2）员工需求优先，企业经营者偏好可以兼顾。毫无疑问，一个企业的领导者在企业发展过程中扮演着重要的决策者角色，其管理方式、经营理念对企业文化、企业定位和企业发展过程都有深刻的影响。因此，在员工福利的设置上有很多企业的相关经营者和决策者是依照个人的主观偏好、按照自己认为的能激励员工的项目想当然地设置，而忽视甚至无视员工对福利项目的客观需要。这样员工福利的激励性就会大打折扣，付出很大成本却难以取得预期效果。因此，员工福利规划必须以员工自身的实际需求为根本，在满足这些需要的基础上，可以兼顾企业经营者的爱好与兴趣，对员工进行一定的引导。但绝不能本末倒置。

（3）把握员工福利需求的共性和个性。对于员工共性的福利需求，企业可以通过提供集体性福利实现，主要是要在不同员工身上体现“同”；但是通过设置一些与员工绩效相关联的有针对性的福利项目，在不同员工身上主要体现“异”，更能激发员工的工作积极性。按照事物从低到高、从不完善到完善的逻辑发展规律来看，如果过早、过分强调员工福利的激励性，忽视对员工福利基础性的、共性的需求予以满足，就难以使员工福利水平全面改善和提升。因此，在规划过程中，要妥善处理好员工福利需求共性和个性的关系问题。

（4）资源的动态配备。规划得再完善，如果没有配套的资源，那一切都是纸上谈兵。当然，具体的资源配备应属员工福利管理的内容，一般来讲，随着员工福利发展阶段的递升，对各项资源需求的绝对量都是逐渐增加的，但各个阶段应该各有偏重，如财务资源的投入应该持续增加，而人力资源是遵循由少到多再到少的规律，制度资源是每个阶段都要高度重视的。

2. 量入为出的规划方法

福利的刚性特征决定了福利总有无限膨胀的倾向。如果福利成本的增加速度超过企业经济效益的增长速度，反而会损害企业的竞争力。规划员工福利要根据企业的效益情况，采用量入为出的规划方法。量入为出的规划方法是一个具有普遍意义的规划方法，大到国家公共财政支出、小到家庭预算都要遵循量入为出的原则。“量入为出”顾名思义就是根据企业的“入”，即效益情况来确定员工福利的支出。那么，如何做到量入为出呢？就是保持员工福利支出应随着企业经济效益的动态变化进行不断调整，当然调整比重还与市场平均水平和竞争对手的情况有关联，如图 12—3 所示。

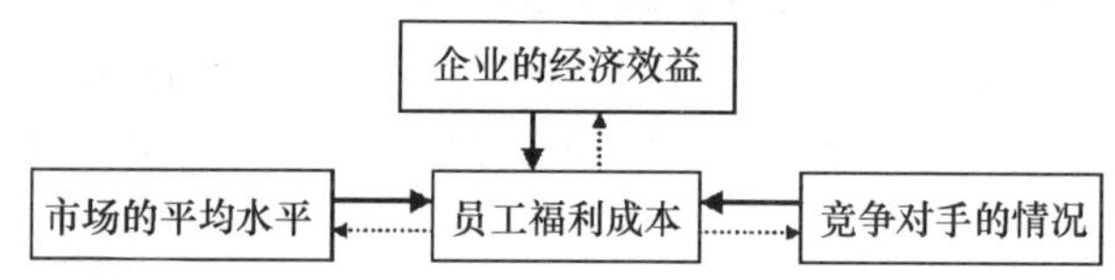

图 12—3　福利成本与市场水平、竞争对手的关系

量入为出就是进行成本控制。根据企业的经济效益、市场的平均水平和竞争对手的情况来确定福利成本上限，即占企业人事总成本的比重，而人事总成本与企业的经济效益是紧密结合的，应直接找到员工福利与企业经济效益之间的关系。

$$C=a\times P$$

式中　C——代表员工福利成本；

a——代表比重；

P——代表企业的经济利润。

其中，最关键的就是确定 a 的数值，具体步骤如下：

（1）定量分析企业的历史数据，找到企业福利成本与企业效益的正相关区间。

（2）根据市场平均水平和比例以及竞争对手的情况将上述区间范围缩小。

（3）再结合企业的目标战略确定一个具体数值，即为福利成本上限。

在确定最高上限的基础上，通过管理提高福利效用。员工福利的管理应遵循平等性、激励性、经济性、透明性和先进性、合法性等原则。福利管理中要注意对政府政策法规的掌握，对于法定和引导福利采用社会化的管理方法，加强与员工的沟通，让员工主动参与进来，重视财务预算和评估，配备专业化的管理人才，吸收先进的管理理念和充分利用先进的技术手段。这样，既能保证数量上的量入为出，又能在质量上不打折扣。

一项事物的全面快速发展离不开科学合理的规划。之所以对员工发展计划中的福利部分进行规划，不仅是因为员工福利本身具有项目复杂、管理难度大和福利成本刚性等特质，也是基于企业资源永远相对稀缺性的客观现实，更是为了推动员工获得全面的发展。

▶第二节　国际上的职业福利体制

20 世纪 60 年代以来，尽管西方企业管理学界对员工薪酬理论进行了大量的研究，但却较少研究员工福利方面的理论。在现有文献中，欧美学者主要从福利的激励作用、员工对福利计划的理解和偏好、员工的福利满意度等方面研究员工福利理论。[①] 虽然在职业福利的许多问题上并未达成统一意见，也有许多问题并未涉及，但都充分肯定职业福利的作用。欧美学者的实证研究表明，员工福利满意度会直接影响他们的工作态度和工作行为。如果员工满意所享受到的福利，将会增强他们的工作满意度、企业归属感和对管理人员的信任感，并且降低他们的离职意向。[②] 理论界和企业界对职业福利作用的深刻认识是职业福利在国际上得到快速和全面发展的重要原因。下面就介绍一下职业福利的产生和发展情况。

---

① 伍晓奕，汪纯孝．西方企业员工福利满意度研究述评［J］．外国经济与管理，2005（5）：53-57

② Williams，Margaret L，Stanley B Malos，and David K Palmer. Benefit System and benefit Level satisfaction：an expanded model of antecedents and consequences，Journal of Management，2002，28（2）：195-215；Weathington，Barton L，and Lois E Tetrick. Compensation or right：an analysis of employee“ Fringe ”benefit perception. Employee Responsibilities and Rights Journal，2000，12（3）：141-162；Howard，larry W. Validity evidence for measures of procedural/distributive justice and pay/benefit satisfaction，Journal of Business and Psychology，1999，14（1）：135-145；Blau Gary，Merriman Kimberly，Donna S Tatum，and Sally V Rudmann. Antecedents and consequences of basic versus career enrichment benefit satisfaction. Journal of Organization Behavior，2001，22（6）：669-688.

一、国际上职业福利的产生和发展

职业福利是伴随着工业化的发展和产业工人的增加逐渐兴起的，它的历史可以追溯到几个世纪以前，其早在社会保险产生以前就已存在。早在1669年，法国就在其制定的《年金法典》中明确规定：对于不能继续从事海上工作的老年海员发给养老金。奥地利和比利时分别在1854年和1868年实施了矿山劳动者养老金制度。[①] 1875年美国快递公司设立退休金计划，1880年巴尔的摩和俄亥俄铁路公司紧随快递公司也设立了退休金计划，这样一些特定行业制定的、在行业内部实施的制度就可以视为职业福利的最早形式，也以福利工资“Fringe Benefits”（小额优惠）的形式存在。伴随着工业化产生的员工福利在工业化初期主要围绕劳动时间、劳动保护和劳动环境等问题，而且没有立法的强制规定作为保障。

如果广义地理解职业福利，就会发现在接下来的19世纪末和整个20世纪中期，职业福利进入了法定福利为主导的发展阶段，同时这也是工业化迅猛发展的阶段，在这一阶段，社会保险得到全面和长足的发展，法定福利项目构成各国职业福利的主体和基础。19世纪80年代，德国政府颁布《工人疾病保险法》(1883)、《工伤事故保险法》(1884)、《老年和残障保险法》(1889)，标志着世界上第一个社会保险体系建立。在德国建立社会保险制度以后到20世纪中期，世界上有很多国家先后建立了单项或多项社会保险制度。[②]

老年和残疾社会保险制度的建立：丹麦（1891)、新西兰（1898)、比利时（1990)、捷克、斯洛伐克（1906)、爱尔兰（1908)、奥地利、冰岛(1909)、法国（1910)、卢森堡（1911)、罗马尼亚（1912)、瑞典、古巴(1913)、西班牙、荷兰、意大利（1919)、乌克兰、斯洛文尼亚、南斯拉夫、俄罗斯、吉尔吉斯斯坦、亚美尼亚（1922)、巴西（1923)、爱沙尼亚、智利、保加利亚（1924)、加拿大、波兰（1927)、南非、乌拉圭、匈牙利、厄瓜多尔（1928)、希腊（1934)、美国、葡萄牙（1935)。

医疗保险制度的建立：奥地利、捷克（1888)、匈牙利（1891)、丹麦(1892)、比利时（1894)、卢森堡（1901)、挪威（1909)、英国、瑞士、爱尔兰（1911)、意大利、罗马尼亚、俄罗斯、乌克兰（1912)、保加利亚(1918)、波兰（1920)、南斯拉夫、吉尔吉斯斯坦、日本、希腊（1922)、巴

① 邹根宝. 社会保障制度——欧盟国家的经验与改革［M］. 上海：上海财经大学出版社，2001：84

② 仇雨临. 员工福利管理［M］. 上海：复旦大学出版社，2003：51

西（1923）、智利、拉脱维亚、爱沙尼亚（1924）、立陶宛（1925）、法国（1928）、荷兰（1931）、阿根廷、古巴（1934）、葡萄牙（1935）。

工伤保险制度的建立：波兰（1884）、奥地利、捷克、斯洛伐克（1887）、挪威、芬兰（1895）、英国、爱尔兰（1897）、法国、意大利、丹麦（1898）、西班牙（1900）、瑞典、荷兰（1901）、卢森堡、澳大利亚（1902）、比利时、俄罗斯（1903）、匈牙利（1907）、新西兰、加拿大、美国（1908）、瑞士、日本、秘鲁、萨尔瓦多（1911）、乌克兰、罗马尼亚（1912）、葡萄牙（1913）、希腊、乌拉圭、南非（1914）、阿根廷（1915）、智利、哥伦比亚、古巴、圭亚那、巴拿马、巴巴多斯（1916）、阿尔及利亚（1919）、突尼斯、厄瓜多尔（1921）、南斯拉夫、吉尔吉斯斯坦、斯洛文尼亚（1922）、孟加拉、委内瑞拉、缅甸、巴基斯坦、印度（1923）、爱沙尼亚、玻利维亚（1924）、马达加斯加、冰岛、哥斯达黎加（1925）、特立尼达和多巴哥（1926）、巴拉圭、摩洛哥、拉脱维亚（1927）、越南、赞比亚、新加坡、马耳他（1929）、尼加拉瓜、科特迪瓦、毛里求斯（1931）、贝宁、毛里塔尼亚、马里、几内亚、多米尼加、布基纳法索（1932）、斯里兰卡（1934）。

失业保险制度的建立：1905 年，法国率先建立失业保险制度，英国在 1911 年 12 月推出了世界上第一个强制性的《失业保险法》。之后，爱尔兰（1911）、荷兰（1916）、芬兰（1917）、意大利、西班牙（1919）、奥地利、比利时（1920）、亚美尼亚、吉尔吉斯斯坦、卢森堡、俄罗斯、乌克兰（1921）、波兰、瑞士（1924）、保加利亚（1925）、德国、斯洛文尼亚、南斯拉夫（1927）、新西兰（1930）、瑞典（1934）、美国（1935）相继建立了失业保险制度。

值得一提的是，美国 1935 年在罗斯福领导和主持下通过了历史上第一部《社会保障法》，这是一部以社会保险制度为核心的社会保障制度；英国在 1946 年宣布建立福利国家，随即出台了一系列对国民“从摇篮到坟墓”的保障措施等。所有这些都使法定员工福利，即社会保险成为职业福利的重要内容。

经历过第二次世界大战这场战争浩劫后，在全球范围内，员工福利获得了快速和全面的发展。这一方面得益于经济发展水平的提高增强了企业的支付能力，另一方面也源于包括政府、最重要的是包括企业在内的整个社会对员工福利的作用有了更加深刻的认识，提高了对员工福利的认可度，从而增强了其向员工提高福利的积极性，而且宽松的社会政治条件也为职业福利的迅速发展提供了空间和机会。第二次世界大战后，职业福利快速发展的一个重要表现就是福利项目的多层次化和多样化。由于工业社会中家庭的保障功能逐渐衰弱，“养老”的风险性越来越强，在这种社会背景下，补充养老保险即企业年金成为职业福利的重要内容，虽然第二次世界大战以前企业年金就粗具规模，但其快速发展最终成为各国职业福利中最普遍和最重要的内容还是在第二次世界大战结束以后。根据 1993 年和 1994 年英国劳动省的调查，美国大、中型企业员工福利计划中的年金普及率高达 80%，共有 1 000 多家保险公司为企业提供各种福利保险，1993 年年底，美国私人养老金总资产超过 2.5 万亿美元；据 1990 年德国政府综合调查，显示在职工超过 100 人以上的企业中，参加企业年金的达到 3/4；1996 年荷兰的调查资料显示，没有加入其补充年金的企业员工只占 9%左右。[①] 英国有 2/3 的员工参加了企业年金计划，企业年金市场除了保险公司以外，还有众多的信托、基金和其他非保险金融机构参与，市场主体繁多，竞争激烈，截至 2003 年 8 月，经英国金融服务局批准认证的退休基金有 156 家。荷兰政府也一直鼓励补充性养老金计划的发展，目前，在荷兰这一计划已覆盖 80%多的荷兰工人。企业年金制度能够在西方国家快速发展，说明了企业年金与企业发展有着密切的关系，得到了企业管理者的高度重视，已经成为了企业人力资源管理资源战略的重要组成部分。[②]

由于第二次世界大战期间居民住房遭到严重破坏，有些国家 20%～30%的住房被毁，住房短缺成为世界性问题，在这种情况下，住房补贴发展成为各国职业福利中较为普遍的一个项目。如美国 1949 年颁布住房法令，日本 1950 年颁布《住宅金融公库法》、1951 年颁布《公营住宅法》等。住房福利的提供通常有以下几种形式：建立个人住房储蓄计划，雇主定期按标准向个人住房账户注入资金，帮助员工实现购房计划；提供住房贷款和实行利息补助计划；为员工投保住房贷款保险；发放住房现金补贴，在住房紧张和房价相对高的国家，无论本国还是外资企业基本都发放住房补贴；为员工建造或购买公寓、宿舍，免费或低租金提供给员工居住，特别是在第二次世界大战后的 20 年中，因为有政府的资金和税收优惠政策支持，刺激了企业建造员工公寓宿舍的积极性，很多企业为员工提供福利住房。

另外，利润分享计划和员工持股计划也在员工福利计划中占有一席之地，自助式福利计划也得到越来越多企业的青睐等都说明了职业福利已取得了长足的发展。

综上所述，职业福利已从企业被动提供转向主动提供，从单一到种类繁多、层级丰富，从固定模式到允许员工个人进行选择等，这一过程体现的不

---

①② 袁权. 对我国企业年金制度人力资源战略管理功效的思考 [J]. 经济师，2005 (6)：153

仅是社会经济发展水平的提高，更是企业经营管理理念的转变。

二、典型国家的职业福利介绍

（一）美国

在美国，90%以上的大公司有完善的员工福利计划，在一些法定的社会保险项目的基础上，企业自主举办的员工福利项目有健康与安全、非工作时间报酬和为员工提供的服务三类，具体来说有在职团体保险（主要是医疗保险、人寿保险及意外伤害保险）、私人退休计划、工作时间内的额外报酬、带薪休假、带薪节假日、带薪的病假事假、执行陪审义务的补贴、子女入托费、教育津贴、搬家费、圣诞节红包、建议奖励和其他鼓励、利润分享、员工生活服务、法律服务、心理咨询服务、员工援助计划，以及其他各种各样的津贴和福利。

美国的员工福利计划可以通过劳资谈判确定，也可以由企业董事会决定。各个企业在设计员工福利时，是依据本企业的需要和支付能力确定，企业之间员工福利的项目、实施方法以及水平各不相同，最低的相当于工资成本的30%左右，最高的可达80%。据资料，雇主支付的团体福利计划的基本比例是：31%用于休假和休息期间的工资，17%用于社会保障，16%用于职工医疗和人寿保险，14%用于退休年金，8%用于圣诞节红包、建议奖励、鼓励和利润分享等。必须要说的是美国企业年金制度的两个主要法规，一是《国家税收法》中的401K条款；二是1974年通过的《雇员退休收入保障法》在职业福利的发展过程中扮演着重要作用。总的来说，今天的美国公司都向雇员提供一些广泛的福利措施，用数字来说，有92%的大中型公司和69%的小型公司向雇员提供健康保险，在这些公司中，约60%的公司提供HMO（健康维护组织）项目；90%的公司提供某种类型的团体牙科计划福利；有25%～45%的公司提供视力保护福利计划；约50%的公司有处方药计划；约55%的公司有某种类型的雇员援助计划；约40%的公司提供健康教育“晋升”良好状态计划；88%的大公司（雇员数目在5 000人或以上者）、78%的中型公司（500～4 999人）以及73%的小型公司（500人以下）提供固定福利计划。此外，多数雇主还提供死亡和残障福利，约76%的公司提供团体人寿保险福利，85%的公司提供意外死亡和残障保险。[①]

---

① 张一驰. 人力资源管理［M］. 北京：北京大学出版社，1999：277；乐章，陈璇. 福利管理［M］. 深圳：海天出版社，2003：55-56

正是因为美国有较高的员工福利水平使得美国也同欧洲一些国家一样，面临“福利”水平过高的问题，不同的是欧洲国家的问题是出自社会福利，而美国的问题是出自职业福利。企业之间的竞相模仿，使如何降低日益上涨的福利成本成为企业的一个严峻问题。

（二）英国

英国企业自主举办的职业福利项目包括各种商业团体保险，团体保险品种丰富多样，有企业年金（团体年金计划的保费由雇主和雇员共同缴纳，雇主缴纳的比例一般为工资的5%～9%）、团体寿险、团体储金、医疗健康保险等，还有带薪休假、带薪假日、免费工作热餐、免费或减费的职工幼儿园、子弟学校、生活补贴等，有些行业发给职工的生活补贴数额相当高，可以达到基本工资的30%～50%。

（三）日本

在日本，以团体保险和福利津贴的形式支付的补充福利，涉及住宅、医疗保健、生活补助、喜庆丧事互助、文化体育娱乐、资金贷款、财产形式等员工生活的各个方面。日本的大多数企业依据自身经营情况和管理特点为员工投保年金、伤残、医疗和遗属方面的团体保险，诸如团体丧失劳动能力保障保险、医疗保障保险（团体型）、医疗附加特约（定期团体）保险、团体型三大疾病定期保险、快乐生活附加医疗保障计划、死亡遗属保险等。企业为员工支付的福利津贴包括住房费、医疗保健费、膳食费、文体娱乐费、工伤事故保险附加费、住院、定期看病提供补贴、红白喜事费等。“家庭财产形成”福利是具有日本特色的员工福利，是为员工购买住房等提供资金支持的福利项目。这项福利包括两种具体形式，第一种是由员工承担缴费责任建立住宅储蓄公积金保险。该保险由员工负担，企业通常不负担保费，而是从员工工资中直接扣除，积累的资金享有较高的结算利率和一定的税收优惠，员工可以在这个福利项目下提取资金，购置自有住宅。第二种是为员工的家属提供财产保护。当员工意外亡故，无力偿付按揭的住房贷款时，其遗属可以求助于“团体贷款定期寿险”，保险公司通过贷款和其他款项，帮助遗属继续获取生活所需的住房和其他财产。

三、职业福利的发展趋势

在国际上，社会保险制度的改革在朝着责任共担和水平适度的方向发展，替代率的降低需要更高水平的职业福利作为补充，同时也为职业福利提供了更大的发展空间。目前不论是欧洲的法国、德国，还是北美洲的加拿大等国家，基本养老保险替代率基本上低于50%，毫无疑问，这样一个低的公共养老金水平是企业年金迅速发展的一个重要原因。[①] 因此，可以预见，未来职业福利在报酬中所占比重增多，企业支付的福利费用大幅增加；福利计划也会越来越复杂，形式越来越多样，需要管理人员需要花费更多的时间与精力来从事福利制度设计与管理工作。除了职业福利的发展也遵循"福利"的刚性发展规律外，员工福利的发展还呈现出以下几点特征。

（一）员工福利的动态特征越来越明显

即使在一个组织内部，员工福利计划也不再是一成不变的，员工福利计划往往随着该组织的成长而不断发展变化，而且这种变化往往遵循一定的刚性与规律。

1. 与企业的成长规律相适应

企业有自己的成长规律，总是从不成熟走向成熟，从弱小走向强大，不断地走向成熟和管理上的不断规范是其发展趋势，员工福利规划应该反映员工福利从不完善走向完善，从似有似无发展成为企业战略中不可缺少的一个组成部分这一必然的发展趋势。与企业所处的不同阶段相适应，员工福利的规模、水平、层次可以随着企业的经济实力的变化进行增减，如当企业处于创建成长期时，应采取低福利策略；处于成长稳健期的企业应加大福利的比例等。[②]

2. 与员工的发展变化相适应

人的需求变化是从低级需求到高级需求，从物质到精神，从为了生存到追求发展机会，从关心身体的饥饱到重视内心的感受，伴随着人的不断发展和进步，需求层次是不断提高的。人的这种正常的、普遍的、客观的需求变化规律表现在对员工福利的需求上，就是从想要获得生活相关的福利到关注文化休闲类福利，从被动接受固定安排的福利到主动参与福利的设计与管理，从强调稳定性的福利项目转向追求灵活的针对性强的福利项目。

3. 与先进的管理理念相适应

员工福利计划越来越与先进的管理理念相适应，具体来说，与现代人力资源管理中"以人为本"的管理理念相适应，设计合适、完善、充满人情味的员工福利制度，主动去适应和服务员工，在为员工提供一个良好的可持续发展平台的基础上，实现企业与员工的共同发展。

---

① 袁权. 对我国企业年金制度人力资源战略管理功效的思考［J］. 经济师，2005（6）：153

② 赵颖惠. 福利管理［J］. 人事管理，2002（9）

4. 与政府的优惠政策相适应

员工福利是关系员工切身利益和企业竞争力的一个重要方面，从根本上来说，企业只有充分考虑到员工的切身利益，才能吸引和留住人才，最终获得长足的发展增强自身的竞争力，但福利支出是一笔不小的开销而且呈刚性增长，掌握合适的“度”非常重要。如果超过企业的支付能力，反而会降低企业的竞争力。如何在充分关心员工切身利益的基础上，保持和提高企业的竞争力是值得企业考虑的事情。而利用政府的优惠政策是“一举两得”的做法。因此，员工福利规划要与政府的相关优惠政策相适应。

（二）注重员工福利规划，员工福利的针对性和个性越来越突出

不同企业和用人单位之间的员工福利制度不是因为简单地模仿而呈现出千篇一律的状态，而是越来越考虑机构自身的情况，综合考虑自身的多种因素，注重员工福利计划的规划，因此，员工福利的针对性和个性越来越突出。

1. 企业自身的发展战略

在规划员工福利的未来发展时，能从企业发展战略的层面进行思考，既要考虑企业长期和短期的发展目标，又要分析企业所处的特定的发展阶段。如果企业的员工福利规划与动态的企业的发展战略不相符合，不能有助于企业发展目标的实现，那么员工福利对于企业而言只是数量上的概念，即一大笔开销，此外没有任何更深层次的意义。员工福利规划应是企业整体发展竞争战略的一个有机组成部分，吸引人才、激励人才，为员工提供一个自我发展、自我实现的优良环境，是员工福利系统的发展目的，更是企业员工福利规划的目的。

2. 员工福利现状

员工福利现状包括本企业的福利现状、竞争对手的福利状况和市场上的福利现状。企业在制定本组织具体的员工福利规划时，弄清企业员工福利项目设置、管理措施、员工满意度等现实状况，是制定员工福利规划的基础工作。因此，应利用科学的评价分析方法对本企业内部的员工福利的种类、效果和成本、员工满意度等相关信息进行分析。在此基础上，再了解竞争对手的福利设置情况和收集尽可能多的市场上员工福利的相关信息，为做好本企业的员工福利规划积累尽可能多的信息资源。

3. 国家政策法律

随着社会的发展和进步，人们遇到的各种生活风险，如养老、失业、工伤、医疗风险等也日益社会化，政府已经通过规章等规范形式来给人们以保障、给企业以约束。了解国家相关的政策法规是企业制定员工福利规划应该

考虑的一个重要因素。目前我国明确企业依法为员工缴纳社会保险费是一项法定义务，即劳动者享受社会保险是一项法定权利。这也意味着企业在制定员工福利规划时并不能完全自主，有一定的社会福利项目如社会保险是必不可少的，是不以企业的意志为转移的，因此，了解国家的政策法律是必要的。

4. 员工个性需求

针对员工的福利必须考虑员工的福利需求。只有这样，才能发挥福利的激励作用，才能增加员工对企业的忠诚度和员工之间的凝聚力。但员工的需求因性别、职业、年龄、婚姻状况等差异而各不相同。如年龄偏大的员工可能对养老保险、医疗保险和补充保险等福利更感兴趣，已婚员工对家庭生活福利和闲暇更感兴趣，而年轻人则希望有更多文化教育的机会等。了解员工个性化的福利需求可以通过进行员工福利需求调查的方式。员工个体对福利的需要和偏好会随着员工队伍构成的不断变化以及员工自身生涯的发展阶段而处于不断变化之中，企业应采取动态跟随战略。

5. 对外的竞争性

员工福利是企业支付给员工的间接薪酬，具有薪酬系统共同的特征，如刚性。因此，员工福利同工资、奖金一样，水平的高低也会影响员工的流动，进而影响企业的竞争力。要想通过员工福利系统为组织创造价值，员工福利系统必须是经得起“考验”，对外具有竞争性的，这样才能激起员工更大的工作热情、增加员工对企业的忠诚度。

6. 企业经济实力

规划员工福利未来的发展方向和历程必须考虑企业的支付能力，而企业的支付能力又取决于企业的经济实力。员工福利规划必须考虑企业的经济实力，福利水平必须与经济实力相适应。福利水平太低，不能起到激励人才和留住人才的作用，会影响企业的人才战略，进而会影响企业整体目标的实现；如果福利水平超过企业的经济实力，不但不能帮助企业实现人力资源战略，反而会降低企业的竞争力。

（三）重视员工的个性选择，员工福利的灵活性越来越强①

员工福利越来越重视员工个人的选择，呈现个性化的特征，可以说，注重与员工的沟通，满足员工的个性化需要已成为趋势，近年来流行的“自助餐式福利计划”（cafeteria benefit），又称“菜单式福利计划”“弹性福利计划”就是员工福利这一发展趋势的典型体现。自助式福利计划是针对员工个体需

① 黄健，庄长远. 浅谈企业自助式福利计划 [J]. 市场周刊，2004 (10)：64

求的差异性和多元性而设置的一种新型福利模式，它起源于20世纪70年代的美国，在80年代蓬勃发展。与传统的固定式福利制度相比，自助式福利具有很多优点：它恰当地提供了员工所需要的物品，员工可以自由选择，使员工的需要得到真正满足，从而使福利的总效用达到最大化；有利于凝聚人心，增强员工的归属感，激发员工奋发有为的动力和活力；使该组织更具人情味和温暖感，更容易培育融洽的人际关系，让人感到企业最贴心的关怀和帮助，因而心情舒畅，工作效率非常高；真正体现以人为本的宗旨；提高福利开支的资金使用效率；自助式福利可以预支，因此，可以实现类似目标管理及稳定员工队伍的功能。当然，自助式福利也不可避免地存在缺点和问题，如逆向选择和非理性的问题。①

四、典型的职业福利模式和项目介绍

按照职业福利的项目是否允许员工个人进行选择，可以将职业福利分为固定福利计划和弹性福利计划。但这两种模式包含的项目本质上是没有区别的，存在着很多交叉和重叠，不同的只是项目的组合方式不同，一个是总量控制下的员工自助选择，一个是用人单位设定的固定的福利项目组合。弹性福利计划是相对于员工没有自主选择权的固定的、一个单位内所有员工都完全相同的福利体系而言的。下面就重点讲解弹性福利计划。

（一）弹性福利计划模式

弹性福利计划是指组织提供一份福利菜单，在一定的金额限制内，员工依照自己的需求和偏好自由选择、组合福利项目的计划。因为员工可以从公司所提供的各种福利项目的菜单中自由选择其所需要的福利，就像吃自助餐，所以又称为自助餐式福利。弹性福利计划起源于20世纪70年代的美国，在80年代蓬勃发展。

1. 弹性福利的类型

（1）附加型弹性福利计划。在现有的福利计划外，再提供其他不同的福利措施，供员工选择，这是应用最普遍的一种弹性福利计划类型。其特点是提供其他不同的福利措施或扩大原有福利项目的水平。额外提供的福利项目会被标上一个“金额”作为“售价”，每一个员工则根据自己的薪资水平、服务年资、职务高低或家眷数等因素，获得数目不等的福利限额，再用分配到的限额去认购所需要的额外福利。

---

① 金旭红，白雪．员工福利的新模式——自助式福利［J］．现代企业，2004（8）：14

(2) 核心加选择型的弹性福利计划。这种弹性福利计划由“核心福利(固定福利)”和“弹性选择福利”组成。“核心福利”是每个员工都可以享有的基本福利，不能自由选择；“弹性选择福利”则附有价格供员工任意选择。

(3) 福利套餐型是由企业同时推出内容不同、项目组合方式不同，但整体水平一致的“福利组合”，员工只能选择其中一种，就像餐厅推出套餐 A、套餐 B，食客只从中选择一套一样，故称为“福利套餐。”

(4) 弹性支用账户型。这是一种自由度最大、员工自主性最强的弹性福利计划，具体做法是员工每一年可从其税前总收入中拨取一定数额的款项作为自己的“支用账户”，并以此账户去选择购买雇主所提供的各种福利措施。

2. 弹性福利计划的项目

在国外已经实行和普及的弹性福利项目种类繁多，可以参照表 12—1。

表 12—1　　可供选择的员工福利

事故死亡、截肢保险	股票红利计划
健康保健组织费用	生日（假期）家庭保健护理
经营及专业人员资格	住院一手术一医疗保险
俱乐部成员资格	无息贷款
公司医疗补助	公司提供的汽车
长期残疾福利	公司提供的住房
对口教育捐助	托儿所
公司提供或资助的旅行	保姆家庭护理
日托中心	牙科及眼科医疗保险
外出医疗服务	个人事故险
公司产品折扣	教育费用
价格折扣计划	娱乐设施
教育机会	自由核对账目
休养地设施	休年假
免费或补助午餐	团体汽车保险
薪水递增	储蓄计划
团体家庭保险	团体寿险解雇费
受赡养者奖学金	股票增值计划
疾病和事故保险	股票购买计划

资料来源：乐章，陈璇. 福利管理［M］. 深圳：海天出版社，2003：209

3. 弹性福利计划的设计与实施

首先，弹性福利计划的设计应遵循核心福利统一提供；清晰界定各种福利项目之间的关系；设定每一个员工所拥有的福利限额及范围，并转化为点数；福利项目选择完毕后，应遵循多退少补原则；福利项目应根据员工的需求进行调整等原则。其次，弹性福利计划的设计应沿着两条基本线路来进行，具体如图 12—4 所示。①

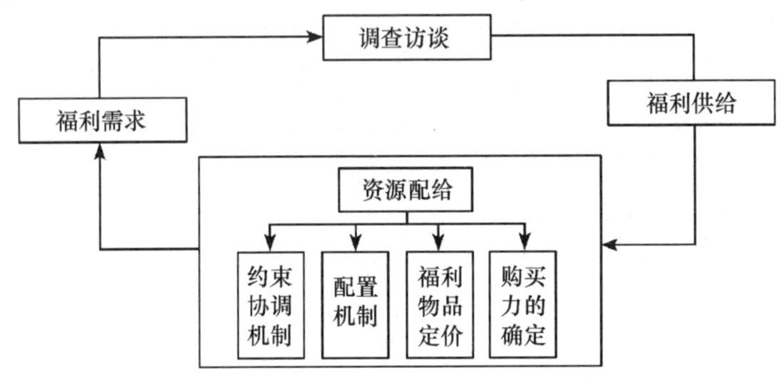

图 12—4　弹性福利计划设计流程图

线路一：从福利需求到福利供给

这一环节的主要任务就是通过调查访谈获得员工的需求信息，并加以分类汇总，从而明确员工福利种类和层次。应注意：找到与员工福利需求相对应的、具体的、可以衡量的物品；员工需求的满足应在公司的能力范围以内；了解员工的特殊需求，这很有可能是选择性福利的重要内容；对确定的福利项目描述得越详尽越好。

线路二：从福利供给到福利需求

这一线路是福利需求的满足和实现阶段，是自助式福利的核心内容。首先，要确定员工的购买力。主要是根据员工的资历和绩效考核结果等因素来确定一种虚拟的购买力，是一种虚拟信用形式，凭其可以购买“福利”。其次，要给福利项目定价，对某些可衡量的实物或服务定价，对于那些不能用货币衡量的物品，如带薪假期则需要根据一定的标准折算成现值进行定价。最后，进入福利配置阶段，企业公布福利种类和价格，员工进行自主选择，管理人员先进行预先登记，为实际支付提供工作准备期，当准备好时再提供给员工。在弹性福利计划实施过程中，离不开相关协调和

① 欧明臣. 自助餐式的员工福利——弹性福利制［J］. 中国人力资源开发，2003（7）：27；乐章，陈璇. 福利管理［M］. 深圳：海天出版社，2003：212

约束机制。

4. 弹性福利计划的评价

无论对于用人单位，还是对于员工个人，弹性福利计划都具有两面性，既有自身的优势，也存在弊端，具体详见表12—2。

如上所述，弹性福利计划最突出的优点就是它能最大化地满足员工的需要，从而使福利的总效用达到最大化，但由于不同的员工有不同的福利需求，弹性福利计划赋予员工的自主选择使这种个体差异性得到最大限度的体现，毫无疑问这将导致管理难度增大。

表12—2　　弹性福利计划的优势和劣势

	优势	劣势
用人单位	①便于控制福利成本 ②激励性增强 ③福利资源的配置效率提高 ④提升企业形象和竞争力	①管理成本增加 ②管理难度增大
员工个人	①改善员工与单位的关系 ②自身需求得到最大限度满足	“逆向选择”和非理性选择不可避免，反而会增加福利成本

资料来源：欧明臣. 自助餐式的员工福利——弹性福利制［J］. 中国人力资源开发，27；乐章，陈璇. 福利管理［M］. 深圳：海天出版社，2003：212

（二）员工持股计划

员工持股计划（employee stock ownership plans）20世纪50年代起源于美国，其思想渊源可以追溯到欧美国家实施“资本民主化”改良运动时期。员工持股计划是一种新型的财产组织形式和制度安排，是一项特殊的员工福利项目，是一种典型的利润分享计划。员工持股计划的特殊性在于，在这种制度下，员工既是劳动者又是人力资本的所有者，而且还是财产所有者，通过劳动和资本的双重结合组成利益共同体；员工持股计划不仅仅是一种福利计划，它通过员工持股计划建立一种民主参与制度，使员工拥有经营权，可以使得员工通过自身努力创造未来收益，而不是用过去的积蓄和企业的当前收益来向员工分配资产。正是由于具有这些特点，员工持股计划可以更持久地激发员工的劳动积极性和创造力，激励效果更具持续性，更能稳定企业员工队伍。①

下面以美国的一般情况为例，谈一下员工持股计划的具体实施情况。通

① 仇雨临. 员工福利管理［M］. 上海：复旦大学出版社，2003：301-303

行的员工持股计划是通过信托使员工取得本公司股票，具体实施过程中应遵循民主原则，即尽可能地让员工参与该计划，一般要求70%以上的员工参与，体现其共享性；还应遵循反垄断原则，即资本不能集中于少数人等。员工持股计划的基本规定包括：第一，凡在公司工作一年以上，年龄在21岁以上的员工均可参加；第二，股份分配以工资为依据，兼顾工龄和工作业绩，员工持有的股份由托管机构负责管理，它可以是公共的托管机构，也可以是公司内部自己的托管机构；第三，员工持有的股份需经5～7年才能取得全部股份，并在满足了规定的时间和条件之后，员工有权转让其股份，公司有责任收购；第四，上市公司持股的员工取得享有其他股东相同的投票权，非上市公司的持股员工对公司的重大决策享有发言权。员工持股计划的实施步骤包括：第一，拟实行员工持股计划的公司一般在雇主和员工之间达成协议，雇主自愿将部分股权转让给员工，员工承诺以减少工资或提供经济效益作为回报；第二，公司建立员工持股计划信托基金会，正常情况下，该基金会由3～5人组成，其中可以包括一个或一个以上的普通员工，由董事会任命，负责管理基金。①

▶第三节　中国职业福利概况

一、我国职业福利的发展演变

纵观我国职业福利制度的演变过程，可将其分为以下几个阶段。

（一）计划经济体制下的“模糊”职业福利阶段

这一阶段起始于颁布《劳动保险条例》的1951年，终止于社会保险制度改革大幕揭开的1986年。在计划经济体制下，职业福利是模糊的，严格意义上讲，我国计划经济时代是没有真正意义上的职业福利的，都属于国家福利范畴。一方面，员工福利项目与社会保险混为一谈，虽然社会保险属于广义上的职业福利内容，即法定福利，但其并不是企业自主建立的项目，其实施是由国家和政府的强制力来保证的，应属于国家或政府的“福利”；表面上看起来，职业福利是由企业出资、企业经办，但由于计划经济体制下，企业并不是独立的经济实体，政府才是所有“福利”责任的真正承担者，因此，可

① 乐章，陈璇. 福利管理［M］. 深圳：海天出版社，2003：148-150

以说，计划经济体制下，职业福利呈现一种模糊的状态。而且我国建立起的一度让我们自豪的员工福利制度在市场经济体制下，日益暴露出严重的制度性缺陷。首先，性质异化，应为企业发展战略服务的员工福利在我国计划经济时期，却与企业的发展无直接关系，是一种政府或社会责任的转嫁。其次，地位异化，企业福利在各国均只是工资分配的一种补充，而中国的职业福利却与工资分配同等重要甚至超过工资收入。再次，功能异化，职业福利应有的激励功能没有在我国传统的职业福利中得到体现，却成为滋生懒惰的温床。最后，影响异化，职业福利产生的影响超过企业本身成为一种社会公共事务，造成普遍的社会攀比心理，有时甚至酿成严重的员工和企业间的纠纷。①

从广义上的职业福利具体内容来看，职业福利主要包括建立社会保险制度、兴建集体福利设施、建立职业福利补贴制度三个部分。②《劳动保险制度》规定的保险项目有养老保险、疾病保险、伤残保险、生育保险、死亡和遗属保险等。兴建集体福利设施是工会的基本职能之一，很多企业都对职工住宅、上下班交通、职工的疾病医疗、子女入学以及生活必需品的提供给予了支持，并对困难职工给予了补助。职工福利设施随着企业经济效益的不断提高也有所改进，有的企业建立了职工俱乐部，为职工的娱乐休闲提供了良好的环境，活跃了职工的文化生活。职工的福利补贴制度是计划经济体制下职工福利的另外一个组成部分，它主要包括职工生活困难补助、探亲假补贴、上下班交通补贴和冬季宿舍取暖补贴制度等。

（二）经济体制改革过程中的职业福利“分离”社会化福利的阶段

这一阶段起始于社会保险改革的起点 1986 年，终止于社会保险目标制度框架基本形成的 1998 年。按照市场经济的要求和社会福利与员工福利的职能差异来分化传统的企业员工福利，是中国福利发展中最为艰难的一步，具体内容有两部分：一是使具有社会职能的一部分传统企业员工福利通过从企业中剥离而复原为社会化福利；二是让另一部分符合企业发展战略的员工福利真正成为企业或单位内部激励机制的有机组成部分。这一阶段的主要做法是，在改革传统的社会保险制度的同时，开始建立旨在提高企业职工福利水平的企业年金和企业补充医疗保险制度，但是其发展尚处在初级阶段，如政府虽然在 1991 年国务院出台的《关于企业职工养老保险制度改革的决定》和 1995

① 郑功成．中国社会福利发展论纲——从传统福利模式到新型福利制度［J］．社会保障制度，2002（3）

② 鲁全，饶伟国，员工福利，在借鉴中发展［J］．中国社会保障，2005（2）：60

年劳动部出台的《关于印发〈关于建立企业补充养老保险制度的意见〉的通知》中都有补充养老保险的相关规定，但并不具有可操作性，而且距离实施还有相当一段距离；改变了计划经济时期的福利分房制度，建立了住房公积金制度和住房补贴制度；在将过去的实物福利货币化的同时，尝试建立利润分享、带薪假期、职业培训等其他旨在提高员工工作积极性和凝聚力的职工福利计划等。

（三）职业福利的全面发展阶段

从1998年开始，社会保险已完全按照自有的一套社会化的体系进行运作，职业福利回归它应有的本源和自然状态。2000年，国务院《关于完善城镇社会保障体系试点方案》将企业补充养老保险正式更名为企业年金，并确定了企业年金实行市场化管理和运营的原则，规定企业年金采用完全积累方式筹集基金，采用个人账户方式进行管理，费用由企业和职工个人缴纳，企业缴费在工资总额4%以内的部分，可以在成本中列支。2004年3月，我国约有22 430家企业建立了企业年金，参加职工总数约为680万人，建立个人账户530万个，基金总量近474亿，预计2010年企业年金的市场规模将达到1万亿元，据中国保监会预测，中国企业年金将以每年1 000亿元的速度增长。2004年5月，劳动和社会保障部联合相关部门出台了《企业年金试行办法》《企业年金基金管理试行办法》，下发了落实“两个办法”的文件；11月发布《关于企业年金基金证券投资有关问题的通知》，推出《企业年金基金证券投资登记结算业务指南》《企业年金管理运营机构资格认定暂行办法》，全面地推动了企业年金的发展。

2000年，国务院在《关于完善城镇社会保障体系试点方案》中指出，要逐步建立多层次的医疗保障体系。要贯彻落实国家公务员医疗补助办法，实行职工大额医疗费补助办法，妥善解决基本医疗保险最高支付限额以上的医疗费用。有条件的企业可以为职工建立补充医疗保险，提取额在工资总额4%以内的从成本中列支。目前，补充医疗保险的发展正在一些地区试行，它是继年金制度后又一个企业承担主要费用责任的补充保险，也是职业福利的一项新的重要内容。住房福利也获得较快的发展，由于和自己生活关联的紧密性，已成为目前最受欢迎、最具吸引力的职工福利项目。1999年4月3日国务院发布《住房公积金管理条例》（2002年3月24日修订），对住房公积金的管理机构和职责、提取使用、监督等做出明确统一的规定；对缴存比例规定了下限。实践情况表明，用人单位在设计职工福利计划时，在住房方面的投入相对于其他福利而言比较高，除了为职工建立住房公积金外，还发给规定标准的住房补贴和企业附加的住房补贴。除了上述政府引导型福利项目获得较快发展以外，企业自设型员工福利项目也在逐渐增多，如除了在政府指导下举办各种企业补充保险外，利润分享计划、员工持股计划在一定范围内实行；带薪休假、旅游补贴等享受性福利项目也在效益好的企业出现；家政服务、理财服务、心理咨询服务和法律服务等也逐渐走入企业。但不可否认的是，职业福利在全国和各行业发展很不平衡，以企业年金为例，上海、广东、浙江、福建、山东、北京等地区基金积累较多，超过亿元；电力、石油、石化、民航、电信、铁道等行业明显高于其他行业。

2008 年实施的《劳动合同法》进一步从法律角度规定了职业福利的法律地位，明确员工的劳动报酬和福利待遇，使不同就业性质的劳动者都享有法定的职业福利保障。

二、中国职业福利的现状

总体上看，我国职业福利的现状可以概括为下面两点。

（一）福利水平不高

首先，由于建立员工福利制度尚不是企业的法定义务，因此，建立职业福利制度的企业数量不多，目前还主要是一些大型的国有企业和外资企业，一方面，这与建立和经济发展水平相一致的社会保障体系的战略目标是不一致的；另一方面，在市场经济形势下，劳资矛盾日益突出，而企业面临着世界范围内的竞争，迫切需要建立和谐的劳动关系，增强职工凝聚力。员工福利计划既提高了职工的福利水平，也缓和了劳资矛盾。从历史发展的角度看，员工福利制度的产生实际上是劳资双方长期博弈的结果，但政府可以引导职业福利的发展。

其次，我国企业目前提供的福利还主要是法定福利，真正属于狭义的职业福利项目并不多，而较多的是经济保障，满足的是生存和安全需要，因此，福利水平处于比较低的层次。随着企业效益的不断提高和管理理念的不断改进，员工福利体系中应当引入更多的自主福利项目，使员工福利水平不断提高。

最后，层次也比较低，由于企业员工福利计划内容的有限性，员工尚无充分的选择权。员工福利计划发展的最新趋势是自主型的弹性员工福利计划，即向员工提供一个可供选择的福利项目清单，允许员工在企业规定的时间和金额范围内，根据自己的需要和偏好选择其中的一部分，并有调整选择的机会，这是国际上职业福利发展的一大方向。

根据劳动和社会保障部规划财务司统计处在全国 31 个省市地区开展调

查，涉及七大行业的 46 479 个企业，被调查的企业年人均人工成本为 17 140 元（见表 12—3）。

表 12—3　　中国 2002 年全国人工成本情况

平均	人均人工成本 17 140 元						
福利水平	10 169.2	2 814.0	1 873.2	158.0	260.8	488.5	1 427.3
占成本%	59.33%	16.42%	10.93%	0.92%	1.52%	2.85%	8.33%

资料来源：乐章，陈璇．福利管理［M］．深圳：海天出版社，2003

可见，与英美国家员工福利支出占工资总额 30%以上比重的水平相差较远。总之，目前我国职业福利计划项目的举办主体和可供选择的项目相对较少，福利水平较低。

（二）我国员工福利的地区差异较大

下面将职工福利状况大致由高到低排为 5 个层次，第一层次最好，第五层次最差，根据不同的企业类型，可根据各地职业福利的具体情况进行归类，具体见表 12—4。

表 12—4　　不同地区的员工福利状况

企业类型	第一层次	第二层次	第三层次	第四层次	第五层次
国有企业	北京、广东、山东、江苏、辽宁和上海	河南、四川、黑龙江、浙江和河北	湖北、云南、湖南、安徽、吉林、山西	江西、福建、贵州、内蒙古、甘肃、新疆、重庆、广西、陕西和天津	西藏、青海、宁夏和海南
大陆集体企业	北京、辽宁、江苏、浙江、山东、广东和上海	安徽、湖北、四川	河北、福建、河南和湖南	天津、山西、吉林、黑龙江、江西、广西、重庆、云南、陕西和甘肃	海南、贵州、西藏、青海、宁夏和新疆
港、澳、台商投资企业	北京、江苏和广东	上海、浙江和福建	天津、辽宁、山东、河北、江西、四川、河南、湖北、广西和重庆	吉林、黑龙江、安徽、海南、贵州、云南和陕西	山西、内蒙古、湖南、甘肃、宁夏和新疆
外商投资企业	北京、江苏、广东和上海	天津、辽宁、浙江、福建和山东	河北、吉林、安徽、江西、河南、湖北、广西、重庆和四川	山西、内蒙古、黑龙江、湖南、贵州和甘肃	海南、云南、陕西、宁夏和新疆

资料来源：杨雪莲等．中国企业员工福利状况分析［N］．西南民族学院学报·哲学社会科学版，2002（12）：189-191

从表 12—4 可以看出，中国企业员工福利状况存在明显的地区和企业类别差异。各种企业类别都具有较高层次的福利水平的地区有北京、广东、江苏和上海，而福利较低地区则包括海南、西藏、青海、宁夏和新疆，其余地区均属于中等水平地区。这一分布特点揭示了我国企业员工福利分布状况是与经济发展密切联系的。在经济发展水平较高的地区，如北京、上海以及广东等经济特区和沿海经济开发区，无论是国有企业、集体企业、港澳台投资企业还是外商投资企业，员工福利水平都比较高。而在经济相对落后的地区，尤其是西部的西藏、青海、宁夏和新疆等地区，各类别企业的员工福利都比较差。这说明企业在制定员工福利政策时往往在考虑企业本身需求之外还要考虑内、外部经济条件。①

这既有经济发展水平上的原因，也有对职业福利认识上不充分导致的差异，因此，政府可以给予其适当引导和宣传，使员工享受到更好的福利。

三、中国企业年金的发展现状

企业年金是社会保障体系的重要组成部分，是实施养老保障“多支柱”战略的重大制度安排，企业年金与公共养老金或国家养老金、个人储蓄性养老金一起构成多支柱养老保障体系。企业年金是一项企业福利制度，既不是社会保险，也不是商业保险，而是企业人力资源战略的重要组成部分，其补充性、商业化或市场化运作的特征不影响也不能改变其本质属性。1991 年我国就提出建立企业补充养老保险计划，在长达十多年的时间内发展相当缓慢。2004 年《企业年金试行办法》和《企业年金基金管理试行办法》的颁布极大地推动了企业年金的发展。

（一）企业年金基本情况

截至 2007 年年底，全国有 3.2 万户企业建立了企业年金，缴费职工人数为 929 万人，年末企业年金基金累计结存 1 519 亿元。2000—2007 年企业年金发展的部分数据见表 12—5。

但总体来说，企业年金的覆盖范围仍然十分狭窄，保障能力有限。从参加人数来看，到 2005 年年底，全国建立企业年金的企业达到 2.4 万多家，参加职工达 924 多万人，参加人数仅占全国 1.7 亿基本养老保险参保人数的 5.4%左右；到 2006 年年底参加企业年金的职工人数为 960 万人，仅相当于参加基本养老保险人数的 5.6%。虽然从 2000 年到 2007 年企业年金存量规模

① 杨雪莲等. 中国企业员工福利状况分析 [N]. 西南民族学院学报·哲学社会科学版，2002 (12)：189-191

表 12—5　　企业年金基金的发展情况

	参加企业数量（万家）	缴费职工人数（万人）	企业年金基金累计额（亿元）
2000	1.6	560	192
2001	1.7	655	200
2005	2.4	924	680
2006	2.4	964	910
2007	3.2	929	1 519

年平均增速为35%左右，但同期参加人数增速仅约7.9%，两者相差近5倍。这说明企业年金规模的增加主要来源于已经建立的企业年金计划的持续积累，而非来自覆盖面的扩大。另外，我国企业年金存量规模仅占同期GDP总量的0.43%。而在发达国家，企业年金资产规模巨大，在GDP中的比例日益上升，如英国达77%，美国为66%，瑞士为70%。企业年金人均累积余额较低，2001年为3 100元，2006年大约为9 500元，6年间增长约2倍，仅相当于2006年城镇居民可支配收入11 759元的80%，与其定位相比，这些积累显然不足以承担养老保障第二支柱的角色。[①]

在不同地区之间、不同行业之间企业年金发展存在严重的不平衡。一是目前企业年金大量分布于国有企业，特别是国企垄断行业。根据统计，2000年全国建立企业年金的企业共有16 247家，其中全国性的企业中国有企业占93%，地方型的企业中国有企业占55%。二是企业年金在行业的发展快于地方，在经济效益好的行业尤其是几大垄断行业发展较快，而且主要集中于电力、石油、石化、电信、民航、铁道等国有的效益较好的行业，而民营企业鲜有设立。2004年，企业年金基金积累超亿元的企业全部集中在电力、石化、石油和电信等行业。三是沿海和发达省份要快于内陆落后省份。2004年4月深圳市企业年金管理中心已建立企业年金账户710个，规模为10亿元。而一些内陆经济欠发达地区企业年金业务甚至还没有启动。

（二）存在的主要问题

1. 企业年金制度存在缺陷[②]

虽然近几年企业年金的制度建设取得了明显进展，但也存在一些明显的缺陷：一是企业年金基金安全问题。虽然明确了受托人、账户管理人、托管人和投资管理人之间的制约关系，并明确了年金基金的投资范围、信息披露

① 沈芳，蔡清，厉成宾. 企业年金为何发展缓慢［J］. 中国社会保障，2008（2）：30

② 褚福灵. 为什么企业年金发展缓慢［J］. 中国社会保障，2006（12）：26

和监督检查等要求，但并没有明确回答企业年金一旦损失或者灭失谁来承担责任以及如何承担责任等问题。二是风险不对称问题。现行制度规定，账户管理人按照开设账户的多少收取管理费用，受托人、托管人和技资人都按照企业年金基金净值的一定比例收取管理费用。十分明显，由于其他当事人的收益仅仅同基金的净值挂钩，表明这些当事人是“旱涝保收”的，而恰恰是真正的投资主体——受益人的收益是完全不确定的。三是制度的可操作性差，尤其表现在企业年金的账户管理上，账户管理缺乏统一的行业标准、企业年金账户可携带性不强、企业年金待遇尚不能实现终身支付等。

2. 企业缺乏动力

企业一方面担心企业年金的安全。按照现有操作办法，层层委托之后，管理成本将在年金净值的2%以上，再经过受托人、账户管理人、托管人和投资管理人的多次分配之后，可能所剩无几，甚至出现亏空。另一方面，企业和职工作为委托人，无论是把企业年金基金交给年金理事会还是独立的、法人受托机构，其间的利益关系是通过和谈约定的。但这种合同如何订立才能更好地保障受益人的合法权益，就需要精通企业年金方面的专业人才。另外，企业年金税收政策不到位，参加企业没有获得“实惠”。目前企业年金的税收优惠仅仅在工资总额的4%以内，力度较小。由于缺少必要的细则及个人所得税处理办法，税收优惠政策对企业年金的激励作用有限。

3. 企业年金的社会保障功能被普遍忽视

企业年金属于“锦上添花”的保障项目，被认为是“富人的游戏”，大多数中小企业都认为企业年金是一个奢侈品。其实，企业年金的缴费比例是具有弹性的，而且企业有很强的自主性，量力而行，不仅不会加重企业的运营负担，还会增加企业在人才方面的竞争力。企业年金是养老保障的第二支柱，可以补充基本养老保险的不足。企业年金项目的开展，也是企业社会责任的一种体现。所以，企业较多地关注了企业年金的“成本”，而忽略了企业年金的“价值”，特别是企业年金项目的社会价值。

（三）对策建议

1. 在主观上要重视企业年金制度，激发企业、员工和国家对企业年金的内在需求

要建立税收优惠制度，将国家的内在需要转化为企业的自主行为；督促市场建立完善的人才流动机制，激发企业对年金计划的内在需求；积极的宣传和引导，激发员工对年金的内在需要。

2. 在推进策略上要区别对待

对于垄断性强的行业，应遵循行业推进战略，如铁路、交通、邮电、水利、民航、煤炭、有色金属、电力、石油天然气、银行系统等有较好的经济实力，对于这些由中央直接管理的大中型企业，行业企业按行业进行市场拓展的策略也有利于各种成本的节约；对于竞争性强的行业，应遵循地区推进战略；在企业内部，应遵循由上到下、由低到高的推进战略，年金的提供要遵从在职位上自上而下，即从企业的高级雇员向一般雇员拓展，年金计划的补充水平要遵从由低到高的顺序推行。

3. 在监管和资格认定上要坚持五项原则①

一是公开，增强工作透明度；二是平等，让有条件的机构平等参与管理运营企业年金；三是要谨慎，积极应对市场，扎实工作，审慎推进；四是渐进，要有一个发展的进程，逐步开展工作；五是竞争，利用市场机制，优胜劣汰。

4. 在实施中要提高年金的可转移性②

可转移性是指在企业年金项目中的雇员在工作单位变动时将原有的企业年金中的累积精算价值与本人同时进行转移的能力。我国《企业年金试行办法》规定，“雇员未达到国家规定的退休年龄的，不得从个人账户中提前取资金”。这是不可转移的规定，但同时，企业年金可转移性的规定为：雇员变动工作单位时，企业年金可随同转移。雇员升学、参军、失业期间或新就业单位没有实行企业年金制度的，其企业年金个人账户可以由原管理机构继续管理”。目前，我国应采取的措施有：针对企业年金可转移性的问题，应尽快制定相关的法律，以做到有法可依；提供多种结转方式。目前主要提供了两种形式，即向新的企业年金计划转移和留在原有的企业年金计划中，随着企业年金制度在我国作用的增强，需要多种企业年金转移形式；健全企业年金结转程序和手续，本着结合客观实际原则，做好与国际惯例、规则的衔接，减少企业年金转移的阻碍；保持年金基金的适当流动性。

四、员工福利三阶段的规划与管理：对我国企业发展员工福利的建议③

员工福利规划应该确定员工福利的发展目标、指明员工福利的发展方向。但规划不仅仅是目标，规划本身虽包含有目标的内容，但除目标外，它还包含时间的因素，是一个或多个静态的目标与动态的时间相对应的安排和计划。

① 蔡文武. 推动企业年金健康发展 [J]. 中国社会保障，2005 (1)：20

② 卓志，张国威. 企业年金的可转移性 [J]. 中国社会保障，2005 (3)：61-62

③ 杨方方. 员工福利的规划与管理 [J]. 新疆社会科学论坛，2004 (2)：68-70

那么员工福利发展各个递进的目标与动态的时间相对应的结果就体现为员工福利从低到高的几个发展阶段，这是员工福利整体规划的核心和本质，是制定员工福利规划时应该着重思考的主要内容。从整体上宏观上先把握员工福利发展的几个阶段，根据企业的自身情况选择合适的发展阶段；再根据各个阶段的特点，配以适应的资源、选择合理的管理方式等，定能提升企业的员工福利管理水平。在考虑各种影响因素的基础上，将员工福利的发展分为以下三个阶段。

第一阶段：政府引导福利阶段

1. 目标：增强员工对养老、疾病、失业、工伤等社会风险的抵御能力

随着社会的进步和发展，工业化和生产社会化程度日益提高，而家庭的保障功能却在逐渐弱化，在市场经济中，单个社会成员已很难抵御养老、疾病、失业和工伤等正在社会化的风险，国家和政府必须介入其中，才可能解决这些社会化的很有可能阻碍经济发展和社会进步的问题和难题。在参加法定的社会保险项目的基础上，企业根据政府一些引导性的政策规定，参加各种补充保险，以增强员工对养老、疾病、失业和工伤等社会风险的抵御能力。

2. 规划依据：政府相关政策法规

因为在这一阶段，政府的各项政策法规是企业制订员工福利计划和开展员工福利工作的主要依据，故称做政府的引导福利阶段。政府已经出台了的法规政策可分为强制性政策和指导性政策。根据强制性政策的规定，企业应该为员工提供各种法定福利；响应政府出台的优惠性的、指导性的政策，给员工提供相应的补充保险以提高员工的福利水平。政府对企业规划员工福利的干涉和绝对影响是这一阶段的显著特点。

3. 福利项目：引导性福利

引导性福利是指政府有政策引导、鼓励企业实施的福利项目，但企业有权决定是否设置此类福利项目，项目包括补充养老保险和补充医疗保险等。

4. 核心管理措施

(1) 熟悉政府的政策法规。管理员工福利的人员一定要熟悉国家社会保险方面的政策法规，只有熟悉相关法规制度才有可能“依法办事”，才能做好法定福利的具体工作；而且了解国家的各种政策，包括一些优惠政策，也有利于企业节约成本，促进企业发展。由于社会保险方面的规范还没有上升到法律层面，都是以政府政策法规的形式出台的，故比较散乱，企业应进行全面和系统的了解。

(2) 保证福利管理合法性。了解政府的政策法规，是做到员工福利合法的前提和基础，但不是员工福利合法性的保证。要保证员工福利管理合法，

还要严格规范员工福利的实施过程，使其缴费基数、缴费比例和手续等都能满足各项政策规定。

（3）员工福利社会化管理。政府的强制和引导福利阶段是每个企业都要经历的阶段，都要遵从政府的政策法规的各项规定，参加相同的保险项目，办理相同的手续，这种高度的统一性使企业采取员工福利的社会化管理成为可能。目前市场上有很多专业的人事代理机构可以帮助企业办理社会保险的缴费业务。这样，企业就不用每月亲自到社会保险经办机构填写各种表格、办理人数增减和账目核算等具体工作了。另外，对于补充保险的办理，企业一般也是要与社会上的保险机构合作才能完成，所以社会化管理是这一阶段的显著特点。

政府的引导福利阶段是员工福利发展的第一阶段，是最基础的阶段，以下就进入了自设型福利阶段，但根据自设型福利计划中项目满足的需求广度不同，可将这一阶段细分为企业的普遍福利阶段和员工的个性福利阶段。

第二阶段：企业的普遍福利阶段

1. 目标：满足员工范围更广、层次更高的福利需求

企业的普遍福利阶段就是指企业在为员工提供法定福利的基础上，在政府的强制和引导福利阶段的各项工作实现预期目标的前提下，为了改善员工福利，以吸引、留住和激励人才，针对员工的一些具有共性的需求提供相应的福利项目。这一阶段与第一阶段相比更有竞争力，其优越性在于：企业开始自主确定福利项目，使员工享受到更多的福利；企业开始考虑员工的福利需求，使其更具激励性，提高员工的工作效率。

2. 规划依据：企业的发展与员工的需求变化相适应

而且随着企业的发展、实力的增强，企业有能力也有必要改进员工的福利水平，让员工分享企业的发展成果。员工福利规划在考虑合法性的基础上，突出员工福利具有“福利性”这一特征，设置相应的除法定福利以外的福利项目以满足员工更多方面和更高层次的需求，体现企业对员工的重视、对人才的尊重。因为强调的是满足企业员工的共性福利需求，故将此阶段称做“企业的普遍福利阶段”。

3. 福利项目：满足员工共性需求的除法定福利和引导性福利以外的福利项目

在实际中，这些具有普遍共性的福利项目一般包括住宅性福利、交通性福利、饮食性福利、享受带薪休假、文体旅游性福利和教育培训性福利等，当然这并不是确定和绝对的，每个企业可以根据自己的特点设置适合的福利项目。

4. 核心管理措施

（1）员工的福利需求调查。企业既然已经决定建立员工自主性的福利，一定要建立一个有价值的、能满足员工需求的福利体系。因此，应该在建设企业自主性的福利系统之前开展福利调查。企业也可以参考市场上的福利调查结果，但不能过分依赖。因为其他企业都实施的福利项目并不一定适合自己，进行企业内部的员工福利需求调查是非常必要的。只有全面了解员工的偏好，才能建立有针对性的员工福利系统，才能将员工福利的规划与管理和吸引留住员工更好地结合起来。要想获得员工对福利的需求偏好，可以采用问卷调查的办法。问卷上包含一系列企业可能提供的员工福利项目，让员工按照自己的需求顺序进行排序，另外，在问卷中最好包含有员工的个人特征，这样企业就可以更全面地了解员工的福利需求，以便更专业地分析员工偏好什么类型的福利计划。[①]

（2）加强有效沟通。沟通在管理中的重要性不言而喻，沟通在员工福利管理中的必要性和重要性表现在两方面：一是只有增加沟通才能增加企业与员工之间的相互了解，也才能深入了解一些问题，如员工对企业提供的现行福利项目和水平是否满意，员工的福利需求偏好是否发生变化；二是在实践中，很多情况下员工并没有意识到组织到底为员工提供了怎样的福利，根本就没有全面地了解企业的福利系统，或者是根本没有意识到企业为此究竟付出多少成本。因此，企业有必要建立多种沟通渠道来加强企业和员工的沟通。例如，可以采用编写员工福利手册，定期向员工发布有关福利信息，做福利报告，建立福利问题咨询机构或建立咨询电话，建立网络的福利沟通系统等。这样一来企业不仅可以告诉员工能享受到哪些福利待遇，还可以让员工知道他们付出了多高的福利成本，另外，企业也可以获知员工对福利安排和福利管理的反馈。

（3）前期财务预算和后期效果评估。员工福利支出的刚性和企业追求利润最大化的根本特征决定了员工福利成本的控制是企业员工福利管理工作的一项重要内容。而做好财务预算就是成本控制的重要步骤。另外，企业提供给员工更高层次、更多方面的福利项目，但是这些福利是否满足了员工的实际需要、是否起到了激励员工的作用，是关系到员工福利制度的有效性的问题，关系到企业福利规划目标的实现，关系到企业福利支出的受益，因此，是很重要的问题，要调查评估才能知道，企业必须重视。因为针对的是员工的共性需求，福利支出很大且企业对实施效果也抱有很高的期望，因此，注

① 刘昕. 薪酬管理［M］. 北京：中国人民大学出版社，2002：280

重前期财务预算和后期效果评估是做好这一阶段管理工作的一个重点。

(4) 管理人员专业化。员工福利数额巨大，种类繁多，管理相当困难、复杂，即使是受过正规训练、有过多年工作经验的人事经理，对此也望而生畏。常常有企业因员工福利管理上的差错，陷入财务困境。发展阶段越高，越需要专业化的管理队伍。吸引专业的福利管理人员是做好员工福利管理的关键因素。

企业的普遍福利阶段相对于政府强制和引导福利阶段固然是一种进步，但并不是员工福利发展的最高阶段。因为它虽是建立在企业内部的员工福利调查的基础上，满足的也是大多数员工的福利需求，但还是难以满足员工个性化的福利需求，而且福利水平有限。因此，企业还有更高级的发展阶段。

第三阶段：员工的个性福利阶段

1. 目标：提高员工自身个性化福利需求的满意度

员工的个性福利阶段是企业员工福利发展的最高阶段，满足的是员工个性化的福利需求。

2. 规划依据：人本管理思想和马斯洛需求层次论

在“以人为本”管理思想为主导的现代人力资源管理中，满足人性化是企业管理追求的最高目标，因此，企业的普遍福利阶段已不是员工福利发展的最高阶段，因为它没有充分考虑员工个性化的福利需求。马斯洛需求层次论告诉我们，人的需求是有一定的层次的，其需求变化是遵循由低级到高级的规律的，因此，企业在为员工提供各种社会保险，增强员工对各种社会化风险的抵御能力的基础上，关注员工更高层次更多方面的福利需求是适应企业的成长发展规律和员工需求变化规律的必然结果。

3. 福利项目：满足员工个性需求的特色项目

员工个体之间的差异性决定了员工对福利的需求不尽相同，统一的福利项目设定难以使全体员工都满意，而且由于缺乏主动参与的机会，员工对福利的感受力和满意度都会大打折扣。因此，这个阶段旨在提供个性化的、灵活性的、自主性的福利项目以满足企业员工福利个性化的福利需求。

4. 核心管理措施

(1) 员工的主动参与。员工的个性福利阶段，强调的是对每个员工个体的尊重和重视，满足他们个人的福利需求是这一阶段旨在达到的目标，其具有的一个重要特点就是使员工尽可能参与到员工福利管理中来，提高员工的主动参与性。一方面增加他们对员工福利的感知度；另一方面可以增加员工福利管理的人性化特征，体现企业对员工的尊重，增加员工对企业的忠诚度。

(2) 项目的个性特色。福利项目的设定可能会超脱传统集体福利、经济福利和实物福利等范畴，针对员工个性化的需要设置一些具有特色的福利项目。如针对单身员工的“红娘”服务；针对音乐发烧友的“卡拉OK”大赛等。

（3）自助餐式的选择。完全的、绝对的自由不可能存在。自助餐式的选择当然不可能是员工对选择的福利种类和福利数量没有丝毫的限制。自助餐式的福利计划是在遵循一定的制度规则下，赋予员工更多的自主选择权。员工在了解企业所提供的所有福利项目种类的基础后进行选择。具体方式是员工根据企业的员工福利政策和制度向企业提出申请，提交方式可以通过上网、发邮件等渠道，选择自己希望享受到的福利种类。福利管理者受理福利申请，根据企业的福利规定，来决定是接受还是拒绝员工的福利申请。从这层意义上看，福利管理者能否恰当地处理员工的福利申请，很大程度上决定了员工福利的实施效果。

（4）管理机构的虚置。管理机构的虚置就是员工福利管理人员配置的虚拟化。发展到员工福利的个性化阶段，企业的福利制度体系应该相当完备，凡事都应该“有法可依”，这一阶段的一个显著特点是制度的规范作用要大过管理者的个人影响；另一个特点是现代化的管理手段和方法应该得到最充分的应用，足以使每个员工都能便捷地了解员工福利，顺畅地进行员工福利的自主选择和自我管理。再加上这一阶段强调员工的主动参与，所以，每个员工都应该实现自身福利的自我管理，企业的工会组织和人力资源部门主要担任咨询者的角色。而现代企业的工会组织一般是员工申请加入的，具有一定的流动性，这就说明了在员工福利的个性化阶段，在制度完备和技术先进的前提下，企业员工福利的管理应该最大限度地分散，采取虚拟化的管理机制，最大限度地调动员工的管理参与性和积极性，增加其对员工福利的满意度。

以上就是对员工福利规划的一些思考，对于企业的实践意义主要表现在：一是企业能在如何进行员工福利规划方面获得一些启示，以明确员工福利规划的思路；二是企业可根据自己的福利现状来决定当前所处的福利阶段，以进行员工福利未来的规划。

本章小结

职业福利有广义和狭义之分，广义的职业福利是指员工普遍享有的由企业提供的所有福利性的待遇，具体包括除工资收入以外的所有货币、实物、服务和机会等。广义的职业福利可分为三个层次：一是强制型福利项目；二是引导型福利项目；三是自设型福利项目。狭义的职业福利是专指用人单位拥有一定自主决定权的福利项目，即除了国家强制参加的法定社会保险以外的福利项目。在“以人为本”思想成为当今人力资源管理主流思想的现代社会，员工福利的重要性已逐渐被认识到。但与薪酬系统和社会福利都存在较大差别。根据福利项目针对的不同需求层次，可将职业福利分为生存性福利、安全保障性福利、社会交往性福利、体现尊重的福利和自我实现性福利。福利的规划应遵循激励原则、效益相关原则、统筹原则、个性原则和福利效益最大化原则，采用渐进式规划方法和量入为出的规划方法。国际上，职业福利从开始时被动提供转向主动提供，从内容单一到种类繁多、层级丰富，从固定模式到允许员工个人进行选择等，这一过程体现的不仅是社会经济发展水平的提高，更是企业经营管理理念的转变，美国、英国和日本的福利状况都说明了这一点。在国际上，职业福利的动态化特征越来越明显，针对性和个性越来越突出，越来越注重员工的个性化选择，员工福利的灵活性也越来越强。我国职业福利的发展经历过传统计划经济体制下“模糊”的职业福利发展阶段和经济转轨时期职业福利“分离”社会福利的阶段，目前我国职业福利已进入全面发展阶段。但实践情况表明，我国的职业福利整体水平不高且地区差异较大。就是近些年来着重发展的企业年金也存在诸多问题。在实践中，员工福利规划的核心内容是科学地划分员工福利的发展阶段，从纵向上可将员工福利从低到高依次分为这样三个阶段：政府引导福利阶段、企业的普遍福利阶段和员工的个性福利阶段。这三个阶段的目标是逐级提升的，规划的依据是不同的，设置的项目内容和采取的管理措施也应具有针对性。

复习思考题

1. 简述职业福利的定义。
2. 职业福利与薪酬系统、社会福利有何区别?
3. 简述国际上职业福利的发展状况。
4. 简述中国职业福利的演变过程。
5. 简述目前我国职业福利的现状。
6. 当前我国企业年金发展中存在哪些问题?

案例讨论 1

美国 401K 计划[①]

401K 计划是缴费确定型的企业年金计划，到 2000 年年底，其资产规模

---

① 仇雨临. 员工福利管理 [M]. 上海：复旦大学出版社，2003：239-240

已达 17 000 亿美元，参与人数超过 4 200 万人。

401K 计划来自 1978 年美国《国内税收法案》第 401（K）节条款，它授权企业可采用缴费确定型计划向雇员提供退休福利，允许雇员将一部分税前工资存入一个储蓄计划（个人账户），积累直到退休后使用，并给予一定的税收优惠。401K 条款出台后，一项以此命名的企业年金计划——401K 计划开始出现，并广泛受到欢迎，成为 DC 计划的主流形式。

401K 计划是一个自愿参加的计划，按照规定，只要有 5 个以上的雇员参与，就可以成立一个 401K 计划，雇主是该计划的发起人，负责计划的设计和管理。雇员授权雇主扣缴雇员的税前工资，一般为工资的 10%～15%，但年投入最多不超过工资的 25%，或每年最高额不能超过 11 000 美元（2002 年）。雇主出资不超过雇员工资的 15%，通常为雇员出资的 25%～100%。雇员和雇主的缴费都是在税前扣除的。雇员对 401K 计划享有既得受益权，获得全部权益的期限最长不超过 7 年。如果雇员要离开公司，他在"401K 账户"上的存款将随雇员一起转移。雇员还可以将 401K 账户上的余额转移到个人养老金账户或其他符合条件的资金账户上。基金实行托管制，通常由共同基金、保险公司、银行等专门金融机构帮助管理。雇员有权选择投资方向，但通常接受雇主的建议。401K 计划资产可以投资于储蓄、债券、股票、基金等多种金融产品，雇员要承担投资的风险。按规定，参加 401K 计划的雇员在 59.5 岁以前不能提取个人账户的资金，否则不但要照章纳税，还要缴纳 10%的罚金。当雇员离开原企业时，可以自由地提取属于自己缴费的那部分资产，但提取雇主投入的资产则有一定的限制。雇员按时退休时，有三种领取年金的方式，雇员可以任选一种：一次全部取出，但需要缴纳 25%的所得税；按月支取、按月纳税，税率为 10%～15%；存入银行，不需要纳税。依据该法，个人 401K 账户的资产是个人资产，不是公司资产，即使公司破产，也不能将雇员账户上的资产用于弥补公司的亏损，雇员养老基金的资产受到《雇员退休收入保障法》的保护。

案例讨论 2

马狮集团关心员工的一切问题[①]

马狮（Marks&Spencer）是英国最大且赢利能力最强的百货零售集团，而且它的出名更在于它已成为西方管理学界公认的卓越管理典范。

"致力发展与员工良好的人际关系并非仅是支付优厚薪酬而已。经理人员必须了解员工的困难并作出反应。高管层应该知道员工的工作环境和各项福利措施的优劣程度。"曾任马狮集团董事长的依时雷・薛福勋爵这样说道。

马狮以福利高而著称，为推行种种福利措施所花费的代价往往使试图模

① 乐章，陈璇．福利管理［M］．深圳：海天出版社，2003：43

仿它的其他企业望而生畏。除去良好的员工分红制度、医疗保险、退休金制度等一般性的福利措施外，还有许多显见是为员工考虑的福利措施，其中包括很多从员工的角度于细微之处的考虑。为了员工宁可过于慷慨而不是相反。

这就是马狮管理的准则：尊重所有员工；关心员工的一切问题；全面和坦诚地作双向沟通；对努力和贡献作出赞赏和鼓励；不断地训练和发展。

在如此管理下，每个员工都感觉到自己受到公司的尊重；他们得到不断的训练和不断自我发展的机会；最重要的是管理层是与员工站在一起的，而不是处于敌对地位；他们看到管理高层所宣扬的目标和所付诸实际施行的，其间差异极少，结果如何呢?

“我们努力的结果是员工流失率低，随时可应付任何转变，提高了生产力和获得了对谁都有利的利润——有利于股东、员工、退休员工乃至社会大众。”薛福勋爵如是说。

案例讨论 3

关于国有控股公司使用福利费的案例[①]

基本案情：广东省深圳市T公司原为国有企业，经批准，于1996年注册为中外合资股份有限公司。S公司（系在香港注册的国有控股公司）占有T公司51%股份，一家港资公司占30%股份，另有其他多家公司在T公司共占19%的股份。T公司党委书记、董事长为赵某。2003年，T公司为增强公司凝聚力，提高员工福利待遇，从历年结余的千万元福利费中开支，为赵某等企业领导和员工购买了商业保险。其中，为赵某购买的商业保险共花费5万元。同时，T公司多次利用结余的福利费为赵某等公司领导和员工代缴个人所得税。其中，T公司代赵某缴纳个人所得税5万余元。当地纪检机关调查组认为，根据本省纪委《关于2003年国有企业党风廉政建设责任制和领导人员廉洁自律规定的意见》，要求严格执行财政部《关于企业为员工购买保险有关财务处理问题的通知》规定，并提出“不得用公款为领导人员和企业职工购买财产保险、人身保险等商业保险。违反规定的，必须于8月31日前到保险公司办理退保手续。退保金额及所得收益全额上缴同级财政。拒不整改的，要追究企业领导的纪律责任”。鉴于此，T公司用公款为企业职工购买商业保险的行为违反了省纪委的有关规定。市纪委调查组要求赵某个人退交公司为其支付的保险金，并在移送审理的处理意见中建议将此款“予以追缴上交市财政”。同时，调查组认为，T公司用福利费为企业员工和公司领导代缴个人所得税的做法也是错误的，赵某个人应退还公司为其支付的个人所得税款，调查组建议对此款也应“予以追缴上交市财政”。

案例分析：根据T公司的情况看，我们认为，T公司用福利费为企业员

① 国有控股公司用福利费为员工购买商业保险等问题案［J］. 中国监察. 2004（23）：48-49

工购买商业保险的行为并不违反规定，不宜就此进行处理；但T公司用福利费为员工代缴个人所得税的行为违反了有关规定，应予以纠正。

1. 关于T公司用福利费为员工购买商业保险问题

根据财政部《关于企业为职工购买保险有关财务处理问题的通知》第3条规定，“职工向商业保险公司购买财产保险、人身保险等商业保险，属于个人投资行为，其所需资金一律由职工个人负担，不得由企业报销”。该通知第4条规定：“企业按照内部议事规则，经过董事会或者经理办公会议，改革内部分配制度，在实际发放工资和社会保险统筹之外，为职工购买商业保险，作为职工奖励的，所需资金从应付工资中列支；作为职工福利的，所需资金从结余的应付福利费中列支，但不得因此导致应付福利费发生赤字”。从以上规定可以看出，关于企业为员工购买商业保险问题，财政部的规定主要包括两方面要求：一是禁止职工个人购买商业保险后到企业报销的行为；二是对企业利用福利费为职工购买商业保险并未作出禁止规定，而是区分奖励和福利两种情况分别进行规范。而当地的规定实际上干涉了企业内部的经营自主权，按照下位法服从上位法的原则，当地的规定从效力上讲是无效的，应按照财政部的有关规定执行。福利费是企业按规定在税前提取的专门用于职工福利的资金，T公司利用本企业历年结余的福利费为企业员工购买商业保险，其行为属于企业内部经营管理权限范围内的事情，是合法有效的。

2. 关于T公司用福利费给员工代付个人所得税问题

根据《中华人民共和国个人所得税法》的有关规定，雇主为其雇员负担个人所得税税款，以及单位为纳税义务人的劳务报酬所得代付税款的行为，是符合税法规定的。但从T公司为员工代付所得税的资金来源看，其将福利费用于代企业员工缴纳个人所得税的做法，实际上是把福利费用于员工工资支出。而从福利费的定义中可以看出，福利费是只能用于企业职工福利专门支出的有特定用途的专款。因此，T公司用福利费为员工代付个人所得税的行为在资金来源上违背了福利费的开支范围，其行为违反了有关规定，应予以纠正。

案例讨论4

关于员工持股计划的案例[①]

戴姆勒—奔驰股份公司执委会负责人事的机构打算，把向员工发放企业赢利股票、职工股票、刺激个人的积极性这三者融为一体。1997年6月戴姆勒—奔驰股份公司决定根据赢利情况直接向员工发放股票，企业的赢利股票取决于年终结算。如果公司1997年的结算被计算出来的话，那么，公司全体员工春天将得到一笔特殊的支付。前提是营业赢利至少达到15亿马克。这些

① 奔驰公司通过员工持股提高效率. http://www.Labournet.com.cn/hrs.

赢利首先可以使每个员工得到 270 马克的收益。公司每多赢利 1 亿马克，付给每个员工的红利就增加 38 马克。如果公司 1997 年的经营情况与 1996 年相同的话，那么，每个人就会多收入 800 马克。

公司高层管理人员特罗皮奇说，新规定可以对员工产生痛苦的影响，"企业效益好，向员工发的赢利股票就多。如果企业经营不好，那么发放给员工的股票就少，情况严重时甚至一点也不发"。这样一来除了使员工们感到自己同企业是息息相关的之外，还可以促使更多的员工关心美元汇率变化，美元汇率对出口强劲的戴姆勒—奔驰股份公司的经营状况起着重大的影响。

全企业职工代表委员会主席卡尔·福伊尔施泰因完全支持新规定："实行赢利股票在戴姆勒—奔驰股份公司的特殊支付中是一种新的做法。员工参与企业赢利投资也可以明显增加个人收入"。他对支付的数额表示同意，他说，"鉴于公司最近几年良好的发展趋势，员工参股的规模是合理的"。

除了新实行的赢利股票外，20 多年来戴姆勒—奔驰股份公司的员工们也可以购买职工股票。每年有 40％～50％的有购买股票权的人利用了这种权利，还是令公司高层管理人员很满意的。

如果谁从一开始就履行了认购股票权利的话，那么它在投资 1.5 万马克的情况下，今天就可以自豪地得到价值 4.5 万马克的巨额股份（还不包括股息在内）。这就是说，他额外得到了红利。

据估计，目前较多的员工是处在这种幸运的形势之下的。据执委会观察，这些员工把自己的股份视为存钱罐，而不是到期后就得尽快变成现钱的有价证券。由于收益好，1996 年企业把每年的认购权从 10 股提高到 30 股。认购得股票越多，得到的补贴越多，每股最高可达 450 马克。

戴姆勒—奔驰股份公司实行的赢利股票加职工股票的做法是增强员工同企业息息相关意识的两个手段。他又强调说："这两个手段起到互补作用。一年的赢利股票由于是当年支付红利，因此，起着短时间的刺激作用。而职工股票是对企业的投资，多数是长期的。这样的投资促进员工关注股票行情，他们会因为股票行情的变化而担忧或高兴。

案例讨论 5

上海贝尔：福利比高薪更有效①

上海贝尔始终把员工看成公司的宝贵资产、公司未来的生命线，并以拥有一支高素质的员工队伍而自豪。当然，意识到人在企业经营中的重要性并不困难。难的是如何在企业的日常经营中贯彻以人为本的经营方略。上海贝尔在实践中致力于以下几项工作：一、员工培训是重中之重。新员工进入上海贝尔后，必须经历为期一个月的入职培训，随后紧接着是为期数月的上岗

① 改编自赵曙明，彼得.J. 道林，丹尼斯.E. 韦尔奇的《跨国公司人力资源管理》，2001

培训；转为正式员工后，根据不同的工作需要，对员工还会进行在职培训，包括专业技能和管理专项培训；此外，还鼓励员工接受继续教育，如MBA教育和博士、硕士学历教育，并为员工负担学习费用。二、强调福利与绩效挂钩。在上海贝尔，员工所享有的福利和工作业绩密切相连。不同部门有不同的业绩评估体系，员工定期的绩效评估结果决定他所得奖金的多少。为了鼓励团队合作精神，员工个人的奖金还和其所在的团队业绩挂钩。在其他福利待遇方面，上海贝尔也是在兼顾公平的前提下，以员工所做出的业绩贡献为主，尽力拉大档次差距。其意在激励广大员工力争上游，从体制上杜绝在中国为害甚烈的福利平均主义的弊端。三、福利设计要与员工沟通。上海贝尔的福利政策始终设法去贴切反应员工变动的需求。上海贝尔公司员工队伍的年龄结构平均仅为28岁。大部分员工正值成家立业之年，购房置业是他们生活中的首选事项。在上海房价高起的情况下，上海贝尔及时推出了无息购房贷款的福利项目，给员工们在购房时助一臂之力。而且在员工工作满规定期限后，此项贷款可以减半偿还。如此一来，既替年轻员工解了燃眉之急，也使为企业服务多年的资深员工得到回报，同时也从无形中加深了员工和公司之间长期的心灵契约。

第十三章

社区服务

■**学习要点**

通过本章的学习，要求掌握社区和社区服务的基本概念，社区的基本特点和功能，我国计划经济时代的社区和社区服务及其在改革开放以后的变化，现阶段我国城市和农村社区建设和社区服务的基本情况。

■**关键概念**

社区　社区建设　社区服务　城市　农村　社区意识
社会共同体　单位社区　区街社区　居民自治
农村基层民主政治建设

▶第一节　社区及社区服务概述

随着我国改革开放以后的经济与社会转型和发展，社区在社会生活中的作用越来越大，社区的概念也越来越为人们所接受，成为政府文献、媒体和公众语言中常用的概念。但是，由于社区概念本身具有较复杂的含义，社区服务也包含有复杂的内容，因此，本节首先介绍关于社区和社区服务的一般情况，包括社区的概念和功能，以及社区服务的含义及基本内容。

一、什么是社区

（一）社区概念由来

“社区”是社会学理论体系中的一个重要的概念。这一概念最初出自于德国社会学家滕尼斯。滕尼斯在其《共同体与社会》中提出了社区（又译“共同体”）的概念。当时滕尼斯为了说明从传统社会向现代工业化社会转型过程中人们共同生活的形态发生的转变，就提出“社区”和“社会”两个相对应的概念。前者是指一种在传统的地区狭小的社会中人们交往面窄，但交往程度相当密切，共同体意识很强的一种共同生活形态，而后者则指在现代工业化和都市化社会中交往面很宽，但交往程度较浅的生活形态。我国老一辈社会学家在20世纪早期将“社区”概念引入中国，其最初的含义简单地说是指人们在地缘关系基础上结成的互助合作的共同体。它以乡规民约和正式法律来对其成员行为加以控制。也就是说，“社区”具有“乡土社会”的性质，是和现代性质的“法理社会”相对应的。按照这一理解，社区一般是指聚居在一定地域内，具有较为密切的交往和社会关系，有相似的生活方式，并具有成员归属感和共同的利益、价值和信念的人群所组成的一个相对独立的社会生活共同体。

社区的概念最初用来概括与现代工业化社会相对应的传统社会生活形态。在工业化时代以前，小范围的社区相当稳定，居住在其中的人们祖祖辈辈都在一起，相互之间都非常熟悉，并且有着密切的交往。当时人们的共同生活，在共同生活中的经济与社会交往以及由此而产生的公共性和共同体意识等都是以共同的区域为基础的。但工业化时代以来，人们的共同活动不再局限于狭小的地域，因而一方面导致公共事务范围的扩大，另一方面也导致在一定区域中居住的居民的异质性增强，共同的意识和交往减弱，因而不再具有传统的地域共同体的各种要素，尤其是大城市中的居民更是如此。

（二）社区概念的当代含义

在工业化社会以后各国的社会生活都发生了很大的变化，传统的社区概念不再能够用于解释现代社会（尤其是都市社会）中的社会生活状况，因此，需要对社区概念进行新的解释。相对于传统的社区概念，当代社会中的社区概念有两方面的发展：一方面是突破了传统社区概念的“地域共同体”含义，将超越地域的社会共同体也包含在社区概念中。例如一些跨地区的，具有共同的兴趣、共同活动或共同利益的人群共同体也被称为“××社区”。同时，人们通过因特网而形成的交往关系也被称为“虚拟社区”。另一方面，在现实社会生活中，社区的概念不再局限于代表那些在一个区域内自发产生的社会共同体，而是包括了由政府或其他组织推动下产生的社会共同体。也就是说，当代社会中的社区与正式的组织体系和政府的社会管理体系密切关联。

在我国，“社区”概念最初出现在社会学的学术语言中，主要是指以地域为单位的、具有共同利益、共同意识和较密切交往的人群共同体。20 世纪 80 年代以后，社区概念逐渐出现在政府文献中，主要是指城市中街道以下和乡村乡镇以下按地域划分的居民共同体。目前，在政府文献中社区概念主要指城市中街道以下的居民组织体系，类似于过去城市中“居民委员会”的组织体系。

鉴于社区概念有不同的含义，因此，在使用这一概念时应注意它的真实含义。本章中所讨论的社区、社区建设和社区服务主要是指当前我国政府文献中所使用的社区概念。

二、社区的要素、特征与功能

（一）社区的基本要素

以我国城市社区为例，现代社区包括以下一些基本要素。

1. 一定的地域

与传统的社区概念一样，我国当前政府文献中的社区概念也首先是一个地域的概念，一定的地域是社区概念的基本要素之一。目前我国城市中是按照地域来划分社区的，其范围小于城市街道辖区，是街道辖区之下的一个区域，若干个社区共同构成一个街道辖区。

2. 一定的人口

与传统的社区概念一样，我国当前政府文献中的社区概念也包含一定的人口。我国城市社区一般的人口规模在几千人到几万人之间。他们居住在一定大小的范围中，其密度依其在城市中所处的区域而有所不同。此外，传统的社区的人口同质性程度一般较高，而现代都市社区中的人口异质性大大增强。但在当代城市各种不同的社区中人口的异质性程度也不一样。一般说来，地处城市中心区的社区其人口的异质性程度较高，而在一些特定的功能性区域中（如工矿社区、高校社区等）人口的同质性程度较高。具有各种人口特点的社区往往分布在城市中的特定区域中，形成了城市社区的区位结构。

3. 社会交往

如果只有一定的区域和一定的人口还形成不了一定的社区。除了区域和人口的要素以外，构成一个社区还需要有人们之间的社会交往。也就是说，居住在一定区域中的人不能只是与周围社会环境无关地居住在那里，而是要参与到该区域中的社会生活中，与其周围的人发生密切的交往。因此，社会交往是构成一个社区的又一基本要素。

4. 社区意识

由于社区中的居民处于同一区域，因而会产生一些对社区中所有的人都有的共同影响，并因此而关心共同的事务。也就是说，社区中人们共同的生活环境会使他们形成共同的利益。同时，社区居民在日常社会交往和共同处理公共事务的过程中会使社区居民在社会行为上产生一些共同的文化特点，并在此基础上形成社区意识。所谓社区意识，是指社区中的居民对本社区具有的一种归属感。居民社区意识的形成，是一个社区发展到比较成熟阶段的表现。

5. 一定的组织

具有一定的组织体系是现代社区的又一要素。由于现代社区，尤其是现代城市社区的人口的异质性较高，人们的社会交往和社会互动比较复杂，因此，常常难以像传统社区那样仅靠自发的和非正式的社会关系来维系社区的运行，而要靠比较稳定的正式组织来管理社区事务和组织社区内的各种活动。并且，随着社区内各种事务的增多和日趋复杂化，社区中的组织体系也日趋多样化和复杂化。

（二）社区的特征

1. 基层社会共同体

社区是人们在一起进行共同的社会生活的社会空间，是一个社会共同体。所谓社会共同体，是指具有某一共同特征，从事共同活动，并在其中发生密切的交往关系和产生共同意识的人所构成的群体。社会共同体的这些要素恰好也是社区的要素，因此，可以说社区就是一个社会共同体。此外，社区共同体处于整个社会的最基层，人们日常生活中每天都要与之发生关系。从整个社会体系的层次上看，社区处于基层的位置。在社区之上还有一层层更大范围的社会和更高层次的社会单位，但这些高层次的社会单位的许多功能都要通过基层社区来发挥。

2. 居民自治

现代社区是一个基层自治组织，居民自治是社区的重要特征之一。社区的自治表现在自我组织、自我管理和自我服务等方面。首先，社区的基本组织应该是由社区居民自己建构的，其领袖人物及领导机构是由社区居民正式选举或通过某种方式认可的，其权力也是由社区居民赋予的，而不应该是由上级或外在的权威授予的。其次，社区最基本的管理方式应该是自我管理，即通过社区居民的“乡规民约”和居民选举的机构和领袖来实施社区事务的管理。在现代社会中社区的管理要在国家的法律和政府的法规范围内进行，但社区的许多内部事务仍然要由社区居民自我管理。并且国家的法规本身也保障了社区居民自我管理的权利。最后，社区是一个自我服务的体系，社区居民及其组织往往通过各种方式进行互助互利的服务活动，以满足社区居民对服务的共同需求。

3. 公共性

社区的公共性是指社区是一个公共活动的空间，其意义包含采用公共性手段及利用公共资源来处理公共事务，以达到社区活动的公共性目标。在社区中人们发生着频繁的交往，并因而产生着大量的公共事务。所谓公共事务，是指在人们的共同的社会生活和社会交往中发生的，对每个人都有影响的，与每个人都有利益关联的，并且需要通过大家共同的行动来处理的事务。社区居民及其组织是通过公共性的手段，如动员居民广泛参与等手段去处理公共事务。在这一过程中，社区组织要调动各种公共资源，最终达到公共性的目标，即保持社区的健康发展和维护居民群众共同利益的目标。

4. 居民参与

所谓社会参与，是指居住在一个社区中的居民以各种方式与社区中的其他人发生交往，并参与到社区的公共事务中。居民参与是社区的基本特点之一，是构建一个社区的基本条件，也是保证社区共同体的居民自治和公共性的基本条件之一。如果没有居民对社区事务的参与，则难以形成一个真正意义上的社区。

（三）社区的基本功能

现代社区有多种多样的功能，但大致可以分为向居民群众提供基本的社会服务以满足社区居民需要，并且帮助政府实施基层社会管理的功能。

1. 居民自我服务的功能

社区是一个基层的社会共同体。社会中的每个人总是生活在一定具体的社会单位中。人们首先是生活在家庭中，但家庭生活并不是人们社会生活的全部。在家庭之外，人们的就业活动发生在就业单位中，而大量的业余生活则是在社区中。人们生活在社区中，日常生活和特殊环境中的困难往往需要社区组织去协助解决。因此，在社区层面上通过相互之间提供服务和接受服务而更好地满足居民的需求。

2. 基层社会管理的功能

在传统社区和现代社区中，各国的社区都在不同的程度上担当着社会管理的任务。在传统社会中，国家政权在基层社会管理方面往往比较弱，基层社会管理的职能多由社区组织来承担。但在现代社会中随着国家社会管理职能的强化，它在基层社区管理方面发挥的作用也越来越大。但是，国家并没有完全取代社区在基层社会管理中的作用。尤其是在最近20多年来，许多国家中随着国家社会职能的转化，政府越来越希望更多地利用基层社区组织等“市民社会”的作用，以降低政府在社会管理方面所承担的任务。因此，社区在基层社会管理方面的作用又进一步增大。一方面，作为一个基层的社会管理单位，社区组织在社区范围内的正式或非正式的管理工作本身就是整个社会管理的一个环节；另一方面，当代社会（尤其是我国城市社会）中政府往往通过社区的组织网络来将其公共管理的任务落实到基层。

3. 社会福利体系的一个环节

除了自我服务以外，当代社区还是政府和民间福利组织的社会福利计划集体行动体系中的一个环节。当代社会中，政府的各个职能部门往往通过社区向居民提供各种各样的服务，以满足人们生活中的各种需要。社区在社会福利方面的功能主要是通过社区服务活动来实现的。

三、社区服务及其在社会福利体系中的作用

（一）什么是社区服务

1. 社区服务的定义

人们对社区服务的概念有不同的理解。概括起来看，社区服务的概念有其广义和狭义之分。广义的社区服务概念可以包含在社区层次上开展的所有类型的服务活动。而狭义的社区服务概念却认为，虽然在现代社区中存在着各种各样的服务性活动，但社区服务的概念却有其特定的含义，并不是包括

所有类型的服务，而是只包括其中具有公益目标的服务活动。按照这种理解，社区中存在的以赢利为目标的商业性服务活动不在社区服务之列。而作为一种社会福利活动意义上的社区服务，是指上述狭义的社区服务，即由社区组织或其他公共组织举办的，在社区中开展的面向社区内居民群众和各类组织和群体的公益性服务体系。

2. 社区服务的基本性质

按照这种理解，社区服务有以下几方面的基本性质。首先，社区服务是由社区组织或其他公共组织举办的，它包含了由社区居民自身发起的，通过特定的社区组织形式而实施的社区服务活动，也包括在社区组织的管理下，由一些外部的公共组织（包括政府组织）介入到社区中来的社会服务活动。其次，社区服务是在社区中开展的，其活动的范围一般在特定的社区中。而那些跨社区的大型公共服务活动及设施则不属于社区服务。再次，社区服务是直接面向居民群众的，是为了满足特定社区中居民的各种需要而设立的社会服务项目。同时，在我国城市中的社区服务往往也面向社区范围内的各种组织机构（如各种企事业单位），为这些单位提供必要的服务。最后，也是最重要的一点，作为社会福利体系一部分的社区服务具有公益性特点，即举办社区服务的基本目标不是为了获取经济利益，而是为了满足社区居民的基本需要，并维护社区范围内的社会和谐。因此，社区服务常常在不同程度上带有福利性的特点，即通过公共资金支持而向居民群众提供低于市场价格的服务或无偿的服务。

（二）社区服务的层次与内容

1. 社区服务的层次

一般说来，社区服务包含以下几个层次。社区服务的第一个层次是，在社区服务体系中，居民自我服务是社区服务最基本的层次。所谓居民自我服务，是社区居民自己组织起来的，开展助人和互助的社会服务活动。社区中居民自我服务包括多样化的形式，即包括居民义务服务活动形式，也包括社区组织受居民的委托而开展的各种面向居民群众的服务。

社区服务的第二个层次是企事业单位及各类非政府组织在社区中为居民群众提供的公共服务。在社区中的各类企事业单位，尤其是服务性的企业常常利用其服务设施或依托其业务工作而向其所在的社区居民提供各种公益性的服务。在一些单位社区中，其居民本身也是该单位的职工及家属，因此，这些社区中的社区服务往往与单位服务重叠。同时，社区外的企业组织也时常进入社区中进行各种公益性服务工作，例如，一些医院到社区提供公益性的卫生服务，学校参与社区中的儿童服务项目等。此外，在现代社会中，各类非政府非营利机构在公益性服务活动中发挥着越来越大的作用，它们的许多服务项目往往也建立在社区中，直接向社区居民提供各种服务。

社区服务的第三个层次是政府公共服务体系。当代社会中政府建立了庞大的公共服务体系，其内容包含了社会保障、促进就业、医疗卫生、教育、文化、环境、治安以及针对特殊困难人群的专项服务等。政府提供的公共服务虽然体系庞大，但其中许多服务都要通过社区来加以实施。在这些服务项目上，政府的职能部门往往与社区组织合作，或者在社区组织的协助下在社区中建立政府公共服务的网点和设施，或者由社区组织在社区范围内承担政府的公共服务项目。

2. 社区服务的内容

在当代社会中社区服务包含了相当广泛的内容，它们大致可以分为以下几方面：首先，社区服务包含了为普通社区居民提供的便民利民服务，也即一般的社会服务，其服务内容包括衣食住行各个方面。在我国从计划经济时代起社区中的便民利民服务就是社区服务中的重要内容。经济体制改革以后，随着第三产业服务市场的扩大，社区中的许多生活服务项目都由市场化的服务取代了。但是政府和社区组织仍然通过投资于基础设施和提供优惠条件而介入市场化的生活服务体系，从而使社区中的生活服务体系也带有一定福利性的特点。

其次，社区服务包含了社区中的公共性的服务。这类服务的特点是它们并不是针对单个的家庭和个人，而是通过改善整个社区的环境而使所有的社区居民受益。这类服务由于并不针对具体的家庭和个人，因此，不适合通过按每次服务收费的商业化服务方式来维持运行，而更适合于采用“公共品”的方式来提供服务，即通过公共资金的支持来建设服务设施和提供具体的服务。公共资金可以来自社区组织自身的财力资源，或者来自政府的投入、企事业单位或非政府机构的支持，也可以来自社区居民的集资或个人捐助。此类服务包括环境卫生服务、社区公共设施服务、社区治安服务等内容。

最后，社区服务还包括针对特殊人群的专门服务项目。这类服务项目不是面向所有社区居民，而是面向社区中具有某种特殊困难的群体。例如，残疾人服务、老年人服务、儿童服务以及对外来者的服务和对失业者的服务；还有一些特殊困难家庭的专门化服务（如对贫困家庭的服务、对有大病重残者的家庭提供的服务以及对各种优抚对象的服务等）。

（三）社区服务在社会福利体系中的作用

当代社会福利体系有广义和狭义之分，广义的社会福利体系包括所有由政府和各种公共组织向民众提供的福利性的公共服务体系，包括水电煤气等方面居民生活服务、绿化、环卫、治安、消防、城市道路交通等方面的服务。而狭义的社会福利体系则包括政府和其他公共组织向一些特殊困难群体提供的旨在解决他们的特殊困难和满足其特殊需要的福利性服务，如政府或其他非政府机构主办的老人福利服务、儿童福利服务、残疾人福利服务，以及向失业者、贫困者等困难群体提供的福利性社会服务项目。

在当代社会中，社区服务在广义和狭义的社会福利体系中都发挥着重要的作用。首先，在广义的公共服务体系中，有许多服务项目需要在社区中建立服务网点，通过社区组织来承担，或由社区组织协助政府机构来完成。例如，许多居民生活服务设施都需要深入到社区之中，政府提供的城市绿化、环卫、治安、消防等方面的服务也都需要社区组织及居民的参与和配合。其次，在狭义的社会福利服务领域，社区所能发挥的作用更大。一方面，社区服务是政府社会福利体系的基层执行体系和非政府机构公共服务的载体。政府和非政府机构的许多社会福利服务项目都需要通过社区组织来完成，例如政府的社会保障行动、公共卫生计划、教育行动计划、就业行动计划以及文化发展行动等都需要通过社区层面的项目加以实施。另一方面，政府需要通过社区组织的广泛参与才能构建更加广泛的社会福利服务体系。例如，在社区中设立的老人日托照料，儿童社区照料和托儿服务，对残疾人社区康复和社区服务，以及通过社区组织而向失业者提供的就业机会和就业培训，社区对贫困者提供的各种帮助等方面的服务项目等，都是社会福利服务体系中的重要内容。

因此，在当代社会中社区服务广泛地参与到政府的社会福利服务体系中，是政策社会福利服务体系中的重要组成部分，通过社区组织与政府机构和其他非政府机构的密切配合，为居民群众提供了多样化的社会服务，在满足居民需要，促进社会和谐和社会发展方面起到了重要的作用。

▶第二节　中国社区体制与社区服务的历史发展

中国在社区服务方面已有较长的历史。从新中国成立之初起，各级政府就重视建设城乡基层福利服务体系，为居民提供各种服务。改革开放以来，我国城市中又开展了大规模的社区建设和社区服务活动，并取得了重要的进展和成效。分析和概括中国的经验，可以更好地理解社区服务在完善社会福利体系和促进社会发展中的重要作用。

一、新中国成立以来中国城市社区及社区公共服务体系的发展

在计划经济时代，我国城市和农村中有着比较完善的社区组织体系和社区服务体系。在当时城乡社区组织体系和社会服务体系均没有使用“社区”和“社区服务”的名称，但当时城市中的单位、街道、居委会和农村中的人民公社体制均承担着基层社区管理和服务的职能，因此，是当时的社区体制和社区服务体系。

（一）中国计划经济时代的城市社区及社区公共服务体系

计划经济时代的城市公共管理体制是一种由两个管理系列并存的体制：一是城市企事业单位体制；二是城市街道和居委会体制。这两种体系纵横交错，形成了条块分割的城市公共管理体制。前者是按照行业而管理的纵向体系，被称为“条”；而后者则是按照横向区域划分的体系，被称为“块”。这种两个系列并存的公共管理造就了当时两个社区体系并列的社区体制。

1. 单位社区体系

所谓单位社区，是指在我国城市中依托一定的企事业单位和机关团体而形成的社区。在计划经济时代的城市公共管理体制下，许多城市居民都属于某一单位的职工，而企事业单位承担着对其职工的社会管理和提供社会服务的职能。再加上当时城市企事业单位承担着为其职工建造和分配住宅的任务，单位的职工和家属，尤其是大中型单位的职工和家属往往都居住在一起，形成比较集中的单位住宅区（“家属区”），这样的单位住宅区事实上就成为了一个社区。当时单位住宅区的管理和服务由单位负责，单位社区组织是其单位组织的下属组织，社区中的各类管理和服务都主要由单位负责。

在计划经济时代，单位制社区在社会管理和社会服务方面有许多有利的方面。一方面，居住在单位社区中的居民大多是同一个单位的职工及其家属，他们不仅工作上属于同一个单位，而且又居住在一起，同属一个社区的成员，因此，这类社区中成员的同质性很强。并且由于他们有着工作和生活上的双层交往，因此，相互之间的关系和交往一般很密切。在这种情况下，单位社区中比较容易产生社区意识，也比较容易组织各种社区公共活动。另一方面，单位社区属于其所在的单位领导，因此，单位社区中的居民及其社区组织除了能从城市政府获得一定的支持和享有普遍的社会服务以外，还能从单位中获得更多的支持和服务。当时企事业单位对其所属的单位社区的组织领导和资源支持等方面都有较强的能力，可以更好地满足社区管理和社区服务所需要的人、财、物等资源。

在计划经济时代，单位社区对其居民（一般为单位职工及其家属）提供了大量的服务。单位社区中的居民除了能够享有城市政府向所有居民提供的福利性的基本生活服务以外，还能从其所在的单位获得大量的福利性服务，包括住房服务、水电煤气等基本生活设施服务、职工（及家属）食堂、托幼服务、卫生诊所、职工及家属浴室以及各种文体娱乐活动等服务设施和服务项目。较大型的单位社区中还设立了职工子弟学校、职工医院等服务设施。同时，单位社区还经常开展尊老爱幼服务、对困难职工家庭的服务以及拥军优属服务等活动。总而言之，当时的单位社区在单位组织和城市基层政府的双重支持下，向职工及其家属提供了大量的服务。从性质上看，当时单位社区的服务项目很多都属于当时的单位职工福利项目，是职工福利与社区福利相结合的产物。

2. 区街社区体系

所谓区街社区，是指我国城市中依托城市内部公共行政区划体系而设立的，并且主要由地方基层政府组织管理的社区。在计划经济时代，城市中形成了市一区一街道的政府公共管理体系。从 20 世纪 50 年代起，城市在区政府以下（不设区的市政府以下）建立了街道办事处，为基层政府的派出机构。后来街道办事处机构逐渐庞大，人员逐渐增多，所承担的任务也越来越多，俨然像一个“准政府机构”，甚至在其功能上成为了名副其实的“基层政权”。[①] 在街道之下则是居民委员会组织（居委会）。居委会虽然不属于政府机构，但它在很大程度上是受基层政府的领导，并承担了政府委托的大量公共管理和社会服务任务。当时，在城市中包括单位社区的所有地段上都设立了居委会。从理论上讲，所有城市居民都属于某一居委会，但在实际的管理权限上，由于单位社区中的公共管理和社会服务更多地受单位的领导，而单位社区之外的社区才主要由城市基层政府（区和街道）组织领导。

与单位社区相比，区街社区有两个重要的特点。第一个特点是区街社区中的居民成分相对比较多样化，他们既包括一些没有居住在单位社区中的职工，也包括一些在区街企业（一般为小型企业）中就业的职工，从事小型服务行业的劳动者以及一些无业人员。如果将当时的国有企事业单位职工称为“正规就业者”的话，那在区街社区中的人员更多的属于“非正规就业者”。区街社区第二个特点是其组织化程度相对较低，社区活动所获得的资源相对较少。由于区街社区中的居民一般分属于不同的就业单位，他们的社区所属关系与单位所属关系并不一致，因此，区街社区难以利用单位制的有利条件

---

① 王青山，刘继同. 中国社区建设模式研究［M］. 北京：中国社会科学出版社，2004：63-68

来加强对社区成员的管理。同时，区街社区也难以获得来自企事业单位的人财物资源支持，而城市基层政府由于预算的约束往往也难以向区街社区中投入大量的资源。因此，当时区街社区在公共管理和社会服务方面的能力普遍不如单位社区。

在计划经济时代区街社区中也设立了许多的福利性服务项目，包括面向所有城市居民的基本生活服务体系（水电煤气和粮油副食供应等），居民购物等生活服务网点建设、城市社区治安服务、基层卫生机构（地段医院和诊所等），社区托幼服务，以及尊老爱幼和拥军优属服务等。在当时计划经济体制下，城市公共服务体系许多属于全民所有制单位，主要由政府按计划建立。由于政府负责其设施建设和人员工资，因此，他们在向居民提供服务时可以按低价或免费的方式进行，并且经常性地开展各种便民利民的服务活动。例如，社区中的水电煤气和粮油副食供应机构可以对老人、残疾人、烈军属和其他困难户提供上门服务，以方便他们的生活。

（二）改革开放以来城市社区及社区公共服务体系的变化

改革开放以来，中国的城市社区体制及社区公共服务体系都发生了很大的变化。这种变化主要表现在基本体制的变化、社区功能的变化以及社区在社会福利事务中作用的改变。

1. 改革开放以来城市社区基本体制的变化

从 20 世纪 70 年代末以来，随着我国城市经济体制改革和对外开放的发展，城市社区体制也发生了很大的变化。

首先，国有企业的改革使企事业单位的性质发生了很大的变化，其基本趋势是单位制的弱化。一方面，改革以后的企事业单位不再保证向其职工提供终生的就业和福利，职工与企业之间过去紧密的和全方位的依存关系变成了通过劳动合同而缔结的更为简单的就业关系。另一方面，改革以后的企事业单位不再像以前计划经济时代那样全面担当社会管理和社会服务的功能，而是通过社会管理与福利社会化的方式卸掉了许多原来承担的社会管理与社会服务职能。再一方面，随着住房制度的改革，许多企业不再保证向职工提供住房，单位集中建房大大减少，导致单位职工家属区的数量和规模都大大减少。因此，导致过去的单位社区迅速减少。在仍存在的单位社区中，单位组织对其提供的管理和服务也相应减少。并且随着公房出售，原有的单位社区中居民的同质性日趋降低，社区共同体的特征也随之降低。

其次，改革开放以后城市区街社区也发生了很大的变化。其变化的主要趋势是社区结构的改变和社区居民的复杂化。在改革开放以前的区街社区中有很多是老的城市街道社区，以平房和小院为多。居民们长期居住在一起，相互熟识，形成了比较密切的交往关系。但改革开放以后，随着城市建设的发展，旧的城市街区大量拆迁，许多原来区街社区随之解体，居民们纷纷搬到以楼房为主的新的居民小区中。这些新的居民小区中的居民来自城市各处，人员组成较为复杂。同时，与平房小院相比单元楼房的居住方式客观上不利于居民之间的交往互动，并且妨碍邻里之间产生熟悉和亲近的关系。因此，新的居民小区中居民之间的凝聚力和社区共同体意识有所降低。此外，随着人口流动的增多，城市社区中居民成分又进一步复杂化。最后，由于城市社会的分化和收入差异的扩大，在 20 世纪 90 年代以来逐渐形成了一些高级住宅区，社区之间的差异也越来越大。

2. 改革开放以来城市社区公共服务体系的变化

城市区街社区结构及人员组成的变化直接导致了社区在公共管理和社会服务方面功能的变化。一方面，在变化了的区街社区中，社区组织调动居民参与的难度增大，导致公共管理和社会服务都变得更加复杂和困难。另一方面，由于政府在社区事务方面投入的经费有限，导致社区公共管理和社会服务方面资源严重不足，在 20 世纪 80 年代许多城市中基层居委会基本的办公条件都不具备，其人员队伍也严重老化，使他们难以承担比过去更加复杂的管理和服务职责。在这种情况下，社区居民所需要的各种服务长期难以得到有效的满足。

为了扭转这种局面，迅速提高社区在履行公共事务管理和提供社会服务方面的职能，从 20 世纪 80 年代后期开始在全国城市中开展了推动社区服务的活动。新的社区服务活动旨在社区层面上建构内容广泛的社会服务体系，以满足社区居民对各种服务的需求。当时政府希望通过调动社区内部的各种资源来支撑内容广泛的社区服务活动。但是当时社区中的公共资源普遍有限，针对服务资源不足的问题，当时社区服务不得不试图通过新的以服务行业为主的社区经济来带动社区福利性服务的发展，即以赢利性的服务项目来支持非营利性的福利服务。因此，当时各个城市设立的社区服务项目既包括以非营利方式运作的针对普通居民和困难群体的福利性服务，也包括了以商业化运作的服务产业。这种模式运行的结果，一方面确实促进了社区中各种服务活动的开展，尤其是在满足社区居民基本生活需要方面发挥了重要的作用，但另一方面也导致许多社区在发展社区服务的行动中出现了重赢利性服务、轻福利性服务的情况。并且一些居委会组织将人员和设备大量投入到赢利性的服务项目中，反而影响了他们承担的公共管理和社会福利服务职责。因此，虽然在社区中的服务业确实大大发展了，但社区的公共事务管理和社会福利服务仍然发展缓慢。

为了解决这一问题，从 20 世纪 90 年代中期起，政府重新调整了发展社区服务的目标和机制，将工作的重点转到了大力推动社区建设上来，并且将社区服务纳入到社区建设的行动体系中，由此将城市社区服务带入了一个新的发展阶段。经过 20 多年的发展，中国城市的社区制已经完全取代了街居制，并且形成了社区内多种组织并存的局面，这些组织开始初步形成合作共治的机制，即社区的复合公共责任模式。[①]

二、新中国成立以来农村社区体制及其社会福利体系的发展

（一）中国计划经济时代的农村社区及社区公共服务体系

1. 计划经济时代农村的基本社区体制

在计划经济时代，农村实行政社合一的人民公社制度。人民公社既是最基层的政权组织，同时也是农村集体经济组织。在当时，所有的农村居民都是“人民公社的社员”，他们按照其居住的区域而被分到不同的公社组织中。在公社下面又设立了生产大队和生产小队。生产大队和生产小队既是基层的集体经济单位，同时也是基层的农村居民经济与社会生活的共同体。当时一个公社的地域和人口范围大致相当于目前一个乡镇的范围，而生产大队和生产小队的范围分别类似于目前的村和村民小组的范围。在实行人民公社制度的最初几年里，各地普遍实行以公社为基本单位的经济决算和生产管理体系，从 20 世纪 60 年代中期以后，改为“三级所有、队为基础”的经济制度，公社、生产大队和生产小队在农业生产和农村经济方面都拥有一定的权利，但最基本的经济实体是生产小队。

当时的这种农村经济体制对农村社区的发展及其功能的发挥产生了重要的影响。“三级所有、队为基础”的体制不仅是基本的经济体制，而且还逐渐发展为基本的社会管理体制和社区模式。在当时，公社是一级政权组织，公社的党政组织代表着国家对农村地区的经济与社会实施管理。生产小队是所属区域中农村居民的集体组织，小队的队长和队委会成员是由小队中的社员选举的。小队的干部和组织对小队中的全体社员负责，他们担当着小队范围内的生产和分配等经济事务，以及协调社员之间关系，处理日常公共管理事务和为艰难的社员家庭提供基本的帮助等方面的任务。介于公社与生产小队之间的是生产大队。生产大队兼有政府职能与社区组织职能双重特点。大队

① 于燕燕. 中国社区报告［M］. 北京：社会科学出版社，2009

设立党支部，在公社党委的领导下对大队范围中的公共事务实行一元化的领导。但大队组织不直接负责生产小队的生产和其他经济活动。从地域、人口、共同的活动、共同的经济利益和成员的共同体意识等特征上看，生产小队的共同体特征最强，因此，是最典型的农村微型社区，其次是大队，再次是公社。

此外，当时的农村社区体制是集体自治性与行政性相结合的体制。生产小队虽然在经济和社会事务方面具有自主性，但在社区组织模式和经济分配模式等方面也要按照统一的规则和上级组织的指示办理，并且在生产计划等方面常常受大队、公社甚至更高级党政组织的直接干预。同时，公社虽然代表国家政权对农村实施公共管理，但其许多管理任务要通过生产大队和生产小队的集体组织体系来完成。

2. 计划经济时代农村的社会福利基本体制

在计划经济时代，农村的社区组织在社会福利事务方面发挥了重要的作用。公社、生产大队和生产小队在社会福利事务方面分别承担了不同的责任，也是一种三级负责、队为基础的体制。其中，生产小队是提供社会福利服务的基本单位，它通过以下几种基本方式为社员们提供基本的社会保障和社会福利服务。首先，生产小队依靠其集体生产的体制保障所有的农村劳动者都有平等使用集体土地的权利和参与其他集体劳动的机会，并从集体劳动中获得基本的粮食和现金收入。其次，生产小队依靠其集体经济维持着所有社员及其家庭的基本生活，在粮食和其他一些基本生活用品的分配中有一部分是按人头分配，从而保证了所有的家庭都能获得最基本的生活保障。最后，生产队还负责供养农村五保户和向其他困难户提供帮助。在当时的生产队集体生产的总收入中，除了用于社员个人及家庭分配的以外，还有集体提留的公积金和公益金。其中公积金是用做集体再生产的开支，而公益金则是用于集体福利开支。

生产大队在当时的农村社会福利体系中也发挥着重要的作用。其作用主要是举办一些不适合由生产小队来举办的社会服务项目，如农村教育、卫生等社会服务项目。大队举办这些社会服务项目的经费主要来自生产小队的集资，其方式一是生产小队向生产大队缴纳福利费，二是由生产小队所提供的劳务。另一方面，大队举办的社会服务项目也接受来自上级（政府）的经费和物资支持。

当时的公社组织在农村社会福利体系中也承担着重要的责任。公社在农村社会福利体系中的作用包括监督落实政府制定的农村社会福利规则和计划，并根据本地区的实际情况推动农村社会福利的发展，有时还举办一些特殊的项目。同时，公社还建立基层乡村医院（公社卫生院）和中学及中心小学（含高小）。此外，公社还代表政府向因自然灾害和其他因素而导致生产和生活困难的基层大队和小队提供生产性和生活性的救助。

总的说来，计划经济时代中国农村的经济发展水平有限，因此，制约了当时社会福利的总体水平。但靠着当时的集体经济和集体化的社区组织体系，以及政府与基层集体组织的密切配合，仍然建构了一套较为实用和有效的农村社会福利体制，在保障农民基本的生活、医疗卫生和教育等方面的基本需要方面发挥了重要的作用。

（二）改革开放以来农村社区及社区公共服务体系的变化

1. 改革以后农村社区体制的变化

20 世纪 70 年代末农村经济体制改革给农村社区体制和社区公共服务体系带来了很大的变化。在社区体制方面，农村经济体制改革以后原来政社合一的人民公社体制解体了，转化为了乡镇—村社体制。其中，在乡（镇）一级设基层政权组织，在村一级设村民自治组织，在村以下设村民小组。在这种新的三级组织结构中，村一级是重要的社区组织。在村级组织中设党支部和村民委员会，村民委员会的人员由村民直接选举。在改革以后的农村社区中，农业生产活动实行了联产承包责任制，不再实行集体生产的方式，因此，社区组织和基层政府对农业生产活动的直接管理大大减少。但在很多地方农村中的非农产业有很大一部分是属于村里的集体经济，因此，村级社区组织仍然保留着一定的经济职能，在有些地方村级经济的实力还很强。

2. 农村社区中公共服务体系的变化和发展

改革开放以后，随着联产承包责任制的实行，以及基层社区体制的变化，农村社区中的公共服务体系也发生了很大的变化。首先，原来的集体经济组织解体直接影响了农村的公共服务体系。其中最典型的例子是，原来依托集体经济组织建立的农村合作医疗体制大部分解体了，由一些私人医疗服务取而代之，其结果一方面导致医疗服务水平总体上的下降，另一方面，农民失去了合作医疗的保障后，导致许多家庭难以支付高额的医疗费用。其次，农村基层教育、五保户制度以及其他一些公共服务项目仍然保留，但其运行机制发生了很大的变化。在许多地区，这些公共服务不再是由集体的公共资金支持，而是靠农民缴纳税费提留来支付。20 世纪 80 年代以来，一方面许多农村中经济发展速度和农民收入增长速度相对减缓，另一方面由于农村基层政府组织机构及其人员日益膨胀，导致强加在农民头上的税费提留长期高居不下。在这种局面下，农民的负担沉重与发展基层公共服务形成了尖锐的矛盾，导致许多农村地区公共服务长期难以发展。在21世纪之初，为了解决农民负担过重的严重问题，政府下决心在农村地区实行了税费改革，强制性地取消了许多向农民征收的税费提留。这使得农民的负担大大减轻，但同时也使一些农村社区中公共服务项目陷入新的困境。如何解决税费改革以后农村公共服务的资金补偿问题，是摆在政府和基层社区组织面前的一项重要任务。

近年来，政府加紧推动农村公共服务，并决心加大投入力度，促进农村公共服务体系的快速恢复和发展。以公共医疗体系建设为例，从2003年以来中央政府在促进农村公共医疗卫生事业方面开展了较大规模的行动，其主要内容一是大力促进制度建设，推动建立新型农村合作医疗及医疗救助制度；二是加大财政投入的力度，尤其是中央财政加大了对中西部经济较为困难地区农村公共医疗卫生事业的倾斜。[①] 通过各级政府和基层农村组织及村民们的共同努力，农村公共卫生及其他各项社会服务在未来若干年中将会有明显的好转。

▶第三节　当前中国的社区建设与社区服务

由于改革开放以后我国的城乡社区都发生了很大的变化，在不同程度上出现了社区功能弱化的现象，并导致了基层社会管理和社会服务方面出现负面影响。因此，在城市和农村中都需要重新加强社区的组织体系和公共服务体系。另一方面，改革开放以来随着企业原来承担的公共管理和社会福利服务功能的外移，客观上也要求社区承担更多的社会职能。因此，政府和全社会都对社区投入了很大的关注。在这种背景下，我国从20世纪90年代早期起，在城市中开始了城市社区建设的运动，并在农村中进一步加强了以基层民主选举为核心的农村基层民主政治建设。

一、我国城市社区建设概述

（一）城市社区建设的基本含义

我国的城市社区建设是“在党和政府的领导下，依靠社区力量，利用社区资源，强化社区功能，解决社区问题，促进社区政治、经济、文化、环境

① 张大勇等. 2003—2004中国农村社会保障. 见：李小云等. 2003—2004中国农村情况报告[R]. 北京：社会科学文献出版社，2004

协调和健康发展，不断提高社区成员生活水平和生活质量的过程”①。简言之，社区建设是针对改革开放以后我国社区面临的新形势和新任务，需要通过政府的力量去调动资源，并通过社区组织体系的建设而强化社区的各种功能，以便使其能够担当起政府和社会赋予的社会管理和社会服务的任务。

（二）20世纪90年代以来我国城市社区建设的简要历程

我国的城市社区建设开始于20世纪90年代初期。1991年，民政部在总结了80年代城市社区服务工作的基础上，提出了社区建设的概念。当时提出这一概念的基本目标是为了理顺城市社区建设中的各种关系，加强城市基层社会管理和基层政权建设。并且在民政部的推动下，许多城市中开展了城市社区建设的试点工作，短短几年的时间里就取得了初步的成果。1996年，党和国家最高领导人肯定了社区建设的工作，提出了要大力加强社区建设。此后，各地纷纷开展社区建设的试点工作。在各地探索的基础上，民政部于1999年在全国开展了社区建设试点工作，在全国范围内选取了26个区为社区建设实验区，通过这些实验区的先行发展探索城市社区建设的经验，以更好地在全国范围内全面推行社区建设。2000年11月9日，中共中央办公厅和国务院办公厅联合转发了民政部《关于在全国推进社区建设的意见》（中办发[2000] 23号文件），在全国范围内掀起了城市社区建设的高潮。经过几年的努力，目前全国各个城市在社区建设方面都取得了很大的成就，并正在向社区建设的深度和广度发展。

（三）现阶段城市社区建设的基本目标

现阶段我国城市社区建设的基本目标可以概括为建设高效率的基层社会管理体系，满足居民群众的各种需要，解决各种社会问题，并最终推动基层和谐社会的发展。

首先，社区服务的基本目标之一是要建立高效率的基层社会管理体系。基层社会管理是整个社会管理的基础。“基础不牢，地动山摇”，没有坚实的社区社会管理体系，整个社会的稳定将难以保证。因此，要求社区社会管理体系能够担当起新时期复杂的社会管理任务。通过大力推动社区建设，要形成社区居民自治基础上，社会各个方面积极参与的社区社会管理体系，以保证基层社会的政治稳定和社会生活的有序。通过建设社区社会管理体系也可以形成高效率和低成本的社会管理方式，以有利于经济的发展。

---

① 李学举．中国民政事业：1994—2002总卷［G］．北京：中国社会出版社，2002：154

其次，大力发展社区服务，满足人民群众日益增长的服务需要是社区建设的又一重要目标。改革开放以后，随着原来单位制下的社会福利服务体系弱化以后，需要社区迅速承担起为居民群众提供社会服务的责任。同时，随着人民群众对服务需求的日益提高，要求社区服务在数量和质量上都有大的发展。再有，虽然第三产业服务市场的逐步完善使服务的供应有了很大的发展，但与人民群众生活密切相关的公共服务仍需要社区组织以非商业化的方式去提供。因此，大力发展社区服务是满足人民群众服务需求的重要环节。

再次，通过社区建设去解决各种社会问题是现阶段大力发展社区建设的另一重要目标。随着经济的发展，我国城市中社会矛盾和社会问题也明显增多，并且将对经济发展和社会稳定带来很大负面影响。很多社会问题发生在基层的社区中，也可以通过社区而加以解决。例如，下岗失业及其所带来的贫困问题、犯罪和其他各种越轨行为问题以及各个群体之间的利益矛盾等都可以在社区中加以控制和解决。将各种矛盾和问题解决在基层社区之中，可以避免酿成更大的矛盾和冲突，因此，通过社区去解决各种社会问题是一种最佳途径。社区可以通过提供各种服务去解决许多社会问题，通过居民调解机制去化解矛盾，以及通过社区治安、社区矫正等行动去避免和降低违法犯罪行为，并由此而对维护社会稳定做出贡献。

最后，社区建设在建设和谐社会中将发挥重要的作用。建设和谐社会是一个庞大和持久的系统过程，需要在社会的各个层面上广泛地展开，并且涉及国家的各种政策和经济与社会行动。但是，在社区层面的行动是建立和谐社会的重要基础。通过社区建设可以构筑基层社会和谐的文化氛围，培养公民健康文明的行为方式，有效地协调居民之间和群体之间的利益关系，建立有效的社会控制机制，而这些都最终有利于加快和谐社会的到来。

二、城市社区建设的基本内容

现阶段我国城市社区建设包含了较为广泛的内容，其中最基本的内容包括社区组织体系建设、社区服务体系建设以及社区自治和居民参与等方面。通过在这几个基本方面的建设，可以带动社区功能的完善，为推动社区发展打下重要的基础。

（一）社区组织体系建设

社区组织体系建设是我国城市社区建设的最重要和最基本的内容。是否具有有效的组织体系是现代都市社区在社会管理、社会服务和社会发展中能否有效发挥作用的重要因素。如上所述，改革开放以后，随着单位制的弱化和城市社区居民异质性的增强，我国城市社区在担当新的社会管理和社会服务方面面临着很大的难题。其中最主要的困难之一是社区组织体系的弱化，难以担负起组织居民群众和调动各种资源的任务，因此，在社区建设的工作中首先需要加强社区组织体系。20 世纪 90 年代末以来，各个城市的社区建设中都将组织体系建设放到首要的位置。

按照社区组织的一般性质和我国有关法律的规定，我国城市社区组织应该是以社区居民的自治性组织为核心的组织体系，但在现代都市社区通过居民自身的互动而形成自治组织的过程一般需要有较长的时间和其他一些条件。通过政府的力量来推动社区组织体系建设可以使这一过程的时间大大缩短，并收到较好的效果。因此，我国从 20 世纪 90 年代以来的城市社区组织体系建设主要是在政府推动下进行的。

我国城市社区组织体系建设又分一些具体的内容。

首先是城市社区的划分。各个城市根据自身的情况对城市内部的区域和人口进行了重新划分，建立了数量不等的社区，并且将社区纳入了城市行政区域划分和公共管理组织体系中，成为了这一组织体系基层的组织体系。开展了社区内部组织体系建设的工作。各地一般的情况是，在社区内部建立包括社区党支部、社区居民大会、社区议事会和社区居委会等组织在内的组织体系。各个组织的产生方式不同，并且都具有不同的职能，在社区建设中发挥着不同的作用。

其次，社区组织体系建设还包括社区工作人员队伍建设和硬件设施建设。其中，社区工作人员队伍建设的重点是提高社区工作人员的素质。在过去的区街社区中的工作人员年龄普遍偏大，平均教育和专业素质偏低，难以担当起新时期社区建设的复杂任务，因此，需要通过大量招聘新的工作人员对这支队伍的人员进行“换代”，并通过对现有人员进行在职培训迅速提高其专业水平。在硬件设施建设方面，20 世纪 90 年代末以后各个城市中纷纷停止了由居委会自己创收进而改善办公条件的做法，代之以由政府投入为主的方式去改善社区组织的基本硬件设施。经过短短几年的时间，我国大部分城市在社区组织体系建设的以上几方面都取得了重要的进展。2008 年社区建设进入新的发展阶段，政府与社区的合作伙伴关系在社区治理中得到发展。社区如何通过推进社区服务来促进和谐社区建设成为核心问题之一，其中政府社区公共服务和社区组织互助性服务的有效衔接是关键。①

① 于燕燕. 中国社区报告［M］. 北京：社会科学出版社，2009

（二）社区服务体系建设

社区服务体系建设是我国城市社区建设中的又一重要方面的内容。从20世纪80年代以来的城市社区服务大致可以分为两个重要的阶段。第一阶段是从80年代后期到90年代后期，第二个阶段是从90年代后期以来的城市社区服务。第二阶段的社区服务是在第一阶段的基础上进行的，但与第一阶段有很大的不同。首先从社区服务的内容上看，第一阶段的社区服务的主要目标是建构社区服务网络，一般包含很广泛的服务项目，既包含公共服务项目，也包含普通的生活服务项目。而在第二阶段中，随着基层服务市场的逐渐完善，原来由社区承担的一些普通的便民利民服务交给了商业化的服务市场，而社区服务则更加集中在公共服务方面。从运行机制上看，第一阶段中的社区服务主要通过“以服务养服务”的方式，社区组织将很大的精力投入到了赢利性的服务活动上，并且逐渐使社区服务走向了“产业化”的道路。而在第二阶段中，社区服务不再遵循“产业化”的目标，而是将其逐渐转为一种公共服务活动。一方面，社区中的公共管理机构（居委会）不再从事赢利性的活动；另一方面，社区服务的资金补偿越来越多地来自政府、NGO等公共组织，各类组织和个人的民间捐赠，以及社区居民的参与，而不是直接来自于社区中的赢利性活动（创收）。总的说来，在第二阶段中社区服务的目标更加明确，更能切合城市社区居民的实际需要，更能在推动社区建设中发挥重要的作用。

（三）社区居民自治与居民参与

所谓社区居民自治，就是由社区居民组织起来，自己选举社区公共管理组织及其领导人，并依法自己处理社区范围内的公共事务。社区自治是社区建设的主要内容之一，也是城市社会管理的重要基础。在全球化、城市化和建设社会主义市场经济的条件下，城市社区居民自治具有重要的意义。一方面，通过社区自治可以形成有效的社区组织体系，并由此将社区居民组织起来，形成有效的基层社会管理和社会服务体系，防止因居民异质性增大而导致的社会秩序混乱。另一方面，通过社区自治可以形成城市基层的“公民社会”，并通过与政府之间的分工和配合构筑起城市公共管理体系和社会服务。再一方面，通过社区自治可以降低政府对基层公共事务的直接干预，有利于形成“小政府、大社会”的高效率社会管理及社会服务模式。为此，当今各国都很重视推动城市基层社区居民自治的发展。

社区居民参与是指广泛动员社区中的居民群众自愿参与到社区管理和社

区服务的事务中。居民参与是社区自治的重要条件。一方面，居民参与是形成社区自治组织的重要条件。广大居民群众作为社区的主人而行使其民主权利，既依法参与制定社区公共事务及文明行为的规则，选举社区公共管理组织的领导人，同时也遵守和维护社区的各种文明行为规范。另一方面，居民参与是社区管理和社区服务资源的重要来源之一。社区居民既可以通过志愿者服务的方式参与到社区服务中，也可以通过各种方式为社区管理和社区服务投入资金和其他各种物质资源，还可以通过建立社区中的社区网络而增大社区中的社会资本，从而进一步促进社区居民的自我管理和自我服务。

三、当前我国的城市社区服务体系

（一）城市社区服务的对象

当前我国城市社区服务在对象和内容上都相当广泛。从服务对象上看，社区服务基本上是面向所有的社区成员，既包括面向老年人、残疾人、儿童、贫困者、优抚对象和下岗失业人员的福利性服务，也包括面向普通社区居民的便民利民服务。同时，社区服务还面向社区内各种企事业单位，为这些单位提供必要的社会服务，帮助各类单位解决经营和生活中的各种困难。此外，在一些城市中还逐步将外来务工人员纳入到社区服务的范围，为他们提供必要的服务，帮助他们在城市中正常地就业和生活。

（二）城市社区服务的主要内容

从服务内容上看，社区服务有狭义和广义之分。狭义的社区服务主要是指满足居民群众基本生活需要的各种服务活动，主要包括通过建造必要的服务设施和开展服务活动而方便社区居民的生活，以及为解决家庭和个人困难的服务项目。而广义的社区服务还包括营造良好的社区环境，满足社区成员更高层次需要，以及提高社区居民素质的各种服务活动，包括繁荣社区文化、美化社区的生活环境、加强社区治安、发展社区卫生事业、开展社区教育，以及促进社区就业等方面内容。此外，社区服务还包含其他各个方面的服务，例如，针对青少年违法犯罪而建立的社区矫正服务，针对残疾人而建立的社区康复服务，为提高居民群众的健康水平而开展的社区体育设施建设，以及在社区中开展各种体育活动。总而言之，现阶段城市中的许多直接面向居民群众的社会服务项目都在不同程度上进入了社区，在社区层面上建立了城市社会服务体系。

（三）社区服务的运行机制

现阶段我国的城市社区服务体系的运行机制可以概括为政府推动、社区主导与民间参与的结合、福利性和市场机制的结合、专业化与群众性的结合。

首先，社区服务应该是政府推动、社区主导与全社会参与相结合。一方面，政府应该通过法规、政策和资源投入等方式大力推动社区服务的发展，为社区服务提供良好的外部环境和内在动力。另一方面，社区组织应该在社区服务中发挥主导和协调的作用。社区组织的主导作用体现了社区居民自我服务和自我管理的原则。事实证明，社区服务发展的好坏与社区组织健全的程度和其工作表现密切相关。再一方面，社区服务还有赖于广泛的社会参与。除了社区居民的广泛参与以外，社区服务的发展还需要有各类企事业单位的积极支持和各类非政府机构的积极参与，以便为社区服务注入更多的资源。

其次，社区服务是一种以社会目标为主导的社会公益事业，是一种福利性为主的社会服务活动，因此，需要坚持其福利机制。通过福利机制可以调动广大社区居民的积极参与和社会各界的大力支持，并且最终使社区居民在更大程度上受益。尤其是在面向各种困难家庭的弱势群体的福利性服务中，以及在各种为广大社区居民所共同受益的公共性服务项目中更应该坚持福利性机制。在社区服务中也可以根据情况而引入一定的市场机制，以更广泛地调动资源，并提高社区服务活动的效率。

最后，社区服务应该坚持专业化与群众参与相结合的原则。一方面，社区服务需要广大群众及各类组织的广泛参与，另一方面也需要各种专业组织和专业人员的参与。社区服务的专业化建设对提高社区服务的质量尤其重要。在专业人员参与方面，需要动员法律、教育、卫生等各个方面的专业人员在社区中发挥志愿者服务的作用，为社区服务的各个方面贡献其专业知识，同时也需要建设一支专业化的社会工作者队伍，让他们在社区社会福利服务、社区居民动员、心理辅导、社区矫正以及社区中的各种矛盾与危机处理等方面发挥更加积极和有效的作用，以全面提升社区服务的质量。

四、现阶段我国农村基层民主政治建设及社区服务体系建设

（一）农村基层民主政治建设的基本含义与内容

现阶段我国农村基层民主政治建设的基本含义是在农村地区的村一级建

立民主选举、民主决策、民主管理和民主监督为主要内容的基层村民自治体系。村民自治是一种基层直接民主的形式，是新中国成立以来建设社会主义民主政治过程中的一个重要的创举，是我国农村改革中与包产到户、乡镇企业发展相并列的三大成果之一。[①] 通过农村基层民主政治建设和实行村民自治，广大农村居民直接行使其当家作主的民主权利，在对基层干部的任免和监督，以及在重大事务的决策和公共事务的管理中都有直接参与的权利，并进而调动了广大村民群众参与公共事务的积极性，在保持农村地区社会稳定和促进经济与社会发展方面起到了重要的作用。

农村基层民主政治建设的基本内容包括民主选举、民主决策、民主管理和民主监督四方面。首先，民主选举是指在村一级实行直接选举制度，村民委员会及村级干部由全体村民直接选举产生。同样，对不合格的干部也可以由全体村民投票表决罢免。其次，民主决策是指本村的重大公共事务的决策应该由全体村民充分讨论，并且由全体村民共同参与决策。再次，民主管理是指在农村公共事务的日常管理中应该遵循村民自治章程和民主管理的乡规民约，并且村民们享有参与管理的权利，同时也应该遵守村民自治的各项规章制度。最后，民主监督是指村民委员会和村干部的工作应该置于广大村民的监督之下，村里的各种重要事项和村民们关心的重大问题应该向村民公开，村民具有对本村公共事务的知情权和依法对村民委员会和村干部的工作实施监督的权利。

（二）当前农村的基层社会服务体系

尽管改革以来农村的基层社会服务体系有了很大的变化，但近年来随着农村基层民主政治建设的发展、农村经济的逐步发展，以及政府对农村社会福利事业关注程度的增加，我国许多农村地区的基层社会服务体系逐渐恢复和发展。目前在绝大多数农村社区（村）里的基层社会服务体系包括农村基础教育、五保户供养及其生活照料、对特困户的救助和扶持等方面的内容。在一些经济条件比较好的地方建立了农村公共医疗卫生服务、农村文化娱乐设施、农村社会治安服务等方面的基层社会服务项目。在一些条件比较差的地方也通过外部的援助建立了洁净饮用水设施和基本的农村道路设施建设等基本的公共生活设施。近年来在政府的推动和资金支持下，许多地区正在逐步建立农村新型合作医疗与医疗救助制度，以便为农村居民提供基本的医疗卫生服务。

---

① 李学举. 中国民政事业：1994—2002 总卷［G］. 北京：中国社会出版社，2002：140

总而言之，近年来我国农村地区社区中的公共服务正在恢复和发展。但是我国农村地区的自然、人文和经济条件差别很大，各地农村的基层社会服务体系的规模、水平和质量也有很大的差别。少数条件好的农村山区中社会服务的发展已接近甚至超过了一些城市社区的水平，但大量条件较差的农村社区中的社会服务体系还很落后。从总体上看，尽管农村的基层民主政治建设已经有很大的发展，但在社区服务方面仍然远远落后于城市社区。目前，农村地区社区服务体系的发展中还存在着许多的困难。在未来，应该通过政府更加重视和更多的投入、农村经济的快速发展和农村组织及村民更加积极的参与，进一步促进农村基层社会服务体系更快地发展。

本章小结

本章主要介绍了社区服务及其在社会福利服务体系中的作用。第一节的内容是介绍社区和社区服务的基本概念。包括社区的基本概念及其历史发展，社区的要素、特征与功能，社区服务及其在社会福利体系中的作用。第二节主要介绍中国社区体制与社区服务的历史发展，包括新中国成立以来我国城市社区与社区服务的发展概况，以及我国农村社区和社区中的公共服务体系发展的概况。其中包括计划经济时代我国城乡社区及社区服务的基本情况，以及改革开放以后城乡社区和社区服务所发生的变化。第三节主要分析当前我国城市和农村社区建设和社区服务的基本情况，包括我国城市社区建设的含义与意义，城市社区建设的基本目标、主要内容和运行机制。最后还简要介绍了现阶段我国农村的基层民主政治建设和农村地区社区社会服务发展状况。本章的要点是，社区服务在整个社会福利服务体系中具有重要的作用，因此，应该大力推动社区服务的发展。经过长期的努力，我国城市社区建设和社区服务已经取得了很好的成效，但在将来还需要进一步加大政府推动的力量，积极发挥社区组织的作用，并通过各种方式动员社区居民和各类组织的参与。在农村地区，基层民主政治建设已经取得了丰硕的成果，但社区社会服务方面总体上仍存在很多困难，在未来的发展中还需要政府更加积极的支持和经济更加快速的发展，以及社区组织和村民们更多的参与。

复习思考题

1. 社区有哪些基本要素和基本特征?
2. 简述社区服务的基本性质、主要内容及其在社会福利体系中的作用。
3. 简述计划经济时期我国城市单位社区和区街社区各自的特点。
4. 改革开放以来城市社区基本体制发生了哪些变化?

5. 简述计划经济时代我国农村社区的特点及社区公共服务体系的基本内容。

6. 改革开放以来农村社区及社区公共服务体系发生了哪些变化?

7. 简述城市社区建设的基本目标和主要内容。

8. 简述当前我国的城市社区服务体系的主要内容和运行机制。

9. 简述现阶段我国农村基层民主政治建设及社区服务体系建设的主要内容。

案例讨论

“社区老年福利服务星光计划”实施方案

在人类进入21世纪，我国步入人口老龄化之际，党中央、国务院作出了《关于加强老龄工作的决定》(以下简称《决定》)。《决定》站在战略和全局的高度，客观地分析了我国人口老龄化的现状和发展趋势，明确了老龄工作的指导思想和目标任务。对加快发展老年福利事业提出了明确而具体的要求。

广大老年人居住在家庭，生活在社区，加快发展社区老年福利事业，尽早建设一大批立足社区、面向老人，小型分散、方便实用，星罗棋布、形成网络的老年福利服务设施和活动场所，建立健全社区老年福利服务体系，是贯彻“三个代表”重要思想的实际行动，是关系亿万老年人切身利益、关系“两个文明”建设、关系改革发展稳定大局的一件大事，对于加快老龄事业的发展，促进社区建设，推动社会福利社会化进程，具有重要意义。为此，民政部决定，今后2～3年，从中央到地方，通过发行福利彩票筹集的福利金，绝大部分(40亿～50亿元)用于资助城市社区的老年人福利服务设施、活动场所和农村乡镇敬老院的建设。这项工作命名为“社区老年福利服务星光计划”(简称“星光计划”)。

一、总体要求

实施“星光计划”的总体要求是：立足我国社会主义初级阶段的基本国情，以“三个代表”的重要思想为指导，以满足社区老年人的需求为出发点，以福利金的资助为手段，充分依靠区、县政府的组织领导，广泛动员社会参与，大力挖掘社区资源，建立和完善社区老年福利服务网络，为居家养老提供支持，为社区照料提供载体，为老年人活动提供场所。

——在城市，以社区居委会为重点，新建和改扩建一大批社区老年人福利服务设施和活动场所，逐步形成社区居委会有站点、街道有服务中心的社区老年人福利服务设施网络。社区居委会的老年人福利服务站、点要突出实用性特点，以活动场所为主，因地制宜，力求方便实用、灵活多样，不搞小而全。新建和改扩建的街道级社区老年人福利服务设施要突出综合性特点，从当地老年人急需的服务项目入手，逐步具备多种功能。

——在农村，以乡镇敬老院为重点，新建和改扩建一批乡镇老年人福利服务设施和活动场地，逐步形成县（市）有中心、乡镇有敬老院的老年人福利服务设施网络。农村新建、改扩建的敬老院要逐步具备住养、入户服务、日间照料、文体活动等功能，并向综合性、多功能的社会福利服务中心发展。

——在确有需要的地方，有控制地建设少量示范性、综合性的老年人社会福利机构。同时对原有一些设施条件很差的老年人社会福利机构进行必要的改造。

“星光计划”项目的实施，必须坚持以下原则：

(1) 方便适用。社区老年人福利服务设施应当位于交通便利、环境良好、方便社区老人就地、就近享受服务的地方，让广大老年人看得见、摸得着、用得上。

(2) 小型多样。建设社区老年人福利服务设施必须坚持从本地经济社会发展状况及老年人实际需求出发，因地制宜、因陋就简、形式多样、小型分散地发展适应当地特点的服务项目。

(3) 功能配套。社区老年人福利服务设施应当从满足社区老年人的急需入手，逐步拓展项目，扩大服务内容。社区居委会的站、点和街道的中心要相辅相成，互成网络，服务内容要逐步覆盖住养、入户服务、紧急援助、日间照料、保健康复、文体娱乐等多种项目。入户服务的内容要逐步覆盖家务整理、生活照料、送餐服务、陪护服务等方面，并通过入户服务，为老年人建立福利服务档案，为有需求的老年人提供方便快捷的服务。同时，适当兼顾面向残疾人和孤残儿童的服务功能。

二、实施办法

1. 统筹规划，突出重点

首先要侧重于大中城市，根据区、县政府的积极性和具体安排，三年内，在主要城市的所有街道办事处建设一所功能完善的老年人服务中心、所有社区居委会建设一处老年人服务站，并形成网络。要积极推进中小城市的老年人社区福利服务设施和活动场所建设。同时要兼顾农村乡镇敬老院建设，着力在综合性、多功能上下工夫。

2. 典型引路，以点带面

各级民政部门要把实施“星光计划”与开展社区建设示范区活动紧密结合起来，把“星光计划”的总体要求作为社区建设示范区的一项重要内容。同时，要在实施“星光计划”过程中，及时发现涌现出来的不同类型的典型，总结先进经验，以点带面，促进“星光计划”的顺利实施。

3. 明确责任，狠抓落实

在“星光计划”的实施过程中，民政部主要负责宏观指导、组织协调、督促落实和检查监督等工作。各省、自治区、直辖市民政厅（局）具体负责当地“星光计划”资助项目的组织实施。要在认真统计本省、自治区、直辖市老年人福利服务机构、设施建设基本情况的基础上，根据区、县政府的安排，拟定老年人社区福利服务设施和活动场所建设三年发展规划、分年度资助实施计划和资助办法，通过地市、区、县民政部门层层抓落实。区、县民政部门要积极争取当地政府的重视，把这项工作纳入当地的国民经济与社会发展规划。“星光计划”由区、县政府出面组织实施，民政部门则对所有项目的规模布局、建筑设计、工程进度及管理机制等各个方面的情况进行跟踪和监督，并将整个工程的进展情况逐级上报。

4. 落实资金，保证投入

要充分发挥福利金的资助、引导作用。在部、省两级核算福利金的前提下，必须保证民政部和省级民政部门掌握的福利金的绝大部分即80%集中使用于“星光计划”；这要作为一条纪律，不能保证这一比例的省、自治区、直辖市，部里将不予资助。部本级福利金的使用，主要用于资助贫困、欠发达地区，同时支持彩票发行业绩突出地方的重点项目建设。在具体操作方法上，部本级福利金将根据各地社会福利事业发展规划、社区福利设施建设资助计划、经济社会发展水平和福利彩票发行情况，切块分配给各省、自治区、直辖市；部里的切块资金与省级的福利金要捆绑使用，由省级民政部门协调、运作并落实到具体项目。“星光计划”的项目，在地方政府和社会力量投入为主的基础上，福利金按适当比例予以资助。同时，要认真贯彻国务院办公厅转发的民政部等11个部门《关于加快实现社会福利社会化的意见》和全国社会福利社会化工作会议精神，坚持社会福利社会化的基本思路，通过贯彻落实各项扶持保护政策，充分动员一切社会力量积极参与“星光计划”。

三、组织领导

1. 要高度重视

实施“星光计划”，是贯彻“三个代表”重要思想的实际行动，是应对老龄化挑战和做好老龄工作的重大举措，是推进社会福利社会化的有效形式。是促进社区建设的配套措施，是促进福利彩票发行和福利金使用双向互动的重要手段。各级民政部门一定要统一思想、提高认识，把这项利国利民的好事办好。

2. 要转变观念

“星光计划”是一项社会工程，充分体现了发行福利彩票筹集的福利金取之于民、用之于民的根本宗旨。各级民政部门一定要从大局出发，解放思想、转变观念，从直接举办、直接管理福利机构的旧观念中彻底解脱出来，认真履行自身职责，真心诚意地支持、配合地方政府建设社区老年人福利服务设施和活动场所，为广大老年人造福。

3. 要加强领导

“星光计划”的实施是一项重大而艰巨的任务，涉及面广，要争取各级政府的重视和支持。为了加强对“星光计划”的组织领导，确保工程的顺利实施，各省、自治区、直辖市民政厅（局）主要负责同志要亲自抓，同时要成立一个由分管社会福利工作的厅（局）长负责、以社会福利部门为主、抽调得力人员组成的强有力的工作班子，负责“星光计划”的组织实施。各地、市以及区、县要组成强有力的工作班子，务必使所有的“星光计划”项目落到实处，发挥作用。

4. 加大宣传力度

各级民政部门要抓住实施“星光计划”的有利时机，广泛利用各种新闻媒体，强化宣传，创造性地做好宣传工作，使“星光计划”家喻户晓。同时，结合活动的开展，进一步加强对福利金使用情况和使用效果的宣传，并于项目建成后在显著位置设置全国统一的“星光计划——中国福利彩票资助”的标志，充分发挥福利金使用与福利彩票发行双向互动、相互促进的作用。尤其在工程开始时，要通过召开新闻发布会等方式，造成一定的宣传声势，形成广泛的社会影响。

5. 落实政策法规

各地在建设社区老年福利服务设施的过程中，要贯彻落实国家在建设用地、税收、信贷、电信、用水、用电等方面的优惠政策，并根据当地实际及时出台配套政策。要严格执行项目法人负责制，严格按基建程序办事，保证《社会福利机构管理暂行办法》《老年人建筑设计规范》和《老年人社会福利机构基本规范》等一系列法规和行业标准的贯彻落实。要坚持社会福利社会化的基本思路，着力在投资主体多元化、建立市场化运行机制和新型管理体制上狠下工夫、新建和改扩建之后的社区老年人福利服务设施要保质保量，不浪费、不流失，服务机构能生存、能发展。

（民政部 2001 年 5 月 31 日）

第十四章

福利彩票

■**学习要点**

通过本章的学习，在了解彩票的性质、特点和其产生发展过程的基础上，准确把握福利彩票的属性、内涵和目的，对福利彩票的种类、福利彩票的管理体制和福利彩票发行、销售和资金分配过程有清楚的认识，并对过程中存在的问题有一定的了解。对福利彩票发展壮大所需要的条件以及以后福利彩票的发展方向有准确的把握。

■**关键概念**

彩票　福利彩票　发行方式　管理体制　公益金分配

▶第一节　彩票和福利彩票

一、彩票

彩票业近几年在世界上一直以15%左右的速度增长，目前世界上已有140多个国家和地区发行彩票，彩票业已成为世界上的第六大产业。① 现代彩票起源于欧美，后风行于全球。国际彩票组织（INTERTOTO）和政府彩票组织国际协会（ALLE）这两大国际彩票组织，已各拥有一百多个会员。② 虽然作为一种载体和代称的“彩票”的历史并不长，但与其有着紧密联系的博彩活动却自古有之，下面就来认识一下“彩票”。

（一）彩票就是人类对机会游戏的归纳和利用

属于博彩范畴的“抓阄”“抽签”等活动在民间长期流行。所谓“抓阄”，就是从预先做好记号的纸团中每人取一个，以决定谁得什么或该做些什么。《三国演义》也曾有过曹操的手下通过抓阄来决定由谁来攻打徐州的描写。1987年，在上海，一位老人去世，留下一幅极为珍贵的遗画：唐代骆宾王《狱中咏蝉》的诗意画，由于这是一个艺术作品，三个子女无法分藏，所以他们就通过抓阄决定了这幅画的归属。可见，“抓阄”已经普及到生活领域的各个方面，民间利用“抓阄”来解决难题的事情不胜枚举。在国外，“抽签”甚至被人们运用到政治领域。早在雅典的伯里克利时代，为了避免政府腐败，雅典的公职人员就是通过抽签的方法来轮流选任的。古今中外的事例说明，抓阄和抽签活动涉及社会、经济、政治、军事等各个领域，是人类的一项传统的博彩娱乐游戏，是人类发展过程中不可忽略的一个方面。那么，为什么这类游戏得以世代相传（并发展为今天的彩票），在各个领域被广泛运用，令无数男女老少乐此不疲呢？李白在诗中写到“大博争雄好彩来，金盘一掷万人开”，描绘了博彩游戏大受欢迎的场面。人们在进行抓阄和抽签活动时，更看重的是其更公平断事的职能。它将机会均等分开，赠与每一个人，使参与者对胜负均感无可非议。这是对社会中因权势和金钱带来的不平等的一种否定，是人类对美好事物的向往，更确切地说，是对公平的机会、良好的机遇的追求。

---

① 边琪．关注中国彩票产业．2000（6）：76

② 党春生．中国福利彩票的社会基础［J］．中国民政，1999（10）：8

千百年来，人们一直在利用这种游戏的形式试图解决社会生活中机遇不平等的问题，可见，机遇的存在是一种普遍的社会现象。机遇，顾名思义，就是遇到的机会，主观上并没有好坏之分，但人们在使用过程中，往往是褒义的，有时我们说：某某很有机遇。就含有好的机会的意思。从哲学上看，“机遇”属于偶然性范畴，而偶然性是必然性的表现形式，为必然性开辟道路。如果深入考察“机遇”的内涵和外延，它的含义是极其博大精深的。无论是自然领域、社会领域还是思维领域，都离不开“机遇”。就比如人类自身的存在，包括每个人作为生命个体的存在，都是各种基因“抽签”的结果，是进化过程中的偶然因素赋予我们存在的机会。人类是生存在一个充满机遇的世界里，我们的生存环境，是一个机遇的汪洋大海。机遇是无处不在，无时不有的。“机不可失，时不再来”，是指自己认为适合自己的机遇难求，一旦来了，就要抓住不放。从本质上讲，机遇对每个人都是平等的。不同的是，机遇偏爱有准备的头脑，所以，有些人屡次与机遇擦肩而过却失之交臂。虽然社会历史总是遵循生产关系要适应生产力、上层建筑要适应经济基础的规律运行，但是，社会是由一系列人的活动构成的，这就不可避免地会在某些局部、某些阶段人为地掺进某些不合理因素，所以，机遇的不均等也就成为一个难以避免的现实问题。再加上人与人之间能力的差异，以至于对机遇的辨认能力、把握能力都不一样，人的需求又都是无限的，所以，人难免有机遇不公平之感。而人又是极具想象力和创造性的，充分发挥主观能动性，用模拟的方式，学会在社会生活中创造机遇，使人类娱乐休闲、争强好胜的天性得到充分的表露、发挥和宣泄。于是，各种机会游戏应运而生。

古今中外，凡是有人群的地方，都有机会游戏的存在，它把触须伸进社会生活的一切领域。最初的游戏主要是给人们提供博取荣誉的机会。随着社会的发展，财物介入了部分游戏，这些游戏给人们提供了博取财物的机会。无论是荣誉性的还是财物性的，其目的都是使人们从游戏中获得精神上、物质上的某种刺激和满足。因此，从广义上讲，各类游戏都可以看做是机会游戏。从狭义上讲，机会游戏是指尽可能排除智力、体力、技巧因素的，简便易行、能快速决出胜负，达到无争议地解决疑难、分配财物的纯机遇游戏。彩票就是人类对机会游戏的归纳和利用。具体来说，彩票是从以下方面对机会游戏进行归纳和利用的：①

第一，迎合人类天性。使娱乐休闲、争强好胜的人类天性得到释放，符合人类创造机会游戏的初衷。

① 陈群林. 福利彩票［M］. 北京：中国社会出版社，1996

第二，创造竞争机遇，符合人们渴望获得机遇以改变生活现状的心理、满足人类心理需求的本性，希望通过机会游戏的载体，把愿望变成现实，这是机会游戏具有永久魅力的根源。

第三，保证机会均等。排除不正常因素的干扰，保证机会均等，这是一般游戏参与者的心理要求。

第四，坚持中立立场。在游戏决胜过程中，以完全中立的姿态，坚持中立立场，力图公正裁决，是机会游戏的重要组织原则。

第五，维护正当权益。使参与者免于承担不合理的义务，摆脱对个人的恩怨，以保护参与者的正当权益，这是机会游戏对组织者职业道德的要求。

综上所述，彩票对机会游戏的长处均做到了全面归纳、继承和利用，对一般机会游戏的短处，通过各种途径、手段和措施予以弥补和修正。

（二）彩票的历史和发展

彩票的历史由来已久，16 世纪在欧洲已经流行，而中国在清末也已开始有彩票。作为一种游戏，彩票的发行方式，即这种机会的玩法是影响彩票业发展的一个关键因素，下面就从国际国内彩票发行方式的演变来看彩票的发展。

国际上最早发行的彩票可以追溯到 1530 年，当时意大利的佛罗伦萨创建了第一个公开发行彩票的机构，获利甚丰；1536 年，英国女王伊丽莎白一世曾批准发行彩票以筹款修建港口和弥补其他公用。

然而，这两个国家所采用的发行方式却截然不同，佛罗伦萨采用了一种后来被称为乐透（Lotto Games）的方式[①]，并命名为 Lotto（法文），即今日的“乐透”。而英国采用的是抽签式（Drawing Games），也就是现在所称的传统式。

这两种方式几乎同时产生，但随后的发展命运却完全不同。乐透方式自产生后，几百年中几乎无人问津，但近 20 年却成为彩票发行的主要方式。相比之下，抽签式的命运正好相反。该方式产生后，迅速为许多彩票发行国家或地区所采纳，其后的几百年中，几乎是唯一的一种发行方式；直到 20 世纪 80 年代，随着乐透式发行方式的复兴与盛行，这种方式才开始衰退，但它并没有就此退出历史舞台，它至今还在部分国家和地区占有重要的地位。

最初的乐透式方式与传统方式在其发展过程中，各自衍生了新的方式。数字方式（Number Games）有着初始乐透方式的痕迹。而传统方式则导致了

---

① Philip R. Green. *The Whole World Lottery Guide* [M]. World Media Brokers Publication, 1991: 17.

即开即奖方式（Instant Games）的产生。

彩票发行方式在其沿着以上两条主线发展的过程中，还出现了另一种不同的发行方式，这就是1923年首次在英国产生的透透型（ToTo Games）彩票。就发行方式而言，透透彩票是一种自选数字彩票，即通过对体育比赛的结果进行预测来猜数字，因此，它又被称为体育彩票。

中国博彩业由来已久，但彩票的发行却是近代的事。一般认为，1886年，杭州刘学询在北京会试时发行的“闱姓”是中国的“原始彩票”。[①] 其后，在民国时期，国民党政府利用传统方式发行了一些彩票。

新中国成立后，彩票随之被取消。直到1987年，为了解决中国民政事业的资金不足，才重新发行彩票——中国社会福利有奖募捐券。目前国内存在着两种彩票：一是隶属于民政部的“中国社会福利彩票”，另一是隶属于中华体育总局的“体育彩票”。需要说明的是，中国的体育彩票是指其归属而不是指发行方式，与国际上的体育彩票完全不同。

中国福利彩票从早期单一的街头摊点销售、定期开奖的传统型发行模式到包括传统型、即开型、即开传统结合型和电脑型等四大类发行方式，发行方式越来越丰富。我国彩票的发展过程是不断融合现代科学技术发展成果的过程。现代技术特别是防伪技术、通信技术和计算机网络技术的快速发展对福利彩票的印刷、开奖和销售环节产生了巨大的影响。计算机技术的发展为彩票玩法的不断推陈出新创造了条件，极大地丰富了彩票种类：现代通信技术的应用，使得电子化投注和电子结算方式成为现实。2006年，一种全新的彩票发行方式“视频彩票”在全国推广，实现了即开型彩票发行销售的无纸化、网络化、经常化，代表了当今世界彩票发展的方向。

（三）彩票的定义

彩票是一种载体，它表现和反映了人类活动的一个特殊领域的来龙去脉，那么，对彩票作为一种物化了的事物，在现代如何去表述和定义呢？

《现代汉语词典》的解释颇具代表性：彩票，旧社会奖券的统称。彩票就是奖券，奖券是旧社会或资本主义才有或才允许的坏东西。那奖券是什么，一般词典的解释是反过来重说一遍，奖券亦称彩票。只有《辞海》的解释详细具体一些：彩票，以抽签给奖方式进行筹资或敛财所发行的凭证。中国人民银行在《关于加强彩票市场管理的紧急通知》中的表述：彩票是指印有号码、图形或文字供人们填写、选择、购买并按特定规则取得中奖权利的凭证。

① 陈群林. 福利彩票［M］. 北京：中国社会出版社，1996：23

还有一种定义是：彩票是通过公开的抽签方式获得中奖机会的一种凭证。

而国外关于“彩票”的解释更是多种多样，如澳大利亚对彩票的解释为：彩票是指通过抽签、抓阄所进行的一种货物、制品或商品的转让；法国人对彩票打了一个形象的比喻：政府发行彩票是向公众推销机会和希望，公众购买彩票则是微笑纳税。本书认为中国人民银行的表述较为确切，赞成采用这一定义，即彩票就是指印有号码、图形或文字供人们填写、选择、购买并按特定规则取得中奖权利的凭证。

在这里要特别说明这几种活动的区别，一是不能将购买彩票的行为与赌博混为一谈，赌博是机会游戏的异化，无论是在参与形式、参与目的，所需要的技能以及社会效果等方面都存在本质的区别；二是彩票不同于有奖销售，虽然都是凭号兑奖，但从组织者的性质，面对购买群体的范围、凭证的内涵、销售的目的和社会效益等方面都存在很大差别。

正是由于彩票是面对社会所有成员公开发行和销售的一种票据凭证，因此，不管哪一个国家的彩票，不管哪一类彩票，都具有集资功能，这也是各国都极力发行彩票的一个重要原因。通过发行彩票来汇集社会上的闲散资金，弥补国家财力不足，造福社会公益事业。各国的集资目的多种多样，社会福利、公共卫生、教育、体育、文化是主要目的。

（四）彩票存在的客观条件①

彩票不是人类产生之初就出现的，也不会永远存在，彩票的存在需要依托以下条件：

客观条件之一：彩票的存在是以一定的经济条件为基础的，是社会经济发展到一定阶段的产物。当社会经济极端落后、人们极端贫困，基本生存都不能保证的情况下，彩票是不可能作为一种普遍的社会活动而存在的。当社会经济充分发达，能够普遍而充分地满足人们所有的物质文化需要的情况下，彩票就失去了存在的必要性。只有在经济发展到一定阶段，社会生产能够满足相当一部分社会成员的生存需要并有所盈余，但又不足以满足人们更高层次的需要的情况下，彩票才得以存在。

客观条件之二：彩票的存在和发展还取决于社会观念的开放。社会存在决定社会意识，社会意识对社会存在的反作用在彩票现象中表现得最为突出。彩票业既能在全世界范围内大遭其殃，却又能迅速在全世界范围内大行其道，应该说是在经济基础的前提下，人们的观念在其中起了决定性作用。如美国

① 陈群林．福利彩票［M］．北京：中国社会出版社，1996．17-20

彩票业在1980年以前的“黑暗”，以及20世纪90年代以后的突飞猛进都充分说明了这一点。而我国的彩票业在崛起之前，也经历了长达近40年的“冰封季节”。由于旧中国的彩票业声名狼藉，提起“彩票”人们就把它与盗、匪、赌、娼等现象联系在一起。再加上计划经济的观念根深蒂固，人们往往把收入的平均分配看做“公平”。其实，这种貌似的“公平”掩盖了机会的不均等，也掩盖了实质上的不公平。在这种情况下，没人敢提及通过发行彩票来筹集资金。改革开放后，社会福利事业与其他事业的巨大反差，才迫使人们打开思路，重新思考和认识问题。因此，彩票业的建立与人们观念的转变是密不可分的。

客观条件之三：彩票的存在和发展，要依托良好的市场环境和政府的“垄断”。彩票是一种竞争十分激烈的机会游戏，应走市场化的道路，但是，彩票业毕竟是一种特殊行业，彩票市场作为特殊市场，其经济规律极排斥多家竞争。其他市场的竞争可以促进经济结构的优化组合、资源的合理配置、商品质量的提高，而彩票市场的竞争，最终的出路只有提高返奖率，而且在极短的时间内就会把返奖率提高到极限，彩票业就会失去它最重要的集资功能，与赌博业也就没有任何质的区别。这一行业就没有存在的必要，最终只能走向衰败甚至毁灭。所以，彩票业必须由政府统一管理，坚持独家经营。只有这样，才能有效地保护彩票市场，为彩票的发展创造必需的良好的市场环境。

客观条件之四：彩票的存在和发展，还要依靠彩票事业自身的不断发展和完善。能否树立彩票业的良好社会形象，维护彩票的良好声誉，自觉贯彻“公开、公平、公正”的基本原则，以及在玩法上不断创新等都是影响彩票业能否发展壮大和获得持久生命力的重要因素。

（五）彩票的特征

彩票是一种特殊的商品，它本身并不具有任何使用价值，但对那些中奖者来说，它却具有实实在在的价值。从某种意义上来讲，彩票是一种集公益性、安全性和娱乐性、趣味性于一身的机会游戏。

1. 公益性

世界各国彩票业的发展实践表明，公益性是彩票最根本的特征。之所以这样说，一是因为集中社会上的闲散资金发展公益事业是各国发展彩票业的初衷和目的；二是彩票业发展、壮大的基础是社会广大成员的“爱心”，也可以视为是公益心，没有这个坚实的基础，彩票业有可能取得一时的繁荣，但不可能获得一个长期持续的发展。

2. 投机性

作为一种机会游戏，毫无疑问，彩票具有投机性。起源于抓阄分物，后又被广泛应用于社会、经济、政治和军事等领域的机会游戏从来都寄托着人们对某种美好“机遇”的预期和期望，在进入现代工业文明社会以前，投机性可以说是机会游戏的“生命”，通过机会游戏获得某种机遇，以改变自己的生活境遇，是相当一部分社会成员购买彩票、参与到这一机会游戏中来的重要原因。正是因为彩票具有“投机性”这一特征，也就使得某一种彩票的玩法是否公平、中奖的机会是否均等直接决定了这一游戏的普及程度。

3. 趣味性

游戏总是能带给人趣味的。彩票具有游戏的成分，固然也就能向公众提供一种特殊的娱乐。人们购买彩票需要进行成本与收益权衡，用最少的成本获得最多的收益要靠“运气”，这实质上就是一种娱乐。不仅如此，彩票玩法简单，进入门槛低，任何人都可以参与，是一种能够满足多数人娱乐需要的机会游戏。有的彩民购买彩票，并不太在意中不中奖，主要是为了心情愉悦，因此，购买福利彩票也成为当今人们紧张的工作和生活状态下，放松自己的一种有效方式。

二、福利彩票

（一）福利彩票的产生

从国际上来看，在彩票前冠之以“福利”两字，是我国的专利，因此，谈到福利彩票的一系列相关事宜，其实就是探讨我国相关的具体情况。

从名称上来说，“福利彩票”这一词语产生于1995年，但从实际载体的面世时间来看，其产生于1987年，是以“有奖募捐券”的名称出现的。1987年6月3日，中国福利彩票有奖募捐委员会（简称中募委）在北京成立，同时召开了第一次全体委员会议，通过了中募委章程。明确以“团结各界热心社会福利事业的人士，发扬社会主义人道主义精神，筹集社会福利资金，兴办残疾人、老年人、孤儿福利事业和帮助有困难的人”为宗旨。这个宗旨的核心就是“扶老、助残、救孤、济困”。可以说，福利彩票是市场经济的产物，它产生于我国从计划经济体制向市场经济体制转轨的过程之中。任何一项事物的产生都有其深刻的经济和社会根源，福利彩票也是我国经济和社会发展到一定阶段的必然产物。

一方面，在经济体制转轨过程中，福利彩票存在的各项条件成熟。

1. 福利彩票之所以是市场经济的产物，是由彩票存在所需的社会经济条件决定的。首先，彩票既不会在社会经济条件极端落后，人们都普遍面临生存危机的情况下存在，在一个高度发达的、人们的物质文化生活普遍得到满足的社会里，彩票也没有存在的必要。而是在社会经济发展到一定阶段，生产力能够满足绝大部分人们的生存需要而又不足以达到对生活质量的更高要求的情况下存在的。而计划经济条件下，“低工资、广就业”“平均主义”和“大锅饭”带来的是大致相同的生活境遇，普遍的生活状态，因此，缺乏福利彩票存在的社会基础。

2. 政治观念上相对开放和成熟。计划经济体制下较为保守的政治观念和对彩票的不好印象也是福利彩票不可能产生于计划经济时期的重要原因。新中国成立以来的很长一段时间内，都是把彩票当做资本主义社会的赌博方式加以批判，更谈不上加以利用、为民谋利造福。改革开放后，在“解放思想、实事求是”思想的指导下，人们对彩票也逐渐有了较为全面和客观的认识，越来越能辩证地看待彩票这一事物。因此，政治观念上的相对开放和成熟是福利彩票得以产生不可或缺的条件。

3. 社会道德基础深厚。[①] 中国千百年来形成了尊老爱幼、扶贫济困、扶弱助残、互助互爱的优良传统。发行中国福利彩票正是建立在这个深厚的社会道德基础之上，并赋予新的形式和载体。对个人来说，购买福利彩票是一种带有娱乐消费兼具奉献爱心性质，然而又可能带来收益的行为。从社会财富分配的角度看，福利彩票是积小钱办大事，客观上起到了整合社会闲散资金用于社会互助的作用，客观上达到了将个人慈善行为整合为集体互助行为的效果。实践表明，发行福利彩票，倡导了中华民族“一方有难、八方支援”的优良传统，弘扬了中华民族扶贫济困、乐善好施的传统美德，深得广大人民群众的关心和支持，也在社会上营造了互助互济、助人为乐、文明健康的良好氛围，有利于促进社会主义精神文明建设。

另一方面，当时的中国迫切需要福利彩票。这是中国福利彩票产生的内在驱动力。

随着经济体制改革的深化和市场化进程的扩大，由市场经济带来的或在计划经济下隐藏的社会问题逐步暴露出来，如失业问题、老人问题、社会福利社会化问题、社会特殊群体的救助等。当时，全国已有的社会福利院、光荣院、荣军医院等福利设施约有50%属危旧房急需改造；全国社会福利和优抚事业单位中约30%没有常规医疗设备和专业医生；逐年增多的弃婴、流浪儿童收容、革命伤残军人假肢换装、孤残儿童的医疗救助等问题都需要解决，

---

① 时正新等. 福利彩票——中国特色的社会募捐形式 [J]. 中国民政，2001 (1)：47

解决这些问题的关键就是资金。然而国家财力毕竟有限，尽管每年财政对社会福利的投入有所增加，但由于欠账太多，仅靠国家财政拨款已显得软弱无力。当时我国的现代慈善事业还处于萌芽阶段，而且由于慈善事业的不稳定性、随机性大，很难有效地整合社会资源弥补政府财力的不足。因此，通过发行福利彩票这个独特而有效的手段，吸纳社会闲散资金，发展社会福利事业，便成为我国政府的必然选择。这也符合国际惯例。前苏联自 1926 年起开始发行彩票，第二次世界大战时虽一度停发，但 1956 年起重新恢复；日本自 1945 年开始发行彩票，1997 年发行额为 4 451 亿日元，平均每个日本人购买彩票 3 000 日元；新加坡、泰国、我国香港特区等也都如此。这些国家和地区通过发行彩票既汇集了社会闲散资金，弥补政府财力不足，有效地解决了各种社会福利和社会难点问题。

时任民政部部长的崔乃夫先生是福利彩票的最早倡议者和积极推动者。1986 年 6 月，民政部在经过大量国际调研、理论论证和征求社会各方意见的基础上，向国务院提交了《关于开展社会福利有奖募捐活动的请示》，同年 12 月 20 日国务院第 126 次常务会议原则同意由民政部门组织开展社会福利有奖募捐活动。1987 年 7 月 28 日，第一批中国福利彩票（当时被称为社会福利有奖募捐券）诞生，在河北省石家庄市正式发行销售，然后，逐步在全国各地推开。可以说，中国福利彩票起源于有奖募捐活动，是民政部门开展社会救助活动的一种特殊方式，是传统的慈善性募捐在社会市场经济条件下的继承和发展。

（二）福利彩票的定义

福利彩票有几种定义：民政部在 1994 年出台的《中国福利彩票管理办法》中表述为：本办法所称福利彩票，是指以筹集社会福利金为目的而发行的印有号码、图形或文字供人们自愿购买并按特定规则确定购买人获取或不获取奖金的有价凭证。该凭证必须冠以“中国福利彩票”字样，标明票面价格，印有发行单位和印制厂家名称。

中国福利彩票是由政府组织、公众出于利己与利他相结合的动机和一定的游戏（或投机）心理，以有偿的返还奖励和无偿的公益捐赠相结合的方式筹集资金，专门用于社会公益金支出的一种方式，是现阶段中国公共品资源供给的有效形式之一。[①]

本书认为，福利彩票是由政府发行和监管、运用市场手段进行销售和推

---

① 樊丽明，石绍宾．中国公共品自愿供给实证分析——以中国福利彩票筹资为例［J］．当代财经，2003（10）：25

广，鼓励社会成员奉献爱心，从而实现筹集社会资源、弥补社会保障资源不足的一种票据凭证。福利彩票事业应属于补充保障事业。

（三）福利彩票的根本属性和特征

1. 根本属性

我国发行的彩票，虽然名称上有几次更迭，由最初被称为“有奖募捐”，再到1993年的“社会福利奖券”，再到自1995年沿用至今的最贴切、最能反映其本身的性质特点的“中国福利彩票”，都是基于如何让人更易理解和接受的角度来考虑的，其社会福利性的根本性质始终未变。福利彩票不是货币，它不能流通；福利彩票不是股票，它不能上市；福利彩票不是有价证券，它不需还本付息；所以福利彩票不具有金融性。[①] 通过福利彩票募集到的资金，不是归入国家财政，而是弥补政府在社会福利方面开支的不足，因此，福利彩票不具有财政性。购买更与赌博大相径庭，这两种行为的目的、资金来源、方式都不同。我们说福利彩票的性质是社会福利性，是根据其发行的根本目的和出发点做出的归纳和判断。发行福利彩票的目的就是发展我国的社会福利和社会救助事业，中国福利彩票事业是中国社会保障体系的一个组成部分。在1987年即福利彩票产生后不久，国家就制定了福利彩票发行的宗旨——“扶老、助残、救孤、济困”。具体内容是：“团结社会热心社会福利事业的人士，发扬社会主义人道主义的精神，筹集社会福利资金，兴办残疾人、老年人、孤儿等福利事业和帮助社会困难群体”。宗旨明确规定了发行福利彩票所募集资金的使用方向，那就是发展社会福利和社会救助事业。1987年中央书记处第323次会议审议同意并报经中央政治局常委批准的《民政部关于开展社会福利有奖募捐活动的请示》中也规定：“除民政部开展社会福利有奖募捐活动以外，其他部门、单位和个人一律不准搞类似的彩票活动”。由此可见，中国福利彩票是带有游戏成分的扶老、助残、救孤、济困的特殊社会募捐形式，这一点从中国福利彩票发行一开始就已被党中央、国务院明确了。[②]

2. 特征

福利彩票作为一项社会福利事业，它具有社会福利、社会保障事业具有的一般特征，如社会性，福利性；更具体地说，福利彩票属于补充保障的范畴，不具有强制性，是社会、企业或个人自愿参加、自主选择的系统，因此，也具有补充保障具有的自愿性、非强制性等特征；但相对于补充保障系统的其他项目要不纯属企业范畴内的事务（如企业年金、补充医疗保险等），要不

①② 时正新等．福利彩票——中国特色的社会募捐形式［J］．中国民政，2001（1）：46，45

纯属社会范围内的事务（如慈善事业）不同，福利彩票跨越三个重要领域：行政、市场和社会领域，因此，交叉性是福利彩票的重要特征。行政领域涉及彩票的组织、法律法规设置及行政监管；市场领域是指彩票的销售行为；社会领域是指广大的民众，购彩既能献爱心，又能娱乐身心。在横跨三个领域里要把事情做好很不容易。[①] 福利彩票涉及行政领域，决定了福利彩票事业的发展壮大必须以政府有效的监管为前提；福利彩票涉及市场领域，决定了福利彩票事业的发展壮大必须要有高效的销售网络系统；福利彩票涉及社会领域，决定了福利彩票事业的发展壮大必须要有深厚的社会基础，包括广泛的爱心基础和对福利彩票事业的充分信任。

总之，中国福利彩票比一般意义上的彩票更加注重公益性、伦理性、群众性和趣味性的有机统一。福利彩票的趣味性不在于赌输赢，彩票天生就不是赌输赢的活动，它起源于远古时代就有的抓阄分物，英国大不列颠百科全书将彩票定义为“通过抽彩摇奖，在一定人群中分配奖品和奖金的办法”。彩票的原形是喜庆活动中的幸运抽奖游戏，与以财务下赌注争输赢的各种“博戏”自古以来就不是一个原理。中国福利彩票的趣味性在于能够满足人们道德荣誉和幸运心理的双重需求。[②]

（四）发展福利彩票应遵循的原则

为了实现福利彩票的发展目标，发展我国福利彩票事业应遵循几项基本原则。

1. 始终贯彻福利彩票的发行宗旨

宗旨与性质一样，都是应该始终坚持，不能放弃，否则事物就只会走向反面。在1987年即福利彩票产生后不久，国家就制定了福利彩票发行的宗旨。宗旨明确规定了发行福利彩票所募集资金的使用方向，那就是发展社会福利和社会救助事业。中国福利彩票这十几年的发行实践忠实履行了这项宗旨，所筹资金都用于了扶老、助残、救孤、济困等社会福利和社会救助事业，为社会做出了贡献。坚持中国福利彩票事业的性质和宗旨不动摇，才能符合我国开展和发展中国福利彩票事业的出发点，才能保持福利彩票事业的本色，才能保证福利彩票的根本目的得以实现，是福利彩票事业取得蓬勃发展的基础。

2. 保持福利彩票的政府垄断特征不动摇

保持中国福利彩票的政府垄断特征不动摇，是指政府部门不仅应该牢牢

---

① 陆建华. 福利彩票是公信力极强但又极脆弱的一项事业 [J]. 社会保障制度，2005 (4)：41

② 《经济参考报》，2005-3-6，第四版

掌握开办福利彩票事业的审批权，还要掌握福利彩票的发行权、管理权、监督权、资金的使用权等，绝不能分权给一些团体机构或经济组织。这也是彩票本身所具有的特殊性质决定的，政府于情于理都应该这么做。购买彩票虽然在一定程度上是参与了一种机会游戏，彩票作为一个物化的载体，与货币、股票、有价凭证都不同，纵观各国的情况，发行彩票都是被当成政府筹集资金，弥补政府财政在社会福利、社会救助事业方面不足的一种募集资金的手段。因此，政府作为最根本的发行方，发行的彩票代表政府的信誉，人们购买彩票是基于对政府的信任，政府不应该辜负这份信任。

坚持中国福利彩票事业的性质和宗旨不动摇是彩票事业取得长足蓬勃发展的基础，而只有保持政府的垄断特征，才能保证中国福利彩票事业的性质和宗旨不会发生动摇，才能保证福利彩票所募集到的资金真正用到扶老、助残、救孤、济困等社会福利和社会救助事业方面。因为彩票业毕竟不同于其他事业。竞争在其他行业带来的优点好处在彩票事业却是影响彩票事业发展甚至导致其消亡的负面因素。这并不是危言耸听，这一点只需我们做一个简单的逻辑推理就可以得知。如果发行彩票不再是政府垄断，非政府部门、经济组织、民间机构也可以发行彩票，彩票业就会出现竞争。为了追求利润最大化，为了在竞争中生存、吸引更多的彩民，经济组织会争相采取加大中奖率、提高返奖额度的手段，如此一来，指望以发行福利彩票来筹集开办福利事业、弥补福利资金的不足就只能是空想。竞争的结果只能降低筹集的资金额度，难以保证一个稳定足额的筹资来源，而且由于政府的不直接控制和参与到营销环节，即使是很少额度的资金也很难到位，到时我们社会的福利事业会非但没有因为彩票的发行而有所改善，还会产生一些因福利彩票而“发”起来的人，对社会反而造成不好的影响。这也就是为什么彩票必须是政府“专利”的原因。

自 1986 年以来，由于法制化进程缓慢，福利彩票发行的管理体制曾经发生几次更迭，从归属民政部管理到人民银行再到财政部，再到现在的国务院成立专门机构进行管理，几次更迭影响了福利彩票取得更高水平的发展，保持一个稳定的管理机制，是一项事物特别是一项新生事物茁壮成长的必要条件。但从最低标准来看，领导机构毕竟是在政府之间转换，福利彩票事业的发展毕竟还是在政府的范围以内，政府垄断特征并没有改变，这也就是福利彩票虽然在短短十几年内经历几次管理机制更迭，经历试验、起步、失控、整顿、恢复等多个时期①，但依然能为社会福利事业做出较大的贡献的原因。

① 张湛彬. 中国福利彩票事业的发生与发展［J］. 当代中国史研究，2001（11）：73-82

所以，坚持中国福利彩票的政府垄断是福利彩票事业蓬勃发展的前提和基础。

3. 玩法上的不断创新和技术的不断改进

玩法是彩票的“灵魂”。科学合理的游戏玩法既能使众多的消费者认知福利彩票，踊跃购买福利彩票而成为福彩的忠实彩民，也能将现有的彩民牢牢稳住，成为福利彩票固定的消费群体。游戏玩法要科学合理，科学合理很大程度上是要和一个时代的心理特点、需求特性有关系，否则同一种玩法为什么在几个世纪前并不受宠，而在现在却风靡全球；为什么在不同国家之间玩法有差别的，这说明要针对国民的特点、经济发展阶段等综合因素进行设计。即使对于同一地区的社会成员而言，不同年龄、不同性别的人也有不同的需要。因此，玩法设计上要遵循：一是针对性，针对性必然带来多样性；二是多样性，但并不意味着频繁的变动；三是玩法的稳定性，对于新玩法规则的熟悉和心理预期需要一个过程。除了在玩法上要不断创新以保持福利彩票的活力外，还需要先进的科学技术提供支持。其实在实际中，有吸引力、有创意的玩法本身就可能包含对先进的科学技术的运用。目前，电脑福利彩票的迅猛发展就是采用先进的科学技术的成果；但随着电脑福利彩票的全省联网或全国联网，管理的难度也越来越大，因此，也就更加迫切需要先进的技术提供支持。先进的技术不仅能提高管理效率、降低管理成本，对于一些“虚假”彩票等各种欺骗行为也具有较强的鉴别和筛选能力。因此，在福利彩票的发行和销售、管理过程中应该最大限度地吸收科学技术发展的成果。

4. 透明规范的管理机制①

由于社会福利事业不是强制的，也没有公共权力的介入，完全是公众自觉自愿地进行选择，因此，公信力是福利彩票事业的生命力。“信誉是彩票的生命”。如果不信任，人们就不会参与其中，所以说公信力是发展彩票时需要检讨、需要千方百计维护的核心价值。那如何维护呢？不仅政府监管要到位，社会监督与媒体监督要到位，彩票发行机构与发行网点更要严格自律，机构自律是树立公信形象的关键，政府监督只是起到一个裁判的作用，而彩票发行中要是出现了有损形象的问题，它会影响到整个彩票市场；还应该确定一个公益的福利理念，树立一个公益的福利形象。政府或者彩票发行机构应当向社会公布福彩公益金的使用去向，应当告诉公众，彩票发行中除了造就富翁和幸运者，更重要的是让多少老年人受益，多少残疾人因福利彩票而受惠等。彩票公益金的使用去向，将是对彩票属于公益与福利事业的这种新的理念形象的最好诠释。毫无疑问，透明规范的管理机制是维护这一核心价值最

① 郑功成. 彩票事业是一项有特殊意义的公益事业 [J]. 社会保障制度，2005 (4)：40

重要的条件。

（五）福利彩票的目标与功能

如前所述，福利彩票的根本属性是社会福利性，福利彩票事业发展的根本目标就是拓宽社会保障基金的来源渠道，弥补社会保障资金的不足，促进社会救助、社会福利等社会保障事业的发展。在实现这一目标的过程中，福利彩票事业的发展不可避免地会对经济、政治等相关领域产生影响，这就体现为诸多功能，除了具有社会保障系统所普遍具备的促进社会公平、调节收入分配差距、社会稳定等功能外，福利彩票还具有以下功能：

1. 集资功能

福利彩票作为一种创新配置社会财富的特殊分配形式，是在社会财富分配过程中真正排除了政府强制力干预和社会约束力的纯自愿性再分配，它调动的是潜力巨大的民间闲散资源，弥补的是政府福利资源供给的不足，促进的是社会公益与福利事业的发展，还能够在实践中提升公众的社会责任与公共道德，从而不仅具有道义集资的功能，而且是人们参与社会公益事业的快乐途径。① 彩票业的集资功能有效地减轻了政府的财政负担。如法国彩票业每年可向政府缴纳 86 亿法郎的税款，瑞典 20 世纪 80 年代通过彩票业增加国库收入 12 亿多克朗，我国香港特区发行“六合彩”21 年来累计集聚福利款项 24 亿港元。

2. 消费功能

彩票是通过公开抽签方式获得中奖机会的凭证，本身不具有任何使用价值。但对购买者来说，它首先提供了一次可能的获奖机会。虽然购买一张彩票就中奖的概率很小，事先谁也无法否认这种机会的存在。在幸运心理作用下，人们对彩票潜在收益水平（单位彩票的平均收益乘以中奖概率）的预期总是大于“理性”水平，这个预期收益就是彩票向购买者提供的“消费性效用”之一。彩票还能满足人们一些非经济性的心理需要，如慈善心理等。在收入达到一定水平，温饱问题解决之后，人们各种非经济性的需求将逐渐增加，福利彩票可以通过给购买者以资助困难阶层得到宽慰等方式来满足这种心理需求。一定意义上，通过购买彩票来满足这种心理需求也是一种“消费”行为。另外，福利彩票对启动消费、扩大内需具有十分重要的意义。如仅 2008 年我国福利彩票的返奖额就有 300 多亿元，这必然会增加社会整体的购买力，刺激社会的消费市场。

---

① 郑功成. 和谐社会呼唤彩票事业 [J]. 中国社会报，2004（12）

3. 促进就业功能

彩票活动可以扩大就业，一方面，彩票活动本身可以创造一定的就业机会，如法国人口不足 6 000 万人，仅彩票销售点全国就有 5 万多个，从业人员达 10 万人。

4. 提升社会道德水平的功能

福利彩票事业是一项社会公益事业，社会福利的发展必然能让更多的人享受到社会福利事业的发展，由此一来，不论是出于回报社会的心理，还是出于奉献“爱心”的需要，都会有越来越多的人投身到福利彩票事业中。社会具有一定的道德水平是福利彩票产生和发展的基础之一，相应地，福利彩票的发展也有利于道德水平的提高，它们是相辅相成的关系。

（六）福利彩票与相关系统的区别与联系

福利彩票事业本身是社会保障制度的一个组成部分，但又是相对特殊的一部分，它的特殊性可以通过福利彩票与社会保障其他相关系统的分析比较看出。

1. 与社会保障其他子系统的关系

作为社会保障系统的一个组成部分，福利彩票与社会保障系统其他社会系统之间是相互弥补、相互配合的关系，这一点很容易理解，故不再赘述。另外，福利彩票与社会保障其他子系统是正相关的关系。在解释福利彩票与其他系统是正相关关系以前，先来看看其他系统之间的关系，如社会保险、社会救助和社会福利之间，这三个看似分目标不同、保障水平、担负不同使命的社会保障系统，虽然从宏观上、纵向上来看，在一定程度上存在正相关的关系，如只有社会救助、社会保险取得坚实发展的基础上，社会福利才具备发展的条件，但从同一时点来看，它们是一种相互排斥和抵消的关系，因为社会保障所需要的资源总是相对无限的，而社会保障资金又总是相对有限的，如果政府给社会保险补贴规模大，必然就会影响投入到社会救助和社会福利的财政资源。而福利彩票事业和社会保障其他子系统之间完全是没有这种负相关关系的，因为福利彩票本身就是筹集社会保障资源的一个系统，福利彩票销售规模越大，社会公益金的规模就越大，社会保障基金的规模也就越大，是纯粹的正相关关系。

2. 福利彩票与慈善事业

其相同点：一是都弥补了社会救助基金、社会福利基金的不足；二是都是社会成员奉献爱心的过程；三是都集中了社会上的闲散资源。但也存在较大的区别，如福利彩票虽然在一定程度上是爱心的奉献，但并不完全是爱心的奉献，它还利用了人的娱乐和投机心理；福利彩票的发行、销售管理、公益金的分配和使用等管理工作基本是由政府部门或政府部门委托的机构进行，而慈善事业是由民营机构进行的；福利彩票利用的是爱心、投机心理、娱乐心理等多种心理因素，虽然同样作为集中民间资源的渠道，福利彩票事业的资金来源相对于慈善事业而言要稳定得多；从资源的承载形式上来说，福利彩票筹集的都是资金，是货币的形式，而慈善事业筹集的资源则还有物质的形式，如衣物、书籍等，从这层意义上来说，福利彩票公益金的流动性更强，它的保障功能和福利功能在更广范围内体现，从现在福利彩票公益金不仅用于多个社会救助和社会福利计划，如“星光计划”，还用于农村医疗保险以及充实全国社会保障基金理事会的社会保障基金等就可看出；另外，负面影响不同，因为福利彩票事业在一定程度上是利用人性弱点的产业，换句话说，就是利用人类某一种不是很正当的爱好或投机心理，因此，如果管理不好会对社会主义精神文明建设造成破坏性影响，如偷窃、诈骗与一些不健康的博彩因素。还有一些彩民的心理疾病，如博彩上瘾、不务正业等。[①] 而慈善事业的发展过程中虽然会在运行中存在一些管理上的违规现象，但一般不会存在对个人的直接危害和社会的较大的负面影响。因此，从这层意义上说，要想发展福利彩票事业遇到的困难要比慈善事业要大，要解决的问题也更加复杂。

第二节 国际上彩票的发展与中国福利彩票的变迁演变

据统计，美国、法国、日本分别有80%、65%、70%的人买过彩票，国际一般标准是，每人3%的收入用来购买彩票，而我国只有6%的人摸过彩票，[②] 这一方面说明了我国彩票市场大有潜力可挖，另一方面也客观地反映了我国彩票业与其他国家彩票业存在较大的差距。下面就分别看以下国际上彩票的发展状况和我国福利彩票的发展和演变。

一、国际上彩票的发展状况

（一）国际主要发行方式

彩票发行方式是诸要素的有机组合，但是不同要素的重要性并不相同。我们认为，在彩票发行方式的诸要素中，组合方式、发行手段、开奖时间和

① 陆建华. 福利彩票是公信力极强但又极脆弱的一项事业［J］. 社会保障制度，2005（4）：41
② 边琪. 关注中国彩票产业，2000（6）：76

设奖方式是几个关键性因素。在这几个关键因素中，最根本的两个因素：一是开奖时间，因为彩票是获奖的凭证，它代表的是获奖机会等，因此，在众多影响彩票发行方式的因素中，什么时候开奖非常重要；二是获奖是看彩票的内容，内容是否加入了个人的意愿，也是一个重要因素。

1. 按开奖时间分类

按开奖时间分，福利彩票可分为传统式和即开式。

（1）传统式。传统式彩票票面上有事先印制的号码，一般是5～7位数字，购买者购买后要等待公开摇奖的结果才能知道自己是否中奖。传统型彩票有着悠久的历史，除美国以外遍布全球，西班牙的内德维德（Navidid）是世界上最大的传统型彩票。

这种发行方式的优点是兼容性强，既可采用人工操作，也可用电脑管理来发行；其销售方式多样。该方式的不足之处在于，其发行周期较长，购买者必须有耐心以等待开奖结果；另外，该方式是他选的数字组合，减少了购买者购票的乐趣。

（2）即开式。彩票票面上的号码或图案被一层纸或特殊涂膜覆盖，购买者购买后揭开或刮开覆盖物就可对照销售现场的兑奖公告判断自己是否中奖。由于即开式彩票的节奏快，无须等待开奖时间，所以一出现就引起了人们极大的兴趣，产生了轰动的效应，并得到迅速的发展。

该方式的主要特点是方法简便、节奏快，无须等待开奖。另外，它是诸发行方式中唯一的一种既可以玩数字游戏又可以玩图案或符号游戏的发行方式。该方式既可以采用现金奖励，也可以使用实物奖励。该方式的缺点在于，人们往往把残票随地丢弃，影响环境。

2. 按购买的彩票内容是否事先印制好分类

按购买的彩票内容是否事先印制好分，可分为被动式和自选式。

（1）被动式。所有的内容都是事先印制在彩票上的，购买者无法自主选择，所以它们又被称为“被动式”彩票，上面提到的传统式和即开式彩票都属于被动式彩票。被动式彩票的趣味性不够强。

（2）自选式。彩票赋予了彩民一定的自主选择权，让彩民参与到了彩票内容的确定过程，由此增加了彩票的趣味性。根据国际上的目前现状，可分为以下几种：

1）乐透式（Lotto）彩票。“乐透”一词来源外文“lotto”的译音，原意为“分享”，最初是一种纸牌游戏。乐透式彩票是可以由彩民自主选号的组合式玩法的一种彩票，所以乐透式彩票具有即开式彩票和传统式彩票所没有的灵活性和娱乐性。其游戏规则是：投注者在一组数域中选出若干个数码（例如从 32 个号码中选出 7 个），奖金依所选号码猜中多少，不论顺序如何，自成等级；往往采用一个附加号码，用于二等奖以下的奖级，作用是调整奖级结构，提高中奖比例；高等奖（如一、二、三等奖）的奖金分配通常按事先设定的比例，而低等奖则是固定的数额；当高等奖未中出时，奖金转入下期一等奖中，直到中出。可以看出，乐透式彩票具有选择余地大、中奖率高、奖金额度高和彩票发行更加公开、公平和公正等优点。正是这些优点使得乐透式彩票魅力无穷，成为当今彩票业的主流。今天，世界上无论是美国还是法国，无论亚洲还是非洲，只要有彩票存在的地方就有乐透的身影。如“香港六合彩”“乐透美国”“北欧彩票”等都是乐透家族的成员。乐透彩票的销售额占据了整个彩市销售额的绝大部分。但该彩票对技术要求高，需要采用昂贵的计算机设备。

2）数字型彩票（Numbers Games）。这种彩票有三位数和四位数的玩法，通常是每天开奖，购买者选取一个三位或四位数的组合。组合方式不同决定资金的多少，最基本的方法是排列和组合两种，前者要求所预测的号码必须与开奖的号码在顺序和数字上完全一致，而后者则无顺序要求，只要数字相符即可。数字型在美国最流行，已有 20 多个州发行这种彩票。其他国家也有不同的数字型彩票。

3）透透型彩票。实际是一种体育运动型彩票，亦称足球彩票。该彩票是体育比赛和彩票的结合，要求参与者预测体育比赛的结果，通常是预测足球比赛的结果。透透型彩票首次出现于 1923 年的英国，后来遍及欧洲和南美许多对足球狂热的国家。其彩金的支付一般按固定比例分配。透透式的优点是，为千千万万足球迷在欣赏足球比赛的同时，提供了一种既有刺激性又有趣味性的游戏方式。

当然，按照在现场销售和计算机网点销售来区分，又可分为现场销售和计算机销售，对此很容易理解，故不再详述。

除上述五大种类的彩票外，彩票还有一些小的种类，如斯庇尔（Spiel）、基诺（Keno）、视频彩票等。总之，世界上的彩票五花八门，种类繁多，都有其各自生存和发展的历史原因。当然，世界上不同地方对这些不同福利彩票类型的利用程度并不相同，但就总体趋势而言，乐透式彩票和即开式彩票是最具有代表性的彩票。这一点从表 14—1 也可看出。

不论各种具体类型福利彩票受欢迎的程度上有多大差别，但有一点是可以肯定的，彩票品种的多样化与一般商品的细分化一样，可以通过更好地满足不同购买者的特殊需要而有效地刺激需求，增大发行规模。如美国作为全球彩票销量第一彩票大国，自 20 世纪 80 年代以来，彩票的种类增加与销售

表 14—1　　世界不同地区对五种彩票发行方式的不同利用程度

地区＼发行方式/利用程度	传统式	即开即奖式	乐透式	数字式	透透式
北美	2	10	10	7	0
中南美	9	5	6	2	6
欧洲	6	6	8	1	8
澳大利亚	2	8	9	1	1
亚洲	8	4	3	2	2
非洲	6	6	3	1	4

资料来源：Philip. R. Green. *The Whole World Lottery Guide*，World Media Brokers Publication，1991：15.

说明：利用程度从 0～10，分为 11 个等级，数字越低则意味着利用程度越低。

额的增长之间就表现出明显的相关关系。当 1990 年美国彩票种类从 1980 年的 3 种增加到 14 种的时候，彩票销售额相应地从 20.4 亿美元增加到 202 亿美元。另外，不同彩票发行方式的特点各不相同，受人们欢迎的程度也不同。传统型彩票玩法方法简单且购买时间和开奖时间有一定间隔，趣味性较差。乐透式彩票趣味性很强，但受人口规模的限制较强。其他如数字型彩票和透透型彩票，玩法复杂，因而购买对象的数量有限。相对来说，即开型彩票综合了几种方式的优点，趣味性强又不受人口规模等的限制，但对技术条件要求较高。由于各地区文化背景、技术水平和人口的地理分布等方面的差别，对不同彩票发行方式的态度是不同的，同一种玩法在不同地区的受欢迎程度也有所不同，这样一来就形成了不同的玩法组合。从目前世界各国彩票发行的情况看，乐透式彩票和即开型彩票在大部分国家和地区彩票中是销售量最高的，其中，美国、法国、西班牙和澳大利亚等国是即开型彩票销售较好的国家，而亚洲市场上，只有香港彩票以乐透式彩票为主，新加坡和马来西亚只有少量发行。多数国家中，传统型彩票仍然占有优势地位，如在日本占 76.3%，在韩国占 82.3%，泰国为 100%。

（二）彩票的奖金返还率

彩票的潜在收益是吸引人们购买彩票最主要的原因之一，收益水平越高，人们的彩票需求越高，彩票发行规模相应越大。在影响彩票潜在收益水平的各方面因素中，彩票资金的分配方案，特别是彩票的奖金返还率是第一位的影响因素。

奖金返还率是指奖金与彩票销售额的比例。降低奖金返还率可以增加经营彩票的收益，却降低了购买者的收益水平，降低彩票的发行量。如果奖金返还率过低，对彩票销售数量影响过大，就很难达到最大限度收集资金的目标；增加返还率能够增加彩票对购买者的吸引力，但由于购买彩票的人数不可能无限增长，而且社会游资总额也相对固定，当返还率超过一定限度之后，同样会使彩票收益降低。有关研究显示，当返还率超过55%时，彩票销售数量虽然仍有增加，净收益已经明显下降。目前，世界各国彩票奖金的返还率不尽相同，其中，澳大利亚、法国和中国香港特区奖金返还率较高，可达到或接近60%，日本最低，仅为45.7%，大多数国家基本保持在50%左右。彩票资金分配方案的差别是导致实际规模偏离“潜在规模”的一个重要原因。近年来，许多彩票界人士开始认识到，在促进销售量增长方面，高比率奖金返还和更高的头奖设置是两条有效的途径，但前者比后者的效果更明显。

（三）彩票奖金的税收水平

对彩票奖金的税收水平越高，购买者实际的收益越低，购买彩票的愿望、彩票发行规模都会相应降低。目前，世界上多数国家对个人不征收彩票奖金所得税，只有在美国的部分州和前南斯拉夫等少数国家征收奖金个人所得税。如在美国亚利桑纳州和科罗拉多州的中奖者个人凡一次获得奖金5 000美元以上，缴纳个人所得税24%；在前南斯拉夫则对奖金在5万第纳尔以上的获得者，根据所获得奖金的多少收取不同比例的个人所得税，其数额随奖金数量的增加而递增。

（四）国际上彩票资金使用的基本模式

目前，世界上有120多个国家和地区发行彩票，这些不同的国家或地区发行彩票的共同目的都是筹集资金，但对于彩票资金的使用途径却不相同。表14—2显示了部分国家或地区使用彩票资金的不同方式。

通过对表14—2的分析，可以把目前国际上彩票资金使用的途径归为3种不同的模式。

1.“第一财政”模式：集中筹资，统收统支

这种模式是把全部彩票资金纳入国家或地方财政预算，由国家或地方财政部门统一支配使用。如法国和韩国等国的彩票资金全部交给相应的财政部门，融入国家或地方的财政预算。

2.“第二财政”模式：集中筹资，分项专用

表 14—2　　部分国家或地区彩票资金的使用途径与比例

投放方向 / 比例 / 国家及地区	上缴财政	公益与慈善事业	公共事业活动	文化艺术	体育	科学研究	生态环境	医疗健康	青年工作	教育	其他
日本		100									
法国	100										
瑞士		100									
德国（柏林）	42.1	9.8		19.9	21.1	0.5	1.5	0.4		3.3	0.4
巴西		88.7			3.9			1.5		5.9	
保加利亚	12.5	87.5									
澳大利亚					0.4			99.6			
比利时	45.8	34.01		5.25		13.1	1.76				
韩国	100										
丹麦	40			9	28					32	
美国麻州	98.5			1.5							
美国弗吉尼亚										100	
芬兰				46.5	24.1	22.5			6.9		
挪威				33.3	33.3	33.3					
新西兰		21.06	2.51	22.5	28.1	2.3	7.24	4.67		2.11	0.91
中国香港特区	89.6	10.4									

资料来源：国际彩票组织年报光盘版，1997 年

这种模式与“第一财政”模式正好相反，它的全部彩票资金都不纳入国家或地方的财政预算，而是直接转入有关部门，用于各类具体用途，如日本、瑞士、巴西和澳大利亚等国家。但在彩票资金的具体用途和分配比例上，不同的国家和地区差异较大，有些国家和地区将所有彩票资金集中用于某一个或两个方面，如美国的弗吉尼亚州，将彩票资金全部用于教育事业；瑞士和日本等国的彩票资金则全部用于慈善事业；有些国家和地区则将彩票资金在多个方面酌情分配，如挪威按 3∶3∶3 的比例，将彩票资金在文化艺术、体育和科学研究 3 项事业之间平均分配，芬兰则按 46.5∶24.1∶22.5∶6.9 的比例，将彩票资金在文化、艺术、体育、科学研究等方面。

3.“混合财政”模式：集中筹款，混合使用

这种模式是上述两种模式的混合体，既将一部分彩票资金交给国家或地方财政部门，纳入国家或地方的财政预算，又将剩余部分用于其他具体用途。世界上有不少国家和地区都采用这一模式来使用彩票资金，如德国的柏林、

比利时、丹麦和中国香港特别行政区等。这又分两种情况：一是将大部分彩票资金上缴国家或地区财政，小部分投向具体用途，如美国马萨诸塞州将98.5%的彩票资金上缴州财政，而将1.5%的彩票资金用于直接支持文化艺术事业。中国香港特别行政区与之相类似，它将89.6%的彩票基金上缴给特区财政，而将10.4%的彩票资金用于公益与慈善事业。另一种情况则是把大部分彩票资金用于具体事业，而将不到50%的彩票资金上缴到国家或地方财政，用于统收统支，如保加利亚和丹麦等国家。

通过对以上3种不同模式的比较可看出，第一种模式运作起来很简单，只需要把所筹集的彩票资金转交到国家或地方财政部门即可，不必另行设置专门的资金使用部门。但这种模式明显的不足之处在于，它显示不出彩票资金的特殊性，不太能体现彩票资金的社会价值和使用效率。因为从数量上来看，彩票资金是无法与一个国家或地区的财政收入相比的。在这种模式中，发行彩票所筹集的资金，对国家或地区的财政收入来说，只相当于“补贴家用”，并不能起到特别的作用。第二种模式的效果与第一种模式正好相反，它需要建立特定的资金使用与管理机构，对彩票资金从投放方向、具体比例的确定、实际使用过程都予以高度关注，运作复杂，难度较大。但这种模式的优点是重点突出、见效快，能够使有限的彩票资金发挥最大的效用，显示出良好的“聚集效应”和社会效果。尤其是当把这些彩票资金投入那些仅有为数甚少的财政拨款的事业，如社会福利与慈善事业等，这些资金的效果就十分明显，可以有效地促进这些事业的发展。第三种模式是第一、第二两种模式的混合体，它对一个国家或地区的不同利益部门来说，也许比较“公平”，但就彩票资金使用效率而言，它肯定不及第二种模式的运营效率高。这种模式运作复杂，而且要把有限的彩票资金四处分散，从而大大地削弱了彩票资金的使用效果。

（五）国际上彩票的管理体制

由彩票业本身的特性所决定，各国政府都要对本国彩票业进行不同程度的干预，一方面在法律上允许彩票业存在，另一方面在所有权、市场准入、发行方式和资金运用等方面进行严格的限制。尤其是准入和发行额度管理方面的管制措施，在一定的情况下几乎是彩票发行规模最重要的决定因素。

总的来看，出于彩票活动的社会公益性原则要求，绝大多数国家的彩票发行机构都是国有的，并且实行发行权的独家垄断或分地区独家垄断。各国彩票发行管理体制方面的差别主要集中在对彩票发行机构的限制、彩票收入的安排和发行量的管理方式等方面。就这些方面对彩票发行规模的影响来看，对发行量的管理方式是其中最重要的方面。据此，我们可将世界各国彩票发行管理体制分为两大类。

第一类是市场化程度较高的管理体制。其特点是在对经营者的资格、经营利润的来源和使用进行严格管理的基础上，允许多家机构参与彩票发行环节的竞争，彩票的发行量完全由市场来决定。政府以彩票税的形式对彩票业进行间接管理，并纳入政府财政统一分配。

第二类是计划程度较高的管理体制。其特点是限制彩票发行环节的竞争，只允许极少数机构经营彩票，与此同时对彩票发行机构的彩票发行规模给予明确限制，只允许额度范围内的彩票活动。

很显然，在相同的条件下，第一类管理体制有利于扩大彩票的发行规模，第二类管理体制不利于彩票发行规模的扩大。当彩票发行额度较大，接近或大于彩票发行的“潜在规模”的时候，这种体制的负面影响还不突出，如果彩票发行额度规定得远远低于“潜在规模”，额度管理就会成为彩票规模扩大和彩票业发展的“瓶颈”。

二、中国福利彩票的演变过程

中国福利彩票自 1987 年问世以来，在不断的积极探索和改革创新中发展壮大起来。福利彩票事业已经从早期的自发的、临时性的、品种单一、缺乏监管的混乱局面逐步走向了常规的、管理规范、种类丰富的有序状态。1989—2006 年福利彩票销售额以年均 33.32%的速度增长，2006 年中国跻身世界彩票销量第 5 名。[①] 2007 年，福利彩票销量 631.6 亿元，占全国彩票市场的 62.1%。福利彩票销售额的增长就是福利彩票事业全面发展的结果和最有力的说明。下面具体介绍一下我国福利彩票事业的发展过程。

（一）整体的演变过程

从 1987 年中国第一张福利彩票面市，到其作为改革开放的成果和向市场经济转轨的产物，20 年来，从艰难的试验期，到目标明确期，到初步建立起与社会主义市场经济体制相适应的具有中国特色的管理、监督体制和发行销售体系，各项工作进入良性发展阶段，福利彩票事业为社会福利事业发展筹集了大量资金，有力推动了社会进步。结合我国福利彩票的管理体制、销售规模和社会认知度等多种因素可以将福利彩票的发展分为如下阶段：

1. 试验摸索的起步阶段（1987—1993 年）

① 中国福利彩票健康有序、稳定发展，造福社会［J］. 经济参考报，2005（3）

在这一阶段，福利彩票的政策制定、发行销售和福利资金的管理使用都由中募委决定，民政部并未参与对彩票的直接领导。中募委也经过了从 1989 年 3 月中募委实行办公厅和发行中心分设到 1993 年年初办公厅和发行中心合二为一的变化。这一阶段的主要特征是人民群众对福利彩票并没有完全接受，参与的热情不高，甚至少数人认为彩票就是赌博，表示出义愤和责难，因此，这一阶段彩票的销售额不大，如在 1987—1989 年间福利彩票的销售额仅为 0.17 亿元、3.7 亿元和 3.8 亿元，人均购票不足 4 角钱。①

为了筹集亚运会资金，1990 年国务院突破“只限社会福利”的初衷，批准国家体委发行体育彩票，由此形成了两家彩票同时发行，市场开始出现竞争，彩票逐渐为人们所接受，销售量逐年提高，彩票的集资功能被更多的人所认可。

到 1993 年，随着中募委组成人员逐渐离岗，以委员会的形式实施决策不复存在。

2. 失控和整顿调整的恢复阶段（1993—1999 年）

由于地方政府的财政紧张，各地都开始考虑采用发行福利彩票的办法弥补财政。于是，全国即爆发“彩票大战”，以各种名目发行的非法彩票大量充斥市场，各地各单位硬性摊派彩票、乱拉资金，造成彩票市场一片混乱。可以说，1993—1994 年是博彩的失控期，失控导致的混乱表现在：一是一些地方政府和部门不经国务院批准擅自决定发行彩票，一些企业甚至个人以有奖销售为名变相发行彩票，全国发生彩票大泛滥；二是赛马在无任何许可的前提下悄然兴起，广州、北京已经开赛，更多的地方准备兴建马场；三是各种游艺场所成套引进赌博机具，游戏厅向赌场演变的趋势明显；四是外商以各种形式介入国内博彩业，其兴趣首先在“乐透式”彩票，直接导致了 1994 年上半年的“六合彩热”。在这种混乱的背景下，1994 年 5 月 31 日，中共中央办公厅和国务院办公厅联合发出《关于严格彩票市场管理 禁止擅自批准发行彩票的通知》，要求各地对本地彩票进行自查、清理与整顿，并明确人民银行为主管机关。由于中募委名存实亡，从 1994 年开始，民政部站到福利彩票发行的第一线，福利彩票业务的重大问题改由民政部决定。由于党中央和国务院态度严肃，1995 年以后，地方政府滥发彩票之风基本刹住，赛马未再继续蔓延，游乐场滑向赌场的势头也得到扼制。但从发展的角度看，这几年博彩处于徘徊不前的状况，不仅表现为合法彩票的发行销售数量没有增长，而且表现为整个博彩业已经暴露出的问题并未得到根本解决，市场仍处于无规

① 张湛彬. 中国福利彩票事业的发生与发展 [J]. 当代中国史研究，2001 (6)：78

则状态。

1997—1999 年这三年是福利彩票的恢复期。大奖组发售和 1998 年为了筹集长江、松花江流域受灾地区所需的巨额救灾救济款发行的 60 亿元赈灾专项彩票，使当年彩票发行量直破百亿元大关，达到 110 亿元。1998 年下半年到 1999 年上半年，福利彩票的发行是最红火和风光的一年，彩票也成为社会谈论热点。

3. 规范后的快速发展阶段（从 1999 年至今）

国务院于 1999 年对中国彩票管理体制进行了改革，初步理顺了彩票管理关系，切实加强了对我国彩票的统一管理，确定国务院领导，财政部为彩票监管部门，民政部主办社会福利彩票工作，中国社会福利彩票发行中心负责具体执行。在这一阶段，彩票种类丰富，玩法有了较大创新，技术上有了较大改进，如各地一系列电脑福利彩票的开展，使得福利彩票的销售额得到快速提高，社会公益金的规模也越来越大，在社会保障事业的发展中扮演了越来越重要的角色。在经过第一阶段试验摸索期的低迷和第二阶段失控混乱和整顿阶段的停滞状态后，福利彩票进入了快速发展的阶段。

计算机技术为福利彩票玩法的不断创新提供了技术保证，福利彩票的玩法已多达数十种，票面已达上千种；福利彩票已深入人们的日常生活，其承载的慈善公益精神也渐渐为人所熟知。截至 2007 年年底，福利彩票共发行 2 760.6 亿元，筹集公益金 924.65 亿元，可使用福利彩票公益金共计 512 亿元，民政系统用于全国社会福利和公益事业的福利彩票公益金支出达到 364.8 亿元。从 2002 年开始，福利彩票公益金上缴中央财政的专项已超过 300 亿元。截至 2007 年年底，民政部门共向受资助单位和受益对象支付非使用设施类项目资金 11 7584.92 万元，受益对象达到 30 万人；全国城乡福利类收养单位已达 42 057 个，比 1987 年增加了 33 069 个，净增 3.68 倍，床位数达到 241.2 万张，增加了 218.6 万张，净增 9.67 倍，收养人员数量达 193.2 万人，福利机构容纳能力扩大了 9.39 倍。

（二）值得注意的几点变化

1987 年以来，福利彩票作为我国的一个新生事物不论是在称呼上，或是组织层次上，或是社会对福利彩票认识上等方面，都经历了一系列变化，以下几点变化特别值得注意，特此说明，通过了解这几点变化，就可以对我国福利彩票的发展演变有更为细致的了解。

1. 名称上：从“有奖募捐券”到“福利彩票”

由于旧中国时期彩票往往与“吃喝嫖赌”相联系，人们对彩票总有一种反感和不好的印象。在中国社会救助事业和社会福利事业资金极其匮乏，而决定通过发行彩票作为弥补社会保障资金不足的一个必要渠道时，面对我国社会大众中存在着对彩票的不好印象这一客观事实，我国并没有采用“彩票”的称呼，而是取名“中国社会福利有奖募捐券”。

但这一名称本身不仅存在逻辑上的矛盾，如募捐这个行为应该是自愿的，是奉献爱心的，是不求回报的，而与具有浓厚机会主义色彩的“有奖”这个前缀词连在一起，从语言组合上来说略显生硬和牵强；另外，随着国际交流的频繁，由于与国际上的习惯称呼并不接轨，这个词在理解上带来越来越多的麻烦，而且还发现政府弃而不用的“中国社会福利彩票”这个名称被有些人盗用后在国际上活动。基于此，1993 年 2 月，经民政部同意后，报国家工商局批准，“中国社会福利有奖募捐券”的发行机构“中国社会福利有奖募捐券发行中心”更名为“中国社会福利奖券发行中心”，“中国社会福利有奖募捐券”也就因此更名为“社会福利奖券”。这一名称虽然比最初的“中国社会福利有奖募捐券”有所改进，但并没有彻底地摆脱计划经济体制下对“彩票”的不好印象，整个社会仍然没有接受“彩票”这个概念。

1993 年 10 月，中国社会福利奖券发行中心被国际彩票组织接纳为该组织在中国的唯一正式会员，1994 年 5 月，又被另一个国际彩票组织（AILE）接纳为该组织的临时会员。在相继加入这两个国际组织以后，为了真正与国际彩票业接轨，以更好地促进我国福利事业的发展，民政部、中募委决定将“中国社会福利奖券”这一过渡性名称改为“中国福利彩票”。1994 年 12 月 2 日，民政部向各省、自治区、直辖市民政厅（局），计划单列市民政局发出《关于加强社会福利有奖募捐工作领导的通知》。通知中，民政部决定将“中国社会福利奖券发行中心”更名为“中国福利彩票发行中心”，从 1995 年起面市的奖券就被更名为“中国福利彩票”。①

2. 福利彩票的类型：从单一到丰富

经过不断的创新和探索，福利彩票的玩法从单一走向丰富。

在销售方式上，从现场销售一种方式到现场销售、电脑销售和电话热线销售等多种方式共存。彩票发行初期，福利彩票的销售以现场销售为主；1995 年以后，计算机销售方式逐渐取代了现场销售方式。截至 1999 年，全国已有 15 个省市开通电脑彩票，电脑彩票的销售、兑奖和奖金结算全面引入计算机技术和网络通信技术，开奖采用电视直播。计算机销售方式较之于现场销售方式有彩票销售经常化，销售网点分散化，方便彩票购买；游戏规则标

① 张湛彬. 中国福利彩票事业的发生与发展 [J]. 当代中国史研究，2001 (11)：78

准化，运行软件统一化，管理监控实时化，保证各个销售系统安全运行，规范操作等。1999 年，电脑福利彩票逐步推广，网点销售成为主要销售方式；2000 年，“中华风采”福利彩票正式在全国发行销售；2001 年，“中华风采”系列电脑福利彩票在全国 31 个省、市、自治区开通热线或热线电脑彩票，并获得巨大成功。计算机销售票在福利彩票的销售中占有绝对主体的地位，从 2004 年的福利彩票发行总量 226.37 亿元，电脑福利彩票的销售总额就达到 218.44 亿元这一点就可看出。2003 年 2 月 2 日，中国福利彩票发行中心向全社会公布了电脑福利彩票的七大著名品牌：双色球、齐鲁风采 30 选 7、南粤风采 36 选 7、北京千禧 3D、广西风采 37 选 7、辽宁风采 35 选 7、新疆风采 35 选 7。这标志着中国福利彩票在打造品牌上的飞跃。电话热线式又称为“传统热线式”，它是一种通过电话热线销售传统福利彩票的发行方式。该方式通过电话热线把以往的票据销售改成线上销售。目前，福利彩票电话卡模式有两种：一是深圳模式；二是中山模式。前者只能用来投注，后者则是既可以用来投注也可用来理财。该方式的优点是投注方便、可靠性高、投注时间长。

在中奖的方式上，从传统式的福利彩票到传统式、即开式等方式并存。1992 年中国福利彩票中心在全国范围内推出了“大奖组”即开式福利彩票销售方式，也是在福利彩票玩法上的一次重要创新。所谓大奖组销售，即实行高额奖券、广泛宣传、集中销售，克服了原来临时性沿街摆摊销售方式吸引力差、规范程度低的弊端，使该年福利彩票销售收入首次突破 10 亿元大关，达到 13.76 亿元。1995 年 8 月，福彩发行中心在安徽召开会议，总结新疆成功经验，进一步研究改进“大奖组”销售方式，推行“多点联销”的形式，使大奖组销售更具操作性，形成一套较为完善的操作规程。虽然该方式的最大优点是速战速决、销量惊人，但也具有较大的缺点，如规模过于宏大，气氛过于激烈，潜在的危险性大，容易引发多种社会问题等。目前主要有电脑彩票、中福在线彩票，即开票大奖组暂停。全球性的票种有双色球和 3D。双色球和 3D 作为中国电脑福利彩票中的姊妹花，已是著名品牌。

按彩票的内容是否印制好分，有被动式和自选式。自选式主要是指乐透式福利彩票和数字型彩票，与现实中存在的一些具体玩法相结合就衍生出各种各样的玩法，如双色球、35 选 7，6+1 等就是乐透式彩票的典型，3D 是典型的数字型彩票。“乐透”彩票是现代电脑彩票的国际流行说法。乐透式彩票的销售、兑奖和奖金结算全面引入计算机技术和网络通信技术，开奖采用电视直播。2000 年，中国福利彩票发行中心在全国范围内推行“乐透式”热线和准热线系统。投注机和数据中心之间，大销售期末由人工用软盘传输数据的称为非热线系统；两者之间通过通信网络及时（定时或定量）传输数据的称为准热线系统；两者之间在线实时传输的称为热线系统。目前，我国基本上是准热线系统和热线系统。

3. 福利彩票的资金分配比例：从频繁调整到逐渐稳定

福利彩票资金分配比例决定了福利彩票公益金的数量。福利彩票资金分配比例曾多次进行调整。1987 年 5 月规定，奖金占 35%、发行成本占 15%、福利金占 50%；1988 年规定，奖金占 40%、发行成本占 15%、福利金占 45%；1989 年规定，奖金占 45%、发行成本占 15%、福利金占 40%；1990 年 4 月规定面值 1 元和 2 元的奖券，奖金分别占 50%和 55%，成本分别占 20%和 15%，福利金都为 30%；1994 年 12 月规定，奖金不得低于彩票资金的 50%，成本不高于 20%，福利金不低于 30%；2001 年国务院 35 号文件规定，从 2002 年 1 月 1 日起，彩票发行资金构成比例调整为：返奖不得低于 50%，发行经费不得高于 15%，公益金不得低于 35%。自此，福利彩票的资金分配比例也就稳定下来。福利彩票资金分配比例的演变过程见表 14—3。

表 14—3　　福利彩票资金分配比例的调整

年份	奖金（%）	发行费（%）	公益金（%）
1987	35	15	50
1988	40	15	45
1989	45	15	40
1990	55	15	30
1994	50	20	30
2002	50	15	35

彩票公益金的使用办法决定了福利彩票在社会福利事业上的投入规模。2001 年国务院 35 号文件规定，同时，分别按 80 亿元彩票发行额确定民政、体育部门彩票公益金分配基数。公益金分配程序为：首先分配民政、体育部门的基数公益金；然后分配用于 2008 年北京奥运会、青少年校外活动场所建设和维护等专项公益金；最后剩余的部分，按 2∶8 的比例在民政、体育与社会保障基金之间进行分配，20%归民政、体育部门使用，80%用于补充社保基金。公益金的使用范围开始超出民政和体育部门内部，从本质上改变了福彩、体育彩票部门彩票的性质，从而使彩票的公益性和社会性得到更充分的体现。2006 年财政部发文从 2005 年起对彩票公益金分配政策再作调整：彩票公益金在中央与地方之间，按 50∶50 的比例分配；中央集中的公益金，在社会保障基金、专项公益金、民政部和国家体育总局之间，按 60%、30%、5%

和5%的比例分配；地方留成的公益金，将福利彩票和体育彩票分开核算，坚持按彩票发行宗旨使用，由省级人民政府财政部门商民政、体育部门研究确定分配原则。

4. 管理上：从随意走向规范

1987年以来，政府出台了很多文件以规范福利彩票的发行、销售和资金分配工作，使得福利彩票的管理逐渐从随意走向统一，表14—4就是其中的一部分。

表14—4　　1987年以来政府出台的部分政策文件

序号	文号	颁布机构	名称
1	1987	民政部	《关于开展社会福利有奖募捐活动的请示》
2	中募（1990）委字第7号	中募委	中国社会福利有奖募捐委员会关于重申不准以任何形式摊购社会福利奖券的通知
3	1991	国务院	关于加强彩票市场管理的通知
4	1992		中彩中心探索“大奖组”销售方式
5	1993	国务院和全国人大常委会	颁发通知：对包括有奖销售中舞弊在内的各种混乱现象进行法律规范，遏制商业有奖销售中的各种不正当竞争行为
6	1994	中共中央办公厅、国务院办公厅	关于严格彩票市场管理禁止擅自批准发行彩票的通知
7	1995	民政部	福利彩票发行机构的财务会计制度
8	民办发［1998］12号	民政部办公厅	中国福利彩票发行与销售管理暂行办法
9	1998	财政部、民政部	《社会福利基金管理使用暂行办法》
10	民发［1999］73号	民政部	关于中国福利彩票管理工作有关问题的通知
11	国发［2001］35号	国务院	关于进一步规范彩票管理的通知
12	民发［2001］105号	民政部	关于加强管理扩大发行福利彩票的通知
13	财综［2002］13号	财政部	关于印发《彩票发行和销售管理暂行规定》
14	2004年	财政部	关于调整彩票公益金分配政策的通知
15	2007-12-24	中国福利彩票发行管理中心	中福在线即开型彩票销售厅管理暂行办法
16	2007-12-24	中国福利彩票发行管理中心	电脑福利彩票投注站管理办法（试行）
17	2009-4-22	国务院	《彩票管理条例（草案）》

总之，在福利彩票的具体管理实践上，越来越强调规范和全国统一。如在电脑彩票产生之初，就对全国所有的电脑福利彩票销售实行了“五统一”的要求：统一玩法规则、统一硬件标准、统一运行软件、统一管理模式、统一实施监控。

5. 资金使用上：实践效果越来越好

福利彩票的发展壮大，是我国改革开放以来尤其是社会福利事业发展的一个重要成果，它从无到有，再到成为公众熟悉且参与者日众的事物，为我国的社会福利与公益事业做出了重要的贡献。[①]

虽然自 1987 年福利彩票产生以来，福利彩票的返奖率在逐步提高，如从首次发行时返奖率为 35%到即开式福利彩票面市时，规定其返奖率为 40%，再到后来返奖率调整为 45%和目前规定的返奖率 55%，但返奖率的提高带来的是福利彩票销售规模的扩大，因此，用于社会救助和社会福利事业的公益金规模也就越来越大，取得较好的实践效果。

福利彩票公益金按照“扶老、助残、救孤、济困”的宗旨，用于多种社会福利和公益事业的发展。1990 年年初，中募委正式颁发了《有奖募捐社会福利资金管理使用办法》（以下简称《办法》）。《办法》规定社会福利资金使用范围是“主要用于资助为老年人、残疾人、孤儿服务的社会福利事业，帮助有特殊困难的人，支持社区服务和社会福利企业的发展。”在资助具体范围中，民政部明确界定为 5 个项目类别：城市福利事业、乡镇福利事业、社区服务、福利企业及其他。

1987—1997 年，中央、省、地、县四级财政用于城市社会福利设施建设的投入共计 14.1 亿元；而同期通过发行社会福利彩票筹集社会福利基金用于这方面的资金为 41 亿元，两者之比为 1∶2.9。据全国财务决算数据，1998 年 12 月 31 日以前投入的 70.6 亿元社会福利资金，共资助和兴办社会福利项目 81 682 个，具体见表 14—5。

表 14—5　　1987—1998 年福利彩票筹集资金的资助项目[②]

项目	内容/对象	资助项目（个）	资助金额（亿元）	其他
城市福利事业	县以上各类福利院、老人公寓、光荣院、精神病人院等	21 410	31.5	增加收养床位 50 多万个

① 郑功成. 和谐社会呼唤彩票事业 [J]. 中国社会报，2004（12）

② 金祥荣，朱希伟. 中国彩票业：反思与构想 [J]. 福建论坛（人文社会科学版），2001（5）：75

续表

项目	内容/对象	资助项目（个）	资助金额（亿元）	其他
乡镇福利事业	改造现有乡镇敬老院及兴建敬老院	29 955	8.9	增加收养床位 40 多万个
城市社区服务	各级综合性社区服务中心和老年大学、老年活动站	9 756	14.8	
资助福利企业	以贷款贴息方式帮助福利企业技术改造	11 341	4.5	为残疾人提供了 20 000 个以上较为稳定的就业岗位
其他公益事业	弱智儿童教育、聋儿语言训练、白内障复明手术资助等	9 220	10.9	受益人数在 60 万以上

资料来源：《福利彩票基金使用状况及效应分析》，载《中国社会报》，2000 年 9 月 13 日第三版；樊丽明，石绍宾. 中国公共品自愿供给实证分析——以中国福利彩票筹资为例 [J]. 当代财经，2003 (10)：26

另外，2001—2004 年全国各地实施的“星光计划”资助社区老年之家 3.2 万多个。其中，2004 年已完成第三批“星光计划”，第三批“星光计划”项目的重点是县城和乡镇，投资总额为 46.6 亿元，再建项目 6 234 个；2004 年开始实施“明天计划”，开始为残疾儿童进行康复手术，目前全国已经有近万名儿童受益；从“九五”规划开始，每年都资助全国残联 1 500 万元，并对中华慈善总会、红十字总会等慈善组织进行捐款；从 2004 年开始，每年 8 亿元公益金用于农村医疗保险基金；从 2000 年开始，福利彩票公益金共上缴中央财政 118.7 亿元，主要用于社会保障事业、青少年校外活动场所建设和维护、2008 北京奥运会筹资、红十字人道主义救助事业、残疾人事业、补助地方农村医疗救助方面。① 可见，从产生至今，福利彩票资金的使用范围已不仅限于社会救助、社会福利，还用于社会保险方面。

（三）相关的资料说明

1. 1987 年以来福利彩票的销售规模（见表 14—6）

表 14—6　　1987—2008 年中国福利彩票销售情况　　单位：亿元

年份	福利彩票销售额
1987	0.174

① 郑功成何祚庥等著名专家学者谈福利彩票 [J]. 社会保障制度，2005 (4)：42

续表

年份	福利彩票销售额
1988	3.76
1989	3.83
1990	6.47
1991	7.74
1992	13.76
1993	18.43
1994	18.10
1995	57.30
1996	64.75
1997	56.83
1998	63.20
1999	104.40
2000	113.40
2001	140.00
2002	168.00
2003	200.00
2004	226.40
2005	411.20
2006	495.70
2007	631.60
2008	604.00

资料来源：1987—2008 年民政部事业发展公告。

2. 2004 年各地的销售额（见表 14—7）

表 14—7　　2007 年福利彩票各省份销售情况　　单位：千万元

地区	销售额
合计	631.60
北京	238.2
天津	44.975
河北	201.12
山西	108.28
内蒙古	96.8

续表

地区	销售额
辽宁	340.47
吉林	146.03
黑龙江	209.06
上海	175.45
江苏	218.85
浙江	275.96
安徽	122.93
福建	64.723
江西	53.282
山东	346.11
河南	149.43
湖北	241.76
湖南	131.49
广东	443.86
广西	105.73
海南	18.402
重庆	101.07
四川	178.09
贵州	70.477
云南	171.04
西藏	11.116
陕西	112.09
甘肃	74.272
宁夏	29.532
青海	21.414
新疆	133.84

资料来源：中国福利彩票健康有序、稳定发展、造福社会，《经济参考报》，2005-3-6，第4版。

2004年一举突破200亿元的省份有2个，即山东和广东；超过10亿元的省、市、自治区有4个，即北京、辽宁、湖北和广西；超过5亿元的省、市、自治区有9个，分别是上海、黑龙江、河南、河北、浙江、江苏、新疆、湖南和云南；超过1亿元的省、市、自治区有14个。29个省、市、自治区与上年相比实现了不同程度的增长，其中有17个省、市、自治区销售额的增幅超过了全国增长30%的平均水平；有15个省、市、自治区销售额在5亿元以上，周销售量都超过了1 000万元，这15个省、市、自治区的销售之和占全国总销量的79.32%。

3. 关于我国“双色球”和“3D”

现将目前广受我国彩民喜爱的电脑福利彩票“双色球”和“3D”介绍如下：

双色球是一种典型的乐透式彩票。它是通过自主选择印有数字的红球和蓝球，由电视直播中奖过程的一种方式。

3D是一种数字型玩法的彩票，通过自选产生三位数。其优点：一是更简单，百、十、个三位数字，一目了然，简单易记。二是更方便，电脑热线销售系统科技含量高，销售时间长，每天可销售至19点30分，方便彩民购买。三是更及时，每天销售结束一小时后就进行开奖，彩民能在第一时间及时知晓开奖号码。四是更权威，开奖现场向彩民开放，开奖过程由中央人民广播电台一套现场直播，使建立在公开透明基础上的3D更具权威性。

▶第三节　中国福利彩票的经营与管理

在了解中国福利彩票的发展演变过程后，有必要了解一下中国福利彩票的经营与管理现状，即福利彩票的发行、销售、管理和资金分配等一系列环节，以便对我国福利彩票有全面的、动态的和立体的了解。

一、中国福利彩票的经营与管理现状

（一）监管体制

虽然，中募委早已名存实亡，但从官方上，1999年正式撤销有奖募捐委员会，不再保留中国社会福利有奖募捐委员会（中募委）及其办事机构。目前，福利彩票的监管体制如图14—1所示。

各个部门的职责如下：

国务院具有彩票发行的审批权，其他任何地方和部门均无权批准发行彩票；国务院对年度彩票发行规模实行额度管理，民政部发行彩票要向财政部提出额度申请，财政部审核汇总后报国务院，经国务院批准后由财政部将发行额度下达给民政部。由民政部据此制定具体分配方案并组织实施。年度发行中，财政部可根据彩票市场情况，会同民政部提出调整彩票发行额度的意

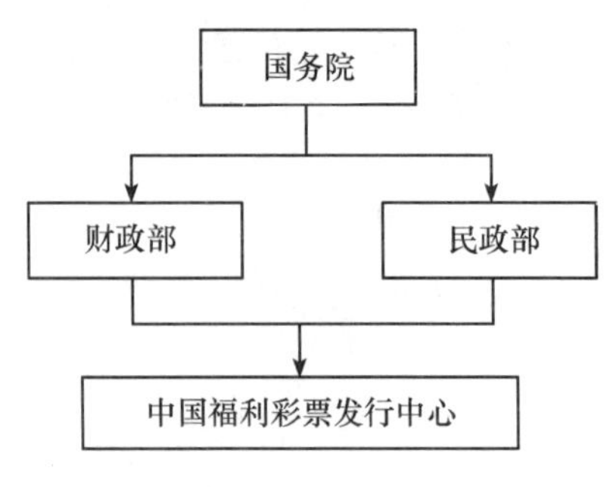

图 14—1　监管体制

见，报请国务院批准后执行。

财政部是彩票的宏观市场管理部门，其职责是会同民政部和国家体育总局研究制定彩票资金使用的政策、监督彩票资金的使用和分配，管理彩票市场和监督彩票的发行和销售活动。

民政部是福利彩票的行政业务主管部门，其职责是研究制定福利彩票的发行、销售和资金管理的具体办法并组织实施；负责研究制定本系统彩票发展规划；研究提出发行额度并经审核批准后组织实施；确保及时足额向财政专户解缴彩票公益金；加强对彩票发行机构的管理，努力降低成本，扩大发行规模。

中国福利彩票发行管理中心是民政部直属事业单位，负责全国福利彩票发行和销售业务，对各地福利彩票发行销售机构实施业务领导和全面监控。中国福利彩票发行管理中心现设以下部门：办公室、党委办公室、市场一部、市场二部、市场三部、市场四部、印制部、技术管理部、技术开发部、人事部、宣传部、培训部、财务部、监察审计室、总务部、培训中心。省级福利彩票发行管理中心是福利彩票的销售机构，受当地民政部门的行政领导，同时受上级发行机构的业务领导和监督检查。

（二）福利彩票的发行

省级福利彩票发行管理机构，负责在本行政区域内组织发行福利彩票，由中国福彩中心实施业务领导，建设和管理福利彩票销售网络，负责落实销售计划，统一归集福利金和发行费用，并按规定及时足额解缴。

对省级发行管理机构主要负责人实行任前审核制，即省级发行管理机构主要负责人由所在民政厅（局）提名，报经民政部审核同意后，办理正式任命手续。

对福利金和发行费用实行专户管理。发行管理机构要严格执行财务预、决算制度，并在成熟的地方实行会计委派制度。

中国福彩中心和省级发行管理机构都要设立专门的监察机构或专职监察人员。凡在发行销售中违规、给福利彩票信誉造成重大损害的，要视情节严重给予通报批评、暂停销售，直至取消销售资格的处罚。

（三）福利彩票的销售

中国福彩中心对发行管理机构在销售业绩、运行安全、操作规范、资金结算等四方面实行考核。省级发行管理机构主要负责人应与中国福彩中心签订年度目标责任书，年终视目标责任制完成情况进行处罚。建立以中国福彩中心为核心的全国统一软件的计算机网络系统，中国福利彩票发行中心对全国电脑福利彩票工作的全面监控。已开通计算机销售系统的省份须尽快与全国监控系统连接，尚未开通的省份要尽快开通，并及时与全国监控系统连接。从 2001 年起，电脑彩票实行中央和省级两级核算，以省级为基本核算单位，并实行玩法规则、硬件标准、运行软件、管理模式、监测控制“五统一”。凡由省级发行管理机构投资建设计算机销售系统的，以省为基本核算单位，奖金和发行费用实行统收统支，福利金由向上缴纳改为向下拨付；凡由地、市级投资建设的，要采取措施逐步向省级核算过渡。

要在福利彩票的销售环节中引入市场机制。即开票在规范操作、确保安全的前提下，允许有关公司参与协助销售。电脑票在营销策划、技术服务、设备提供或维护等方面，允许有关公司参与合作。参与协助销售或参与合作的公司必须经过公开招标、公平竞争、择优选用，同时要有符合法律、法规的有效合同，不得进行承包销售或转包销售。

广泛发展社会力量参与网点销售。要在整顿和调整现有电脑票销售网点、清理违规网点的基础上，扩大网点的覆盖面。要注重整体开发金融、邮政、电信、连锁超市等联动性强的社会网点，提高布点的数量和质量，并向具备通信条件的小城镇延伸，尽快开拓农村市场。严禁炒卖网点。

（四）福利彩票公益金的分配和使用

根据 2001 年国务院《关于进一步规范彩票管理的通知》，从 2002 年 1 月 1 日起，彩票发行资金构成比例调整为：返奖比例不得低于 50%，费用比例不得高于 15%，彩票公益金比例不得低于 35%。文件中也规定，现在的资金分配比例并不是一成不变的，随着彩票发行规模的扩大和品种增加，应该进一步适当调整彩票发行资金构成比例，降低发行费用，增加彩票公益金。

（五）收支两条线管理

按照收支两条线的原则，对彩票发行收入实行专户管理。彩票公益金和发行费用必须纳入财政专户，支出应符合彩票发行与销售机构财务管理制度和彩票公益金管理制度。彩票公益金不得用于平衡预算，发行费用结余不得用于补充民政部门的行政经费。国家审计机关要加强对彩票发行以及彩票公益金筹集、分配和使用情况的审计，年度审计结果向社会公布。

（六）人事管理

中国福利彩票发行机构主要负责人的任命实行报告备案制度。福利彩票发行工作具有很强的行业性、技术性和连续性。福利彩票发行机构的管理及其主要领导人的任免、使用，对中国福利彩票事业的健康发展至关重要。为此，决定从发文之日起，各级福利彩票发行机构主要负责人的任免，必须事先征求上一级民政部门的意见，然后办理任免手续，并向上一级发行机构备案。

加快发行管理机构内部运行机制改革步伐。改革现在的劳动用工制度，建立全员聘用合同制。发行管理机构的所有职工按平等自愿、双向选择的原则，与单位签订聘用合同。对落聘原有职工要按照国家有关政策进行妥善安排。通过改革用人制度，努力形成能进能出、能上能下的人才合理流动的良性机制。

推行岗位目标管理责任制。要变现行的身份管理为岗位管理，建立符合社会主义市场经济要求的岗位目标管理责任制。要科学、合理地进行岗位分类，制定岗位目标责任。岗位目标应逐级分解，逐级落实。在做好定岗定责工作的基础上，发行管理机构的所有职工均需与单位签订有明确量化指标的岗位目标责任书，并以此作为考核职工业绩的主要依据，职工的岗位变动、工资分配均需与岗位目标完成情况挂钩。为使岗位目标管理责任制顺利实施，允许发行管理机构自主确定岗位设置和人员配备。

实行工资总额与发行业绩挂钩的分配办法。职工工资在现有构成基础上，新增绩效工资部分，绩效工资集中体现职工岗位工作业绩，以岗定薪，岗变薪变，多劳多得。

二、中国福利彩票的经营与管理中存在的问题

（一）两种彩票共存的部门管理体制：不利的外部环境

目前，中国政府特许中国福利彩票发行中心与中国体育彩票发行中心分

别垄断福利彩票与体育彩票的发行权。中国福利彩票发行中心与中国体育彩票发行中心各自在全国范围内设置垂直领导的各级销售“代理人”，从而形成销售市场的双寡头垄断格局。由于福利彩票与体育彩票是同质的，确切地说，两者之间存在高度的相互替代关系，使得在双寡头垄断的市场结构中，形成过度竞争，导致彩票业运行效率下降。[①] 财政部曾通报批评四川省福利彩票发行中心违规操作的有关情况，其中一条就是：“有意将体育彩票与福利彩票的有关指标进行比较，违背了彩票从业者的基本职业道德准则”。具体所指，就是该中心在当地报纸上宣扬“电脑福利彩票特等奖出奖概率为 936 万注分之一，略高于体育彩票的 1 000 万注分之一”等。财政部曾三令五申“各级彩票发行和销售机构在对外宣传中，只能就自己的发行情况进行宣传，不得涉及其他同业者，不得将不同彩票的发行和销售情况进行宣传，不得将不同彩票发行和销售机构的情况及指标进行比较，不得出现直接或间接诋毁其他同业者的言辞，也不得采取不正当竞争手段损害其他同业者的正当利益”。虽然明令禁止，现实中各地福利、体育两家彩票大打“对攻战”的例子不在少数。湖北福利彩票就曾公开宣传：电脑福利彩票比电脑体育彩票“更高、更快、更强”（中奖率更高、机器运行速度更快、玩法更强）。

除了宣传之外，为了抢占更大的市场份额，两家彩票在硬件上更是不惜血本，造成硬件投入上的亏损和浪费。比如中部某省体育、民政部门各投入 2 800 万元和 5 000 万元，分别建了两套非热线电脑福利彩票系统，但据说各自每期的销售只有 100 多万元，一直处于亏损状态，而为了在竞争中处于有利地位，该省又开始筹建电脑福利彩票的全热线系统。这种盲目投资、不计后果、不计浪费的势头，不禁让人担忧。

更有甚者，在有的省市，为了压缩竞争对手，彩票主管部门负责人不惜亲自出马，向银行扬言要撤走存款，以迫使银行放弃对另一部门电脑彩票销售系统的支持。由此看来，一些地方民政、体育彩票之间的“大战”，已经到了白热化的程度。

此外，民政、体育两家彩票的零售网络也各自为政，每个零售店只准出售本部门的彩票，使得零售商利润微薄，不少人陷入经营亏损的境地。甚至还出现过零售商为争夺销售地盘而大打出手的恶性事件。

两家的竞争尚未见分晓，其他的一些部门也想在彩票这块大蛋糕上切下一块。教育部门呼吁发行教育彩票、社会保障彩票的呼声此起彼伏。如此下去，恶性竞争事件会层出不穷，“分门别类”的彩票会使多个部门搞重复建

---

① 金祥荣，朱希伟．中国彩票业：反思与构想［J］．福建论坛：人文社会科学版，2001（5）：76

设、盲目投资，将给国家造成更大的资源浪费。

（二）福利彩票发展自身存在的问题

发行福利彩票是国家筹集社会福利基金的重要手段。随着福利彩票事业的发展，福利彩票在整个社会保障事业中的地位越来越重要。但是，当前福利彩票发行销售和资金管理中还存在一些问题，这已成为福利彩票事业发展的“瓶颈”。

1. 过度宣传福利彩票的投机性

福利彩票的销售额度连年攀升，是与其奖品的价值尤其是特等奖、一等奖的价值上扬有很大关系。关于一夜之间诞生的百万富翁的频频报道使得福利彩票由沉寂变得火暴，成为挡不住的诱惑。虽然福利彩票的任务是发展和壮大我国的社会福利事业，但毫无疑问，彩票业的发展在某种程度上要利用人们的投机心理，但这不应成为当前社会上媒体过于宣传“中奖”的理由。目前，媒体利用人们期望暴富的心理，过分夸大中奖的一面，其实彩票最大的规律是没有规律，中奖特别是中大奖的毕竟只是很少数，但是把购买彩票当成制造“百万富翁”的摇篮的宣传，就会激发人们孤注一掷的赌性和投机心理，从而增加彩票对家庭、社会的负面影响。这样说并不是故弄玄虚或夸张，2001 年 11 月以来，哈尔滨第一专科医院便收治了两名因未中奖而精神失常的彩票迷。随着我国彩票业的日渐繁荣，因彩票兑奖引发的纠纷案例也逐年增多，这一方面是由于没有相应的法律法规予以规范，但现在的媒体舆论导向也并不利于福利彩票的持续和健康发展。自从彩票开始以来，经常能从电视上耳闻目睹一些人一夜暴富的传奇经历，报纸也都是把中奖者放在最显著的位置报道。很多人把购买彩票当成改变自己命运的最热切的方式加以关注。正是在这种投机心理广泛存在的情况下，也使一些封建迷信活动回潮，在南京就活跃着一批以预测彩票中奖号为职业的神秘人群。他们既有用高科技电脑软件作预测工具的，也有用古老的占卜算卦来预测中奖概率的，一些名刹古寺的香火也日渐旺盛，不少人求神拜佛，把博彩当成卜彩。从这层意义上说，鲁迅在《中国的奇想》一文中言赌博大概是“小则败家，大则亡国”绝不是过头的话。[①]

2. 福利彩票的经营与管理不够规范，各种违规现象层出不穷

具体来说：一是彩票销售机构财务管理、彩票公益金与发行管理制度不尽完善，发行费用比例过高。福利彩票销售机构中有相当一部分在资金使用

---

① 董少广. 彩票发行呼唤立法 [N]. 中国审计报，2001 (3)

上存在随意性，对彩票公益金和发行费用没有实行"收支两条线"管理。二是一些彩票销售机构违反国家规定，变相更改游戏规则，存在不正当竞争行为。部分福利彩票销售机构对外委托彩票销售，没有经过公开招标、公平竞争、择优选用，而是根据上级主管部门的指向同委托单位签订销售协议，还擅自将应作公益金的弃奖奖金全部支付给协议方，这种销售协议条款与国家有关规定是相抵触的，最终造成应上缴财政专户的公益金流失，国家利益受到损害。三是一些彩票机构财务管理违反财务会计制度，不正当使用福利基金。部分福利彩票销售机构长期对外出借社会福利金，挤占挪用福利基金，把应纳入公益金管理的弃奖奖金用于发行费支出或挪作他用，严重影响了彩票资金效益的发挥。四是彩票销售机构对中奖者捐赠款的支出随意性较大，缺少监督环节。部分彩票机构并不经过严格地监督、审查，就将中奖者捐赠的款项任意支出，致使福利彩票资金的福利效用大大降低。① 五是在彩票发行的组织者采购奖品的过程中，存在彩票发行组织者与奖品供应商联合起来抬高奖品价格，以从中榨取油水的种种腐败现象。

三、中国福利彩票未来的发展定位和发展策略

（一）我国需要大力发展福利彩票事业

从整个社会的建设目标而言，我国建设和谐社会的宏观目标的实现不仅需要刚性的制度安排，更需要有非制度化的富含公益道德的机制来润滑。福利彩票就是这样一个机制，而且，我国的福利彩票业也有很大的发展潜力。我国彩票市场的潜力远未被发掘。国际通行经验表明，一个国家正常的彩票销售发行规模一般为国内生产总值（GDP）的1%左右。而2008年，我国福利彩票销售额仅占GDP的0.2%左右。因此，我们应该从正面引导福利彩票事业的发展，来促进我国社会福利与公益事业的发展。② 另外，从现在福利彩票在社会保障制度运行中的作用来看，社会保障事业的发展越来越依赖福利彩票提供的资金支持，目前福利彩票筹集的公益金不仅用于多个社会救助和社会福利项目，如"星光计划"，还用于农村医疗保险，以及上缴中央财政、充实全国社会保障基金等，都说明福利彩票在社会保障事业的发展中扮演着重要的角色。而且，从社会的现实困难来说，只有大力发展福利彩票事业才能解决社会的现实困难，这是时代的需要。目前的形势是严峻的：全国还有1 300多个县或县级市没有福利院，而建一所收养100人的福利院，即使按最

① 孙可君，牟成岗．福利彩票资金管理存在的问题及对策［J］．中国审计，2003（4）：44-45

② 郑功成．彩票事业是一项有特殊意义的公益事业［J］．社会保障制度，2005（4）：40

低标准，也需 900 万元，总投资不能低于 120 亿元；全国现有社会福利院 1 200 多所、优抚事业单位 1 300 多所，这 2 500 多个单位中，急需改造的危旧房占总建筑的 40%，仅此一项投入，就至少需要 70 亿元；现有社会福利和优抚事业单位中，80%没有常规医疗设备，仅仅添置 X 光机、B 超、心电图测试仪三件，就需要 25 亿元；全国 10 万孤儿（包括弃婴）的收养、教育已成燃眉之急，而各地儿童福利院数量严重不足，现有设施陈旧，生活标准极低，改造和新建儿童福利院以基本解决孤儿社会保障，至少需要 50 亿元。① 以上共计 200 多亿元，这还不包括 4 万多个农村敬老院的维护和完善，5 万多个安置残疾人就业的福利企业的生存和发展，以及其他社会福利事业基本运转的需要。可见，尽管福利彩票在社会救助和社会福利方面做出很大贡献，但是由于同我国社会保障事业的需求相比只是杯水车薪，需要大力发展福利彩票事业。

（二）发展策略

如前所述，我国福利彩票发展中存在较多问题，福利彩票只有解决好这些问题才能得到更好的发展。经分析可以发现，产生上述问题的原因是多方面的，既有体制方面的，也有管理方面的，如法规制度不完善，监管力度不够；一些县级彩票机构不健全，缺少专职管理人员，主管部门管理不到位、外部有关部门监督检查和执法力度不够等，都是造成上述问题产生的重要原因。基于此，对福利彩票事业未来的发展提供如下建议：②

1. 在宏观上：应将福利彩票确定为我国发行的唯一一种彩票

彩票业的发展并不以竞争为必要条件，完全垄断的市场结构仍可以是有效率的。综观全球，彩票合法化的国家或地区基本上采取彩票专营制，即实行彩票发行的全国性垄断或地区性垄断。一个国家内多个机构发行福利彩票必然会引起这些机构之间的相互竞争，过度竞争必然导致“内耗”，从而降低彩票业的运行效率。③ 彩票收入作为国家的公益金收入，应当按照具体的需求分配给不同的公益事业使用，而不是限定为某几项用途。就发行而言，也完全没有必要“分门别类”。因此，建议把体育彩票当成福利彩票的一部分，集中社会闲散资源，更好的发挥规模优势，弥补公益事业资金的不足。

2. 在制度规范上：加快彩票立法、完善相关制度

① 时正新等. 福利彩票——中国特色的社会募捐形式 [J]. 中国民政，2001 (1)：47

② 孙可君，牟成岗. 福利彩票资金管理存在的问题及对策 [J]. 中国审计，2003 (4)：44-45

③ 金祥荣，朱希伟. 中国彩票业：反思与构想 [J]. 福建论坛：人文社会科学版，2001 (5)：76

随着福利彩票发行方式的不断更新、规模的不断扩大，彩票发行管理体制、资金和财务管理制度不系统、不完善，缺少刚性规定等问题逐渐暴露出来。因此，加快彩票立法，以法律法规的形式规范彩票发行销售行为，完善彩票财务管理和会计核算制度，加强彩票公益金及发行费用使用的公正性、合理性和效益性是发展中国福利彩票事业的现实要求。还应完善公益金资助项目评审制度，确保评审的科学性、全面性、公正性，以进一步提高资金的经济效益和社会效益；加强对捐赠款使用管理，以提高资金使用的透明度和合理性。

3. 在组织建设上：规范彩票销售机构

对某些不具备彩票销售和资金管理要求的县级彩票机构应当取消，充实市级彩票机构。由市级彩票机构统一组织这些区域的彩票销售工作，保证国家有关政策在彩票销售和资金管理工作中得到落实，以促进福利彩票事业健康、快速发展。

4. 资金分配上

遵守发行宗旨不动摇。民政部副部长窦玉沛在介绍去年社会福利彩票资金使用情况时透露，去年全国共销售 490 多亿元，根据分配比例，其中一半作为奖金，35%作为筹募积累金，其他 15%作为各种发行费用。而去年交给中央财政的 75 亿元社会福彩资金中，大头都交到了社保基金中，而直接由民政部用于福利事业的仅有 6 亿元。众所周知，国家发行福利彩票的目的就是为了适应社会福利、社会救助和社会保障事业的发展需求，而现在发行福利彩票的收入资金真正利用到这些方面的仅仅占 1%多一点，大头却都交给了社保基金，已偏离、违背了福利彩票“扶老、助残、救孤、济困”的发行宗旨。福利彩票资金的严重流失，不仅有违于社会公平，也侵犯了社会弱势群体的利益。世界各国的社会保障制度安排都优先解决社会贫困阶层的问题，这既是稳定社会的需要，也体现了社会对弱势群体的人道主义关怀。但在我国，“应保未保”问题还比较严重。目前，中国城乡平均低保率为 30.85%，而且平均每月补助标准较低，城市为每人每月 155 元，农村为每人每月 76 元。2004 年中国社会救助支出占社会保障开支的 11.8%，占 GDP 的比例为 0.29%。1995 年美、英、澳大利亚等 11 个发达国家中，占 GDP 比例最低的是瑞典，为 0.5%。可见，社会救助事业的资金缺口丝毫不亚于社会保险资金的缺口，应该回归福利彩票公益金的真正用途。

本章小结

彩票是对各种机会游戏的运用，福利彩票是用于福利事业的彩票，福利性是其根本特征，比一般意义上的彩票更注重公益性、伦理性、群众性和趣味性的有机统一。福利彩票的发展壮大需要遵循始终贯彻福利彩票的发行宗旨，保持福利彩票的政府垄断特征不动摇，玩法上的不断创新和技术上的不断改进和透明规范的管理机制等原则。中国福利彩票的发展经过试验摸索的起步、失控和整顿调整的恢复和规范后的快速发展等三个阶段。目前，福利彩票在我国正扮演越来越重要的角色，不仅是社会救助资金、社会福利资金的重要来源，还是全国社会保障基金越来越重要的来源渠道（中央财政、国有资产、利息税和福利彩票），因此，要对现存的发行费用过高、过程不规范，资金分配使用不够透明和违规现象严重等问题积极的解决，以促进福利彩票的发展，从而弥补我国社会保障资金的不足、政府财力的欠缺，促进社会保障事业的全面发展。

复习思考题

1. 简述彩票的产生与发展历程。
2. 福利彩票有哪些种类?
3. 我国福利彩票的管理体制是什么?
4. 简述我国福利彩票的演变过程。
5. 福利彩票经营和管理过程中存在哪些问题?

案例讨论 1

被叫停的中福在线彩票

由于“中福在线”彩票无论是投注终端的样式、游戏内容、游戏规则以及兑付方法等，均与国家严禁设置和使用的具有赌博功能的“老虎机”有诸多相似之处，因此，自出现至今，争议不断。从 2005 年到 2007 年，其销售从 6.75 亿元猛升至 130 余亿元。2007 年 12 月 21 日，财政部、民政部、国家体育总局联合下发文件，规定不得利用互联网发行销售彩票。2 月 6 日，“中福在线”中最受欢迎、也是最受质疑的“西游夺彩”等三款视频博彩游戏被监管部门叫停，导致“中福在线”销售额迅速下滑。日均销售额曾达 23 万元的沈阳的一个“中福在线”销售厅，在 2008 年 3 月 2 日只售出 50 元。

2007 年 6 月，重庆市的“中福在线”金岛销售厅装修费用达百万元，福彩中心为此还派人到拉斯维加斯、澳门等赌场考察，给金岛厅风格注入不少“国际化元素”。有关“重庆开设豪华赌场”的消息受到海外媒体关注，成为政府部门下决心治理彩票行业的最初诱因。

上海师范大学金融学院彩票研究中心学者李刚认为：“公办彩票常常先打

开了潘多拉的盒子，例如足彩开通后，地下赌球也更多了。”他称，一些后来沉溺于“中福在线”的彩民，一开始并不好赌，他们的赌性是由“中福在线”诱发与培养的。如果在这时停止了“中福在线”的运营，他们可能会去博私彩。但如果早些关了，就可以少一些人被引诱。北京大学公益彩票事业研究所执行所长王薛红在接受央视采访时，分析了当初引进“中福在线”时的利弊权衡，与其让外国人赚去中国人的博彩资金，还不如中国自己来挣——博彩在国内产生的负效应与补偿社会的正效应可以相互抵消；但如果让外国人赚去了，本国只是资金输出国，留下的只有负效应。李刚则认为，当初设计者的这种初衷被事实证明有问题。如果国内限制博彩，确实会让一部分博彩资金外流。但如果在国内过于放开，其负效应与正面效应并不能抵消，事实表明往往是负面效应远大于正面效应。

南方周末 2007 年 12 月 6 日发表了质疑“中福在线”的报道，引发公众舆论强烈反响。2008 年 2 月 22 日中央电视台《经济半小时》的调查也指出：“福利彩票的目的是为国家筹集公益金，用来扶老、助残、救孤、济贫。可是‘中福在线’这种被形容为激活了心魔的‘电子鸦片’已经不知道使多少人变成了职业赌棍，使多少家庭走到了崩溃边缘，使多少彩民对生活失去了信心。在强大的公众舆论压力下令监管层下决心。”

2008 年 1 月 13 日，财政部部长助理丁学东视察中国福利彩票发行管理中心时强调：“我国彩票发行机构不应以销售量作为第一目标，财政部也不会以公益金的筹集量作为衡量工作好坏的第一目标。”当时他表示，监督管理部门将要进一步加强彩票监管。

案例讨论 2

“双色球”事件考验彩票业①

2004 年 2 月 5 日，“双色球”第 2004009 期开奖，当天晚上 9 点 30 分在旅游卫视转播时，同时出现在屏幕中的两个出球画面竟彼此矛盾——用福彩中心事后在《情况通报》的说法是，“特写画面与全景画面不同步”。2 月 13 日，福彩中心召开发布会向彩民道歉，承认由于机器故障，“制作人员按照已经摇出并经过公证的号码，补拍了特写镜头”，但结果“真实有效”。也就是说，人为炮制的只是开奖画面而非摇奖结果。

“彩票业的生命力植根于公信力。”北京大学国情研究中心兼公益彩票研究所所长沈明明说，“双色球”事件对彩票业的公信力是致命一击。即使福彩中心的解释是真实情况，他们采取的做法不会影响到摇奖结果，随意补拍画面这种手段也令人难以接受。程序正义一旦被打破，其结果的公正性也就岌岌可危。以销售额的 15%计算，“双色球”的发行费已经累计 5.7 亿元，金额

① 摘自吴传震．“双色球”事件考验彩票业．南方周末．2004-03-05．

之巨足以为现场开奖和录制过程提供良好的物质保证，为何录制技术屡出问题？

退一步来说，在录制技术不能保证的前提下，彩民与媒体现场观看摇奖过程也可以提高透明度。但是据了解，“双色球”是全国唯一既不现场直播摇奖过程也不邀请媒体参观的彩票品种。除了《公益时报》之外，至今还没有别的任何一家媒体受到过邀请，而《公益时报》正是由福彩中心主办的报纸。福彩中心借以推辞彩民现场观看的理由之一是“地方小”。记者调查发现，那里不仅是一个小地方，而且是一个极度封闭的地方。既然拥有了雄厚的发行费，福彩中心理应另寻合适的场所，以利于彩民与媒体现场观看、监督，否则“地下室摇奖”的形象与彩票业高透明度的要求不太符合。

案例讨论 3

深圳福彩金被挪用 5 000 万“黑洞”如何堵住？[①]

深圳市审计部门在报告中称：2002 年，深圳公益金和主管部门违反《彩票发行与销售机构财务管理办法》的规定，挪用福彩公益金 5 000 多万元：2002 年 2 月至 7 月，于宝安、龙岗等地购买未经国土局规划的土地、工业厂房及综合大楼共 2 368 万元；借给市民政局办公楼装修 650 万元，其他单位借款 1 150 万元；投资兴办企业 1 500 万元。

深圳市审计部门建议：任意支配和挪用的公益金和发行经费，要责成专门部门和人员负责追回，保证公益金和预算外资金的安全完整；制定可操作的资助项目评定标准，健全项目审查、评定、跟踪制度，资助项目评审委员会在评定项目的时候做到有标准、有依据；同时，严格执行公益金使用的公示制度，定期向社会公布公益金的筹集、资助项目的评定、资助金的投放以及资助项目的执行情况和效益，接受社会公众的监督。

深圳社科院杨立勋教授对此次深圳爆出光彩的事业有不光彩的地方大加赞赏，同时他还认为，今后为避免此类事件的发生，对各种彩票发行要建立一个监督网：内部、审计、行政、社会、媒体等多层监督，让光彩的事业大白于市民面前。

深圳不少网民也提出，在政府的公益金评审委员会里，能不能增加市民代表，同时，在彩票的印制、发行、销售、结算等环节，也应该有市民代表的参与监督。

由于彩票资金使用不够透明和公开，并且没有制度上的监督和约束，暗箱操作、挪用资金、贪污腐败等现象屡禁不止。因此，各地审计局应加大福利彩票资金专项审计力度，摸清福利彩票资金发行、管理、分配、使用和结余情况，揭露资金募集、管理、使用中存在的突出问题，促进福彩机构和主

① “深圳福彩金被挪用 5 000 万‘黑洞’如何堵住?”，羊城晚报，2003-12-26

管部门合理使用资金，加强和改进管理，进一步提高资金的使用效益，保障资金的安全完整和彩票事业健康有序发展。

案例讨论 4

青岛“福彩号”豪华游艇起波澜①

一艘价值 2 000 万元、由世界三大游艇生产商之一的英国 SUNSEEKER 公司生产的豪华游艇正停泊在山东青岛，它的主人是青岛福彩中心，名为“福彩号”。2005 年 9 月 16 日上午，“福彩号”在青岛银海国际游艇俱乐部举行了正式交接仪式。据青岛福彩中心官方网站介绍：“独立筹资购买并运营‘福彩号’游艇是青岛福彩中心以 2008 年奥帆赛在青岛举行为契机，进一步打造福彩事业品牌，支持发展社会公益、慈善事业，提升城市整体形象的又一重大举措。”游艇担负着重要的使命：“‘福彩号’将为各级各部门招待外国元首、驻华使节，国际奥委会、国际帆船联合会等显贵政要浏览青岛风光、考察投资环境、视察奥帆赛准备工作等提供高品质服务，也将为社会名流、商业巨贾提供极具时尚魅力的商务、度假、休闲场所。”关于购买游艇的资金来源，王增先介绍说，青岛福利彩票销量自 2000 年以来一直居全国城市第一，累计销售彩票近 35 亿元。但是，这艘游艇既没动用公益金，也没有动用发行费，而是通过自筹资金和贷款的方式购买的。虽然福彩中心已将购买游艇的资金来源和游艇用途表达得十分清楚，但由于福彩中心的特殊性，游艇入水还是立即引起了“波澜”，一位自称熟悉船务的人士告诉记者，价值 2 000 万元的豪华游艇，一年的费用就数以百万。不知道青岛福彩中心将如何消化这笔费用。而且福彩是社会福利事业，即使奥运帆船赛需要这样的游艇，也不需福彩中心领衔市场化运作。以“扶老、助残、救孤、济困”为宗旨的“福彩”竟然搭上了为社会名流、商业巨贾提供服务的豪华游艇，豪华的“福彩号”究竟是为了谁的福利？又该到何处去寻觅“福彩”的公益性？

案例讨论 5

西安宝马案始末②

2004 年 3 月 23 日，西安市 6 000 万元即开型体育彩票销售现场，西安市青年刘亮抽得特等奖草花 K，在随后进行的二次抽奖中，抽中特等 A 奖：一辆价值 48 万元的宝马轿车和 12 万元现金。随后主办方组织刘亮坐上宝马车，进行全市巡游宣传。

---

① 青岛“福彩号”豪华游艇起波澜．新民晚报．2005-9-19

② 资料来源：“西安宝马彩票案始末”，中国法院网，2004-12-03.

3月24日，刘亮要求兑奖未果，西安市体育彩票管理中心认为刘亮所持彩票为假票，不能兑奖。主办方宣称，23日应有12人中大奖，却出现13张中奖彩票，其中一张为假彩票，他们认定刘亮所持的是假彩票。3月25日，刘亮爬上6米高的广告牌以示抗议，这就是社会各界关注的“宝马彩票案”的导火线。不久，当地媒体发现彩票发售中的不正常现象，获得宝马车大奖的3个人的身份是假的，同时揭露出，本应由体彩中心组织的抽奖活动，却是由私人承包商发行的，貌似公正的体彩抽奖到底是怎么回事？闹得沸沸扬扬的宝马彩票案的报道由此升温。

3月26日，陕西省体彩中心召开紧急新闻通气会表示，经国家体育总局体育彩票管理中心鉴定，确认这张中奖彩票是一张由草花2涂改成草花K的假彩票。3月27日，刘亮的代理人向媒体表示，该假彩票绝不是刘亮伪造，所谓的假彩票不是刘亮原来的彩票。如果是假彩票，肯定是体彩中心内部人员掉包。

4月8日，刘亮向西安市新城区法院起诉，要求西安市体彩中心履行兑奖义务。

4月底，陕西省、西安市公安、纪检监察部门介入调查此案。5月初，这起震惊全国的宝马假彩票案侦破取得重大进展，三名主要涉案人员体彩承包商杨永明、“托儿”刘晓莉和岳斌被公安机关刑事拘留。

6月4日，西安市体彩中心负责人宣布刘亮3月23日所获特等A奖彩票有效，向其当面交付所中得的宝马汽车。同时，陕西省、西安市体育局负责人向刘亮公开道歉。

由一个普通彩民的诉讼开始，到一个彩市黑幕的揭开，整个彩票事业的运行机制、管理体制和社会信誉，已经被置于社会公众的观察、思考和议论之中。它所暴露出来的体育彩票发行机关的法律地位、各级体彩中心集“管理”和“监督”于一身的矛盾、体育彩票发行机关从事营利性活动的弊端、代销商资质的法律认识、体育彩票的公证问题、从业人员素质等问题，引发了各界的讨论。只有不断完善彩票事业法律法规、理顺体育彩票的发行、销售与监督，才能从根本上杜绝“宝马彩票案”的再次发生，促进体育彩票市场的健康发展。

案例讨论6

福利彩票一大难题：私彩泛滥[①]

私彩是指没有经过政府批准，不接受有关部门管理而私自发行的各种彩票。近年来，私彩在全国泛滥，广东、福建等沿海地区尤为猖獗，湖南、江西等内陆省份也正成为下一个“重灾区”。据广东省体彩管理中心负责人表

---

① 国家彩票大战地下私彩第一回合：以3D的名义，第一财经日报，2004-12-31.

示，根据去年年底广东省农村调查队对广东省29个县2 460户农户进行的问卷调查推算，广东省农村去年单是购买地下私彩的金额便高达33.2亿元！而福利彩票在广东全省全年的销售额也只是30多亿元（含即开型彩票）。相较公彩，私彩的玩法更简单，中奖更容易，奖金也更高。此外，私彩的销售形式已有点儿类似于地下传销，上线和下线之间，亲友和熟人之间，已建立起一个庞大的网络。一个电话就可以投注，不中也不怕不给钱，中了能送奖金上门，这样的投注方式，在居住分散、因网点较少投注不便的农村，确实有公彩无法比拟的优势。从目前的情况看，私彩最集中的地方主要在农村和边远地区，因此受损最大的多为农民。

私彩的泛滥也导致了公彩销售的直线下降，并将向来以公益性为宣传主导的公彩拖入了尴尬的境地。彩票发行大省福建2003年福利彩票仅发行3亿元，不及2002年的一半。据广东省福利彩票发行中心有关负责人介绍，湛江市福彩销售一度排在全省前5名，因受地下私彩冲击，已沦落到全省的第15名，目前福利彩票的年销量已比2000年下降了三至四成。当地福彩销售人员表示，私彩的侵袭使福彩销量不断下滑，当地各项福利项目发展也受到牵制。

各种形式的私彩，已经变成了“赌博”，影响了合法彩票的发行量，严重扰乱了社会正常秩序，致使人民群众利益受损，国家必须通过立法予以明确制止和打击。

第十五章

慈善公益事业

■学习要点

通过本章内容的学习，应当理解并掌握慈善公益事业几个相关的基本概念、慈善公益事业的主要领域和社会功能、慈善公益事业的基本定位。了解相关政策、发展趋势，以及中国慈善公益事业的发展情况。学习后能够在对慈善公益事业相关内容了解的前提下，分析和评价我国慈善公益事业发展存在的问题。

■关键概念

慈善　非营利组织　慈善公益事业

在国家以立法的形式介入社会保障活动之前，不同国家和地区都有民间自发的、临时性的以救灾济贫活动为主要形式的慈善活动。慈善事业早在不发达的农牧社会就开始存在，并构成当时社会救助和社会福利的主要组成部分。在现代社会，政府充当着社会保障的责任主体，而慈善事业的地位也因此有所降低，但它仍然在加强社会救助和改善社会福利中发挥重要作用，是其中的有机组成部分。随着慈善事业的发展，社会现代慈善事业不仅表现为传统的救灾济贫，所涉足的领域造诣已经远远超过传统的救灾济贫，在文化教育、保健促进、环境保护甚至动物保护等许多公益领域。更确切地说，应该被称为慈善公益事业。慈善公益事业在配合政府社会救助和公共政策，在维护社会公平，促进社会稳定，尤其是传播人类文明、体现互助关爱等精神方面的重要作用不可低估。

▶第一节　概述

随着人类社会生产力的发展和贫富差距的出现，慈善公益事业的存在不仅是必然的而且是必要的。

首先从需求上讲，社会上存在大量不幸者，包括尚未被基本社会保障制度覆盖的人群，由于特殊事件、家庭背景、政治、经济、战争等原因陷入贫困和各种危机的人。他们未被基本社会保障制度覆盖或者漏在社会安全网外的人群并不能从中获得基本的社会保护，而且又无法依靠自己或家庭化解自身风险，他们需要通过慈善公益组织获得援助；其次，市场失灵和“政府失灵”给慈善事业提供了空间。“市场失灵”决定了公共物品的供给需要政府作为“强制性”力量介入并予以干预。然而，政府作为“看得见的手”也存在“失灵”问题。政府失灵体现在：一是政府没有足够的行动能力解决公众关注的社会问题；二是政府基于对精干、高效目标的追求无法包办国民一切福利事务；三是政府获取资源的方式也会受到社会成员认可的合法性约束。慈善不仅是对贫、困、灾、孤等方面的需求反映，而且还有体现在教育、保健、环境保护等公益事业上。

从供给的角度，随着人类精神文明和物质文明的进步，人们具有施与仁爱之心的需求和能力。无论是西方宗教还是东方文化，无论是耶稣的“爱人如己”还是中国传统道德中的“推己及人”都有“善心”“善行”“博爱”的意思体现。人类具有向社会脆弱成员及其他公益事业奉献爱心的内在需求，也需要有相应的外在条件，源于慈心，终于善行，在客观上不仅为他人提供了物质帮助，而且可以满足人类奉献爱心的精神需求。

那么何为慈善公益事业呢？下面就慈善公益事业的基本知识作简单概述。

一、慈善公益事业的几个基本概念

慈善在英文中有两个对应的词，一个是 charity，一个是 philanthropy。charity 一词来自拉丁文的 caritas，它有几个意思：第一，给穷人提供帮助、救济和施舍；第二，用于帮助处于需要的人的东西；第三，为帮助处于需要中的人而建立的机构或组织或基金会；第四，作为爱的一种美德。这种美德引导人们首先对上帝尊爱，然后要对作为上帝施爱对象的某人自己和邻里表示仁爱之心。philanthropy 这个词的词源是希腊文，它由“爱”和“人类”两个部分构成，有三个意思：第一，增加人类福利的努力或倾向，比如通过慈善援助或捐赠等；第二，对全人类的爱；第三，为了提高人类福利的活动或机构。这两个词有细微差别。相对来说 charity 更强调针对穷人或困苦状态的人的帮助和救济，而 philanthropy 则不限于仅仅帮助穷人，它还带有提高福利水平的意思①。由此看来“charity”翻译成汉语即为“慈善”，而“philanthropy”则对应为“慈善公益事业”。

慈善是一种美德、善行和爱心，是人类特有并随着文明程度的提高而发展起来的道德情操。就慈善本意来讲，不能简单地被理解为上对下的恩赐、富对穷的施舍，而是人类善爱之心的表现与标志。慈善事业一般是指建立在捐献基础之上的民营社会性救助事业②。这里的捐献可以指捐钱、捐物或捐献劳务（如志愿者的志愿行动）。而慈善公益事业的范围一般更加广泛，它是以民间公益组织（或慈善组织）为实施主体，为救助特定群体或特定标的等公共利益为目的，按照既定的操作规范、制度或原则实施的长久的社会化行为。由此看来，慈善公益事业在中国通常被理解为两个部分，即慈善事业和公益事业。不过这种概念的细微差别随着慈善事业的发展已经逐渐模糊。正如前文所说，现代慈善事业就是慈善公益事业。

国外对慈善公益事业的研究更多是在“非营利组织”（non-profitable organization，NPO）“第三部门”（the third sector）框架下进行的。在世界各国的法律体系中关于非营利组织的概念和界定比较复杂，虽然在表述方式和内容上不尽一致，但具有普遍规定。一个非营利组织为：第一，一个法人；第二，其组织或运行不以赢利为目的；第三，不是政府的组成部分；第四，

---

① 田凯．非协调约束与组织运作——中国慈善组织与政府关系的个案研究［M］．北京：商务印书馆，2004：85-86

② 郑功成等．中华慈善事业［M］．广州：广东经济出版社，1999：6

除用于非营利目的外，不直接或间接地分配利润、收益或资产。为了税收和其他目的，大多数国家都区分包括所有非营利组织在内的大类别与被称为“慈善公益组织”的小类别。慈善公益组织通常被定义为：一个以致力于公共利益为唯一目的、其受益者为社团的全体成员或某些处于弱势地位或其他值得给予特别关照的特定群体的非营利组织。由此可见，慈善公益组织都是与社会福利和慈善活动相关的非营利组织。有时，慈善公益组织就被称为非营利组织。例如，按照美国税法 501（c）（3）的规定，非营利组织必须强调“公益性”特征，从事慈善性、教育性、宗教性和科学性的事业，强调不用于私人受惠。

慈善公益组织类型多种多样，亚洲国家中占主导地位的法律形式有社团组织（协会）和基金会。我国对社会团体的定义是由公民自愿组成，为实现会员共同意愿，按照其章程开展活动的非营利性社会组织①。基金会，是指利用自然人、法人或者其他组织捐赠的财产，以从事公益事业为目的依法成立的非营利性法人。而在欧洲等西方国家，除存在以上两种形式以外还有慈善信托、非法人社团、有担保的有限公司等多种形式普遍存在。

二、慈善公益事业发展的基础

慈善公益事业从早期的宗教慈善活动、官办慈善活动与民间乡绅举办的慈善活动，发展到一种社会化公益事业，经过了一个漫长的过程。其存在与发展的基础可以概括为以下几方面②：

第一，善爱之心是慈善事业的道德基础。慈善属于道德范畴，慈善事业的非强制性和慈善行为的自愿性，决定了社会成员的善爱之心对慈善事业的发展起着道德支配作用。那么善爱之心从哪里来呢？人之初本无所谓性善或性恶的问题，而是在后天环境的客观影响下而逐渐形成的，是在人与人之间的交互作用中产生和发展起来的。一个缺乏爱心的社会必然制约着慈善事业的发展。

第二，贫富差别是慈善事业的社会基础。任何社会都必然会存在不同程度的贫富差别现象。慈善事业的工作对象是那些由于各种原因（包括历史的、现实的、自然的、社会的等原因）而导致贫困的“脆弱群体”。一个财富占有极其均等的社会，无论是共同贫穷还是共同富裕，都不具备慈善事业发展的

① 非营利组织是营利组织的对称，非营利组织除包含慈善公益组织外，还包括为了诸如同业者或类似小群体利益而进行活动的组织，但以慈善公益组织为典型，所以本章内容常常将慈善组织与非营利组织两词等同使用。

② 郑功成等．中华慈善事业［M］．广州：广东经济出版社，1999：8-13

有力社会条件。只有存在贫富差距，才能既形成援助活动的供给和需求两方，形成“慈善市场”，进而很好地发展慈善事业。

第三，社会捐助是慈善事业的经济基础。慈善事业的本源财政基础是社会各界尤其是社会成员的自愿捐献。这个经济基础不仅代表以资金为符号的经济价值，更重要的是道德价值和经济价值的混合，是传递社会中人与人之间“善性”的纽带。尽管，慈善事业并不排斥政府财政资助，甚至一些国家或地区的慈善事业主要依靠政府的财政支持，但作为慈善事业发展的经济基础，社会捐献是官方财政所不能替代的。

第四，民营机构是慈善事业的组织基础。慈善事业只能由民间公益团体或公益组织承担具体的组织实施工作，这是慈善事业区别于单个施舍行为和强制性社会保障事业或官方社会救助的重要特征。慈善事业需要政府支持，但政府不能将慈善事业变成政府工作，原因就在于政府干预可能改变慈善事业的性质并背离捐献者的意愿，进而妨碍慈善事业的正常发展。国外成熟的慈善事业不仅是民营的，而且组织募捐与实施救助的民营机构还是分离的，如美国的联合劝募者协会、香港公益金等均是专门的募捐机构。它们募集的资金无偿拨付给各慈善团体，这样不仅效率较高，而且更加保障了受益者与普通大众在人格上的平等。

第五，捐献者的意愿是慈善事业的实施基础。慈善事业的经济基础是社会捐献，这就决定了慈善组织需要坚持以捐献者的意愿作为实施基础。捐献者有权指定所捐款物用于指定的慈善项目，而慈善组织有义务按照捐献者的意愿进行组织实施。

第六，社会成员的普遍参与是慈善事业的发展基础。发达国家或地区的发展实践已经证明，只有社会成员的普遍参与，形成大众的自觉行为和良好的社会氛围，才能使慈善事业发展成为一项宏伟的事业。在美国，65.5%的家庭参与社会捐献，70%左右的成年社会成员参与志愿者服务；在中国香港特区，每年参与捐献的人数达200多万人，占全香港特区人口总数的40%左右，以义工形式参与慈善事业的人数近200万人，从而形成了社会成员普遍参与的社会氛围，这也是这些国家或地区慈善事业蓬勃发展的重要原因。而我国目前有1 000万～1 200万志愿者，仅占人口总数的8%。

三、慈善公益事业的主要领域及社会功能

（一）主要活动领域

慈善公益事业所涉足的主要领域包括以下几方面：

1. 扶贫济困

包括组织各种社会救助活动，扶助弱势群体，参与政府扶贫计划的实施和社会救济、抚恤工作。扶贫济困更直接地体现了人类的传统美德和人道主义互助精神，是慈善公益事业的传统项目。尤其在许多发展中国家，慈善事业通常就被认为是扶贫济困的事业。社会保障覆盖面和水平较低，使这些国家的许多贫困者不能得到来自政府的最后安全网的全面保护。这时慈善组织也更多地关注扶贫济困，给予他们财物甚至精神上的帮助。

2. 紧急救助

这表现为承担赈灾救助，接收、分配、调拨国内外捐助的资产，开展救灾赈济活动。当灾害或事故发生时，慈善组织更能体察灾害和事故的严重程度和物资需要。相对于政府而言，慈善组织贴近于民间，具有信息优势，反应速度更快。

3. 社会福利

资助或兴办安老、助孤、帮残等社会福利性活动，推动社会福利社会化进程，为特殊群体提供物质扶助和精神抚慰。

4. 社会公益活动

即服务于公共目的、为公共利益奉献的涉及教育、文化、卫生、环境等多个领域的活动。慈善公益组织在从事社会公益活动中所提供的服务、物品具有显著的外部经济性、非竞争性和非排他性，被认为是准公共物品①。

5. 其他领域

如在一些第三世界国家，公益组织还有时帮助政府拖减国际金融机构债务。有时一些 NGO 也代表某一群体的利益积极反映民意，提出具体项目要求，间接参政议政。

（二）社会功能

慈善是一种重要的物质和精神资源。从经济的意义上讲，民间慈善资源被认为是当代社会除初次分配、再分配以外的“第三次分配”，可以获得官方、企业或社团、家庭或个人的财政支持。1998 年，美国“独立部门”的收入总额为 6 214 亿美元，而当年美国的国民生产总值约为 7 万亿美元②，约占其中的 8.9%，成为分配系统不可忽视的力量；从社会的意义，现代慈善公益

---

① 非竞争性是指一个人对一种公共物品的消费（或享受）不会减少其他人对这种物品的消费。非排他性是指要排除任何人享受一种公共物品要花费非常大的成本。参见斯蒂格利茨. 梁小民等译. 经济学（上）[M]. 北京：中国人民大学出版社，2000：140

② 阎明复. 美国慈善事业的考察报告 [J]. 社会保障制度，2001 (10)

事业具有扶危济困、协调社会发展的内在职能，从而具有了补充社会保障的内涵。“希望工程”就是其中的一个例证。15 年来，“希望工程”面向社会募集资金共 20 多亿元，救助失学儿童 260 多万人，兴建希望小学 11 000 多所，成为目前我国最大的慈善公益事业[①]。慈善公益事业还是一项道德工程。作为一项需要社会成员广泛参与的民营公益事业，慈善公益事业成为人类社会互助行为在现代社会的基本载体，并具有不可替代性。

第一，提供市场无法提供而政府又不便提供的“公共物品”，即“拾遗补缺”作用。由于政府往往受到财力、能力等种种条件限制，不能实现理论上的“完全负担提供公共物品”的责任，这时非营利组织可以进行适当的补充。

第二，协助政府更好地实现“公共物品”的提供，更加有效、全面地发展国家公共事业。这主要表现在，首先，政府可以通过资助慈善公益组织，充分调动、利用和整合社会资源为公益服务。其次，由于慈善公益组织本身的非营利组织特点决定，在提供某些“公共物品”时运行成本更低，效率更高，更具灵活性。再次，在针对特殊群体的特殊要求满足上，能提供更具专业性、技术性的公共服务。同时，慈善公益活动在公益领域的尝试，客观上为政府部门提供了经验和教训，推动了公共事业发展。非营利部门已为公共和赢利部门起到示范作用，促使这些部门发生重大变化，从而为政府在教育、环保、宇宙探索以及医疗保健等领域实施新计划铺平道路。在解决民众基本生活所需的问题上这些非营利组织有时起着核心作用。例如，正是这些组织率先提出保护环境的倡议，从而导致 1992 年在里约热内卢召开的环保会议。正如朱利·菲舍尔所说的，“非政府组织已经落实了一些可持续发展的措施，而且还在越来越多地对政府机构的现行政策提出挑战，甚至在某些情况下促成了一定程度的变化……”

第三，协调社会利益，促进社会融合，提高社会道德水平。慈善公益组织作为政府与市场的中间部门，在反映社会诉求、开展救助、发展公益事业等方面发挥了重要作用。作为社会不同阶层的沟通渠道，不仅成为当代社会诸多社会问题的有效解决途径，而且发挥了社会调节器、稳定器的积极作用。慈善公益事业致力于为社会弱势群体争取更为平等、安全的生存环境。所提倡的慈善、互助、无私的精神增强了社会凝聚力，对提高社会道德水平具有积极作用。

---

① 数据引自俞丽虹“希望工程 15 年使 260 万名失学儿童继续学业”，新华网 2004 年 10 月 15 日新闻。

四、中国的慈善公益事业的发展概况

自中华人民共和国成立以来，慈善公益事业经历了几乎是从有到无再从无到有的过程。

新中国成立后，政府从意识形态、社会环境到经济基础两个方面消除了原先存在的慈善公益事业。在意识形态方面，一方面，慈善事业被当成是帝国主义侵略活动和国民党政府实行统治的重要手段加以批判；另一方面，“慈善”也被视为是与社会主义事业不相容的，慈善公益事业为社会主义脸上抹黑。在社会环境方面，在相当长的时期内，人们之间的关系中强调阶级属性，慈善活动不仅失去了人们之间互助的关系基础，而且也被认为是没有阶级斗争意识和阶级立场，甚至遭到政治批判。在经济基础方面，国家对社会各种资源拥有绝对的控制权和配置权，对民营资本进行大规模的社会主义改造，生产资料全民所有，国家实行的国家社会保障模式为全体国民提供全部的社会救助和社会福利。在客观上消除了慈善事业发展的基础。

民众和政府对慈善的态度经历了逐步转变的过程。1994 年中国慈善总会的成立标志着慈善事业发展的重要转折点。经过十多年的发展，中国的慈善公益事业已经作为整个社会救助和社会福利事业的有机组成部分，发挥着越来越大的作用。但是，相对于许多国家而言，中国的慈善事业仍然非常落后，公益组织的组织能力还比较弱，在社会上动员资金的能力、能募来的款物数量还有限，受助群体、受益的人也还很有限。到目前中国已有 100 多家慈善组织，而美国的慈善组织的数量是 100 万家；中国 100 多家慈善组织每年募集到的慈善款物约为 50 亿元人民币，仅相当于 GDP 的 0.05%，与美国和日本慈善机构掌控着约占 GDP 8%～9%的慈善资源相距甚远，比例上的巨大差距已不能用“经济落后”来解释。另外，中国的慈善事业在很大程度上仍旧依赖海外捐赠，包括许多大型基金会、海外中国企业、跨国公司和个人捐赠。在中华慈善总会的捐赠物资中，有近 80%来自海外，只有约 20%来自国内①。

中国的慈善公益事业发展离不开政府的大力支持，尤其是在完善法制环境方面。在党的十六届四中全会上提出要“健全社会保险、社会救助、社会福利和慈善事业相衔接的社会保障”。这是中国共产党第一次把慈善事业写入党的重要文件中。温家宝总理在 2005 年的政府工作报告中又第一次提出了“支持发展慈善事业”，这是我国慈善公益事业发展的另一个历史契机，或许意味着另一个里程碑。

---

① 刘溜．中华慈善十年 [J]．中国新闻周刊．2004 (42)

▶第二节 慈善公益事业的定位

一、慈善公益事业的性质定位

首先，慈善公益事业是社会道德建设的重要内容。慈善事业是建立在社会成员的爱心、善心、同情心、怜悯心等高尚道德基础上的，慈善行为的非强制性和自愿性特点决定了社会成员的道德水平影响慈善公益事业的发展，甚至对其起着支配性作用。社会成员的善爱之心构成了慈善公益事业的存在和发展的基础。慈善事业是以利他主义价值观为核心文化的，一个充满人文关怀氛围的社会，不仅会为慈善事业提供援助或救济的物质源泉，更重要的是慈善观念的广泛融入促成了构筑良好、和谐社会环境的基础。慈善公益事业比较发达的国家和地区一定是不缺少关爱的社会，是社会成员的善心和善举得到传播和鼓励的社会。与其他社会组织和相关社会政策（如社会保障制度）不同，道德是除法律、法规以外的另一个重要激励和约束机制。

其次，慈善公益事业是民营的事业。“民营”就强调了慈善公益组织的“非官办”性质，即由非官方机构举办，其经费来源主要是民间。而社会性区别于个别的、零散的和直接的慈善公益活动，强调调动社会成员参加的一项长久而有意义的社会事业。从慈善公益事业的本质和发展规律上看，它的具体操作过程在一定程度上是排斥政府干预的，政府的不当干预可能改变慈善事业的性质，背离捐献者的意愿，进而最终影响慈善公益事业的发展。政府的管理理念与政策导向仍然是限制慈善事业发展的主要因素。我国的慈善公益组织绝大部分是“官办”和“半官办”性质，公益事业基本上是政府工作的延伸部分。从表面上看，这样做十分有效，但这也会挫伤人们从事公益事业的积极性。

再次，慈善公益事业是调节社会分配的重要方式之一。慈善公益事业实际上是一种混合型社会分配方式，是独特的财富转移方式。它的经费来源包括三个渠道：一是企业或各种经济实体的捐献，它通常计入捐献者的生产经营成本，从而属于社会产品的初次分配范畴；二是政府财政对慈善公益事业的拨款或援助，它通常被纳入财政预算，在部分国家或地区甚至成为固定的预算科目，这一部分经济来源属于社会产品的再分配范畴；三是社会成员的个人捐献，它是社会成员通过社会产品初次分配和再分配而获得相应份额后自愿付出的份额，属于社会产品的第三次分配。可见，慈善公益事业在经济的角度可以看成是一种混合的社会分配方式①。

最后，慈善公益事业是社会保障体系中的重要组成部分。慈善公益事业与社会保障的正式制度安排虽然存在诸多区别，它们在组织基础、筹资渠道、受益范围、活动内容和调节机制方面都不同，但它们又相互之间密切联系。从慈善公益组织的目标及主要活动领域来看，慈善公益组织的事业是补充社会救助（救济）和提高社会福利的公益性事业，从属于具有经济福利性的社会化国民生活保障系统，是社会保障体系中非正式制度安排中的重要方面。慈善事业和社会保障制度存在一定的替代和互补关系，一般而言，如果法定的社会保障制度完备、功能健全，慈善事业就相对萎缩；反之，慈善事业就有广阔的发展空间。不过，无论怎样，各国的经验表明，慈善事业的功能是法定社会保障制度及其他补充保障机制所无法替代或者完全替代的，它对基本社会保障制度的补充是不可缺少的。

二、慈善公益事业在社会保障体系中的定位

慈善公益组织的行为客观上是对政府提供的基本社会保障制度的有益补充。像补充保障的其他项目一样，在内容上对尚未被基本社会保障制度覆盖的人群、特殊人群提供了经济、服务甚至精神上的保障，在医疗保健、环境、教育等公益事业领域满足了不同层次的需求，提高了人们的保障水平。自身规范化、管理科学化、专业化的发展，不仅为政府部门的发展提供了有价值的尝试，而且也作为压力集团对政府部门构成刺激、抑制和批判，从而促进政府相关业务部门为社会保障事业提供更有效率的服务。中国的社会保障制度改革，一个重要的取向就是个人责任的回归和多层次社会保障体系的构建。这意味着社会成员很难从法定社会保障制度中获得所有的保障，而法定的社会保障亦无法全部满足不同阶层的社会成员的社会化保障需求，其所得到的保障很难完全解决其生活保障的后顾之忧。因此，有必要发展中国的慈善事业。

但是正如塞拉蒙（L. Salamon）指出的那样，“当我们认识到‘非营利组织’的种种‘创新’和‘优势’的同时也一定认识到非营利组织的局限性，非营利组织不是包治百病的灵丹妙药，我呼吁‘剥去非营利组织的神话’”，“慈善公益组织作为人类服务的提供者是有着固有缺陷的。其中一个重要原因在于慈善的资金来源容易受到经济波动的影响，一旦发生经济危机，即使有

① 郑功成. 构建和谐社会——郑功成教授演讲录［M］. 北京：人民出版社，2005：448

爱心的人也会发现自己难以维持生计，根本就谈不上帮助别人”[①]。另外，就社会救助而言，慈善组织的救助对象一般的必要条件是“一时的（temporary）”“例外的（exceptional）”“非自己原因的（causeless）”。在公益领域中，慈善公益组织也会受到诸如经济状况、捐献者意愿等来自各方面的影响，不能统筹安排。因此，应该充分认识到，在现代社会保障体系中，非营利组织在社会保障事业中的角色一定是补充的、辅助的。在任何国家，非营利组织的兴起并没有替代政府成为公众社会保障体系建设的主导者和提供者。迄今为止，还没有一个社会问题是主要通过非营利组织得到圆满解决的，它仍然没有能力改变人们的生活。随着非营利组织规模和复杂性的增加，使它原有相对于政府的优势，即“灵活性”“高效性”“低成本”等逐步消失。而与之相联系的“志愿性”和“独立性”也因捐助经费的有限性受到制约甚至挑战。

从政府的角度讲，为社会弱势群体提供充分的社会救助，提高全体国民的社会福利水平是不可推卸的责任。在转轨时期，政府的作用及能力有限时，社会公众可以借助慈善事业的平台帮助政府解决部分社会弱势群体的生存与生活问题。当政府功能比较完善时，慈善事业需要扮演的只是拾遗补缺的角色。强调“小政府，大社会”意味着政府不承担全部社会事务，但也不能夸大慈善公益事业的作用，用慈善事业去替代政府的职能。

三、慈善公益事业的若干关系处理

（一）慈善公益事业与社会价值观取向

社会价值观取向受到两方面因素的重要影响：一是传统文化道德；二是社会舆论导向。

文化传统自人类开始社会生活后，对人与人关系的行为准则问题上出现了各种不同的（如哲学的、神学的、伦理学的等）观念和学说，当这些观念、学说被广泛接受，就形成一种民族文化心理，成为一种民族的文化传统，其内涵和外延也在流传中不断被丰富和发展。同时，中国的文化传统中，关于慈善和社会保障思想，最早是与安民、抚民的思想混合在一起[②]。慈善事业受到官方更多更早的介入。而美国人的传统观念则是，应该有一种回馈社会的意识，认为很多事不应该由政府直接管理，而应该交给社会。文化传统有时与宗教相互融合，但却属于不同范畴，对慈善事业的影响复杂而深远。

---

① 田凯. 非协调约束与组织运作——中国慈善组织与政府关系的个案研究［M］. 北京：商务印书馆，2004：97

② 郑功成. 社会保障学——理念、制度、实践与思辨［M］. 北京：商务印书馆，2000：57

舆论导向对社会价值观的形成起到了不可忽视的重要作用。弘扬慈善道德、倡导互助互爱、抨击为富不仁和畸形的消费观念将有利于形成利他主义价值观和慈善思想的传播。反之，就可能形成利己主义、追求享乐、冷漠的社会人文环境，阻碍慈善公益事业的发展。如果媒体对慈善事业的宣传出现偏颇[①]，也会影响慈善公益事业的发展。将现代慈善价值观深入公众意识，是发展慈善事业的重要基础和任务之一。在培育慈善价值观的过程中应注重启动媒体的引导力量。对于大量的慈善行为规范不可能完全依靠法律和政策进行框定，基于慈善组织行为的特点，应充分发挥各种媒体的舆论监督作用，促进慈善事业规范、健康发展。

（二）慈善公益事业与经济发展

慈善公益事业是以社会捐献为基础的，社会的经济状况以及人们对它的心理预期影响着捐助资源的水平和慈善组织的作用。首先，经济发展促进了社会财富的增长，越来越多的人有条件帮助他人。其次，经济发展如果伴随着收入差距加大，对慈善事业发展的影响就比较复杂：一方面，贫富差距是慈善事业发展的社会基础，差距加大意味着社会有更多的救助需求，而富人阶层拥有更丰富的财富用以捐献（若其边际捐献倾向不变或提高时）；另一方面，贫富差距加大可能让人们产生对经济消极的心理预期，使其边际捐献倾向降低。经济因素对慈善事业的影响必须从实证中加以判断，不能简单地断定是积极或消极。但一般来讲，人们认为经济发展对于慈善事业来讲是利好消息。根据美国调查显示，1995—1998 年的经济呈现增长，市民都较安心并愿意去捐款或增加其捐款金额。调查反映捐款金额较少的市民，由 1995 年的 14%，下降至 1998 年的 12%；相反，捐款金额较多的市民则由 1995 年的 21%，增至 1998 年的 24%；而捐款者的百分比由 1995 年的 69%，增至 1998 年的 70%[②]。

（三）慈善公益事业与政府

慈善公益事业与政府的关系，首先表现在政府的鼓励政策上。由于慈善事业与社会保障的密切关系，各国政府均对慈善事业采取支持的态度，即直

① 例如，只宣传利人贡献，不宣传利己。因为慈善事业是一个双赢的活动，既有利于帮助有需要的群体解决问题，又有助于稳定或协调社会环境，从而有利于捐献者，助人也是助己。再如，媒体在慈善事业的宣传上，没有很好地保护受捐赠者的隐私。频频见到受救助的人们热泪盈眶，甚至屈膝下跪。用牺牲受助人的尊严换取社会救助，违反了慈善事业平等、博爱的宗旨。

② 香港青年协会．社会资本之慈善捐献、义务工作及社会参与的状况研究．2002（1）：4

接拨款和利用相应税收政策（在下节详述）、其他鼓励政策如嘉奖等进行支持。税收政策可以包括：一是对社会各界的慈善性捐赠给予免税待遇；二是对慈善团体所进行经营活动的利润用于慈善事业的部分免税；三是鼓励遗产继承人将遗产中的一部分捐赠给慈善事业；四是积极促使高收入阶层积极参与慈善事业等。以减免税收政策为例，加拿大及美国的调查显示，被访者对有关当局为捐献者提供减免税收优惠政策，均持正面的态度。调查发现有49%加拿大的被访者，如果能得到较佳的税收优惠，表示会乐意捐献，相对于1997年的37%，上升了7%；而在美国方面，想得到减税优惠的被访者中，有41%表示会捐出家庭平均总收入的2.5%作为捐款，而没有想过要得到减税优惠的被访者，只表示会捐出0.6%[①]。再如，在政府资助非营利组织的程度方面，在美国以及我国香港特区等发达的国家和地区，政府直接资助已经成为非营利组织的主要经费来源，政府与非营利组织的关系被描述为契约、协作、对话以及新伙伴关系，但还有许多学者和慈善人士对政府财政拨款已经构成了许多慈善团体经费的主要来源产生质疑，原因就是过多的资助会影响慈善公益组织的独立性，使它可能变为政府部门的延伸而影响慈善公益组织自身的发展。

其次，政府对慈善公益事业必须进行一定的管理和规范。政府应在正确认识慈善公益组织的性质的基础上推动相关立法对其进行必要的管理和规范。否则，由于慈善组织和慈善行为的无序化，将会大大影响社会对慈善事业的公信度，进而影响慈善事业的发展。如果政府对慈善事业进行不当干预和管理，也会影响其按照自身的组织目标发展。政府对慈善事业的恰当监管决定着慈善组织操作的规范性、有序性，决定着慈善在社会中的公信度，进而对慈善事业的长期发展产生重要影响。

事实上，以慈善公益组织为代表的非营利组织一方面需要接受作为公共管理者——政府的规范和管理，另一方面又与政府存在相互依赖和相互渗透的关系，而且这种关系和趋势已经比较清晰。但不难看出，这种关系的背后存在一定矛盾。具体地说，就是关系的深度或密切程度对于慈善公益组织长远发展的影响。这在理论界没有一致认识。确定两者的关系问题也是慈善公益事业定位的重要内容。

就我国的政府与慈善公益组织的关系上，政府几乎没有给予直接资助，而间接资助也处于刚刚起步的阶段（详见下节“中国慈善公益事业政策”部分）。政府与慈善公益机构更多是一种管理与被管理的关系，通常被看成是上

---

① 香港青年协会. 社会资本之慈善捐献、义务工作及社会参与的状况研究. 2002（1）：6

下级关系，这种关系一方面与慈善机构作为一个独立法人团体的法律地位不相吻合，另一方面也显然不符合现代慈善公益事业的发展理念。

▶第三节　慈善公益事业的政策

正如本章前文介绍的那样，随着各国经济和社会组织多元化发展，慈善公益组织的存在、发展和壮大趋势具有一定的必要性和必然性。一方面，慈善公益事业的发展离不开政府提供的有效的法制、政策管理环境；另一方面，政府作为社会权力代表基于对社会资源控制、社会管理等因素必然对社会组织进行规范。在慈善公益领域中，政府的政策选择对于慈善公益事业及其载体——慈善公益组织的定位、规模以及发展等各方面产生决定性影响。政府关于慈善公益事业的政策选择有时也会折射出政府对于社会救助和社会福利制度的战略安排。恰当的法制政策可以成为引导、激励和促进慈善公益事业蓬勃发展的有力工具，而受到鼓励的慈善公益组织必将客观上协助政府从事部分社会救助和社会福利事业；反之，则会成为其进一步发展的重大障碍。为了促进公众对此项事业的关注程度，解决影响公益事业未来发展的诸多问题并促进慈善公益事业在各国的发展，以“非营利组织”为主体的研究团队开始关注研究关于慈善公益事业的政策。这里的政策是指政府对慈善公益组织和慈善公益事业发展过程中的法律法规、指导原则、规范措施。

虽然各国经济基础、社会环境和文化各不相同，慈善公益事业（有时反映为非营利组织的发展情况）发展并不均衡。比如在美国，医疗保健、高等教育、娱乐、自然资源保护等许多领域中慈善公益组织发挥着非常重要的作用。而在大多数亚洲国家中，政府习惯于为民众提供全部的基本生活保障服务，加之民众对非营利事业的态度和观念刚刚开始转变，慈善公益事业刚刚起步。即便如此，各国慈善事业发展的实践表明，国家和政府对慈善公益事业的规范具有显著的一致性。

一、慈善公益组织的登记

慈善公益组织的登记是指通过既定的正式程序被注册在案或成为独立法人实体，并具有法律行为能力的政府许可。世界各国的非营利组织登记管理可分为两种主要的制度：一是预防制；二是追惩制（另一种说法是，部分许可和全部许可）。前者是指成立非营利组织必须先到登记管理机关进行登记，然后才能开展活动。后者则不必事先到登记管理机关登记就可以开展活动，但如果在活动中违反了法律，就要受到相应的处罚。大陆法系国家大多采用预防制的管理方法。

采用预防制管理体制的国家，对非营利组织的登记分为注册登记制度及审批登记制度两种形式。在注册登记制度中，非营利组织向登记机关申请登记时，登记机关仅对其进行形式审查，不需要其他有关部门的批准。而在审批登记制度中，非营利组织在向登记管理机关申请登记之前，先要得到有关机关的批准，登记机关根据其决定是否予以登记注册。

亚太地区国家则大多采用的是某种许可制度，更注重成立登记环节。这就涉及一个慈善公益组织（或非营利组织）具有什么样的资格才能合法存在并享受政府的优惠政策和法律保护的问题。除一般国家都有规定的资格条件，如组织目标、资金规模、活动范围、集资渠道、政治参与等方面的限制，慈善公益组织的登记通常比工商企业登记的障碍和限制更多，程序也更为复杂。登记程序需要“二步”（如中国台湾、菲律宾、泰国、新加坡、越南等）或“三步”（如我国大陆）才能完成。举例来说，泰国的非营利组织登记必须有两个中央机构批准，所有非营利组织都必须获得国家文化委员会的批准。另外，协会还必须向曼谷警察署（或地方相应部门）提出登记申请，而基金会必须向曼谷市政当局（或地方相应部门）申请登记，但最终的登记审批由内务部决定[①]。

与一些民间组织较发达的国家目前的做法正好相反，在非营利组织发达的国家中，非营利组织的成立不是首位重要的，更为重要的是对非营利组织日常活动的法律监督。英国的非营利组织登记管理制度非常值得借鉴。

早在 1960 年，英国就成立了慈善委员会（The Charity Commission），共有 600 多名成员，专门负责慈善组织的登记，并对公益信托享有广泛的监督权。在实行监管的方法上，英国慈善法要求所有的民间公益组织在运作上要高度透明和公开，由慈善委员会监督民间组织运作上的透明与公开程度，并随时接受任何公民的举报。在英国，任何人都可以在合理的时间内，向慈善委员会提出了解任何民间组织的登记事项及其活动状况的请求。慈善委员会定期对大型民间组织进行风险评估、资产评估和财务评估，并与其他相关的政府部门密切配合进行相关调查和联合执法。对于违规操作或出现腐败行为的民间组织，慈善委员会有权撤销其托管人理事会，并限期组建新的托管人理事会。

---

① 托马斯·西尔克. 中国科学基金研究会译. 亚洲公益慈善事业及其法规［M］. 北京：科学出版社，2000：19

二、对慈善公益组织的支持政策

对慈善公益组织给予的支持源自于政府与慈善公益组织的对话或协作的关系，体现在直接资助和间接资助（减免税）两方面。

（一）直接资助

政府直接资助慈善公益组织，实质是两者存在一定程度委托—代理关系，通过将代理权转移的手段，促使慈善公益组织的目标和运行尽可能与政府保持一致，帮助政府实现社会治理目标。稳定的经费来源是非营利组织发展所面临的重大难题，人们往往误以为，真正的非营利慈善公益组织主要甚至完全依赖于私人的志愿行动和慈善援助。但实际上，在许多国家，包括非营利组织比较发达的美国、澳大利亚以及中国香港特区等国家和地区，政府是其主要资助来源（见图 15—1）。如美国，来自政府资助的经费差不多是慈善捐助的两倍，在其他发达国家，这一比例甚至更高。当政府大力资助慈善公益性非营利组织时，实际上政府已经将其视为政策实施的行动策略。一些国家和地区，政府专门为某个或某些社会救助或社会福利项目拨出专款，以招标的形式委托给中标的非营利性组织，政府作为出资人定期或不定期进行检查、考核项目实施情况。慈善公益组织在组织功能上分化后，许多国家和地区还出现了专门的募捐机构、实施机构与协调机构。政府也有时将资金拨付给专门从事募捐的团体，然后再由它拨付给专门的慈善公益项目执行机构，在行业自律的基础上实行监管。

（二）免税或税收优惠

减免税政策对于是否能有效刺激公益捐赠的问题人们持有不同意见。然而，就公益捐助给予减免税收的问题上并不存在争论。减税政策有利于启动原本不一定用于公益事业的私人基金，被普遍认为是比直接资助更为有效的政策。基于慈善公益机构对国家社会救助和社会福利的补充作用，对社会道德建设的积极作用，几乎所有国家都对慈善公益机构采取与商业组织不同的税收政策，即给予一定范围和程度的减免税待遇，在有些国家慈善公益机构就被称为免税机构。但在税收基数幅度、税务申报有效性以及征收体系各不相同。

减免税通常针对捐赠者和接受捐助的非营利组织。非营利组织减免税通常基于组织类型和收入类型。符合条件的组织类型是允许非营利组织获得免税资格的前提，一些国家和地区，非营利组织登记完成后免税待遇自动生效，如日本和韩国；而另一些国家和地区，则需要向税务部门提出申请，才能得

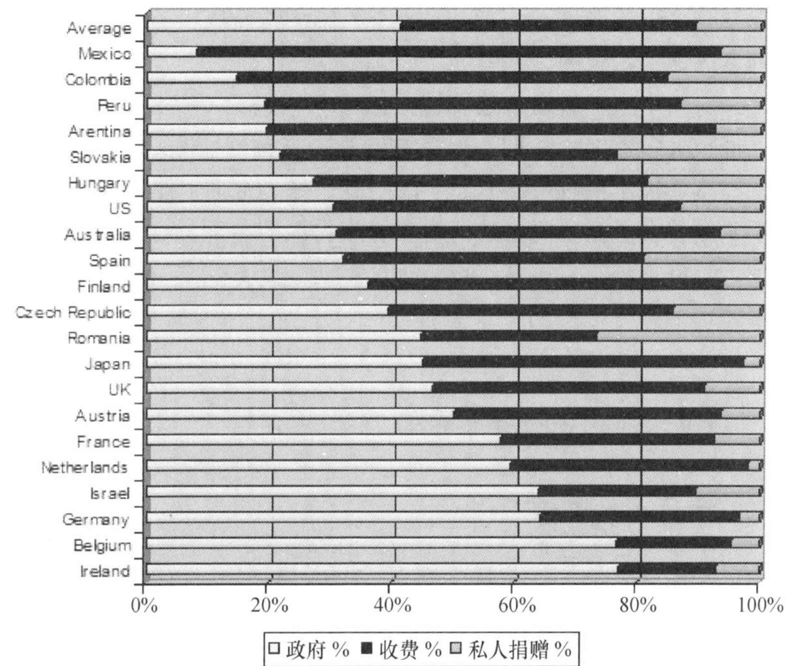

图15—1 各国非营利组织收入来源结构，1995年

资料来源：Lester M. Salamon，Helmut K. Anheier，and Associates. "The Emerging Sector Revisited：A Summary". The Johns Hopkins Comparative Nonprofit Sector Project，Phase Ⅱ，1999.

到某项优惠政策。如澳大利亚、菲律宾、泰国等。而美国慈善组织若要获得免税资格，必须满足美国《国内税收条令》501（c）（3）项下所规定的条件①。除了对组织类型具有相关规定外，免税待遇一般还取决于对非营利组织的收入类型的区分，即捐赠收入、投资收入还是与商业有关或无关的收入。绝大部分国家对捐赠收入给予免税优惠，而对投资收入和商业收入的税收待遇无一致性规定。有的规定如果商业收入用于非营利性目的（或符合法律规定免税的条款）就可享受免税待遇，如澳大利亚和美国。有的规定在符合特定条件下可享受一定比例的免税待遇，如韩国和日本。在亚太10国的研究中，大多数允许对非营利组织的公益捐助给予减税而不是免税的优惠政策②。

---

① 贝奇·布查特·阿德勒. NPO信息咨询中心主译. 美国慈善法指南［M］. 北京：中国社会科学出版社，2002：4

② 托马斯·西尔克. 中国科学基金研究会主译. 亚洲公益事业及其法规［M］. 北京：科学出版社，2000：29

而有的则没有关于非营利组织商业收入享受免税的规定，如中国、印度尼西亚、中国台湾地区、泰国、越南等。

另外，对于个人、组织（或团体）的公益捐助给予一定程度的减税或免税待遇已经被大多数国家认同。但多数国家一方面对个人和公司捐赠额占所得的比率在享受优惠税收待遇方面予以限制；另一方面对受捐资格加以限制，即只有捐赠给符合受捐者资格的捐赠才能获得减税待遇。如日本 26 000 家公益组织中，只有不到 1 000 家被指定为公益促进组织，捐赠者可享受减税政策；而中国，捐赠者只有向中华慈善总会、中国法律援助基金会、中华健康快车基金会等五家机构以及红十字、教育事业的捐赠才可享受税前扣除的待遇。

三、慈善公益组织的商业活动

（一）活动范围限制

所谓商业活动，是指以获得收入为目的的货物销售或服务。在有关非营利组织（慈善公益组织）的法律、政策中，从事商业活动的政策关系到慈善公益组织的发展，是法律政策面临的最为复杂和困难的问题之一，也是各国政府对非营利组织进行规范的重要内容。首先是关于非营利组织商业活动的认定。

在区分商业活动前，首先讨论被动性活动。被动性活动包括捐助资产，投资股票、公债或其他工具，借此赚取股利、利息、租金、权利金或其他形式的收入或资本所得。非营利组织一般可以从事这些被动性活动。非营利组织也会不定期地从事某些如抽奖或慈善拍卖等活动。这些活动不构成常规性的交易或商业活动，而主要是为募款之用，要受到适当规则所规范，但一般不应被视为经济活动或商业活动。不同国家和地区判断商业活动的标准不尽相同，标准之一是看活动本身是否被证明是组织主要目的的一部分。例如，当非营利组织“善意”销售二手衣物给大众时，其可能最主要是借此为残障人士提供工作机会和技能训练，因此，不认为这种销售活动是交易或商业活动。但如果活动的主要目的是在取得收入，而非组织本身的目的时，该活动就被视为交易或商业活动。

对商业活动范围限制主要有如下几种规定：第一，禁止非营利组织参与任何具有商业目的的活动或商业活动（如菲律宾）；第二，禁止非营利组织参与任何具有商业目的活动或商业活动，为非营利组织生存目的的除外（如中国及中国台湾地区）；第三，禁止与非营利目的无关的商业活动（如新加坡）；第四，允许商业活动，条件是商业活动所得用于更广泛的非营利目标（如澳大利亚、英国、泰国、越南等）；第五，允许商业活动，条件是商业活动所得用于更广泛的非营利目标，而且实现获得相关政府部门批准（如韩国）；第六，允许商业活动，条件是不与营利企业竞争，同时，保证商业支出少于50%，公益性支出至少为总支出的50%（如日本）；第七，作为合法行为的商业活动不受限制（如美国、印度尼西亚等）。

（二）商业活动所得的课税

关注非营利组织进行商业活动的一个重要原因就是对商业活动所得课税的相关规定，即享受减免税待遇问题。在不允许直接或间接地从事交易或商业活动的国家中不存在这一问题。在允许进行商业活动的国家中，存在两个重要的评估标准——与慈善公益组织目标的相关性和收入的最终流向。与慈善公益组织目标相关性的标准比较典型的例子是美国。美国税法规定，从事符合慈善性质活动所得的收入享受免税待遇；而与机构慈善性质不相关的贸易或商业收入必须依法纳税，此所谓“非相关商业所得税”[①]。在收入最终流向的标准下，只要积极的交易或商业活动得来的利润是出于且被实际利用于执行组织设立的目的，就有权享受免税待遇。但具体规定依国家不同而有所区别。在澳大利亚，只要商业收入用于非营利目的，就可享受免税待遇。韩国税法规定，非营利组织商业收入如果在5年之内不支取并用于非营利目的时，可享受50%免税待遇。在日本，公益性公司的商业收入用于发展组织业务时，可免税20%，不享受免税的商业收入征税时按优惠税率的27%征收，而不是按通常的以37.5%的税率征收。我国现行税法中没有关于非营利组织商业收入享受免税的规定[②]。

事实上，关于非营利组织从事商业活动的许多问题尚在讨论中并无定论。比如怎样的商业活动政策能够鼓励慈善公益组织的发展？如果允许从事一定范围的商业活动，那么采取什么样的保护措施防止相关政策的滥用？如何界定非营利组织和商业活动的性质？这种商业活动政策在不同时期如何考虑以上问题？

四、慈善公益组织的自我治理

慈善公益组织的治理涉及决策民主与实施效率。它的有效治理依托于合理化、制度化和专业化的组织结构和决策机制的设立。非营利组织一般根据

① 贝奇·布查特·阿德勒. NPO信息咨询中心主译. 美国慈善法指南［M］. 北京：中国社会科学出版社，2002：69

② 托马斯·西尔克. 中国科学基金研究会主译. 亚洲公益事业及其法规［M］. 北京：科学出版社，2000：25-26

实现自己使命的需要去设置组织机制，如确立组织内的选举程序，确立理事会的组成和运作程序等。大多数非营利组织都是通过设立理事会的形式来行使组织内部的决策和领导职能的。非营利组织理事会的构成形式有很多，如有由工作人员组成的理事会，由专业人员组成的理事会，由家庭成员组成的理事会，有在幕后决策的影子理事会，也有由各方面人士组成的混合结构的理事会。

确立一个适当的理事会结构一般还要考虑到多种因素，如非营利组织要保持持久的动力与活力，在理事会中就需要有特别热心于公益事业的具有理想和奉献精神的人士的位置；为了有效开展活动，需要具有专业知识和能力的专业人员参加理事会；而为了使非营利组织向其服务对象负责有时也吸收服务对象的代表参加理事会；吸收资助者的代表参加理事会则可以有助于向资助者负责。

在非营利组织比较发达的国家和地区，一般有相对完善的组织治理结构。美国的慈善机构形式有非营利公司、慈善信托机构和没有法人地位的非营利协会等形式。公司和社团一般由董事会管理；慈善信托组织则由受托人管理。在这两种情况下，董事会会员依法对那些为公益事业捐献的资产负责，对慈善机构负有信托责任。以非营利公司的内部治理为例，董事会实施管理，是非营利公司的管理机构。董事依法对公司的行为与工作失误负责。董事会的构成以及运作方式依据公司章程和内部治理程序文件（一般称为内部章程）进行。董事选举可通过三种方法实现，即会员选举、在职董事投票选举、任命或委任。董事必须依据法律规章规定尽职尽责，履行自己的责任，管理好机构各种事务。

在许多发展中国家，非营利组织的领导层多是由知识分子、前政府官员以及其他社会中上层人士担任，这些人同政府官员和政府政策有着密切联系。例如，在印度尼西亚和南亚的一些国家，大多数非营利组织的创建者和领导者都是来自于城市中产阶级的知识分子。非营利组织领导层的这种结构对非营利组织本身的发展既有利又有弊。这些社会中上层人士受过良好教育，有管理经验，也具有创新精神。但是，他们对非营利组织领导权的掌握也会对组织的健康发展造成一些问题。例如，一个组织大部分成员的教育水平越低、越贫困，社会地位越低，那么这一组织的领导就越易形成专制，形成不民主的管理体系。

在中国，非营利组织在实际操作中一般由两种管理模式。第一种模式在那些挂靠于政府业务主管部门。这些非营利组织通常设有理事会，理事会成员包括现任或退休的政府官员以及享有良好声誉的社会活动人士。与国外成熟的理事会制度相比，中国大部分非营利组织的理事会所发挥的实际治理职能比较有限。第二种管理模式常见于小型非营利组织中，其内部管理主要依赖组织者的个人能力和信誉以及他们与国内外有关机构的联系。中国非营利组织在构建自身的治理机制方面面临着艰巨的挑战。当前有利于确立中国非营利组织有效治理机制的法制环境、社会基础和社会氛围也是很不充分的。理事会制度是在国外普遍采用的、有着长期实践的一套治理机制。

五、中国慈善公益事业的相关政策

在中国，慈善公益组织通常被称为“社团”。社会团体是区别于政府机构、不直接接受政府领导，由具有共同爱好、专业和信仰的公民组成的社会机构。这些社会团体在财务上不依靠政府支持。它们的活动不以赢利为目的，而是集中在社会服务、扶贫、科学研究、文化艺术交流、教育与培训、改善环境以及保护妇女儿童权益等慈善公益领域。目前还没有制定关于慈善公益事业的专门法律。现有的有关管理非营利组织的法律文件全部是由不同的政府部门拟定的行政法规，主要有三部，它们分别是《中华人民共和国公益事业捐赠法》《社会团体登记管理条例》《基金会管理条例》。除此之外，还有约50条法令、通告和法规对慈善公益组织的活动起到一定的宏观监控和指导作用。

《社会团体登记管理条例》第10条规定了几个非常严格的条件，并且社会团体必须取得法人资格。申请程序上，必须首先向业务主管单位申请筹备，经批准后向民政机关申请筹备，经批准后才可以开始筹备工作，包括召开会员大会或者会员代表大会、通过章程、确定执行机构和负责人等，完成筹备工作后再向业务主管单位申请成立登记，经批准后再向民政部门申请正式的成立登记，经批准后才能够正式成立。对基金会而言，还需要另一步程序——获得中国人民银行的批准。

关于我国社会团体的活动与目的的要求，《社会团体登记管理条例》第3条规定：“社会团体必须遵守国家的宪法和法律、法规，维护国家的统一和民族的团结，不得损害国家的、社会的、集体的利益和其他公民的合法的自由和权利”。第4条规定：“社会团体不得从事经营为目的的经营性活动”。同时法律也禁止非营利组织从事与自己的章程规定的宗旨不一致的活动。

《中华人民共和国公益事业捐赠法》第四章在“优惠措施”中规定：“公司和其他企业依照本法的规定捐赠财产用于公益事业，依照法律、行政法规的规定享受企业所得税方面的优惠。”《中华人民共和国企业所得税暂行条例》规定：“纳税人用于公益、救济性的捐赠，在年度应纳税所得额3%以内的部分，准予扣除”。

2000—2004年财政部、国家税务总局先后认可了向红十字事业捐赠全额扣除（财税字［2000］的30号）、农村义务教育捐赠全额扣除（财税字［2001］第103号）、教育事业捐赠全额扣除（财税字［2004］第39号），以及向中华健康快车基金会、孙冶方经济科学基金会、中华慈善总会、中国法律援助基金会、中华见义勇为基金会5家单位捐赠全额扣除（财税函［2003］第204号）。2008年汶川地震发生后，慈善事业得到了快速的发生，民政部及其他有关部门相继颁发了《汶川地震抗震救灾捐赠款物统计办法》（民发［2008］102号）和《关于汶川地震抗震救灾捐赠资金使用有关问题的意见》（民发［2008］150号）等针对抗震救灾捐赠款物管理的通知；2009年2月，民政部颁发了《民政部办公厅关于加强指导和规范管理基层慈善活动的通知》。这些通知、规定虽然属于部门规章的，但对于规范慈善捐赠款物的使用起到了较好的作用。另外，为了支持城镇社会保障体系的建立，按照财政部、国家税务总局《关于完善城镇社会保障体系试点中有关所得税政策问题的通知》，对纳入城镇社会保障体系试点地区的企业和个人，用于公益、救济性捐赠，准予在缴纳企业所得税和个人所得税时在税前全额扣除。

目前我国的法律、法规并没有为社会团体的内部管理提供具体依据，《社会团体登记管理条例》只规定，社会团体章程应包括下述方面的内容：“名称、宗旨、经费来源、负责人产生程序和职权范围、章程修改程序和社会团体终止程序”。

▶第四节　慈善公益事业的发展

一、慈善公益事业的发展趋势

（一）多元化、功能化和专业化并存

慈善公益事业从传统的救助领域到现代公益领域的过程中，呈现出多元化发展特征，也将继续成为将来的发展趋势。多元化首先体现在组织形式和机构名称的多元化，存在各种各样的慈善公益组织，如协会、基金会、慈善信托公司、有限责任公司、非登记的社团等多种形式，而且不同国家的组织形式构成都不同，名称也各异。在服务功能上，混合型慈善公益组织、综合型慈善公益组织、专一型慈善公益组织及附属型慈善组织并存发展。混合型慈善公益组织一般以一个领域为主，兼涉足其他领域的形式；综合型慈善公

益组织通常提供多种慈善公益服务，其服务对象也具有广泛性；专一型慈善公益组织的特点肩负的任务和职责单一，援助的对象群体固定，服务的目标非常明确；附属型慈善公益组织指的是附属于企业或其他社会团体的慈善公益组织。其次，资金来源多元化。既包括企业、个人和社会捐献、政府资助，还包括基金运营、适当收费、发行彩票等商业化运作收益，另外还可能有通过合法途径充入慈善基金的其他资金。最后，慈善服务领域多元化。慈善服务由提供款物接济、医疗救助、教育救助，到款物接济和劳务援助并重发展，在开展宗教、扶贫、济困、助残和赈灾等传统慈善项目的同时，还在文化、教育科技、卫生、环境保护等多个领域开展多元化服务。

为了提高慈善公益事业的效率，避免各慈善公益机构单独行动对募捐者积极性的消极影响，在组织功能上，有些国家和地区已经出现了募捐机构、实施机构与协调机构功能分化的动向。专门从事募捐的团体，负责将募捐的善款全数拨付给实施慈善项目的团体，然后由实施机构专门负责具体项目实施。这就要求慈善公益机构从“各行其是”走向合作，在合作的过程中协调机构的出现促使各个慈善公益机构共同、高效率地为需要帮助的群体服务。

（二）商业化经营

与追求本集团的利益具有强烈排他性的利益集团不同的是，慈善公益组织从事的是社会公益性、服务性事业，提供的是公共物品，其涉及的领域相当广泛。但慈善公益机构并非不计成本或不赚钱，开展活动不赢利则非营利机构无法生存和实现可持续发展。加上组织本身运营所需要的人员经费等开支，经费的紧张往往成为非营利组织发展壮大的“瓶颈”。随着慈善事业已经由传统的道德救济事业逐渐转化为现代社会公益事业，现代效率观念和市场观念开始进入慈善公益组织。许多国家的慈善公益组织在法律的许可下也正在转向商业领域以寻求拓展。例如，国家发展机构“救救孩子”出售一系列男士服饰。这些举措在很大程度上是对传统的义卖或洗车筹资活动的创造性发展，这不仅向公众展示了自己的组织及事业，也增加了资金的来源。另外，许多慈善公益组织正在使自己的核心项目商业化。它们常常与政府签订合同，为享受福利的人群开展社会性服务、办学校和进行职业培训。还可以对以前免费的项目直接向受益人收取一定的费用等。这些商业化行为的原因可以有以下几方面①：

---

① 里贾纳·E·赫兹琳杰等. 北京新华信商业风险管理有限责任公司译. 非营利组织管理［M］. 北京：中国人民大学出版社，2000：130-156；J·格雷戈里·迪斯. 非营利组织的商业化经营（注：原文发表于《哈佛商业评论》1998年1/2月号）

第一，重商的时代精神使赢利行为在非营利世界中容易被接受。市场的作用随着资本主义世界范围内的成功而被广为称道，人们也越来越相信竞争和追求利润对促进效率和变革的作用。理论界和政策层面有一些观点认为，市场规律不仅能在赢利性领域发挥作用，在非营利性的领域同样也具有很大影响。

第二，防止使受益人产生依赖心理。许多倡导帮助贫困者和弱者的人认为，组织性的慈善机制会毁掉受益人的自尊，也会给他们制造一种孤立无助的感觉。而向受益人收取部分服务费用，或是利用商业手段则可以更好的帮助他们树立自力更生的思想，培养自立能力。例如有些基金会经营各种服务性企业，目的是创造更多的就业机会给有需要的贫困者，还有些基金会为贫困者提供小额贷款业务等。

第三，为了使慈善公益组织在财务上实现可持续性。自营收入被认为是比捐款和拨款更为可靠和稳定的资金来源。资金渠道多元化可减少由于某一来源收入减少带来的运作风险，更好地为公益目标服务。

第四，可利用的慈善资源正在向商业化的方向倾斜。随着慈善公益组织的逐渐增多，它们之间争夺慈善资源的竞争更加激烈。许多基金会只愿意提供非持续性的资金。同时，在许多国家作为慈善资助的重要来源——政府机构也从自己提供社会服务转向与非营利组织签订合同，由后者提供服务。这一方面为非营利组织提供了机会，而另一方面也意味着政府资助也有减少的危险。另外，非营利组织在计划资助项目时也要考虑能否得到合作组织的资助。

同时，赢利组织向非营利领域发展也促使非营利组织考虑商业化领域运作。由此看来，慈善公益组织的商业化趋势是内因和外因、主观和客观共同作用的结果。值得注意的是，商业文化与慈善公益文化确实存在冲突之处，许多人对此极为不认同，但仍有更多观点认为经过选择的正确的商业化途径最终不会也不应该抛弃公益性质。

（三）立法规范与组织自律共同约束违规行为

分析一个慈善组织，或者一项慈善活动的行为，至少应包括以下几个环节：慈善项目的开发，善款善物的筹集、管理和使用，志愿者的参与，组织（活动）的内部管理。从理性的角度考察慈善组织的行为可以发现，在几乎每个环节中，相对于捐献者和政府（委托人）来讲，慈善组织是信息优势方（代理人），这就可能出现基于道德风险的违规操作。主要表现在挪用、滥用捐款；内部管理成本高、无效率；违规商业操作；以及慈善机构联合个人、企业和社会团体借慈善之名行避税之实；通过慈善活动洗钱等现象也时有发生。类似行为的出现，在客观上是对慈善者爱心的亵渎，会严重打击公众对慈善事业以及慈善组织、机构的信心。基于此，政府对慈善公益组织都是采取扶持和严管的双向强化方针，它们必须合法运作，必须遵守适用于非营利组织的法律、法令，承担其他法人相同的责任、制裁与刑罚。非营利组织，特别是慈善公益组织应当承担一定的社会责任。

另外，许多国家的实践证明，自律条款对慈善公益组织非常有效。在某些情况下，甚至比来自政府和传媒等他律更为有效。自律是一种自我约束的行为规范，是非营利组织能力建设的重要内容。自律规范大致有以下三个层次：

第一层次，组织应该有用来约束自己成员（董事、员工）的行为标准和道德标准，设有禁止图利于个人，禁止有关非常规交易等议题。还有组织的伦理守则，比如“回避制度”、拒绝收受所有同其职务有关的贵重礼品；要求董事、干部和员工使用便宜合理的交通工具和选择价格中等的住所等。这些行为规范准则的目的，在于确保参与慈善公益组织的个人皆可以注意到潜在的不当行为与权利滥用。

第二层次，是指某些领域的非营利组织联合制定并共同遵守的行为和道德标准。国外常常是由联合组织及协会共同制定行业自律条款。自律虽然是自觉自愿的，但有些机构有时还是把对行业自律条款的遵守承诺作为加入联合组织的条件之一。这种约束对联合体整体来说是自律，但对联合体各个成员来说则是互律，即自愿基础上的他律。

第三层次，是指由民间专业非营利组织所专门从事的自律行为。如美国有一种被称为“看门狗”的 NPO 组织，其主要工作任务就是监督 NPO 的活动，对一些 NPO 加以评判、品头评足、“找碴”。从整体来说，这也是自律机制。

总之，慈善事业的发展当然要依靠法律的强制力量，但单纯地依靠“外在的法”是不够的，慈善公益事业毕竟是以善心为基础的社会道德工程，还存在一种“内心的法”即是对自身行为的“软约束”。慈善事业的健康发展需要内外、软硬结合。

二、推进我国慈善公益事业的发展

我国正处于经济结构多元化、贫富差距加大和社会成员阶层分化加快的经济社会转型期的背景下，政治领域已经走出排斥慈善公益事业的时代，文化领域也随着全球化的进程，吸收西方博爱、平等与社会责任的观念，慈善公益事业面临良好的发展机遇。为了推进我国慈善公益事业更好的发展，在正确认识我国慈善公益事业发展的现状以及存在的问题的基础上，在政府层面应做好以下几方面。

（一）转变观念，重视培养公众现代慈善意识

社会、经济以及体制环境已经发生变化，要求政府在观念上和职能上实现转变。慈善公益事业是一种非制度型的具有高尚道德价值的社会救助和社会福利事业。在现有政策的定位下，慈善公益事业是社会主义初级阶段官方社会保障制度的重要补充，并成为当代社会保障体系的必要组成部分。非营利组织（我国称为社会团体）的发展受到抑制，原因之一就是政府职能转换没有到位，而政府职能转变未到位则很大程度上是由于观念所致。政府转变观念首先要将慈善公益事业合理定位，其次是为了鼓励慈善公益事业的发展，为其提供较为合理的宽松的制度环境，再次在管理方法和手段上要转变观念。作为舆论导向的大众媒体，应该努力营造一种有利于慈善公益事业发展的社会气氛，激发公众道德责任感。注意宣传现代的慈善意识，避免将其引入误区。

（二）完善立法，加快制度建设

就目前来看，法规政策的滞后已经构成了制约中国公益、慈善事业发展的障碍。首先，对于慈善事业发展所需要的法律政策环境而言，现有法律、政策尚不足以规范和保护慈善事业的发展，迄今我国尚没有针对性、特定性的专门规范慈善（公益）组织的实体内容的法律与法规条款，包括对慈善组织的性质定位、慈善事业运行的政策规范、监督机制及机构的活动领域（如募捐善款、救助项目开发等）等方面，都缺乏完善、系统的法规政策规范。其次，即使是已经颁布的有关法律、法规政策，不仅立法层次比较低，而且因缺乏具体的、可供操作的配套政策而难以落实。另外，中国慈善组织的发展有两个倾向性，其一是自由发展，其二是过分依附政府的倾向。因为很多慈善机构带有“官办”和“半官办”性质，与政府部门实质上是上下级关系，内部治理不完善，难以充分发挥慈善组织应有的作用。

（三）政策倾斜，增加资金来源渠道

中国非营利组织的规模还比较小，并且普遍面临着资金不足的问题。政府在直接资助和间接资助方面投入极为有限。非营利组织的发展受到经济上的严重制约。在税收制度上，一方面，捐款的企业和个人在对一些财政部和税务总局指定的慈善组织捐款后，可以享受企业所得税和个人所得税在税前的全额扣除，提高了一些企业和个人对慈善事业的积极性；另一方面，由于

目前只是向国内有限的几家慈善机构捐赠才能够享受这样的待遇，所以这种制度也成为慈善事业发展的一个障碍。另外，《中华人民共和国企业所得税暂行条例》中规定“纳税人用于公益、救济性的捐赠，在年度应纳税所得额3%的部分，准予扣除。”这一规定也可以被理解为是将企业向慈善机构的捐赠额度限制在年度应纳税额的3%。而且，由于管理环节上的不完善，也很难得到实施。国际上拓宽资金来源渠道的重要手段是利用税收政策，如个人所得税、遗产税、捐赠的减免税等综合作用，调动社会慈善资源。同时，在基金运营、博彩等其他途径上给予支持。

本章小结

随着人类社会生产力的发展和贫富差距的出现，慈善公益事业的存在不仅是必然的而且是必要的。慈善是一种美德、善行和爱心，是人类特有并随着文明程度的提高而发展起来的道德情操，人类善爱之心的表现与标志。慈善公益事业的范围一般更加广泛，它是以民间公益组织（或慈善组织）为实施主体，为救助特定群体或特定标的等公共利益为目的，按照既定的操作规范、制度或原则实施的长久的社会化行为。慈善公益事业是以善爱之心、贫富差别、社会捐助、民营机构、捐献者意愿、社会成员的普遍参与为发展基础，主要涉足于扶贫济困、紧急救助、社会福利以及其他社会公益领域，发挥着不可替代的社会功能。

慈善公益事业的性质定位，第一，是社会道德建设的重要内容；第二，慈善公益事业是民营的事业；第三，慈善公益事业是调节社会分配的重要方式之一；第四，慈善公益事业是社会保障体系中的重要组成部分。慈善公益事业是社会保障体系中重要组成部分，但相对于政府提供的基本社会保障制度只能起到补充的作用。正确定位慈善公益事业应该理解或处理好与社会价值观、经济发展以及慈善组织与政府的关系。

政府的政策选择对于慈善公益事业及其载体——慈善公益组织的定位、规模以及发展等各方面产生决定性影响，有时也会折射出政府对于社会救助和社会福利制度的战略安排。主要内容涉及慈善公益组织的登记、支持政策（直接和间接资助）、商业活动限制和相关税收政策、组织治理等方面内容。

慈善公益事业体现出多元化、功能化、专业化、商业化以及强调立法规范和自律等发展特点和趋势。

从发展现状和相关政策等方面分析和评估，我国的慈善公益事业发展未能获得与赢利组织同等成绩，仍然处于发展的初级阶段，需要在内外部的各个方面推进慈善公益事业的健康发展。

复习思考题

1. 何为慈善？何为慈善公益事业？
2. 慈善公益事业的主要领域和社会功能有哪些？
3. 简述慈善公益事业与我国基本社会保障制度的关系。
4. 一般来说，政府对慈善公益事业有哪些支持政策？
5. 慈善公益事业的发展表现出什么特点、特征或趋势？
6. 通过慈善公益事业的相关理论和政策，分析我国慈善事业发展中存在的问题。

案例讨论

中国扶贫基金会

一、基金会概况

中国扶贫基金会（以下简称为基金会）成立于1989年3月，中华人民共和国农业部是业务主管部门，并接受中华人民共和国民政部业务指导和监督管理。它是对海内外捐赠资金进行管理的非营利性社会组织，是独立的社会团体法人。其主要服务对象是直接援助贫困社区的弱势群体，包括妇女、儿童、少数民族等。基金会的宗旨是扶持贫困社区和人口改善生产条件、生活条件、健康条件并提高其素质和能力，实现脱贫致富和持续发展。自成立以来，筹措并投入扶贫资金8亿元，累计实施扶贫项目200多项，直接帮助200多万贫困群众走上自力更生、持续发展之路。目前正在实施的扶贫项目主要有小额信贷扶贫、母婴平安120、新长城、天使工程、紧急救援项目等。基金会的使命是通过项目援助、受援人参与及职业培训等方式，帮助贫困社区的穷人提升自我发展能力，改善基本生产条件和基本社会服务水平，促进受援人脱贫与自立，强化基层管理与组织，减轻社会疾苦与不安，传递爱心与善心，增进人类和谐与文明。其内部管理程序为宗旨和目标确立—功能和机构设置—岗位描述和权责划分—工作流程有序化—工作记录和档案建设—监测评价与激励机制—全面合约管理。项目管理的一般程序为，项目研究与策划—工作流程与培训教材制定—瞄准受援人的机制建立—达成目标的管理机制形成—全过程记录与管理—监测与矫正—评价与研究。

二、基金会组织机构负责人的产生和罢免

中国扶贫基金会的最高权力机构是理事会。理事会由会长、副会长、秘书长和理事组成，每届任期四年，特殊情况经农业部批准可延长一年。理事会成员的选举，第一次是由基金会筹备小组提名，并征求有关部门同意后产生。以后由常务理事会从热心于中国扶贫事业的知名人士、对中国扶贫事业有重要贡献者或本基金会基金主要捐助人中聘请。理事的权利和义务：拥有基金会选举、被选举和表决权；参加基金会举办的活动的权利；对基金会工作的批评、监督和建议权等权利。同时具有遵守基金会章程，维护基金会合法权益、热心和支持基金会工作，以及向基金会反映情况，提供有关资料的义务。

理事会拥有以下职权：推举会长、副会长、名誉会长、顾问和常务理事；制定和修改本基金会章程；审议本基金会的工作报告和财务报告；决定终止事宜，以及决定其他重大事宜。理事会每年至少召开一次会议，且必须有2/3以上理事出席方能召开，其决议经到会2/3以上理事表决通过方能生效。特殊情况下理事会也可采用通信形式召开。

基金会还设立常务理事会。常务理事会由理事会推举产生，在理事会闭会期间行使理事会职权，对理事会负责（常务理事人数不超过理事人数的1/3）。常务理事会至少半年召开一次会议；并必须有2/3以上常务理事出席方能召开，其决议经到会2/3以上常务理事表决通过方能生效。特殊情况下也可采用通信形式召开。

本基金会设立秘书处。秘书处为办理募助和项目管理的日常经营机构，在会长领导下开展工作，设秘书长1名、副秘书长若干名。秘书处根据工作需要设立若干业务部、室。

会长、副会长由理事会推举，每届任期4年，任期最长不超过两届。基金会会长、副会长、秘书长必须具备下列条件：坚持党的路线、方针、政策，政治素质好；热心中国扶贫及公益事业；会长、副会长最高任职年龄不超过70周岁，秘书长为专职；身体健康，能坚持正常工作；未受过剥夺政治权利的刑事处罚的；具有完全民事行为能力，召集和主持理事会、常务理事会。会长的职权有：检查理事会、常务理事会决议落实情况；代表基金会签署有关重要文件；任免本基金会秘书长、副秘书长。

秘书长为基金会法定代表人，不兼任其他团体法定代表人，并实行会长领导下的秘书长负责制。其行使的职权有：在会长领导下，执行理事会和常务理事会的决议；组织实施年度工作计划；向会长提出副秘书长人选；实施内设机构工作人员和负责人的任免或聘任；主持制定内设机构的工作制度和管理制度，并组织落实；组织制定年度总结和年度计划，并报会长会议和理事会议审议；组织项目策划、资金募集、项目管理以及处理其他日常事务。

三、资产管理和使用原则

基金会的经费来源有：政府资助，海内外政府、组织、团体、企业和个人的捐赠，基金利息，在核准的业务范围内开展活动或服务的收入以及其他合法收入。基金会经费的使用原则是：第一，使用范围为规定的业务范围和事业的发展。第二，建立严格的财务管理制度，保证会计资料合法、真实、准确、完整。第三，资产管理执行国家规定的财务管理制度，并接受农业部、民政部、业务主管部门和本基金会理事会、捐赠者的监督。第四，在换届或更换法定代表人之前接受农业部、民政部和业务主管部门组织的财务审计。第五，资产受国家法律保护，任何单位、个人不得侵占、私分和挪用。另外，基金会专职工作人员的工资和保险、福利待遇，参照国家对事业单位有关规定执行。

四、终止程序及终止后的财产处理

基金会完成宗旨规定的任务或自行解散或由于分立、合并等原因需要注销的，由常务理事会提出终止动议，经理事会表决通过，并经农业部审查同意。在基金会终止前，须在农业部及有关机关指导下成立清算组织，清理债权债务，处理善后事宜。清算期间，不开展清算以外的活动。经民政部办理注销登记手续后即为终止。终止后的剩余财产，在农业部、民政部的监督下，按照国家有关规定，用于发展与本基金会宗旨相关的事业。

理事会审议决定并通过理事会章程的修改，并在通过十五日内，经农业部和业务主管部门审查同意，并报民政部核准后生效。

附：组织机构图

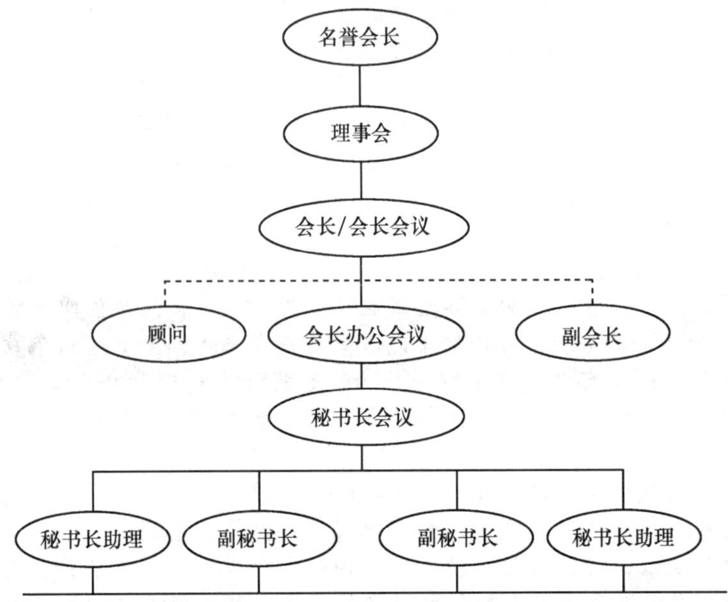

	行政人力法规部	计划财务部	公共关系部	资讯监测部
小额贷款项目部				
母婴平安项目部				
新长城项目部				
天使工程项目部				
紧急救援项目部				
综合项目部				

思考：

请根据以上中国扶贫基金会的相关信息结合本章内容，分析中外非营利组织的管理特点。